Schriftprotokolle in Jugendstrafverfahren

Jonathan S. Marston

Schriftprotokolle in Jugendstrafverfahren

PETER LANG
Bern · Berlin · Bruxelles · Frankfurt am Main · New York · Oxford · Wien

Bibliographic information published by die Deutsche Nationalbibliothek
Die Deutsche Nationalbibliothek lists this publication in the Deutsche Nationalbibliografie; detailed bibliographic data is available on the Internet at ‹http://dnb.d-nb.de›.

ISBN 978-3-0343-3128-9 pb.
ISBN 978-3-0343-3130-2 ePub
DOI 10.3726/b13035
ISBN 978-3-0343-3129-6 eBook
ISBN 978-3-0343-3131-9 Mobi

This publication has been peer reviewed.

Wabernstrasse 40, CH-3007 Bern, Switzerland
bern@peterlang.com, www.peterlang.com

Meinen Eltern Christine und Andrew

Basler Dissertation 2016

Vorwort

Die vorliegende Arbeit wurde im Herbst 2016 von der Juristischen Fakultät der Universität Basel auf Antrag von Frau Professorin Nadja Capus (Erstbetreuerin), Herrn Professor Peter Aebersold (Zweitbetreuer) und Herrn Professor Peter Albrecht (Experte) als Dissertation angenommen. Entwicklungen, Rechtsprechung, Literatur und Gesetzgebung sind grundsätzlich bis zum Abschluss der Arbeit im Juli 2016 berücksichtigt.

Die vorliegende Dissertationsarbeit wurde durch die Doktormutter, Frau Prof. Dr. iur Nadja Capus, angeregt und gefördert. Für ihre hilfreichen Anregungen und ihre Unterstützung beim Verfassen der Arbeit möchte ich ihr herzlich danken.

Ein herzlicher Dank richtet sich auch an die Herren Prof. Dr. iur Peter Aebersold für die Zweitbetreuung und Prof. Dr. iur Peter Albrecht für die externe Begutachtung.

Weiterer Dank gebührt Herrn Dr. iur Christoph Bürgin, ehem. Jugendrichter Kanton Basel-Stadt, sowie den Mitgliedern derjenigen Jugendanwaltschaften, welche mir den Zugang zu den verschiedenen Einvernahmen ermöglicht haben und stets bereitwillig und geduldig meine zahlreichen Fragen beantwortet haben.

Frau Manuela Vieth, Ph. D. und Frau Dr. phil. Mirjam Stoll möchte ich für die wertvollen Hinweise und Aufklärungen im Hinblick auf die empirische Untersuchung danken.

Zudem danke ich Frau Helen Burmeister für das wertvolle Lektorat sowie meinem Bruder Mark Marston für seine unendliche Geduld und liebevolle Unterstützung. Den Herren Dr. rer. nat. Gerd Burmeister und Hanjo Schnydrig möchte ich für das Korrekturlesen meinen Dank aussprechen. Ein ganz besonderer Dank geht an meine Freundin Frau Dr. med. Katharina Burmeister. Sie hat mich stets angetrieben, motiviert und viele wichtige Anregungen zu meiner Arbeit geäussert. Vielen Dank dafür!

Mein grösster Dank geht schliesslich an meine Eltern, die mich und mein Dissertationsprojekt von Anfang an unterstützt haben und den Abschluss und die Publikation dieser Arbeit leider nicht mehr erleben durften. Die Dissertation ist meinen Eltern Christine und Andrew gewidmet.

Basel, den 10. Juli 2017 Jonathan Marston

Inhaltsverzeichnis

Abkürzungsverzeichnis

A. A.	anderer Ansicht
Abb.	Abbildung
Abs.	Absatz/Absätze
AJP/PJA	Aktuelle Juristische Praxis/Pratique Juridique Actuelle
Aufl.	Auflage
Art.	Artikel/Artikeln
BBl	Bundesblatt der Schweizerischen Eidgenossenschaft
BE	Kanton Bern
BeB VE JStPO	Begleitbericht zum Vorentwurf für ein Bundesgesetz über das Schweizerische Jugendstrafverfahren, Bundesamt für Justiz, Bern 2001
BeB VE StPO	Begleitbericht zum Vorentwurf für eine Schweizerische Strafprozessordnung, Bundesamt für Justiz, Bern 2001
BetmG	Bundesgesetz über die Betäubungsmittel und die psychotropen Stoffe vom 3. Oktober 1951 (SR 812.121)
BGE	Entscheidungen des Schweizerischen Bundesgerichts (Lausanne)
BL	Basel-Landschaft
Bot.	Botschaft des Bundesrates
BR	The Beijing Rules, United Nations Standard Minimum Rules for the Administration of Juvenile Justice, adopted by General Assembly resolution 40/33 of 29 November 1985
BSK	Basler Kommentar
bspw.	beispielsweise
bzw.	beziehungsweise
BV	Bundesverfassung der Schweizerischen Eidgenossenschaft vom 18. April 1999 (SR 101)
ca.	circa
CHF	Schweizer Franken

CP	Code pénal suisse du 21 décembre 1937 (RS 311.0)
CPP	Code de procédure pénal Suisse du 5 octobre 2007 (RS 312.0)
CR	Commentaire Romand
Diss.	Dissertation
d. h.	das heisst
E.	Erwägung(en)
EBG	Eisenbahngesetz vom 20. Dezember 1957 (SR 742.101)
EG JStPO	Gesetz über die Einführung der Schweizerischen Jugendstrafprozessordnung des Kantons Basel-Stadt (SG BS 257.500)
EMRK	Europäische Konvention zum Schutze der Menschenrechte und Grundfreiheiten vom 4. November 1950 (SR 0.101)
etc.	et cetera
EVP	Einvernahmeprotokoll
exkl.	exklusive
f.	und folgende Seite, Note
ff.	und folgende Seiten, Noten
Fn.	Fussnote(n)
ggf.	gegebenenfalls
GR	Kanton Graubünden
GVP-SG	St. Gallische Gerichts- und Verwaltungspraxis (St. Gallen)
Hrsg.	Herausgeber/Herausgeberin
insb.	insbesondere
i. d. R.	in der Regel
i. f.	in fine
i. S. d.	im Sinne der
i. S. v.	im Sinne von
i. V. m.	in Verbindung mit
i. w. S.	im weiteren Sinne
JStG	über das Jugendstrafrecht vom 20. Juni 2003 (SR 311.1)
JStPO	Schweizerische Jugendstrafprozessordnung vom 20. März 2009 (SR 312.1)

KGer	Kantonsgericht
KJS/CJS	Kriminalität, Justiz und Sanktionen/Criminalité, Justice et Sanctions
KRK	Übereinkommen der Vereinten Nationen über die Rechte des Kindes vom 20. November 1989 (SR 0.107)
lit.	litera
m. A. n.	meiner Ansicht nach
m. a. W.	mit anderen Worten
m. E.	meines Erachtens
Min.	Minuten
m. w. H.	mit weiteren Hinweisen
N	Randnote(n)
Nr.	Nummer
o. Ä.	oder Ähnliche(-s)
OGer	Obergericht
resp.	respektive
S.	Seite
SAK/GSC	Schweizerische Arbeitsgruppe für Kriminologie/ Groupe Suisse de Criminologie
Sek.	Sekunden
SJZ	Schweizerische Juristen-Zeitung (Zürich)
sog.	sogenannt
SR	Systematische Sammlung des Bundesrechts (Systematische Rechtssammlung)
SS.	Seiten
StGB	Schweizerisches Strafgesetzbuch vom 21. Dezember 1937 (SR 311.0)
StPO	Schweizerische Strafprozessordnung vom 5. Oktober 2007 (SR 312.0)
SWR	Schriften der Stiftung für die Weiterbildung schweizerischer Richterinnen und Richter
SZK	Schweizerische Zeitschrift für Kriminologie
TPF	Entscheide des Bundesstrafgerichts (Bellinzona)
u.	und
u. a.	unter anderem/unter anderen
u. Ä.	und Ähnliche(-s)

u. dgl.	und dergleichen
u. U.	unter Umständen
Univ.	Universität
usw.	und so weiter
v. a.	vor allem
vgl.	vergleiche
z. B.	zum Beispiel
ZBJV	Zeitschrift des Bernischen Juristenvereins (Bern)
z. T.	zum Teil
ZGB	Schweizerisches Zivilgesetzbuch vom 10. Dezember 1907 (SR 210)
Ziff.	Ziffer
zit.	zitiert
ZR	Blätter für Zürcherische Rechtsprechung (Zürich)
ZStrR	Schweizerische Zeitschrift für Strafrecht

Literaturverzeichnis

Zitierhinweis:
Die nachfolgend aufgeführten Publikationen werden mit dem Namen des Verfassers bzw. den Namen der Verfasser, der Seitenzahl oder der Randnote (N) und gegebenenfalls mit dem in Klammern gesetzten Stichwort zitiert.

ACKERMANN ROLF, Polizeiliche Vernehmung, in: Rolf Ackermann/ Horst Clages/Holger Roll (Hrsg.), Handbuch der Kriminalistik, Kriminaltaktik für Praxis und Ausbildung, 4. Aufl., Stuttgart 2011, SS. 519–580.

AEBERSOLD PETER, Schweizerisches Jugendstrafrecht, 2. Aufl., Bern 2011 (zit. Aebersold).

AEBERSOLD PETER, Die neue Jugendstrafprozessordnung vom 20.3.2009, in: Marianne Heer (Hrsg.), Schweizerische Strafprozessordnung und Schweizerische Jugendstrafprozessordnung, SWR Band 12, Bern 2010, SS. 189–206 (zit. Aebersold, 2010).

AEPPLI HEINZ, Tonaufnahmen von Verhören statt Protokollierung?, in: Kriminalistik 1954.

ALBERTINI GIANFRANCO, Art. 299–327 StPO, in: Gianfranco Albertini/ Bruno Fehr/Beat Voser (Hrsg.), Polizeiliche Ermittlung, Zürich/ Basel/Genf 2008.

ARTKÄMPER HEIKO/SCHILLING KARSTEN, Vernehmungen, Taktik – Psychologie – Recht, 2. Aufl., Hilden 2012.

BALDWIN JOHN/BEDWARD JULIE, Summarising Tape Recordings of Police Interviews, in: The Criminal Law Review (1991), SS. 671–679.

BANSCHERUS JÜRGEN, Polizeiliche Vernehmung: Formen, Verhalten, Protokollierung, Wiesbaden 1977.

BÄNZIGER FELIX/BURKHARD CHRISTOPH/HAENNI CHARLES, Der Strafprozess im Kanton Bern, 1519 Anmerkungen zum Übergang vom bernischen Recht zu StPO und JStPO, Bern 2010.

Basler Kommentar zur Schweizerischen Strafprozessordnung und Jugendstrafprozessordnung, Hrsg: Marcel Alexander Niggli/Marianne Heer/Hans Wiprächtiger, 2. Aufl., Basel 2014 (zit. BSK StPO/JStPO – Autor).

BENDER ROLF/NACK ARMIN/TREUER WOLF-DIETER., Tatsachenfeststellung vor Gericht, Glaubhaftigkeits- und Beweislehre, Vernehmungslehre, 4. Aufl., München 2014.

BERK LAURA E., Entwicklungspsychologie, Übersetzung von Karsten Petersen und Eva Aralikalti, 5. Aufl., München 2011.

BICHOVSKY AUDE, La procédure préliminaire, in: La procédure pénale applicable aux mineurs, François Bohnet und André Kuhn (Hrsg.), Neuchâtel 2011, SS. 129–149.

BOEHLEN MARIE, Kommentar zum Schweizerischen Jugendstrafrecht, Bern 1975.

BOREL CHRISTOPHE, Le représentant légal: une partie très particulière au procès pénal, in: François Bohnet und André Kuhn (Hrsg.), La procédure pénale applicable aux mineurs, Neuchâtel 2011, SS. 67–102.

BRUNNER CLAUDIA V., Kommentar zu den Art. 1–22 JStPO, in: Daniel Jositsch (Hrsg.), Kommentar Schweizerische Jugendstrafprozessordnung, Zürich/St. Gallen 2010.

BRÜSCHWEILER DANIELA, Kommentar zu den Art. 76–79 StPO und Art. 100 StPO, in: Andreas Donatsch/Thomas Hansjakob/Viktor Lieber (Hrsg.), Kommentar zur Schweizerischen Strafprozessordnung (StPO), Zürich/Basel/Genf 2014.

CAPUS NADJA, «Ich ermördere Dich. Es gibt keine Gesetze für Vito. Vitogesetze.»Theorie und Empirie zur Herstellung von Schriftprotokollen in Strafverfahren, in: «Justice – Justiz – Giustizia», 2014/3 (zit. Capus, Vitogesetze).

CAPUS NADJA, Personalbeweise in Strafverfahren, in: AJP 8/2012, SS. 1035–1039 (zit. Capus, Beweise).

CAPUS NADJA, Schriftprotokolle im Strafverfahren: „der todte Buchstabe ist noch immer nicht das lebendige Wort selbst“, in: Basler Juristische Mitteilungen Nr. 4 (2012), SS. 173–192 (zit. Capus).

CAPUS NADJA/ALBRECHT PETER, Die Kompetenz zur Einvernahme im Vorverfahren, in: forumpoenale 6/2012, SS. 361–367.

Capus Nadja/Hohl Zürcher Franziska, Einvernahmeprotokolle: Der Stil beeinflusst die Richter, in: Plädoyer 6/14, SS. 30–35.

Capus Nadja/Stoll Mirjam, Lesen und Unterzeichnen von Einvernahmeprotokollen im Vor- und im Hauptverfahren. Anmerkungen zur Revision der Schweizerischen Strafprozessordnung aus Sicht der rechtswissenschaftlichen und kriminologischen Protokollforschung, in: ZStrR 131 (2013), SS. 195–217.

Capus Nadja/Stoll Mirjam/Vieth Manuela, Protokolle von Vernehmungen im Vergleich und Rezeptionswirkungen in Strafverfahren, in: Zeitschrift für Rechtssoziologie Band 34 (2014), SS. 225–252.

Commentaire Romand, Code de procédure pénale Suisse, Hrsg: André Kuhn und Yvan Jeanneret, Basel 2011 (zit. CR CPP – Autor).

Coulthard Malcolm, Whose Voice is it? Invented and Concealed Dialogue in Written Records of Verbal Evidence Produced by the Police, in: Janet Cotterill (Hrsg.), Language in the Legal Process, 3. Aufl., Basingstoke 2002, SS. 19–34.

Daphinoff Michael, Das Strafbefehlsverfahren in der Schweizerischen Strafprozessordnung, Diss. Univ. Freiburg im Uechtland, Zürich/Basel/Genf 2012.

De Keijser Jan/Malsch Marijke/Kranendonk Robin/de Gruijter Madeleine, Written record of police interrogation: differential registration as determinant of statement credibility and interrogation quality, in: Psychology, Crime & Law 18/7 (2012), SS. 613–629 (zit. De Keijser et al.).

Deppermann Arnulf, Gespräche analysieren, Eine Einführung, 4. Aufl., Wiesbaden 2008.

Dittmann Volker, Zur Glaubhaftigkeit von Zeugenaussagen, in: Plädoyer 2/97, SS. 28–37 (zit. Dittmann).

Dittmann Volker, Die Begutachtung der Glaubhaftigkeit bei Verdacht auf sexuellen Missbrauch aus psychologischpsychiatrischer Sicht, in: Stefan Bauhofer/Pierre-Henri Boll/Volker Dittmann/Marcel Alexander Niggli (Hrsg.), Jugend und Strafrecht, Chur/Zürich 1998 (zit. Dittmann, Begutachtung).

Dittmar Norbert, Transkription, Ein Leitfaden mit Aufgaben für Studenten, Forscher und Laien, 3. Aufl., Wiesbaden 2009.

DONATSCH ANDREAS, Das schweizerische Strafprozessrecht, in: SJZ 100 (2004), SS. 321–328.

DONATSCH ANDREAS/SCHWARZENEGGER CHRISTIAN/WOHLERS WOLFGANG, Strafprozessrecht, Zürich/Basel/Genf 2010.

DONK UTE, Als ob es die Wirklichkeit wäre. Die formale Sicherung polizeilicher Beschuldigten-Protokolle, in: Jo Reichertz und Norbert Schröer (Hrsg.), Polizei vor Ort. Studien zur empirischen Polizeiforschung, Stuttgart 1992, SS. 85–108.

DRESING THORSTEN/PEHL THORSTEN, Praxisbuch Interview, Transkription & Analyse. Anleitungen und Regelsysteme für qualitativ Forschende, 6. Aufl., Marburg 2015.

EGLI ISABELLE, Protokollierungsvorschriften der Schweizerischen Strafprozessordnung – ein Plädoyer für die Revision, in: AJP 5/2012, SS. 627–638.

ESCHENBACH EBERHARD, Die Kunst des Protokollierens, in: Kriminalistik 1958, SS. 86–89.

FALKNER ANASTASIA, Kommentar zu den Art. 352–357 StPO, in: Peter Goldschmid/Thomas Maurer/Jürg Sollberger (Hrsg.), Kommentierte Textausgabe zur Schweizerischen Strafprozessordnung (StPO) vom 5. Oktober 2007, Bern 2008.

FLICK UWE/VON KARDORFF ERNST/STEINKE INES, Was ist qualitative Forschung? Einleitung und Überblick, in: Uwe Flick/Ernst von Kardorff/Ines Steinke (Hrsg.), Qualitative Forschung. Ein Handbuch, 10. Aufl., Reinbek bei Hamburg 2013, SS. 13–29.

GILLIÉRON GWLADYS, Strafbefehlsverfahren und plea bargaining als Quelle von Fehlurteilen, Diss. Univ. Zürich, Zürich/Basel/Genf 2010.

GLESS SABINE, Der Strafbefehl – in der Schweizerischen Strafprozessordnung, in: Marianne Heer (Hrsg.), Schweizerische Strafprozessordnung und Schweizerische Jugendstrafprozessordnung, SWR Band 12, Bern 2010, SS. 41–62.

GODENZI GUNHILD, Kommentar zu den Art. 142–146 StPO, in: Andreas Donatsch/Thomas Hansjakob/Viktor Lieber (Hrsg.), Kommentar zur Schweizerischen Strafprozessordnung (StPO), Zürich/Basel/Genf 2014.

GONZALEZ MARTINEZ ESTHER, The Interweaving of Talk and Text in a French Criminal Pretrial Hearing, in: Research on Language and Social Interaction 39 (2006), SS. 229–261.

GOODENOUGH OLIVER R./TUCKER MICAELA, Law and Cognitive Neuroscience, in: Annual Review of Law and Social Science, Band 6 (2010), SS. 61–92.

HAAS HENRIETTE, Psychologie de la déposition, victimologie et techniques d'entretien: traité de psychologie légale, Zürich/Basel/Genf 2003.

HAAS HENRIETTE/ILL CHRISTOPH, Gesprächsführungstechniken in der Einvernahme, in: forumpoenale Sonderheft 2013, SS. 2–27.

HABSCHICK KLAUS, Erfolgreich Vernehmen, Kompetenz in der Kommunikations-, Gesprächs- und Vernehmungspraxis, 3. Aufl., Heidelberg 2012.

HAUSER ROBERT, Zur Teilnahme der Parteien in der Voruntersuchung, in: SJZ 71 (1976), SS. 341–351 (zit. Hauser, Teilnahme).

HAUSER ROBERT, Die Protokollierung im Schweizerischen Prozessrecht, in: ZStrR 82 (1966), SS. 158–196 (zit. Hauser).

HAUSER ROBERT/SCHWERI ERHARD/HARTMANN KARL, Schweizerisches Strafprozessrecht, 6. Aufl., Basel/Genf/München 2005.

HEBEISEN DIETER, Das Strafbefehlsverfahren nach JStPO, in: Marianne Heer (Hrsg.), Schweizerische Strafprozessordnung und Schweizerische Jugendstrafprozessordnung, SWR Band 12, Bern 2010, SS. 207–220.

HORVATH SANDOR, Wahrheit und Dichtung in der Jugendkriminalität, in: SZK Heft 1 (2012), SS. 53–58.

HUG MARKUS, Glaubhaftigkeitsgutachten bei Sexualdelikten gegenüber Kindern, in: ZStrR 118 (2000), SS. 19–44.

HUSSELS MARTIN, Fragen der Vernehmungstechnik und -taktik bei der Einvernahme von Zeugen/Auskunftspersonen, in: forumpoenale 6/2011, SS. 354–360.

JEANNERET YVAN/FERREIRA LUDIVINE, Les parties et leurs droits, in: François Bohnet und André Kuhn (Hrsg.), La procédure pénale applicable aux mineurs, Neuchâtel 2011, SS. 33–66.

JEANNERET YVAN/KUHN ANDRÉ, Précis de procédure pénale, Bern 2013.

JENNY GUIDO, Grundfragen des neuen Jugendstrafrechts, in: AJP 5/2006, SS. 529–541.

JÖNSSON LINDA/LINELL PER, Story generations: From dialogical interviews to written reports in police interrogations, in: Text 11 (1991), SS. 419–440.

JOSITSCH DANIEL, Grundriss des schweizerischen Strafprozessrechts, 2. Aufl., Zürich/St. Gallen 2013.

JOSITSCH DANIEL/MURER ANGELIKA, Die Schweizerische Jugendstrafprozessordnung – ein Balanceakt zwischen Rechtsstaat und Erziehungsgrundsatz, in: ZStrR 127 (2009), SS. 290–320.

KAMBER URS W., Kanton Basel-Stadt, in: Raphaël Arn/Nicole Saurer/André Kuhn (Hrsg.), Organisation der kantonalen und eidgenössischen Strafbehörden und strafrechtliche Ausführungsbestimmungen, Basel 2011.

KAUFMANN ARIANE, Das Unmittelbarkeitsprinzip und die Folgen seiner Einschränkung in der Schweizerischen Strafprozessordnung, Diss. Univ. Luzern, Zürich/Basel/Genf 2013 (zit. Kaufmann, Unmittelbarkeitsprinzip).

KAUFMANN MARTIN, Beweisführung und Beweiswürdigung, Tatsachenfeststellung im schweizerischen Zivil-, Straf- und Verwaltungsprozess, Zürich/St. Gallen 2009.

KELLER ANDREAS J., Die neue schweizerische StPO: Formalisierung und Effizienz – bleibt die materielle Wahrheit auf der Strecke?, in: ZStrR 129 (2011), SS. 229–257.

KETTIGER DANIEL, Schnittstellenfragen der Schweizerischen Strafprozessordnung, in: Jusletter 13. Februar 2012.

KLING VERA, Theorie und Praxis der Aussagebeurteilung, in: AJP 8/2012, SS. 1040–1045.

KOLB WALTRAUD, «Wie erklären Sie mir diesen Widerspruch?» Dolmetschung und Protokollierung in Asylverfahren, in: Stichproben. Wiener Zeitschrift für kritische Afrikastudien 19 (2010), SS. 83–101.

KOMTER MARTHA L., From Talk to Text: The Interactional Construction of a Police Record, in: Research on Language and Social Interaction 39 (2006), SS. 201–228 (zit. Komter, 2006).

KOMTER MARTHA L., The suspect's own words: the treatment of written statements in Dutch courtrooms, in: Forensic Linguistics 9 (2002), SS. 168–192 (zit. Komter, 2002).
KOMTER MARTHA L., La construction de la preuve dans un interrogatoire de police, in: Droit et Société 48 (2001), SS. 367–393 (zit. Komter, 2001).
KOMTER MARTHA L., Remorse, Redress, and Reform: Blame-Taking in the Courtroom, in: Max Travers und John F. Manzo (Hrsg.), Law in Action. Ethnomethodological and Conversation Analytic Approaches to Law, SS. 239–264 (zit. Komter, 1997).
KOWAL SABINE/O'CONNELL DANIEL, Zur Transkription von Gesprächen, in: Uwe Flick/Ernst von Kardorff/Ines Steinke (Hrsg.), Qualitative Forschung. Ein Handbuch, 10. Aufl., Reinbek bei Hamburg 2013, SS. 437–447.
KRAUSS DETLEF, Der Umfang der Strafakte, in: Basler Juristische Mitteilungen Nr. 2 (1983), SS. 49–64.
KUHN ANDRÉ, Introduction à la procédure pénale applicable aux mineurs: ses particularités et ses implications, in: François Bohnet und André Kuhn (Hrsg.), La procédure pénale applicable aux mineurs, Neuchâtel 2011, SS. 1–32.
KUNZ KARL-LUDWIG/HAAS HENRIETTE, Zusammenhänge der strafgerichtlichen Entscheidungsfindung. Eine empirische Studie in drei Ländern, in: Monatsschrift für Kriminologie und Strafrechtsreform 95 (2012), SS. 158–183.
LEITNER WERNER, Videotechnik im Strafverfahren: ein Petitum für mehr Dokumentation und Transparenz, Baden-Baden 2012.
LÉVY RENÉ, Scripta manent: la rédaction des procès-verbaux de police, in: Sociologie du travail Nr. 4 (1985), SS. 408–423.
LOFTUS ELIZABETH F./PALMER JOHN C., Reconstruction of Automobile Destruction: An Example of the Interaction Between Language and Memory, in: Journal of Verbal Learning and verbal Behavior 13 (1974), SS. 585–589.
MAIER PHILIPP/MÖLLER ARNULF, Begutachtungen der Glaubhaftigkeit in der Strafrechtspraxis, in: AJP 6/2002, SS. 682–691.

MARTI PETER, Das Protokollieren von Einvernahmen nach der Schweizerischen Strafprozessordnung aus der Sicht eines Zürcher Richters – Fluch oder Segen?, in: forumpoenale 2/2011, SS. 91–97.

MAURER THOMAS, Das bernische Strafverfahren, 2. Aufl., Bern 2003.

MAYRING PHILIPP, Qualitative Inhaltsanalyse, in: Uwe Flick/Ernst von Kardorff/Ines Steinke (Hrsg.), Qualitative Forschung. Ein Handbuch, 10. Aufl., Reinbek bei Hamburg 2013, SS. 468–475.

MILNE REBECCA/BULL RAY, Psychologie der Vernehmung: Die Befragung von Tatverdächtigen, Zeugen und Opfern, Übersetzung von Irmela Erckenbrecht, Bern 2003.

MOREILLON LAURENT/PAREIN-REYMOND AUDE, CPP – Code de procédure pénale, Basel 2013.

MOREILLON LAURENT, L'ordonnance pénale : simplification ou artifice?, in: ZStrR 128 (2010), SS. 22–37.

MURER MIKOLASEK ANGELIKA, Analyse der Schweizerischen Jugendstrafprozessordnung (JStPO): entspricht sie den Grundsätzen des Jugendstrafrechts?, Diss. Univ. Zürich, Zürich/Basel/Genf 2011 (zit. Murer).

MURER MIKOLASEK ANGELIKA, Einleitung zur JStPO und Kommentar zu den Art. 23–54 JStPO, in: Daniel Jositsch (Hrsg.), Kommentar Schweizerische Jugendstrafprozessordnung, Zürich/St. Gallen 2010 (zit. Murer, Kommentar).

NÄPFLI PHILIPP, Würdigung des strafprozessualen Einvernahmeprotokolls, in: Jusletter 22. März 2010 (zit. Näpfli, Würdigung).

NÄPFLI PHILIPP, Das Protokoll im Strafprozess: unter besonderer Berücksichtigung des Entwurfs zur Schweizerischen Strafprozessordnung und der Zürcher Strafprozessordnung, Diss. Univ. Zürich, Zürich 2007 (zit. Näpfli).

OBERHOLZER NIKLAUS, Grundzüge des Strafprozessrechts, 3. Aufl., Bern 2012.

PADRUTT WILLY, Kommentar zur Strafprozessordnung des Kantons Graubünden (StPO): ein Behelf für Praktiker, 2. Aufl., Chur 1996.

PANTLI ANNA-KATHARINA/KIESER UELI/PRIBNOW VOLKER, Die «Aussage der ersten Stunde» im Schadensausgleichsrecht – und die Mangelhaftigkeit ihrer Aufzeichnung, in: AJP 10/2000, SS. 1195–1205.

PETERS KARL, Fehlerquellen im Strafprozeß, Eine Untersuchung der Wiederaufnahmeverfahren in der Bundesrepublik Deutschland, 2. Band, Karlsruhe 1972.
PIETH MARK, Schweizerisches Strafprozessrecht, Basel 2009 (zit. Pieth, Strafprozessrecht).
PIETH MARK, Strafverteidigung – wozu?, Basel 1986 (zit. Pieth).
PIQUEREZ GÉRARD/MACALUSO ALAIN, Procédure pénale suisse, 3. Aufl., Genf/Zürich/Basel 2011.
POPP PETER, Einvernahmeprotokoll in der Hauptverhandlung, Anmerkungen zu einer parlamentarischen Initiative, in: forumpoenale 2/2011, SS. 98–102.
PREUSS ULRICH, Altersgrenzen im Strafrecht: Dogmatik oder entwicklungspsychologische Begründung?, in: Junge Menschen und Kriminalität, SAK/GSC Band 27, Bern 2010, SS. 3–24.
REPOND MICHELINE, Michel Lachat, Le juge et les mineurs, 4. Aufl., Fribourg 2012.
RHYNER BEAT, Kommentar zu den Art. 76–79 StPO, in: Gianfranco Albertini/Bruno Fehr/Beat Voser (Hrsg.) Polizeiliche Ermittlung, Zürich/Basel/Genf 2008.
RIEDO CHRISTOF, Jugendstrafrecht und Jugendstrafprozessrecht, Basel 2013.
RIEDO CHRISTOF/FIOLKA GERHARD/NIGGLI MARCEL ALEXANDER, Strafprozessrecht, sowie Rechtshilfe in Strafsachen, Basel 2011.
RIESEN-KUPPER MARCEL, Anmerkungen aus Sicht der Praxis, in: Daniel Jositsch (Hrsg.), Kommentar Schweizerische Jugendstrafprozessordnung, Zürich/St. Gallen 2010.
RIETSCHI CAROLINE, Kanton Basel-Landschaft, in: Raphaël Arn/Nicole Saurer/André Kuhn (Hrsg.), Organisation der kantonalen und eidgenössischen Strafbehörden und strafrechtliche Ausführungsbestimmungen, Basel 2011.
RIKLIN FRANZ, Schweizerische Strafprozessordnung, Kommentar, 2. Aufl., Zürich 2014.
SCHEFFER THOMAS, Übergänge von Wort und Schrift: zur Genese und Gestaltung von Anhörungsprotokollen im Asylverfahren, in: Zeitschrift für Rechtssoziologie Band 20 (1998), SS. 230–265.

SCHMID NIKLAUS, Handbuch des Schweizerischen Strafprozessrechts, Zürich/St. Gallen 2009 (zit. Schmid, Handbuch 1. Aufl. 2009).

SCHMID NIKLAUS, Handbuch des Schweizerischen Strafprozessrechts, 2. Aufl., Zürich/St. Gallen 2013 (zit. Schmid, Handbuch).

SCHMID NIKLAUS, Schweizerische Strafprozessordnung, Praxiskommentar, 2. Aufl., Zürich/St. Gallen 2013 (zit. Schmid, Kommentar).

SCHMID NIKLAUS, Strafprozessrecht, Eine Einführung auf der Grundlage des Strafprozessrechtes des Kantons Zürich und des Bundes, 4. Aufl., Zürich/Basel/Genf 2004 (zit. Schmid, Strafprozessrecht).

SELTING MARGRET ET AL., Gesprächsanalytisches Transkriptionssystem (GAT), in: Linguistische Berichte 173 (1998), SS. 91–122.

SERVERIN EVELYNE/BRUXELLES SYLVIE, Enregistrements, procès-verbaux, transcriptions devant la Commission d'enquête: le traitement de l'oral en questions, in: Droit et cultures 55 (2008), SS. 149–180.

SILBEREISEN RAINER K./WEICHOLD KARINA, Jugend (12–19 Jahre), in: Wolfgang Schneider und Ulman Lindenberger, Entwicklungspsychologie, 7. Aufl., Weinheim/Basel 2012, SS. 235–258.

STEINBERG LAURENCE, Adolescent Development and Juvenile Justice, in: Annual Review of Clinical Psychology, Band 5 (2009), SS. 459–485.

THOMMEN MARC, Unerhörte Strafbefehle: Strafbefehle ohne Einvernahme – ein Plädoyer für Kommunikation mit Beschuldigten, in: ZStrR 128 (2010), SS. 373–393.

TRECHSEL STEFAN, Jugendstrafverfahren im Rechtsstaat: Kritische Anmerkungen zum Vorentwurf zu einem Bundesgesetz über das Schweizerische Jugendstrafverfahren, in: Jusletter 7. Januar 2002.

UNDEUTSCH UDO, Beurteilung der Glaubhaftigkeit von Aussagen, in: Gottschaldt/Lersch/Sander/Thomae (Hrsg.), Handbuch der Psychologie in 12 Bänden, 11. Band Forensische Psychologie, Göttingen 1967, SS. 26–181.

UNDEUTSCH UDO/KLEIN GISELA, Redlich, aber falsch – zur psychologischen Problematik des Beweiswertes von Zeugenaussagen, in: AJP 11/2000, SS. 1354–1360.

VON CLERIC GEORG FRANZ, Die Prinzipien der Unmittelbarkeit und Mündlichkeit im Strafprozess, in: SJZ 11 (1915), SS. 41 ff.

WALDER HANS, Fehler bei der Durchführung von Einvernahmen, in: AJP 9/1992, SS. 1105–1114 (zit. Walder, Fehler).

WALDER HANS, Einvernahmetechnik, in: ZStrR 88 (1972), SS. 361–391 (zit. Walder).

WALKER ANNE GRAFFAM, Language at Work in the Law: The Customs, Conventions, and Appellate Consequences of Court Reporting, in: Judith N. Levi und Anne Graffam Walker (Hrsg.), Language in the Judicial Process, New York/London 1990, SS. 203–244 (zit. Walker, 1990).

WALKER ANNE GRAFFAM, Context, Transcripts and Appellate Readers, in: Justice Quarterly 3, 1986, SS. 409–427 (zit. Walker, 1986).

WEDER ULRICH, Die audiovisuelle Aufzeichnung von Einvernahmen und andern Verfahrenshandlungen, in: Cavallo/Hiestand/Blocher/Arnold/Käser/Caspar/Ivic (Hrsg.), Liber amicorum für Andreas Donatsch: im Einsatz für Wissenschaft, Lehre und Praxis, Zürich 2012, SS. 531–555.

WEINERT SABINE/GRIMM HANNELORE, Sprachentwicklung, in: Wolfgang Schneider und Ulman Lindenberger, Entwicklungspsychologie, 7. Aufl., Weinheim/Basel 2012, SS. 433–456.

WEIRICH ANGELA, Rechtliche und praktische Schwierigkeiten bei der Erhebung und Verwertung von Personalbeweisen aus staatsanwaltlicher Sicht, in: AJP 8/2012, SS. 1046–1052.

ZERMATTEN JEAN, Réflexions sur les réalités de la justice des mineurs et la séparation des fonctions judiciaires, in: ZStrR 107 (1990), SS. 367–377.

ZUBER THOMAS, Art. 157–161 StPO, in: Gianfranco Albertini/Bruno Fehr/Beat Voser (Hrsg.), Polizeiliche Ermittlung, Zürich/Basel/Genf 2008.

ZWEIDLER THOMAS, Die Würdigung von Aussagen oder Susanna im Bade – und die Lehren daraus, in: ZBJV Band 132 (1996), SS. 105–127 (zit. Zweidler, Würdigung).

ZWEIDLER THOMAS, Die Praxis zur thurgauischen Strafprozessordnung, Bern 2005 (zit. Zweidler, Praxis).

Materialienverzeichnis

Begleitbericht zum Vorentwurf für ein Bundesgesetz über das Schweizerische Jugendstrafverfahren, Bundesamt für Justiz, Bern 2001 (zit. BeB VE JStPO).

Begleitbericht zum Vorentwurf für eine Schweizerische Strafprozessordnung, Bundesamt für Justiz, Bern 2001 (zit. BeB VE StPO).

Botschaft zur Vereinheitlichung des Strafprozessrechts vom 21. Dezember 2005, BBl 2006, 1085 ff. (zit. Bot. StPO 2006).

Bundesamt für Statistik (2011). Daten und Indikatoren zu den Jugendstrafurteilen. http://www.bfs.admin.ch/bfs/portal/de/index/themen/19/03/04/key/sanktionen.html (Stand: 27. September 2011).

Entwurf der Schweizerischen Jugendstrafprozessordnung vom 21. Dezember 2005, BBl 2006, 1561 ff. (zit. E JStPO 2006).

Entwurf der Schweizerischen Strafprozessordnung vom 21. Dezember 2005, BBl 2006, 1389 ff. (zit. E StPO 2006).

Entwurf der Schweizerischen Jugendstrafprozessordnung vom 22. August 2007, BBl 2009, 3157 ff. (zit. E JStPO 2009).

Parlamentarische Initiative 10.444 «Strafprozessordnung. Protokollierungsvorschriften», Bericht der Kommission für Rechtsfragen des Ständerates vom 16. April 2012, BBl 2012, 5707 ff. (zit. BBl 2012).

Vorentwurf zu einem Bundesgesetz über das Schweizerische Jugendstrafverfahren, Bundesamt für Justiz, Bern 2001 (zit. VE JStPO).

Vorentwurf zu einer Schweizerischen Strafprozessordnung, Bundesamt für Justiz, Bern 2001 (zit. VE StPO).

Zusatzbericht. Erläuterungen der Änderungen des bundesrätlichen Entwurfs vom 21. Dezember 2005 zu einer Schweizerischen Jugendstrafprozessordnung (JStPO) vom 22. August 2007 BBl 2008, 3121 ff. (zit. ZB JStPO).

Judikaturverzeichnis

Veröffentlichte Bundesgerichtsentscheide:

BGE 85 I 273
BGE 121 I 196
BGE 122 I 153
BGE 126 I 15
BGE 128 I 81
BGE 129 I 49
BGE 129 I 85
BGE 133 I 33
BGE 136 I 149
BGE 98 Ia 250
BGE 113 Ia 9
BGE 111 Ia 81
BGE 112 Ia 18
BGE 115 Ia 8
BGE 115 Ia 97
BGE 118 Ia 17
BGE 118 Ia 28
BGE 130 II 473
BGE 131 II 132
BGE 131 II 670
BGE 94 IV 56
BGE 106 IV 372
BGE 108 IV 161
BGE 120 IV 246
BGE 122 IV 103
BGE 141 IV 20
BGE 141 IV 178
BGE 124 V 372
BGE 124 V 389

Unveröffentlichte Bundesgerichtsentscheide:

Urteil des Bundesgerichts 1P.549/2001 vom 11. Januar 2002
Urteil des Bundesgerichts 1P.240/2002 vom 18. Oktober 2002
Urteil des Bundesgerichts 1P.605/2002 vom 2. April 2003
Urteil des Bundesgerichts 1P.261/2002 vom 20. Januar 2004
Urteil des Bundesgerichts 1A.241/2003 vom 3. März 2004
Urteil des Bundesgerichts 6P.37/2005 vom 24. Juni 2005
Urteil des Bundesgerichts 1P.718/2005 vom 19. Dezember 2005
Urteil des Bundesgerichts 1P.399/2005 vom 8. Mai 2006
Urteil des Bundesgerichts 1P.281/2006 vom 29. Juni 2006
Urteil des Bundesgerichts 6P.84/2006 vom 10. Juli 2006
Urteil des Bundesgerichts 6P.62/2006 vom 14. November 2006
Urteil des Bundesgerichts 6B_503/2007 vom 21. Januar 2008
Urteil des Bundesgerichts 6B_84/2008 vom 27. Juni 2008
Urteil des Bundesgerichts 1B_311/2011 vom 30. August 2011
Urteil des Bundesgerichts 1B_594/2011 vom 7. November 2011
Urteil des Bundesgerichts 6B_383/2011 vom 20. Januar 2012
Urteil des Bundesgerichts 6B_676/2011 vom 7. Februar 2012
Urteil des Bundesgerichts 6B_734/2011 vom 3. April 2012
Urteil des Bundesgerichts 6B_110/2012 vom 28. Juni 2012
Urteil des Bundesgerichts 6B_719/2011 vom 12. November 2012
Urteil des Bundesgerichts 6B_492/2012 vom 22. Februar 2013
Urteil des Bundesgerichts 6B_599/2012 vom 5. April 2013
Urteil des Bundesgerichts 1B_86/2013 vom 19. April 2013
Urteil des Bundesgerichts 6B_682/2012 vom 25. April 2013
Urteil des Bundesgerichts 6B_344/2013 vom 19. Juli 2013
Urteil des Bundesgerichts 6B_717/2012 vom 17. September 2013

Bundesstrafgericht:

TPF 2005 119 vom 1. Juni 2005
TPF 2009 179 vom 17. November 2009
TPF 2011 84 vom 7. Juni 2011
TPF 2012 80 vom 13. Juni 2012
Urteil des Bundesstrafgerichts BH.2011.5 vom 16. September 2011

Kantonale Rechtsinstanzen:

Urteil des Obergerichts des Kantons Zürich vom 19. Oktober 1972, in: ZR 71/1972 S. 301 f.

Urteil des Kassationsgericht des Kantons Zürich vom 24. Oktober 1974, in: ZR 77/1974 S. 198

Urteil des Obergerichts des Kantons Zürich vom 20. Oktober 1998, in: ZR 98/1999 S. 102 f.

Urteil des Kassationsgerichts des Kantons Zürich vom 29.12.2008, in: ZR 50/2009 S. 216 ff.

Urteil des Obergerichts des Kantons Bern SK 2011 131 vom 4. November 2011

Urteil des Kantonsgerichts Graubünden SK1 12 40 vom 6. November 2012

Urteil des Obergerichts des Kantons Bern SK 2012 223 vom 15. Mai 2013

Urteil des Obergerichts des Kantons Bern BK 13 271 vom 28. Oktober 2013

Entscheid des Kantonsgerichts Basellandschaft (460 14 283) vom 16. Juni 2015

Einleitung

«*Vielleicht nicht normal aber auch nicht so schlimm*». Dieses Zitat stammt aus dem Protokoll der Einvernahme eines fremdsprachigen 17-jährigen beschuldigten Jugendlichen[1]. Die tatsächliche Aussage des Jugendlichen lautete jedoch wie folgt: «*nicht äh nicht normal aber nicht so schlimm ich seh das ist nicht von mir äh schlimm*». Stellt diese Protokollierung einen Einzelfall dar? Welche Motive und Darstellungsziele leiten die protokollführenden Personen an, wenn sie die originären Aussagen in veränderter Form in den Einvernahmeprotokollen festhalten? Wird möglicherweise auf eine bestimmte Protokollierungsweise gezielt und diese systematisch verwendet oder steht schlussendlich ausschliesslich die Lesbarkeit der Protokolle im Vordergrund?

Diesen Fragestellungen geht die vorliegende Abhandlung nach. Die Untersuchung der Gestaltung der Einvernahmeprotokolle erfolgt anhand der in Jugendstrafverfahren geltenden Protokollierungsbestimmungen und Verfahrensgrundsätze und einer empirischen Untersuchung von Protokollen aus Jugendstrafverfahren.

In der Schweiz wird die Strafverfolgung gegen Minderjährige von den Untersuchungsbehörden (Jugendanwaltschaft oder Jugendrichter) geleitet[2] und ggf. mit einem Jugendstrafbefehl abgeschlossen, «wenn die Beurteilung der Straftat nicht in die Zuständigkeit des Jugendgerichts fällt».[3] Im Laufe der Ermittlungen werden der Sachverhalt, die

1 Aus Gründen der besseren Lesbarkeit wird in der vorliegenden Abhandlung i. d. R. auf die geschlechtsspezifische Differenzierung verzichtet. Die verwendeten Begriffe gelten im Sinne der Gleichbehandlung für beide Geschlechter. Wird auf einen minderjährigen Beschuldigten Bezug genommen, ist dabei immer der gesetzlich verankerte Begriff der beschuldigten Jugendlichen bzw. des beschuldigten Jugendlichen gemeint (siehe Art. 19 JStPO).

2 Vgl. Art. 6 Abs. 1 lit. b u. Abs. 2 und Art. 30 JStPO; BSK JStPO-Hebeisen, N 1 zu Art. 30.

3 Siehe Art. 32 Abs. 1 und Art. 34 Abs. 1 u. Abs. 2. JStPO; das Jugendstrafbefehlsverfahren ist die am meisten angewendete Verfahrensart, weshalb die Problematik der Handhabung der Einvernahmen und Protokollierung sowie der Verwendung von polizeilichen Einvernahmeprotokollen im Rahmen dieser Verfahren von

relevanten Tatsachen u. Ä. – insbesondere mithilfe von Einvernahmen – eruiert.[4] Dabei sind die von der Polizei und den zuständigen Untersuchungsbehörden durchgeführten Verfahrenshandlungen und Einvernahmen zwingend zu protokollieren.[5] In der Folge bilden die erstellten Einvernahmeprotokolle einen wichtigen Bestandteil der jugendstrafbehördlichen Entscheide.[6] Im Jugendstrafbefehlsverfahren kann die Untersuchungsbehörde vor dem Erlass des Jugendstrafbefehls und in Abweichung vom Grundsatz der Mündlichkeit nach Art. 4 Abs. 2 JStPO auf eine eigene Einvernahme des beschuldigten Jugendlichen verzichten. Stattdessen kann sie – sofern die Voraussetzungen von Art. 352 Abs. 1 StPO erfüllt sind[7] – ihren Entscheid einzig auf das Protokoll der polizeilichen Einvernahme stützen.[8] In diesem Fall erhalten die polizeilichen Einvernahmeprotokolle selbstredend eine erhöhte Bedeutung.

Folglich ist nachvollziehbar, dass die Einvernahme das bedeutsamste Beweismittel darstellt und eine zentrale Rolle spielt.[9] Auch in Jugendstrafverfahren nehmen Einvernahmeprotokolle eine elementare Stellung ein und sind von sehr weitreichender Bedeutung. Erst mithilfe der Protokolle werden die Aussagen dauerhaft festgehalten und gehen in das Verfahren ein.[10] Die Einvernahmeprotokolle machen die Aussagen «zirkulationsfähig» und garantieren, dass zurückliegende Verfahrenshandlungen und «Befragungen auch zu späteren Zeitpunkten im Verfahren und für abwesende Personen zugänglich sind».[11]

---

erhöhter Bedeutung ist; siehe auch HEBEISEN, 208; MURER, N 732. Das Jugendstrafbefehlsverfahren wird hinten gesondert in Teil 1. Abschnitt B. I. behandelt.

4 Siehe dazu insb. SCHMID, Handbuch, N 15 f. u. N 803; CAPUS/ALBRECHT, 362; BSK StPO-HÄRING, N 1 Vor Art. 142–146.

5 So ausdrücklich Art. 76 Abs. 1 und Art. 78 Abs. 1 StPO; vgl. auch SCHMID, Handbuch, N 571 u. N 803.

6 Siehe NÄPFLI, 91 f.; DAPHINOFF, 350 f.; CAPUS/ALBRECHT, 362; OBERHOLZER, N 717 u. N 1268; CAPUS/STOLL/ VIETH, 227.

7 Gemäss Art. 352 Abs. 1 StPO, einen Strafbefehl erlassen, wenn «die beschuldigte Person im Vorverfahren den Sachverhalt eingestanden» hat oder «dieser anderweitig ausreichend geklärt» ist.

8 Mit Art. 32 Abs. 2 JStPO ist die Einvernahme des beschuldigten Jugendlichen als Kann-Vorschrift ausgestaltet; vgl. auch NÄPFLI, 91 f.; DAPHINOFF, 350 f.

9 Siehe DAPHINOFF, 350; MAURER, 37 u. 458; KRAUSS, 55; PIQUEREZ/MACALUSO, 996; CAPUS/STOLL/VIETH, 225.

10 Siehe CAPUS/STOLL/VIETH, 225 u. 227; DAPHINOFF, 350; NÄPFLI, 91.

11 CAPUS/STOLL, 204.

Ob dies in der Praxis regelmässig zu erreichen ist und wie die Einvernahmeprotokolle konkret gestaltet sind, wird in der vorliegenden Abhandlung aus theoretischer und empirischer Sicht untersucht.

Jugendstrafverfahren sind im Vergleich zu Strafverfahren, in denen die beschuldigte Person erwachsen ist, besondere bzw. spezielles Verfahren.[12] Diese Besonderheiten beeinflussen womöglich die Anforderungen an die Einvernahmeprotokollierung. Daher werden in einem ersten Teil die grundsätzliche Ausrichtung der Jugendstrafverfahren, die wichtigsten Verfahrensgrundsätze und besondere Regelungen erläutert (Teil 1). In einem zweiten Schritt wird untersucht, wie die Protokollierung in Jugendstrafverfahren normiert ist, welche Anforderungen dazu vom Gesetzgeber gestellt werden und welche Erwartungen die rechtswissenschaftliche Literatur und Rechtsprechung an die Protokollierung richten (Teil 2).

Der 3. Teil ist schliesslich dem sozialwissenschaftlichen Forschungsstand zur Protokollierung in Strafverfahren gewidmet. Daraus werden forschungsleitende Fragestellungen und Hypothesen abgeleitet, die teilweise im Widerspruch zu den normativen Anforderungen stehen, wie sie in Teil 2 analysiert worden sind. Kernstück der vorliegenden Arbeit ist die empirische Untersuchung dieser Hypothesen. Nach Erläuterung der Methodik folgt die Darstellung der Untersuchung und Ergebnisse. Diese Ergebnisse werden vor dem Hintergrund der in den vorausgegangenen Teilen 1 und 2 erarbeiteten Befunde reflektiert und diskutiert.

Im Rahmen dieser Auseinandersetzung wird stets darauf geachtet, offenzulegen, wie diese Bestimmungen konkret in Jugendstrafverfahren zur Anwendung kommen müssen. Insbesondere geschieht dies im Hinblick und unter Berücksichtigung der in Teil 1 erläuterten besonderen Ziele des Jugendstrafverfahrens und der besonderen Stellung des Jugendlichen.

Aus dem Fokus der vorliegenden Abhandlung auf die Protokollierungsvorgehensweise der Strafverfolgungsbehörden[13] von Einvernahmen mit beschuldigten Jugendlichen in Jugendstrafverfahren ergibt sich, dass Einvernahmen von Zeugen, Auskunftspersonen und

12 Siehe Aebersold, 223 ff. u. 239; Murer, N 172 u. N 207.

13 Nach Art. 6 JStPO sind dies namentlich die Polizei und die Untersuchungsbehörden.

Sachverständigen in dieser Arbeit nicht behandelt werden. Die Einvernahmeprotokollierung in Hauptverhandlungen wird nur punktuell erläutert. Ferner wird ausschliesslich die Protokollierungspraxis der Jugendstrafbehörden der Deutschschweiz untersucht.[14] Aufgrund der unterschiedlichen Strafverfolgungsmodelle (siehe Art. 6 Abs. 2 JStPO) ist die Übertragung der Ergebnisse auf die lateinische Schweiz bzw. eine generelle Ausweitung der Ergebnisse auf alle schweizerischen Jugendstrafbehörden nicht ohne weiteres möglich.

14 Die empirische Untersuchung basiert primär auf der Protokollierungspraxis der Jugendstrafverfolgungsbehörden eines Deutschschweizer Kantons.

Teil 1: Protokollierung im besonderen Rahmen: die relevanten Grundzüge von Jugendstrafverfahren

A. Der beschuldigte Jugendliche als Subjekt des Jugendstrafverfahrens

I. Die Besonderheiten des Jugendlichen als Subjekt

Jugendstrafverfahren werden aus Gründen der Konstitution, Fähigkeiten und Entwicklung der beschuldigten Jugendlichen konsequenterweise anders geführt als jene gegen Erwachsene. Es wird speziell auf die Bedürfnisse, das Alter und den Entwicklungsstand des Jugendlichen Rücksicht genommen.[15] Die vorliegende Arbeit möchte verdeutlichen, weshalb und in welchem Ausmasse jugendstrafverfahrensspezifische Grundsätze bei der Protokollierung zu berücksichtigen sind bzw. wie sich diese Prinzipien auf die Einvernahmen und Protokollierungen auswirken.

Gegen jugendliche Straftäter zwischen dem 10. und 18. Altersjahr werden zwar Strafverfahren geführt,[16] diese haben jedoch teilweise eine andere Ausrichtung und verfolgen andere Ziele als Verfahren gegen erwachsene Straftäter und werden zudem von anderen Strafbehörden durchgeführt (siehe auch Art. 11 Abs. 1 JStPO).[17] Die Strafverfahren gegen minderjährige Beschuldigte sind spezialpräventiv ausgerichtet, deutlich stärker täterbezogen und werden generell von erziehungsorientierten Grundsätzen und Regeln angeleitet. Damit soll sichergestellt werden, dass die Sanktionierung unterstützend wirkt und den

---

15 Siehe BSK JStPO-Hug/Schläfli, N 1 u. N 3 f. zu Art. 4; Aebersold, 85 f. u. 223; Preuss, 9 u. 21; Horvath, 55; Berk, 554.

16 Vgl. Art. 3 Abs. 1 JStG; Art. 1 JStPO; Riedo, 1394 ff.; Aebersold, 225 f.

17 Vgl. Riedo, 1499 ff.; Boehlen, N 2 zu Art. 369; Murer, Kommentar, 7 f.; BeB VE JStPO, 26 f.; Art. 40 Ziff. 3 KRK.

Jugendlichen v. a. in seiner Entwicklung fördert.[18] Der schweizerische Jugendstrafprozess ist am Erziehungsmodell ausgerichtet. Folglich wird das Jugendstrafverfahren selber bereits als «Teil des Erziehungsprozess» angesehen.[19] Entsprechend hält Art. 4 Abs. 1 JStPO fest, dass der Schutz und die Erziehung des beschuldigten Jugendlichen in Jugendstrafverfahren wegweisend sind. Ferner sollen nach Abs. 1 zweiter Satz auch das Alter und der Entwicklungsstand (bei der Sanktionierung) berücksichtigt werden.[20] In diesem Sinne wird «die Straftat eines Jugendlichen als Anlass betrachtet, sich mit dessen Person zu befassen und nötige Interventionen zur Förderung seiner Entwicklung anzuordnen». Der Entscheid der Jugendstrafbehörden soll i. d. R. pädagogisch motiviert sein und zu einer Korrektur des Fehlverhaltens führen.[21] Im Laufe des Verfahrens bzw. der durchgeführten Einvernahmen sind damit möglichst die Ursachen des Fehlverhaltens zu ermitteln, um eine angemessene Strafe oder Schutzmassnahme zur Förderung der sozialen Reintegration des Jugendlichen zu treffen.[22] Eine Strafe kann jedoch – gemäss Art. 11 Abs. 1 JStG – nur verhängt werden, wenn der beschuldigte Jugendliche auch schuldhaft gehandelt hat.[23] Nach Art. 11 Abs. 2 JStG ist hierfür erforderlich, dass er die Fähigkeiten besitzt, «das Unrecht seiner Tat einzusehen und nach dieser Einsicht zu handeln» (Einsichts- und Steuerungsfähigkeit). Bei Minderjährigen sind aufgrund ihres jungen Alters die Schuldfähigkeit und mithin die Einsichtsfähigkeit in «das Unrecht eines bestimmten Verhalten[s]» sowie die Steuerungsfähigkeit nicht stets uneingeschränkt gegeben.[24] Die Schuldfähigkeit beschuldigter Jugendlicher wird in Jugendstrafverfahren dennoch fingiert und gleichsam bei der Wahl der Strafe und der Strafzumessung gegebenenfalls abmildernd

---

18 Vgl. Murer, N 4 f., N 19 u. N 172 f.; Aebersold, 85 f., 223 u. 226; Bot. StPO 2006, 1355; Jositsch/Murer, 293.

19 Siehe Jositsch/Murer, 293 f.; Art. 4 Abs. 1 JStPO.

20 Vgl. Jositsch/Murer, 295 f.; Aebersold, 226 f.; Murer, N 4 u. N 19; BSK JStPO-Hug/Schläfli, N 4 zu Art. 4.

21 Aebersold, 84 f. u. 225 ff.; Jositsch/Murer, 293 f.; vgl. auch Art. 2 JStG; BGE 94 IV 56, E. 1a.

22 Siehe BSK JStPO-Hug/Schläfli, N 3 zu Art. 4.

23 Gemäss Art. 10 Abs. 1 JStG können Schutzmassnahmen, im Gegensatz zu den Strafen, auch ohne schuldhaftes Handeln angeordnet werden.

24 Riedo, 959 f.; Aebersold, 123 u. 125; Jenny, 532 f., wonach «der Grad der Fähigkeit zu verantwortlichem Handeln nach dem Alter des Jugendlichen variiert».

berücksichtigt bzw. kompensiert. Insofern werden die Entwicklung und Einschränkung der Schuldfähigkeit des beschuldigten Jugendlichen dahingehend berücksichtigt, dass die Sanktionen «nach dem Alter des Täters abgestuft» sind. Dementsprechend sieht das Schweizerische Jugendstrafgesetz je nach dem Alter des beschuldigten Jugendlichen unterschiedliche Strafen bzw. Strafhöhen vor (siehe Art. 23 Abs. 3, Art. 24 Abs. 1 und Art. 26 JStG).[25]

Eine weitere Besonderheit des Jugendstrafverfahrens besteht darin, dass bereits die Einvernahme genutzt werden soll, um erzieherisch auf den beschuldigten Jugendlichen einzuwirken.[26] Damit nehmen die Einvernahmen von Jugendlichen, im Vergleich zu den Befragungen von erwachsenen Straftätern, möglicherweise eine besondere Rolle ein. Zudem sind Einvernahmen gegen jugendliche Straftäter anders durchzuführen, weil die Jugendlichen i. d. R. andere Sprach- und Denkfähigkeiten aufweisen als Erwachsene. Sie sind in ihrer Aussage leichter zu beeinflussen und geben in der Regel etwaigem Druck schneller nach.[27] Mithin ist zu Beginn der Einvernahme sicherzustellen, dass der beschuldigte Jugendliche körperlich und geistig in der Lage ist, die gegen ihn erhobenen Beschuldigungen zu verstehen, über seine Person und den Sachverhalt vernünftig Auskunft zu erteilen und die Bedeutung und Tragweite seiner Aussagen erkennen zu können.[28] Insgesamt gestaltet sich die Art der Kommunikation bei Minderjährigen anders als bei Erwachsenen. Damit sind die einvernehmenden Personen grundsätzlich angehalten, die Befragungen akzentuiert auf den Entwicklungsstand und die sprachlichen und kognitiven Kompetenzen des beschuldigten Jugendlichen auszurichten.[29] Denn Minderjährige reagieren i. d. R. empfindlicher bzw. anders auf bestimmte Einvernahmetechniken,

---

25 Siehe Riedo, 960 f.; Jenny, 533; Aebersold, 124 f. u. 126 f.; BGE 94 IV 56, E. 1a.

26 Siehe Zermatten, 372 f.; Aebersold, 53 f. u. 89 ff.; BSK JStPO-Hug/Schläfli, N 1 zu Art. 4; Habschick, 444 u. 547 f.; siehe auch hinten Teil 3 Abschnitt B. II. 3.

27 Siehe Steinberg, 475 f.; Habschick, 439 ff. u. 455; Hauser, 189; Bender/Nack/Treuer, 208 f.; vgl. auch Dittmann, 35 f.; Silbereisen/Weichold, 241 f.; Weinert/Grimm, 450 f.; siehe aber Kaufmann, 145 f. u. 148, wonach «bei Jugendlichen die Kommunikationsmöglichkeit ungefähr der eines Erwachsenen entspricht».

28 Vgl. Art. 114 StPO; Schmid, Handbuch, N 663 u. N 855; BSK StPO-Engler, N 4 f. zu Art. 114; Riedo, N 1733.

29 Vgl. Habschick, 451; Ackermann, 574 f. und dort Fn. 59; Artkämper/Schilling, 140; Bender/Nack/ Treuer, N 754 u. N 781 f.; Haas, 52 f.

auf das Verhalten der einvernehmenden Person und die Art und Weise der Fragestellungen.[30] In dieser Hinsicht ist bei der Einvernahme von beschuldigten Jugendlichen ferner relevant, dass sie sich i. d. R. zwar bemühen, eine bessere Ausdrucksweise zu wählen als beispielsweise in der Schule oder mit Freunden, dennoch kann nicht stets daraus gefolgert werden, dass sie den Inhalt der Fragen bzw. Einvernahme vollumfänglich verstehen.[31] Zudem wird ein 17-Jähriger beispielsweise die Fragen des Einvernehmenden in der Regel besser verstehen und sich deutlich besser ausdrücken können, als dies bei einem 10- oder 11-Jährigen der Fall ist.[32] Bei minderjährigen Einvernommenen ist somit im besonderen Masse darauf zu achten, dass die Fragen so formuliert werden, dass sie vernunftgemäss und korrekt verstanden und angemessen beantwortet werden.[33]

Um einen adäquaten Umgang mit den Fähigkeiten und dem Entwicklungsstand von beschuldigten Jugendlichen möglichst zu gewährleisten, wurden in allen Kantonen bereits Sonderbehörden eingeführt. Eine Spezialisierung der Jugendstrafbehörden bzw. deren Mitglieder ist damit noch nicht gewährleistet, dennoch dürfte bzw. müsste sie zum aktuellen Zeitpunkt die Regel darstellen.[34] Demnach sollen die Jugendstrafbehördenmitglieder nicht alleine über juristische Kenntnisse verfügen. Darüber hinaus sind namentlich Kompetenzen in den Bereichen der Pädagogik, Psychologie und Soziologie erforderlich.[35] Mithin ist die Spezialisierung der Jugendstrafbehörden geeignet zu gewährleisten, dass deren Mitglieder auf den Umgang mit den Sprach- und Verstandesfähigkeiten von beschuldigten Jugendlichen geschult bzw. geübt sind und ein

---

30 Dazu auch RIEDO/FIOLKA/NIGGLI, N 1410 ff.; BENDER/NACK/TREUER, N 899; BSK StPO-HÄRING, N 33 ff. zu Art. 143; KLING, 1044; HAAS, 52 f.; siehe zudem zur anhaltenden Wirkung von suggestiven Fragen das Experiment von LOFTUS/PALMER, 587 f.

31 Siehe auch DITTMANN, 32; HABSCHICK, 441; Urteil des Bundesgerichts 1P.549/2001 vom 11. Januar 2002, E. 3.6.

32 HABSCHICK, 451; STEINBERG, 467 f.; KAUFMANN, 148.

33 Siehe ACKERMANN, 574 f. und dort Fn. 59; HABSCHICK, 441 u. 553 ff.; BENDER/NACK/TREUER, N 781 f. u. N 883 ff.; vgl. auch HAAS/ILL, 6 f.; DAPHINOFF, 351.

34 Siehe MURER, N 564 u. N 700 ff.; JOSITSCH/MURER, 299; BICHOVSKY, N 10; Art. 1.6 und Art. 22 BR; BeB VE JStPO, 27.

35 Siehe BOEHLEN, N 2 zu Art. 369; MURER, N 700.

gutes Verständnis für die Berücksichtigung der Erfordernisse und Eigenheiten der Einvernahmen von beschuldigten Jugendlichen mitbringen.[36]

Hingegen wurde trotz der besonderen Ausrichtung des Jugendstrafverfahrens mit der Schweizerischen Jugendstrafprozessordnung kein vollständiger bzw. abschliessender Gesetzestext verfasst. Insofern verweist die JStPO in verschiedener Hinsicht auf die Schweizerische Strafprozessordnung (so z. B. auch bezüglich der Bestimmungen zur Protokollierung und Durchführung von Beschuldigteneinvernahmen, siehe die Art. 76–79, Art. 142 ff. und Art. 157 ff. StPO).[37] Diese Anwendbarkeit ist nicht immer opportun, sind doch die Bestimmungen der Schweizerischen Strafprozessordnung in erster Linie für Erwachsene konzipiert. Mithin tragen sie der besonderen Stellung von minderjährigen Beschuldigten nicht stets Rechnung. Entsprechend vorsichtig und umsichtig sollen die Jugendstrafbehörden bei der Anwendung und Auslegung der StPO-Bestimmungen in Jugendstrafverfahren vorgehen (Art. 3 Abs. 3 JStPO) und immerfort die besonderen Grundsätze von Art. 4 JStPO beachten. Demnach sind der Schutz und die Erziehung des Jugendlichen bei der Anwendung von JStPO und StPO wegleitend.[38]

Obgleich der erzieherischen Ausrichtung der Jugendstrafverfahren dürfen dem beschuldigten Jugendlichen seine Verfahrensrechte dadurch nicht entzogen oder eingeschränkt werden.[39] Der beschuldigte Jugendliche ist zwar richtigerweise das Objekt des gegen ihn gerichteten Strafverfahrens. Dennoch soll sichergestellt sein, dass er als Subjekt behandelt und ernst genommen wird, weil damit zudem die erzieherische Wirkung voraussichtlich besser zu erreichen ist.[40] Folgerichtig

---

36 Siehe Habschick, 444 u. 451; Murer, N 700 f.; Daphinoff, 351; Bender/Nack/Treuer, N 790 u. N 885.

37 Art. 3 Abs. 1 JStPO; BSK JStPO-Hug/Schläfli, N 1 zu Art. 3; Aebersold, 2010, 189; hinten Teil 2 Abschnitt A. I.

38 Vgl. auch Riedo, N 1428 f.; BSK JStPO-Hug/Schläfli, N 10 zu Art. 3 u. N 1 zu Art. 4; Bot. StPO 2006, 1354 f.; Murer, N 190 ff. u. N 202, weist jedoch daraufhin, dass sich zahlreiche StPO-Bestimmungen aufgrund strikter Formstrenge nicht abweichend auslegen lassen; siehe auch BSK StPO-Näpfli, N 11 f. zu Art. 76.

39 Vgl. Aebersold, 226 f.; BGE 111 Ia 81, E. 3; Jositsch/Murer, 294; Art. 7 BR; Art. 40 Abs. 2 lit. b KRK.

40 Siehe insb. Aebersold, 54 ff., 223 u. 231; siehe auch Art. 2 Abs. 2 u. Art. 9 JStG; siehe auch Schmid, Handbuch, N 669 ff., zur allgemeinen Stellung der beschuldigten Person als Verfahrenssubjekt.

räumt die Schweizerische Jugendstrafprozessordnung dem beschuldigten Jugendlichen, nach Art. 18 Abs. 1 lit. a JStPO, Parteistellung ein.[41]

II. Der beschuldigte Jugendliche als Partei im Jugendstrafverfahren

1. Die Handlungsbefugnisse des urteilsfähigen beschuldigten Jugendlichen

Darüber hinaus sieht Art. 19 Abs. 2 JStPO vor, dass urteilsfähige beschuldigte Jugendliche selbstständig – also unabhängig von der gesetzlichen Vertretung – ihre Partei- und Verfahrensrechte wahrnehmen und ausüben können (siehe u. a. Art. 9 und Art. 23 JStPO sowie Art. 107–110 StPO).[42] Das Vorhandensein der Urteilsfähigkeit wird wiederum grundsätzlich «vermutet» und sollte nicht leichtfertig verneint werden.[43] Die Urteilsfähigkeit setzt voraus, dass eine Person die Fähigkeiten besitzt, «vernunftgemäss zu handeln» (Art. 16 ZGB). Sie muss ausserdem immer in Bezug auf die konkret «in Frage stehende» Verfahrenshandlung behandelt werden. Das Alter und der individuelle Entwicklungsstand sind dabei massgebend.[44] Allenfalls kann einer beschuldigten Person u. U. aufgrund ihres sehr jungen Alters die Urteilsfähigkeit abgesprochen werden.[45] In Jugendstrafverfahren sollten jedoch «keine zu hohen Anforderungen an die Vernunftmässigkeit gestellt werden».[46]

---

41 Aebersold, 257.

42 Vgl. Brunner, N 4 zu Art. 19; BSK JStPO-Hebeisen, N 6 zu Art. 19; Riedo, N 1722 u. N 1734 ff.; ZB JStPO 3140, wonach die selbstständige Wahrnehmung der Parteirechte ein Grundsatz von allgemeiner Tragweite ist.

43 BSK StPO-Küffer, N 3 zu Art. 106; BSK JStPO-Hebeisen, N 5 zu Art. 19, wonach gilt, «im Zweifelsfall ist eher davon auszugehen, dass ein bestimmter Jugendlicher in einem konkreten Fall diese Fähigkeiten hat und daher auch über die Urteilsfähigkeit verfügt».

44 BSK StPO-Küffer, N 2 zu Art. 106, Riedo, N 1702 u. N 1737.

45 Siehe BSK StPO-Engler, N 2 u. N 7 zu Art. 114; Schmid, Handbuch, N 643 u. N 663.

46 BSK JStPO-Hebeisen, N 5 zu Art. 19, wonach anstelle des Alters vielmehr der Entwicklungsstand für die Beurteilung der Vernunftmässigkeit bzw. Urteilsfähigkeit relevant ist.

Den Jugendstrafbehörden steht zwar ein nicht selbstständiges Rechtssubjekt gegenüber. Der Jugendliche ist affektiv, rechtlich und auch finanziell immer noch stark von seinen Eltern abhängig.[47] Zwar hält Art. 19 Abs. 1 JStPO fest, dass der Jugendliche durch seine gesetzliche Vertretung handeln muss. In der Regel sind dies seine Eltern (nach Art. 304 ZGB). Dennoch stärkt die JStPO die besondere Stellung des Jugendlichen, indem sie ihm ein weitestgehend selbstständiges Handeln ermöglicht.[48] Danach hält Art. 19 Abs. 2 JStPO fest, dass er seine Parteirechte (siehe insb. Art. 107–110 StPO) selbst ausüben darf, wenn er urteilsfähig ist. Dementsprechend kann er seine (Partei-)Rechte also auch unabhängig von der gesetzlichen Vertretung wahrnehmen.[49] Damit sind vorab die individuellen Verteidigungsrechte gemeint.[50] Mithin darf sich der urteilsfähige beschuldigte Jugendliche selbst verteidigen, selbstständig einen Rechtsbeistand beiziehen, Beweisanträge und Rechtsmittel stellen. Zudem kann er gemäss Art. 107 Abs. 1 lit. d StPO i. V. m. Art. 19 Abs. 2 JStPO seinen Äusserungsanspruch bzw. Anspruch auf rechtliches Gehör (siehe auch Art. 4 Abs. 2 JStPO) selbstständig durchsetzen.[51]

Diese Regelung geht weit über die Bestimmung von Art. 106 Abs. 3 StPO hinaus, welche für das Erwachsenenstrafverfahren festhält, dass urteilsfähige handlungsunfähige Personen nur jene Verfahrensrechte selbstständig ausüben dürfen, «die höchstpersönlicher Natur sind».[52]

---

47 MURER, N 599; die einzige Ausnahme hierzu ist jener Fall, in dem der Beschuldigte eine Tat vor Vollendung des 18. Altersjahrs begangen hat, das Verfahren jedoch erst nach der Volljährigkeit durchgeführt oder weitergeführt wird, siehe RIEDO, N 1399 f. u. N 1721.

48 RIEDO, N 1734 f.; BSK JStPO-HEBEISEN, N 2 zu Art. 19.

49 JEANNERET/FERREIRA, N 15 f.; BRUNNER, N 1 u. N 4 zu Art. 19; RIEDO, N 1735 f.

50 RIEDO, N 1736.

51 MURER, N 810; BOREL, N 24; BSK JStPO-HEBEISEN, N 6 zu Art. 19; RIEDO, N 1723 u. N 1736; hinten Abschnitt A. II. 2.

52 JEANNERET/FERREIRA, N 16. In Jugendstrafverfahren wäre die Stellung des beschuldigten Jugendlichen mit Art. 106 StPO zudem stark geschwächt, weil er demgemäss und aufgrund seiner Minderjährigkeit keine gültigen Verfahrenshandlungen vornehmen und seine Partei- und Verfahrensrechte nicht vollumfänglich selbstständig ausüben könnte. Die in Art. 106 StPO erforderliche Handlungsfähigkeit einer Partei setzt gemäss Art. 13 und Art. 17 ZGB nämlich die Volljährigkeit und Urteilsfähigkeit voraus. Erstere ist bei beschuldigten Jugendlichen i. d. R. nicht gegeben. Insofern kommt Art. 106 StPO in Jugendstrafverfahren nur

Damit stehen dem urteilsfähigen beschuldigten Jugendlichen, wie erwähnt, in Jugendstrafverfahren grundsätzlich alle Verfahrensrechte und -grundsätze offen, welche die Schweizerische Strafprozessordnung und die Schweizerische Jugendstrafprozessordnung ausdrücklich für die beschuldigte Person bzw. die Parteien vorsehen. So kann sich der beschuldigte Jugendliche namentlich auf den Anspruch auf rechtliches Gehör (Art. 107 Abs. 1 StPO und Art. 4 Abs. 2 JStPO),[53] den Grundsatz der Unschuldsvermutung (Art. 10 Abs. 1 StPO) und das Recht auf Aussage- und Mitwirkungsverweigerung (Art. 113 Abs. 1 StPO) berufen.[54] Ferner kann er beispielsweise selbstständig Einsprache gegen einen Jugendstrafbefehl erheben (Art. 32 Abs. 5 lit. a JStPO) und – gemäss Art. 37 Abs. 3 lit. a JStPO – die Urteile der Jugendgerichte schriftlich begründet und selbst zugestellt erhalten.[55]

2. *Die Äusserungs- und Verteidigungsrechte des beschuldigten Jugendlichen*

Dem Erziehungsgedanken und der Stärkung der Stellung des beschuldigten Jugendlichen dient weiter der Anspruch auf rechtliches Gehör. Dieser ergibt sich bereits aus Art. 29 Abs. 2 BV und wird weiter in Art. 4 Abs. 2 JStPO sowie in Art. 107 Abs. 1 StPO i. V. m. Art. 19 Abs. 2 JStPO konkretisiert. Der Anspruch auf rechtliches Gehör beinhaltet für den beschuldigten Jugendlichen insbesondere das Recht, im Verfahren auszusagen, seine Sicht des Sachverhalts zu schildern und sich gegen Vorwürfe zu verteidigen (siehe auch Art. 147 und Art. 157 Abs. 2 StPO).[56] Alsdann hat der beschuldigte Jugendliche grundsätzlich einen eigenen Anspruch darauf, dass seine Aussage stets im Rahmen einer formellen Einvernahme nach den Art. 157 ff. StPO durchgeführt und entsprechend protokolliert wird (Art. 76 ff. StPO).[57] Nach Abschluss der Einvernahme

---

sinngemäss (siehe Art. 3 Abs. 3 JStPO) bzw. gar nicht zur Anwendung, Riedo, N 1721 u. N 1734 f.; vgl. auch Schmid, Handbuch, N 643 u. N 663; BSK StPO-Engler, N 2 u. N 7 zu Art. 114.

53 Siehe hinten Abschnitt A. II. 2.

54 Siehe auch Riedo, N 1722 ff.; Aebersold, 227.

55 Vgl. auch BSK JStPO-Hebeisen, N 2 zu Art. 19.

56 Siehe Schmid, Handbuch, N 104 ff. u. N 856; BGE 129 I 85, E. 4.1; BGE 115 Ia 8, E. 2b; BGE 118 Ia 17, E. 1c.

57 Siehe hierzu BSK StPO-Häring, N 1 f. Vor Art. 142–146; Oberholzer, N 1274.

nimmt der beschuldigte Jugendliche entsprechend eigenständig und selbst seinen Anspruch wahr, das Einvernahmeprotokoll zum Lesen vorgelegt zu erhalten und nach der Kenntnisnahme zu unterzeichnen (siehe Art. 78 Abs. 5 StPO). Gegebenenfalls kann er nach Art. 79 StPO selbstständig Berichtigungen anbringen bzw. beantragen.[58]

Das Einräumen eines eigenen und selbstständig durchsetzbaren Anspruchs auf Äusserung und Mitwirkung im Jugendstrafverfahren dient zugleich dazu, sicherzustellen, dass der beschuldigte Jugendliche sein zukünftiges straffreies Leben selbst mitgestalten kann und möglichst umfassend in den Entscheidungsprozess eingebunden wird.[59] Art. 4 Abs. 2 erster Satz JStPO hält somit ausdrücklich fest, dass es dem beschuldigten Jugendlichen zu ermöglichen ist, sich aktiv am Verfahren zu beteiligen. Sein umfassendes Mitwirkungs- bzw. Äusserungsrecht wird dabei selbstredend primär durch eine Einvernahme einzuhalten sein. Durch den Einbezug des Jugendlichen in die ihn betreffenden Entscheidungen kann zudem seine Besserungsbereitschaft bzw. die erzieherische Wirkung voraussichtlich erheblich gesteigert werden. Ferner dient die Anhörung einer zuverlässigen Abklärung des Entwicklungsstandes und der persönlichen Verhältnisse (siehe Art. 9 JStG). Der Jugendliche wird dabei i. d. R. am besten über seine eigene aktuelle Lebenssituation Auskunft erteilen können.[60]

Dementsprechend sieht Art. 4 Abs. 2 zweiter Satz JStPO vor, dass der beschuldigte Jugendliche grundsätzlich während des laufenden Verfahrens bzw. vor dem Entscheid stets persönlich anzuhören ist. Damit wird für das Jugendstrafverfahren der Grundsatz der Mündlichkeit aufgestellt, wonach die zuständige Jugendstrafbehörde den beschuldigten Jugendlichen selbst und möglichst unmittelbar vor Erlass ihres Entscheides einvernehmen soll.[61] In einer Einvernahme kann sich die Untersuchungsbehörde ein eigenes unmittelbares Bild vom Jugendlichen machen und zudem erzieherisch bzw. pädagogisch auf ihn einwirken.[62]

---

58 Siehe Riedo, N 1735 f.; BSK JStPO-Hebeisen, N 5 f. zu Art. 19; hinten Teil 2 Abschnitt B. III. 6. u. Abschnitt B. IV.

59 Vgl. Jositsch/Murer, 296 f.; Art. 12 KRK; BSK JStPO-Hug/Schläfli, N 5 zu Art. 4.

60 Vgl. Jositsch/Murer, 296 f.; Murer, N 562 f. u. 580.

61 Siehe BSK JStPO-Hug/Schläfli, N 6 zu Art. 4; Murer, N 565 ff. u. N 578.

62 Jositsch/ Murer, 296 f.; siehe auch Aebersold, 89 f.; Murer, N 572.

Dennoch sieht Art. 4 Abs. 2 i. f. JStPO vor, dass bei abweichenden besonderen Verfahrensvorschriften von einer persönlichen Anhörung abgesehen werden kann und das Verfahren schriftlich durchgeführt wird.[63] Die Untersuchungsbehörde sollte in Anbetracht der Bedeutung des Äusserungs- und Mitwirkungsrechts sowie des Erziehungsgedankens möglichst nicht darauf verzichten, den beschuldigten Jugendlichen selbst anzuhören (siehe die Kann-Vorschrift von Art. 32 Abs. 2 JStPO). Insgesamt ist der persönliche Kontakt zwischen den Jugendstrafbehörden und dem Jugendlichen wichtig, damit er mit seinem «Fehlverhalten konfrontiert werden» kann und die Überzeugungskraft bzw. erzieherische Wirkung des Strafverfahrens nicht verloren geht.[64]

Des Weiteren wird dem urteilsfähigen beschuldigten Jugendlichen für eine effektive und erfolgreiche Wahrnehmung seiner Verteidigungsrechte das Recht eingeräumt selbst, und auf jeder Verfahrensstufe eine Verteidigung zu bestellen (siehe Art. 23 JStPO).[65] Dies ist ein wichtiger rechtsstaatlicher Anspruch und gilt zudem als direkter Ausfluss des rechtlichen Gehörs (siehe Art. 29 Abs. 2 BV i. V. m. Art. 107 Abs. 1 lit. c StPO).[66] Ferner halten die Art. 24 und 25 JStPO weitergehend fest, unter welchen Voraussetzungen der Jugendliche zwingend verteidigt werden muss bzw. unter welchen gegebenen Bedingungen eine amtliche Verteidigung anzuordnen ist.[67] Der Einbezug einer Verteidigung stärkt erheblich die Stellung und Rechte des beschuldigten Jugendlichen. Der Verteidiger unterstützt den Jugendlichen massgeblich bei der Durchsetzung seiner Verfahrensrechte. So kann er z. B. bei der Entscheidung, ob gegen einen Jugendstrafbefehl Einsprache zu erheben oder ein Gesuch um Protokollberichtigung einzureichen ist, wichtigen rechtskundigen Rat geben.[68] In Jugendstrafverfahren kommen der Verteidigung jedoch weitergehende bzw. andere Funktionen zu als in Strafverfahren gegen Erwachsene. Aufgrund der besonderen Stellung und Fähigkeiten des

---

63 BSK JStPO-Hug/Schläfli, N 6 zu Art. 4.

64 Siehe auch Bot. StPO 2006, 1369; Aebersold, 269 f.; Murer, N 563 f. u. 580 f.

65 Murer, Kommentar, N 1 u. N 3 zu Art. 23; BSK JStPO-Hebeisen, N 1 zu Art. 23.

66 BSK JStPO-Hebeisen, N 2 Vor Art. 23–25; Riedo, N 1769.

67 Siehe Kuhn, 26 f.; BSK JStPO-Hebeisen, N 1 zu Art. 23 u. N 1 zu Art. 24; Aebersold, 257 f.; die Verteidigung wird – nach Art. 131 und Art. 133 StPO i. V. m. Art. 6 und Art. 30 JStPO – von der zuständigen Verfahrensleitung der jeweiligen Verfahrensphase angeordnet.

68 Siehe Murer, N 981.

beschuldigten Jugendlichen hat der Verteidiger seine Verteidigungsaufgaben auch mit Blick auf die Erziehungs- und Resozialisierungsziele auszuüben.[69] Dazu ist erforderlich, dass die Verteidigung nicht nur auf die Tat- und Schuldfrage, sondern auch auf die Angemessenheit der Sanktion im Hinblick auf die zukünftige Entwicklung des Jugendlichen eingeht. Mithin setzt dies voraus, dass die Verteidigung über besondere (weitergehende) Kenntnisse verfügt und ein besonderes Verständnis für die Bedürfnisse und Fähigkeiten von minderjährigen Beschuldigten hat, um diese Aufgabe sach- bzw. personengerecht wahrnehmen zu können.[70]

B. Allgemeine Verfahrensgrundsätze und ihre Berücksichtigung in Jugendstrafbefehlsverfahren

Die StPO sowie das Strafverfahren im Allgemeinen halten verschiedene Verfahrensgrundsätze fest, welche insbesondere die Stellung und Rechte der beschuldigten Person stärken sollen und ebenfalls in Jugendstraf(befehls)verfahren gelten.[71] Dieses Kapitel ist den Verfahrensgrundsätzen gewidmet, die in Bezug auf die Protokollierung von zentraler Bedeutung sind. Einleitend (Abschnitt I.) wird zuerst das Jugendstrafbefehlsverfahren näher erläutert. Es stellt die am häufigsten durchgeführte Verfahrensart dar, weist einen engen Bezug zu den nachfolgend genannten Verfahrensgrundsätzen auf und trägt mitunter zu deren Einhaltung bei. Bei den Verfahrensgrundsätzen handelt es sich um das Beschleunigungsgebot (nachfolgend Abschnitt II.), den Grundsatz der

---

69 Vgl. Aebersold, 258; Murer, Kommentar, N 11 Vor Art. 23; BSK JStPO-Hebeisen, N 4 ff. Vor Art. 23–25.

70 Siehe Art. 22.1 BR; Murer, Kommentar, N 10 Vor Art. 23; Murer, N 859 ff.; Aebersold, 258; siehe dazu auch BSK JStPO-Hebeisen, N 4bf. Vor Art. 23–25; Repond, 49 f., wo eine spezialisierte Ausbildung der Verteidiger, welche in Jugendstrafverfahren mitwirken, postuliert wird.

71 Siehe dazu insb. Schmid, Handbuch, N 79 ff., nicht alle geltenden Verfahrensgrundsätze werden ausdrücklich in der StPO genannt, einige ergeben sich bereits aus der Bundesverfassung oder der EMRK; BSK JStPO-Hebeisen, N 9 Vor Art. 30 und 31; siehe auch Art. 3–11 StPO.

Unmittelbarkeit (Abschnitt III.) und den – nicht ausdrücklich in der StPO genannten – Grundsatz der Dokumentationspflicht (Abschnitt IV.).[72]

I. Das Jugendstrafbefehlsverfahren

Das Jugendstrafbefehlsverfahren ist zwar als ein besonderes Verfahren konzipiert worden,[73] dennoch ist es die faktisch bei weitem am häufigsten angewendete Verfahrensart.[74]

Die Schweizerische Jugendstrafprozessordnung sieht in Art. 32 die Möglichkeit vor, das Jugendstrafverfahren mit einem Jugendstrafbefehl abzuschliessen. Dieser Entscheid wird von der Untersuchungsbehörde – je nach Kanton also von dem Jugendrichter oder Jugendanwalt (Art. 6 Abs. 2 JStPO) – erlassen.[75] Der Jugendstrafbefehl ermöglicht es, bei geringfügigen und unumstrittenen Delikten ein rasches und vereinfachtes Verfahren durchführen zu können. Neben Art. 32 JStPO kommen – nach Art. 32 Abs. 6 JStPO – die Art. 352–356 StPO zur sinngemässen Anwendung, insofern die JStPO keine abweichenden Normen enthält.[76]

Der Jugendstrafbefehl ist «kein richterliches Urteil» im eigentlichen Sinne, sondern ein «Urteilsvorschlag» der Behörden an den Jugendlichen. Wenn der Jugendliche diesen nicht annehmen möchte, hat er – nach Art. 32 Abs. 5 JStPO – die Möglichkeit, innert zehn Tagen schriftlich Einsprache einzulegen.[77]

---

72 Vgl. RIKLIN, N 2 Vor Art. 76–79; Urteil des Bundesgerichts 1P.399/2005 vom 8. Mai 2006, E. 3.1.

73 Das Strafbefehlsverfahren wird in der Schweizerischen Strafprozessordnung im 8. Titel bei den besonderen Verfahren geregelt. Die entsprechenden Bestimmungen (Art. 352–356 StPO) sind gemäss Art. 3 Abs. 1 u. Abs. 2 JStPO ebenfalls in Jugendstrafverfahren anwendbar.

74 Siehe BSK JStPO-HEBEISEN, N 1 zu Art. 32, wonach «ca. 99% aller Verurteilungen mit einem Strafbefehl abgeschlossen werden»; vgl. auch MURER, N 732; HEBEISEN, 208; Statistische Werte zu den Jugendstrafurteilen in der Schweiz: siehe Bundesamt für Statistik (Neuchâtel), verfügbar unter: <http://www.bfs.admin.ch/bfs/portal/de/index/themen/19/03/04/key/sanktionen.html> (besucht am 31.03.2016).

75 MURER, N 975 u. N 977 f.

76 Vgl. Art. 3 Abs. 1 JStPO; BSK JStPO-HUG/SCHLÄFLI, N 1 zu Art. 3; MURER, N 977.

77 Siehe MURER, N 976; BSK JStPO-HEBEISEN, N 1 zu Art. 32; BSK StPO-GILLIÉRON/KILLIAS, N 1 zu Art. 352.

Die Zuständigkeit für den Erlass eines Jugendstrafbefehls ergibt sich e contrario aus Art. 34 JStPO. Die Untersuchungsbehörde ist dazu verpflichtet, das Verfahren mit einem Strafbefehl abzuschliessen, wenn die Sanktion nicht in den Zuständigkeitsbereich des Jugendgerichts fällt. Die Zuständigkeit der Untersuchungsbehörde ist demnach gegeben, wenn eine Busse von bis zu CHF 1'000, eine Freiheitsstrafe von bis zu drei Monaten, eine persönliche Leistung, ein Verweis oder eine ambulante Schutzmassnahme auszusprechen ist.[78] Zudem ergibt sich aus Art. 352 Abs. 1 StPO, dass ein Strafbefehl nur erlassen werden darf, wenn der Sachverhalt vom beschuldigten Jugendlichen eingestanden wird oder dieser ausreichend geklärt ist.[79]

Einerseits hat das Strafbefehlsverfahren verschiedene, mitunter bedeutende Vorteile gegenüber den übrigen Verfahrensarten. Es ist grundsätzlich günstiger und weniger zeitintensiv als ein ordentliches Gerichtsverfahren.[80] Dabei scheint es insbesondere für die Bewältigung einer grossen Anzahl an Bagatelldelikten dienlich zu sein.[81] Zugleich werden in der Anwendung dieser Verfahrensart auch für den beschuldigten Jugendlichen Vorteile gesehen. Hier erscheint relevant, dass das Jugendstrafbefehlsverfahren weniger kostenaufwendig ist als ein ordentliches Verfahren und die psychische Belastung für den Jugendlichen ebenfalls geringer ausfallen kann. Zudem wird postuliert, dass die Untersuchungsbehörde den Jugendlichen am besten kennt und deshalb allenfalls eine angemessenere Sanktionierung aussprechen kann.[82] Ferner kann ein schnelles Verfahren erzieherisch vorteilhaft sein. Wenn der Zeitraum zwischen dem Delikt und der Sanktionierung bzw. dem

---

78 MURER, Kommentar, N 7 zu Art. 32; AEBERSOLD, 267; BSK JStPO-HEBEISEN, N 5 zu Art. 32.

79 Siehe BSK JStPO-HEBEISEN, N 5 zu Art. 32; RIEDO, N 2305; FALKNER, 345 zu Art. 352; kritisch dazu AEBERSOLD, 268.

80 Siehe BSK StPO-RIKLIN, N 1 Vor Art. 352–356; DAPHINOFF, 59 f. u. 68 f.; MURER, Kommentar, N 2 f. zu Art. 32; MURER, N 995.

81 Vgl. SCHMID, Kommentar, N 2 Vor Art. 352–357; DAPHINOFF, 68;AEBERSOLD, 267; siehe aber BSK JStPO-HEBEISEN, N 3 zu Art. 32, wonach Bagatelldelikte in Jugendstrafverfahren ggf. auch vor dem Jugendgericht zu verhandeln sind, wenn der beschuldigte Jugendliche, beispielsweise aufgrund «seiner persönlichen Defizite», einer stationären Behandlung bedarf.

82 Siehe hierzu MURER, N 995; MURER, Kommentar, N 2 zu Art. 32; BSK JStPO-HEBEISEN, N 5 zu Art. 32.

Abschluss des Verfahrens gering gehalten wird, kann dies eine positive Wirkung auf die Strafe oder Massnahme erzielen. Dabei wird der beschuldigte Jugendliche diese i. d. R. besser nachvollziehen können und die Straftat zwischenzeitlich nicht bereits verdrängt oder vergessen haben. Der Zusammenhang zwischen Sanktionierung und Straftat bleibt für den Jugendlichen dabei besser fassbar.[83]

Andererseits wird moniert, das Jugendstrafbefehlsverfahren sei in verschiedenen Punkten unklar und umstritten. Primär wird dabei die grosse Reichweite der Strafbefehlskompetenz der Untersuchungsbehörden kritisch betrachtet.[84] Am Jugendstrafbefehlsverfahren wird ferner beanstandet, dass der beschuldigte Jugendliche weniger stark in das Strafverfahren einbezogen wird als in einem ordentlichen Gerichtsverfahren. Demnach setzt sich der beschuldigte Jugendliche möglicherweise ungenügend mit dem Delikt und dessen Konsequenzen auseinander. Möglicherweise werden ihm dabei die «einsehbaren Grenzen» seiner Handlung nicht befriedigend aufgezeigt und mithin die erzieherische Wirkung verfehlt.[85] Ferner wird am Jugendstrafbefehlsverfahren bemängelt, dass der beschuldigte Jugendliche u. U. auf eine Einsprache verzichtet, obgleich er dem Jugendstrafbefehl nicht zustimmt. Demnach kann der Verzicht auf die Einsprache erfolgen, weil der Jugendliche «mögliche Kosten» befürchtet, die bei der Ergreifung dieser Massnahme auf ihn zukommen würden. Weiter verzichten beschuldigte Jugendliche u. U. auf die Einsprache, weil sie vermeiden möchten, ein weiteres Mal mit den Vorfällen der Tat konfrontiert zu werden, oder glauben, mit dem Jugendstrafbefehl «glimpflich» davongekommen zu sein.[86]

Aufgrund der häufigen Anwendung dieser Verfahrensform wäre es vorteilhaft gewesen, in der JStPO eine umfassende bzw. eingehende Regelung festzuhalten. De lege lata regelt nur ein einziger Artikel das Jugendstrafbefehlsverfahren. Dagegen wären besondere Bestimmungen, welche eine umfassende Berücksichtigung der Stellung des

83 Vgl. MURER, N 284 m. w. H.; MURER, Kommentar, 6; AEBERSOLD, 54 u. 233.

84 Siehe dazu MURER, Kommentar, N 2 ff. zu Art. 32 m. w. H.; TRECHSEL, N 46; AEBERSOLD, 267 f.

85 MURER, Kommentar, N 3 zu Art. 32 m. w. H.; TRECHSEL, N 48.

86 AEBERSOLD, 268 m. w. H.; KELLER, 249; siehe aber MURER, Kommentar, N 4 f. zu Art. 32, wonach die Bestellung einer Verteidigung diesen Mängeln entgegenwirken kann.

beschuldigten Jugendlichen sowie die Einhaltung der Ziele und Grundsätze des Jugendstrafrechts und -verfahrens sicherstellen würden, durchaus angebracht.[87]

II. Das Beschleunigungsgebot

Die StPO hält in ihrem Artikel 5 das Beschleunigungsgebot fest. Danach sind Strafverfahren «von der Einleitung bis hin zum rechtskräftigen Endentscheid, ohne Verzögerungen durchzuführen und zum Abschluss zu bringen».[88] Damit dient das Beschleunigungsgebot insbesondere dazu, ein Strafverfahren in einem zeitlichen Rahmen abzuschliessen, der es der beschuldigten Person, den Zeugen, den Verfahrensbeteiligten u. Ä. zudem ermöglicht, sich bestmöglich an das Geschehene erinnern können.[89] Zum anderen hat die beschuldigte Person ein Anrecht darauf, dass das Strafverfahren gegen sie innert angemessener Frist entschieden wird.[90] Dennoch sollen die Strafverfolgungsbehörden (siehe Art. 12 StPO und Art. 6 JStPO), obgleich ihres Bestrebens nach Einhaltung des Beschleunigungsgebots, eine gründliche, faire und objektive Aufklärung des Sachverhaltes gewährleisten und zudem den persönlichen Verhältnissen und Bedürfnissen der beschuldigten Person möglichst umfassend Rechnung tragen.[91]

Das Beschleunigungsgebot wurde zwar nicht ausdrücklich in der JStPO vorgesehen, obgleich diesem Gebot in Jugendstrafverfahren ein hoher Stellenwert zugesprochen wird.[92] Dennoch findet das Anliegen – die Verfahren gegen minderjährige Beschuldigte zu beschleunigen – in «einzelnen Bestimmungen der JStPO ihren Niederschlag».[93] Mithin

---

87 Vgl. MURER, Kommentar, N 5 zu Art. 32; MURER, N 997 f.; HEBEISEN, 208.

88 Siehe SCHMID, Handbuch, N 138; vgl. auch BSK JStPO-HEBEISEN, N 11 Vor Art. 30 und 31.

89 SCHMID, Handbuch, N 139.

90 SCHMID, Handbuch, N 139 u. N 153 f.

91 So SCHMID, Handbuch, N 140 u. N 153 ff.; siehe auch Art. 4 Abs. 2 JStPO u. Art. 9 Abs. 1 JStG.

92 Siehe insb. JOSITSCH/MURER, 298.

93 Siehe auch JOSITSCH/MURER, 298 f., die neben dem Jugendstrafbefehl noch das Prinzip der Einheitlichkeit und die Mitwirkungspflicht der Behörden bei der Abklärung der persönlichen Verhältnisse (Art. 31 JStPO) nennen.

wird in Art. 32 JStPO das Jugendstrafbefehlsverfahren vorgesehen, welche akzentuiert einer raschen Verfahrenserledigung und «der Entlastung der Gerichte» dient.[94]

In Anbetracht der besonderen Stellung des beschuldigten Jugendlichen und mit Blick auf den Erziehungscharakter[95] des Jugendstrafverfahrens kommt dem Beschleunigungsgebot und mithin dem Jugendstrafbefehlsverfahren eine besondere Rolle zu.[96] Bei beschuldigten Jugendlichen gilt grundsätzlich in akzentuiertem Masse, dass je grösser der Zeitraum zwischen der Tat und der Sanktion ist, desto wirkungsloser fällt mit hoher Wahrscheinlichkeit die Bestrafung bzw. die Sanktion aus.[97] Nur in einem kurzen Zeitrahmen kann die Sanktion i. d. R. «eine motivierende und damit präventive» und erzieherische Wirkung entfalten.[98] Es ist wichtig, dass der junge Beschuldigte den Zusammenhang der Sanktionierung zur Tat erfasst, damit seine Resozialisierung und die Vermeidung einer Rückfälligkeit erreicht werden können. Dies ist allerdings nur dann möglich, wenn er prompt verurteilt wird bzw. der staatliche Eingriff möglichst zeitnah zur Tat erfolgt.[99] Diesen Erfordernissen kann namentlich mit einem Jugendstrafbefehlsverfahren besser entsprochen werden. Es ist weniger aufwändig und andauernd als ein ordentliches (Gerichts-)Verfahren und dürfte sich i. d. R. weniger belastend auf den beschuldigten Jugendlichen auswirken.[100]

Zugleich impliziert das Beschleunigungsgebot, dass die Jugendstrafbehörden die Untersuchungshandlungen «so rasch als möglich»

---

94 Siehe Jositsch/Murer, 299; Daphinoff, 68 ff.; Murer, N 306 ff. u. N 976 ff.; Schmid, Handbuch, N 145; entsprechend wird das Jugendstrafbefehlsverfahren bevorzugt durchgeführt, BSK JStPO-Hebeisen, N 1 zu Art. 32; Hebeisen, 207 f.; vorne Abschnitt B. I.

95 Siehe hierzu vorne Abschnitt A.

96 Jositsch/Murer, 298 u. 305; Murer, N 283; BSK JStPO-Hebeisen, N 10 Vor Art. 30 und 31.

97 Siehe hierzu Murer, N 284 m. w. H.; Aebersold, 54; Jositsch/Murer, 298.

98 Aebersold, 233; Jositsch/Murer, 298; Schmid, Handbuch, N 139 m. w. H., daran erinnernd, dass die general- und spezialpräventive Wirkung besonders dann stark in Erscheinung tritt, wenn die beschuldigten Personen bzw. die mutmasslichen «Täter mit einer rasch greifenden Strafjustiz rechnen» müssen.

99 BSK JStPO-Hebeisen, N 10 Vor Art. 30 und 31; Jositsch/Murer, 298.

100 Murer, N 288 f.; Jositsch/Murer, 305.

aufnehmen, anordnen und umsetzen. Dadurch wird i. d. R. gewährleistet, dass der Fall zügig durchführt werden kann.[101]

Mit der Einhaltung des Beschleunigungsgebots erkennt der beschuldigte Jugendliche akzentuiert, dass er als Subjekt des Jugendstrafverfahrens ernst genommen wird und auf sein Fehlverhalten eine angemessene und doch konsequente Reaktion erfolgt.[102] Vergeht jedoch ein langer Zeitraum zwischen der Tat und dem Abschluss des Verfahren, kann sich die Sanktionierung sich u. U. als wirkungslos erweisen und ihren Zweck verfehlen (z. B. weil der Jugendliche sich – aufgrund des langen Zeitraums zwischen der Tat und der Sanktionierung – bereits weiterentwickelt hat und einer anderen Massnahme bedürfte) oder die Sanktion tritt zu spät ein (weil der Jugendliche bereits rückfällig geworden ist).[103]

III. Die Unmittelbarkeit

Der Grundsatz der Unmittelbarkeit legt fest, dass die Strafbehörden ihren «Entscheid gestützt auf das eigene Wahrnehmen» der «Aussagen der Beschuldigten, Zeugen, Sachverständigen usw.» fällen.[104] Dementsprechend müssen die zur Aussage berufenen Personen grundsätzlich unmittelbar mündlich einvernommen werden, damit die entscheidenden Strafbehörden die Aussagen selbst wahrnehmen können.[105] Der Grundsatz der Unmittelbarkeit und der damit zusammenhängende Grundsatz der Mündlichkeit nehmen in Strafverfahren eine zentrale Bedeutung ein.[106] In Jugendstrafverfahren kommt dem Grundsatz der Unmittelbarkeit eine akzentuierte Rolle zu, weil der Erziehungsgedanke und die Täterpersönlichkeit im Vordergrund stehen und der Kontakt zwischen den Jugendstrafbehörden (insb. der Untersuchungsbehörde) und dem beschuldigten Jugendlichen insgesamt, als äusserst wichtig gilt.[107] Des

101 So BSK JStPO-Hebeisen, N 11 Vor Art. 30 und 31.

102 Siehe Aebersold, 54; Riedo, N 1469 f. m. w. H.; Jositsch/Murer, 298.

103 Vgl. Jositsch/Murer, 298; Aebersold, 54; Murer, N 290 f. m. w. H.

104 Schmid, Handbuch, N 286.

105 Siehe Schmid, Handbuch, N 287 f.; Murer, N 569 f.

106 Kaufmann, Unmittelbarkeitsprinzip, 5 u. 13; Murer, N 570 u. N 578 f.

107 Vgl. Murer, N 567 u. N 580; BSK JStPO-Hebeisen, N 3 u. N 5 f. Vor Art. 30 und 31; Jositsch/Murer, 296; dazu auch vorne Abschnitt A. I. u. Abschnitt A. II. 2; vgl. Art. 4 Abs. 2 JStPO, wonach der Jugendliche persönlich anzuhören ist.

Weiteren hält HEBEISEN fest, dass «nur das mündliche Verfahren» geeignet ist, «dem Jugendlichen unmittelbar vor Augen zu führen, warum sein Verhalten nicht tolerierbar ist».[108]

Obgleich der Bedeutung des Grundsatzes der Unmittelbarkeit, gilt er in Jugendstrafverfahren und besonders in Jugendstrafbefehlsverfahren nicht unbeschränkt.[109] Die entscheidenden Behörden können darauf verzichten die Beweise selbst (nochmals) zu erheben, und sich einzig auf die Ermittlungsarbeiten bzw. Dokumentation der vorausgegangenen Behörde(n) stützen.[110] Damit nehmen die Protokolle des Vorverfahrens und besonders jene der polizeilichen Behörden regelmässig eine sehr bedeutende Rolle ein.[111]

In Jugendstrafverfahren ist es zum einen dem Jugendgericht nach Art. 343 i. V. m. Art. 350 Abs. 2 StPO gestattet, in der Hauptverhandlung auf eine eigene Beweiserhebung zu verzichten, insofern «die unmittelbare Kenntnis des Beweismittels für die Urteilsfällung» nicht notwendig ist und die Beweismittel nicht offensichtlich als mangelhaft erscheinen.[112] Zum anderen kann die Untersuchungsbehörde – nach Art. 352 Abs. 1 StPO und Art. 32 Abs. 2 JStPO – vor Erlass eines Jugendstrafbefehls darauf verzichten, den beschuldigten Jugendlichen selbst einzuvernehmen, und stattdessen einzig das Protokoll der polizeilichen Einvernahme bzw. die in den Strafakten enthaltenen Elemente heranziehen.[113]

Verschiedene Autoren äussern sich jedoch kritisch zu einem Verzicht auf eine eigene Einvernahme durch die Untersuchungsbehörde.[114] Zwar kann damit der Forderung nach einer raschen Verfahrenserledigung möglicherweise besser entsprochen werden,[115] dennoch stehen

---

108 BSK JStPO-HEBEISEN, N 5 Vor Art. 30 und 31.

109 Vgl. MURER, N 571; EGLI, 629; SCHMID, Handbuch, N 305 ff.

110 Siehe OBERHOLZER, N 1268; EGLI, 629; CAPUS, Vitogesetze N 12; vgl. auch KRAUSS, 55.

111 Siehe DAPHINOFF, 349 f.; EGLI, 629.

112 MURER, N 571; SCHMID, Handbuch, N 305 f.; EGLI, 629; nach Art. 35 JStPO ist der beschuldigte Jugendliche jedoch zur Anwesenheit in der Hauptverhandlung verpflichtet.

113 Siehe BSK JStPO-HEBEISEN, N 9 f. zu Art. 32; SCHMID, Handbuch, N 1357.

114 Siehe insb. AEBERSOLD, 269; BSK JStPO-HEBEISEN, N 10 zu Art. 32, der festhält, dass «ein Verzicht auf ein mündliches Jugendstrafverfahren die Ausnahme sein» soll; a. A. RIESEN-KUPPER, N 20 zu Art. 32.

115 BSK JStPO-HEBEISEN, N 5 Vor Art. 30 und 31.

einem solchen Vorgehen bedeutende Grundsätze des Jugendstrafverfahrensrecht (vgl. Art. 4 JStPO), internationale Regelungen (siehe z. B. Art. 12f. KRK) und pädagogische bzw. erzieherische Überlegungen entgegen.[116]

Dementsprechend wird gefordert, dass die Untersuchungsbehörden und Jugendgerichte grundsätzlich die Möglichkeit nutzen sollen, in einem mündlichen und unmittelbaren Verfahren präventiv und erzieherisch auf den beschuldigten Jugendlichen einzuwirken und sich zudem möglichst selbst einen unmittelbaren persönlichen Eindruck vom Jugendlichen zu verschaffen.[117] Des Weiteren wird dem beschuldigten Jugendlichen erst in einem mündlichen Verfahren zuverlässig ermöglicht, sich «aktiv am Verfahrens zu beteiligten» und sein Äusserungsrecht wahrzunehmen (Art. 4 Abs. 2 JStPO).[118]

In diesem Sinne hält namentlich § 12 EG JStPO[119] des Kantons Basel-Stadt fest, dass ein Jugendstrafbefehl grundsätzlich erst dann erlassen werden darf, wenn eine Verhandlung abgehalten wurde. Die Einvernahme des Jugendlichen durch die Untersuchungsbehörde mit anschliessender mündlicher Eröffnung wurde damit für den Kanton Basel-Stadt zur Regel gemacht. Eine Abweichung von dieser Vorgehensweise ist grundsätzlich bei Übertretungen gestattet. Der Kanton Basel-Stadt hat auf diese Weise zugleich die Empfehlungen des Bundesrats konkretisiert und umgesetzt.[120]

IV. Die Dokumentationspflicht

In den Jugend- wie auch in den Erwachsenenstrafverfahren gilt der allgemeine Grundsatz der Dokumentationspflicht. Danach müssen alle durchgeführten verfahrensrelevanten Vorgänge schriftlich festgehalten

---

116 Siehe hierzu Aebersold, 269 f.; BSK JStPO-Hebeisen, N 10 zu Art. 32; Murer, N 572 f. u. N 577; Riedo, N 2301.

117 Siehe Murer, N 572 f. u. N 580; BSK JStPO-Hebeisen, N 5 f. Vor Art. 30 und 31.

118 Jositsch/Murer, 296 f.; BeB VE JStPO, 30 f.; Art. 12 KRK; vorne Abschnitt A. II. 2.

119 SG BS 257.500.

120 Kamber, N 66; Bot. StPO 2006, 1369.

werden.[121] Des Weiteren sind sämtliche eingegangenen und erstellten Schriftstücke sowie die gefällten Entscheide «in die Akten zu integrieren und diese in geordneter Form aufzubewahren».[122]

Die Dokumentation der Verfahrenshandlungen erfolgt in erster Linie durch die Protokollierung.[123] Zugleich wird die Protokollierung als Teil bzw. «Ausfluss der allgemeinen Dokumentationspflicht» betrachtet.[124] Die Protokollierung gilt als «ein Realakt» und trägt zentral dazu bei, dass eine ordnungsgemässe und effektive Dokumentation der (Jugend-)Strafverfahren erreicht werden kann.[125]

Die Dokumentationspflicht wird als solche zwar nicht ausdrücklich in der StPO genannt, dennoch wird ihr ein hoher Stellenwert zugesprochen.[126] Sie wird insbesondere direkt aus dem Anspruch auf rechtliches Gehör (nach Art. 29 Abs. 2 BV und Art. 6 Ziff. 1 EMRK) abgeleitet und gilt als ein elementares, prozessuales Gebot.[127] Danach sind den Entscheiden nur «Tatsachen und weitere Umstände wie Beweismittel zugrunde» zu legen, welche der beschuldigten Person eröffnet wurden und zu denen sie sich effektiv äussern durfte.[128]

Die Dokumentations- bzw. Aktenführungspflicht[129] der Behörden stellt «das Gegenstück zum Akteneinsichts- und Beweisführungsrecht»

---

121 Siehe BGE 141 IV 178, E. 3.4.3; MOREILLON/PAREIN-REYMOND, N 11 Vor Art. 76–79.

122 BSK JStPO-HEBEISEN, N 15 Vor Art. 30 und 31; siehe auch Urteil des Bundesgerichts 6B_719/2011 vom 12. November 2012, E. 4.5; BGE 130 II 473, E. 4.2; Urteil des Bundesgerichts 6P.62/2006 vom 14. November 2006, E. 4.2.

123 Siehe dazu hinten Teil 2 Abschnitt A. II. u. Abschnitt B. I. 1.; DONATSCH/SCHWARZENEGGER/WOHLERS, 47; Urteil des Bundesgerichts 1P.399/2005 vom 8. Mai 2006, E. 3.1.

124 Siehe insb. RIKLIN, N 2 Vor Art. 76–79; SCHMID, Handbuch, N 566 f.; CAPUS, Vitogesetze, N 10 f.; Urteil des Bundesgerichts 1P.399/2005 vom 8. Mai 2006, E. 3.1.

125 So RIKLIN, N 1 f. Vor Art. 76–79; siehe auch SCHMID, Handbuch, N 566 f.; EGLI, 628; BSK StPO-NÄPFLI, N 7 zu Art. 76.

126 Siehe Bot. StPO 2006, 1155; BSK StPO-NÄPFLI, N 7 zu Art. 76.

127 Vgl. BGE 124 V 389, E. 3; BGE 130 II 473, E. 4.2; Urteil des Bundesgerichts 1P.718/2005 vom 19. Dezember 2005, E. 3.2; SCHMID, Handbuch, N 566; CAPUS, Vitogesetze, 10 f.; RIKLIN, N 3 Vor Art. 76–79.

128 Siehe SCHMID, Handbuch, N 104; Urteil des Bundesgerichts 1P.718/2005 vom 19. Dezember 2005, E. 3.2; Urteil des Bundesgerichts 1P.399/2005 vom 8. Mai 2006, E. 3.1.

129 Siehe dazu auch hinten Teil 2 Abschnitt B. II.

der Parteien dar (siehe Art. 101 StPO),[130] welcher sich ebenfalls direkt aus dem Anspruch auf rechtliches Gehör ergibt.[131] Zugleich kann das Akteneinsichtsrecht als Grundlage für das Äusserungsrecht des Beschuldigten gesehen werden.[132] Die Akteneinsicht gewährleistet, dass die beschuldigte Person die «Entscheidungsgrundlagen der Behörden kennt» und wirksam bzw. sachgemäss dazu Stellung nehmen kann.[133] Dementsprechend müssen die Strafakten alles enthalten, was «im Hinblick auf die verfolgte Tat mit einem möglichen Schuldvorwurf und einer allfälligen Strafzumessung» in Zusammenhang gebracht werden kann.[134] Mithin dient das Akteneinsichtsrecht zugleich der Wahrnehmung der Verteidigungsrechte des Beschuldigten und nimmt besonders in mittelbar ausgerichteten (Haupt-)Verfahren[135] eine zentrale Rolle ein.[136] Selbstredend kann die Akteneinsicht nur ausgeübt werden, wenn alle relevanten Elemente in den Akten enthalten sind.[137]

Dementsprechend sind die Behörden dazu angehalten – i. S. d. Aktenführungspflicht –, eine sachgemässe Anlage und Aufbewahrung der Akten (Art. 100 und 103 StPO) sicherzustellen und alles in die Akten zu integrieren, «was zur Sache gehört».[138] Laut RIKLIN sollen

130 HAUSER/SCHWERI/HARTMANN, 257; BSK StPO-NÄPFLI, N 8 zu Art. 76; Urteil des Bundesgerichts 1P.399/2005 vom 8. Mai 2006, E. 3.1; BGE 130 II 473, E. 4.1; BGE 126 I 15, E. 2a/aa; Entscheid des KGer BL vom 16. Juni 2015, E. 2.5.

131 Siehe Art. 107 StPO; BSK StPO-SCHMUTZ, N 1 zu Art. 100; so auch Urteil des Bundesgerichts 1P.240/2002 vom 18. Oktober 2002, E. 3.1; siehe aber hinten Teil 2 Abschnitt B. I. 1 u. B. II. 2. zu den möglichen Einschränkungen der Dokumentations- bzw. Aktenführungspflicht.

132 RIKLIN, N 1 zu Art. 101; BGE 122 I 153, E. 6a; zum Äusserungsrecht des beschuldigten Jugendlichen vorne Abschnitt A. II. 2.

133 BSK StPO-NÄPFLI, N 5 zu Art. 76; BRÜSCHWEILER, N 1 zu Art. 76; BGE 130 II 473, E. 4.1; BGE 126 I 15, E. 2aa.

134 Siehe HAUSER/SCHWERI/HARTMANN, 257, mithin hat nicht die Untersuchungsbehörde über die Relevanz eines Aktenstücks zu entscheiden, sondern das Gericht; so auch BSK StPO-NÄPFLI, N 8 zu Art. 76; Urteil des Bundesgerichts 1P.605/2002 vom 2. April 2003, E. 2.3.

135 Siehe dazu auch vorne Abschnitt B. III.

136 BSK StPO-NÄPFLI, N 8 zu Art. 76; HAUSER/SCHWERI/HARTMANN, 257f.

137 BGE 126 I 15, E. 2aa; siehe auch BGE 130 II 473, E. 4.1 u. 4.2; Urteil des Bundesgerichts 6B_503/2007 vom 21. Januar 2008, E. 6.3; CR CPP-BOMIO, N 1 zu Art. 76.

138 Siehe SCHMID, Handbuch, N 566 f.; RIKLIN, N 3 Vor Art. 76–79; BGE 115 Ia 97, E. 4c; BGE 126 I 15, E. 2a/aa.

die Akten systematisch und transparent angelegt werden, damit die «relevanten Aktenstücke leicht» zu finden sind.[139] Des Weiteren hält SCHMID fest, dass die Verfahrensvorgänge in «schriftlich-lesbarer oder mindestens bildlich-visuell erfassbarer Form» in die Strafakten aufzunehmen sind.[140] So sollen z. B. Originale oder Kopien der Vorladungen, Rechtsmittelschriften, Gutachtenaufträge u. Ä. direkt in die Akten einverleibt werden.[141] Die Verfahrensschritte und -vorgänge, welche hingegen nicht in schriftlicher Form erfolgen, wie z. B. Telefonate, Augenscheine (Art. 193 StPO) und Einvernahmen (dazu Art. 76ff. StPO), müssen durch Notizen, Fotos oder entsprechende Protokolle aktenkundig gemacht werden. In die Schriftform zu übertragen sind auch Tonbandaufnahmen (siehe auch Art. 76 Abs. 4 StPO) oder elektronisch gespeicherte Vorgänge und Erkenntnisse.[142]

Des Weiteren muss stets ersichtlich sein, wer für die Erstellung der jeweiligen Aktenstücke zuständig war und wie sie zustande gekommen ist.[143]

139 RIKLIN, N 2 zu Art. 100.

140 SCHMID, Handbuch, N 569.

141 Siehe SCHMID, Handbuch, N 569; BGE 124 V 372; E. 3.

142 SCHMID, Handbuch, N 569; BSK StPO-NÄPFLI, N 7 u. N 13 zu Art. 76; SCHMID, Kommentar, N 2 Vor Art. 76–79.

143 BSK StPO-NÄPFLI, N 8 zu Art. 76; Urteil des Bundesgerichts 6B_719/2011 vom 12. November 2012, E. 4.5.

Teil 2: Die normativen Anforderungen an die Protokollierung in Jugendstrafverfahren

A. Die Aufgaben und Funktionen der Protokolle

I. Die Anwendbarkeit der StPO in Jugendstrafverfahren

Die Schweizerische Jugendstrafprozessordnung enthält keine eigenen Bestimmungen zur Protokollierung in Jugendstrafverfahren. Infolgedessen müssen die entsprechenden Normen der StPO herangezogen werden. Diese sind in den Art. 76 bis 79 StPO festgehalten und gelten auch in Jugendstrafverfahren, weil sie nicht im Ausnahmekatalog von Art. 3 Abs. 2 JStPO genannt werden.[144] Art. 3 Abs. 2 JStPO enthält jene Bestimmungen, welche ausdrücklich vom Anwendungsbereich ausgeschlossen worden sind, weil sie nicht «mit den besonderen Zielen des Jugendstrafverfahrens»[145] vereinbar sind.[146]

Bei der Anwendung der Strafprozessordnung ist jedoch stets Art. 3 Abs. 3 JStPO zu beachten, wonach die StPO-Bestimmungen im Lichte der Grundsätze von Artikel 4 JStPO auszulegen sind. Diesen Grundsätzen kommt in Jugendstrafverfahren ein hoher Stellenwert zu, obgleich

---

144 MURER, N 334; BSK JStPO-BÜRGIN/BIAGGI, N 24 Vor Art. 34–37; nach Art. 3 JStPO kommt die Schweizerische Strafprozessordnung immer und zugleich ausschliesslich dann zur Anwendung, wenn die JStPO keine abweichenden Bestimmungen enthält oder «einen Verfahrensbereich nicht in besonderer Weise regelt», vgl. MURER, N 190; RIEDO, N 1418.

145 MURER, N 191.

146 Siehe zudem MURER, N 193 ff.; KUHN, N 4; RIEDO, N 1420 u. 1428 ff., wo die mitunter problematische und schwierige Anwendung bzw. Umsetzung der StPO-Bestimmungen in Jugendstrafverfahren thematisiert wird; AEBERSOLD, 2010, 189, hält fest, dass die gleichzeitige Anwendung der JStPO, der StPO und von allfälligen kantonalen Gesetzen eine sachgerechte und einheitliche Umsetzung zusätzlich erschwert.

sie in der JStPO eher programmatisch aufgeführt sind.[147] Mithin dient Art. 4 JStPO als Auslegungshilfe und soll die Jugendstrafbehörden dazu anhalten, in allen Verfahrensstadien stets die spezifischen Ziele des Jugendstrafprozessrechts zu berücksichtigen und zu befolgen.[148] Hierzu hält RIEDO weitergehend fest, dass «eine Regelung im Ergebnis überhaupt nicht oder höchstens eingeschränkt anzuwenden ist».[149] Bei der Auslegung der StPO-Bestimmungen muss insbesondere stets berücksichtigt werden, dass der Adressat des betreffenden Strafverfahrens ein Jugendlicher und nicht ein Erwachsener ist.[150] Diese Anwendungs- bzw. Auslegungsregel ist selbstredend grundsätzlich auch bei der Umsetzung der Protokollierungsbestimmungen der StPO in Jugendstrafverfahren zu beachten.[151]

Nachfolgend wird nun in einem ersten Schritt auf die den Protokollen zugeschriebenen Aufgaben und Funktionen eingegangen (Abschnitte A. II. u. III.). Danach werden im Einzelnen die Bestimmungen von Art. 76 StPO (Abschnitt B. I.), Art. 77 StPO (Abschnitt B. II.), Art. 78 StPO (Abschnitt B. III.) und Art. 79 StPO (Abschnitt B. IV.) erläutert. Abschliessend werden die Vorschriften zur protokollführenden Person (Abschnitt B. V.) und die mögliche Verwendung von Aufnahmegeräten im Rahmen von Einvernahmen (Abschnitt B. VI.) behandelt.

---

147 BSK JStPO-HUG/SCHLÄFLI, N 1 zu Art. 4.

148 BSK JStPO-HUG/SCHLÄFLI, N 1 zu Art. 4; Bot. StPO 2006, 1354 f.; MURER, N 192 f.

149 RIEDO, N 1429.

150 Siehe BSK JStPO-HUG/SCHLÄFLI, N 10 zu Art. 3; Bot. StPO 2006, 1355; MURER, N 192 f.

151 Dennoch halten einige Autoren fest, dass bei der Anwendung diverser StPO-Bestimmungen – aufgrund der strikten Formvorschriften – kein Auslegungsspielraum besteht, vgl. BSK StPO-NÄPFLI, N 11 f. zu Art. 76; BÄNZIGER/BURKHARD/HAENNI, N 1103, wonach der Spielraum für die Auslegung durch den klaren «Wortlaut einer Bestimmung» begrenzt ist; siehe auch SCHMID, Handbuch, N 578 Fn. 417; Urteil des Bundesgerichts 6B_492/2012 vom 22. Februar 2013, E. 1.4; differenzierend hingegen RHYNER, 122 f.; dementsprechend stellt MURER, N 195 f. u. N 202 f., fest, dass bei Inkompatibilität einer StPO-Bestimmung mit der JStPO, mitunter unklar bleibt, ob sie nun auch für das Jugendstrafverfahren gilt oder nicht.

II. Die zugewiesenen Aufgaben der Protokolle

Protokolle sind «wortgetreue oder auf die wesentlichen Punkte beschränkte» Niederschriften von Sitzungen, Verhandlungen, Verhören usw.[152] In der Schweizerischen Strafprozessordnung werden die Aufgaben der Protokolle zum einen von Art. 76 Abs. 1 StPO verdeutlicht, welcher festhält, dass Protokolle «die Aussagen der Parteien, die mündlichen Entscheide der Behörden sowie alle anderen Verfahrenshandlungen, die nicht schriftlich durchgeführt werden» erfassen sollen. Zum anderen konkretisiert Art. 78 Abs. 1 StPO die Aufgaben dahingehend, dass «die Aussagen der Parteien, Zeuginnen, Zeugen, Auskunftspersonen und Sachverständigen» laufend in einem Einvernahmeprotokoll zu dokumentieren sind.[153] Weitergehend sollen nach Art. 78 Abs. 2 StPO die wesentlichen Aussagen in der Sprache protokolliert werden, in der sie ausgesagt wurden, und nach Art. 78 Abs. 3 StPO sind die entscheidenden Fragen und Antworten wörtlich zu erfassen.[154]

Die Protokolle halten die relevanten Verfahrensvorgänge fest und sichern in massgebender Weise den «Prozessstoff» (vorwiegend den Sachverhalt) für die zukünftige Leserschaft und die weiteren Verfahrensschritte bzw. -stufen.[155] Zudem werden damit die prozessualen Vorgänge für die zuständigen Behörden festgehalten, damit sie ihre Entscheide und Handlungen auf die Protokolle stützen können[156] (so z. B. wenn die Untersuchungsbehörde anhand der Polizeiakte über die Eröffnung bzw. Einstellung eines Strafverfahrens befindet[157]).

---

152 <http://www.duden.de/rechtschreibung/Protokoll>, zuletzt besucht am 31.07.2016.

153 Siehe SCHMID, Handbuch, N 569; BSK StPO-NÄPFLI, N 7 f. u. N 13 zu Art. 76; RIKLIN, N 1 zu Art. 76.

154 Siehe dazu hinten Abschnitt B. III.

155 RIKLIN, N 1 Vor Art. 76–79; SCHMID, Handbuch, N 567; BSK StPO-NÄPFLI, N 7 f. zu Art. 76; CAPUS/STOLL, 204; siehe auch vorne die Dokumentationspflicht Teil 1 Abschnitt B. IV.

156 Vgl. Bot. StPO 2006, 1155; SCHMID, Handbuch, N 567; Urteil des Bundesgerichts 6B_84/2008 vom 27. Juni 2008, E. 1.2; KRAUSS, 55; BSK StPO-NÄPFLI, N 1 zu Art. 76; regelmässig stellen die (Einvernahme-)Protokolle bei der Entscheidungsfindung sogar die bedeutendste Grundlage dar, vgl. NÄPFLI, 94; DAPHINOFF, 350 f.

157 BICHOVSKY, N 17 ff.

Im Rahmen der freien Beweiswürdigung werden die Protokolle sodann als Beweismittel nach Art. 139ff. StPO herangezogen[158] und nehmen sowohl in Erwachsenen- als auch in Jugendstrafverfahren eine zentrale Rolle und zudem einen hohen Stellenwert ein.[159]

Des Weiteren dienen Protokolle allgemeinen wichtigen rechtsstaatlichen Zielen und Grundsätzen (wie z. B. dem rechtlichen Gehör)[160] und erfüllen essentielle Funktionen (die Gedächtnisfunktion, die Beurkundungs- oder Beweisfunktion, die Kontrollfunktion, die Garantiefunktion sowie die Bindungsfunktion),[161] welche z. T. auch aus der Dokumentationspflicht hervorgehen.[162]

Zugleich wird in der Literatur und Rechtsprechung festgehalten, dass anhand eines Einvernahmeprotokolls die Konstanz und Glaubhaftigkeit einer Aussage ermittelt werden können. Dabei können etwaige Unstimmigkeiten erfasst und die Aussageentwicklung bzw. Entstehungsgeschichte sichtbar gemacht werden.[163] Diese Elemente können sich dann entscheidend auf die Strafzumessung, die Entscheidfindung oder den weiteren Verlauf des Jugendstrafverfahrens auswirken.[164] Insofern wird weitergehend hervorgehoben, dass vollständige und detaillierte Einvernahmeprotokolle grundsätzlich eine zuverlässige Aussageanalyse bzw. Würdigung der Aussagen zulassen[165] und mitunter

---

158 Siehe SCHMID, Handbuch, N 575 u. N 780; NÄPFLI, 4; HAUSER, 159 f.

159 Vgl. NÄPFLI, 4 u. 91 ff.; DAPHINOFF, 350 f.; für das Jugendstrafverfahren siehe BSK JStPO-HEBEISEN, N 15 Vor Art. 30 und 31.

160 NÄPFLI, 1 f.; Urteil des Bundesgerichts 6B_84/2008 vom 27. Juni 2008, E. 1.2; CAPUS/ STOLL, 204 ff.; EGLI, 628; siehe auch Urteil des Bundesgerichts 1P.399/2005 vom 8. Mai 2006, E. 3.1; BGE 126 I 15, E. 2a/aa.

161 Siehe zu den verschiedenen Funktionen der Protokolle hinten Abschnitt A. III.; CAPUS/ STOLL, 204 ff.; HAUSER, 158 ff.

162 Vgl. BSK StPO-NÄPFLI, N 4 f. zu Art. 76; RIKLIN, N 3 Vor Art. 76–79; BGE 129 I 85, E. 4.

163 Siehe Urteil des Bundesgerichts 1P.281/2006 vom 29. Juni 2006, E.3; BGE 129 I 49, E. 6, wonach «ein bloss stichwortartiges oder zusammenfassendes Protokoll der (Erst-)Aussage ungenügend» ist; so auch DITTMANN, Begutachtung, 249; die Aussagen sollten nach NÄPFLI, 101 ff., zudem nicht bloss partiell wiedergegeben werden.

164 EGLI, 629 und dort Fn. 7; BENDER/NACK/TREUER, N 1200 ff., N 1217 f. u. N 1270 ff.; NÄPFLI, 102 f.

165 NÄPFLI, 101 ff.; UNDEUTSCH, 125 f.; vgl. auch UNDEUTSCH/KLEIN, 1359; DITTMANN, 33 u. 35 f.; KLING, 1045.

Rückschlüsse auf die Glaubhaftigkeit oder Nachprüfbarkeit der Aussagen bzw. Geständnisse ermöglichen.[166]

Wie später dargestellt wird,[167] sind die (Einvernahme-)Protokolle weiter für die Erhebung von Personalbeweisen von erhöhter Bedeutung.[168] Die sachgemässe Protokollierung dokumentiert und gewährleistet zudem «den korrekten Ablauf» einer Einvernahme und die Einhaltung aller «Verfahrensgarantien und -rechte».[169] Demnach haben Einvernahmeprotokolle alles festzuhalten, «was anlässlich einer Gerichtsverhandlung» im Hauptverfahren oder bei einer Einvernahme im Vorverfahren gesagt wurde.[170] Sie drücken aus, was gestanden, abgestritten oder bezeugt wurde und machen sozusagen *«das Wort lesbar»*.[171]

Ferner ist eine korrekte und vollständige Protokollierung bzw. Dokumentation auch im Hinblick auf eine mögliche Beschränkung der Unmittelbarkeit[172] im Jugendstrafverfahren von Bedeutung.[173] Nur wenn die vorangehenden Verfahrensvorgänge ordnungsgemäss und genau protokolliert bzw. dokumentiert wurden, kann sich die Untersuchungsbehörde oder das erkennende Gericht zuverlässig auf die Inhalte der bereits erstellten Protokolle bzw. Akten stützen und diese verlässlich für den Entscheid heranziehen.[174] Des Weiteren hält NÄPFLI fest, dass die Protokolle von früheren Einvernahmen auch in unmittelbar ausgerichteten Strafverfahren eine zentrale Rolle spielen – namentlich wenn ein früheres Einvernahmeprotokoll in einer nachfolgenden Einvernahme

---

166 Vgl. BENDER/NACK/TREUER, N 346 ff. u. N 1200 ff.; KLING, 1041 u. 1045; KUNZ/HAAS, 173 f.; UNDEUTSCH, 125 f.

167 Hinten Abschnitt B. III.

168 Siehe NÄPFLI, 91; DAPHINOFF, 350.

169 EGLI, 628; CAPUS/STOLL, 205.

170 EGLI, 628; SCHMID, Handbuch, N 577.

171 Vgl. EGLI, 628; RIKLIN, N 1 f. Vor Art. 76–79; NÄPFLI, 91.

172 Dazu auch vorne Teil 1 Abschnitt B. III.

173 Vgl. OBERHOLZER, N 1268; RIKLIN, N 4 Vor Art. 76–79.

174 Siehe NÄPFLI, 92; DAPHINOFF, 350 f.; BSK StPO-HAURI/VENETZ, N 12 ff. zu Art. 343; BSK JStPO-HEBEISEN, N 15 Vor Art. 30 und 31; vgl. auch Art. 389 Abs. 1 StPO; Urteil des Bundesgerichts 6B_84/2008 vom 27. Juni 2008, E. 1.2; Urteil des Bundesgerichts 1P.399/2005 vom 8. Mai 2006, E.3.1; ferner hält KRAUSS, 55, fest, dass die Akten zudem «auf jeder Prozessstufe Ermittlungs- und Entscheidungsgrundlage» und «insbesondere Leitfaden der Beweisaufnahme» sind.

verwendet wird, um dem Einvernommenen bei seiner Aussage «nachzuhelfen».[175]

Obgleich (Einvernahme-)Protokolle es möglicherweise nicht vermögen, die Aussagen und Verfahrensvorgänge stets unverändert und vollständig festzuhalten, nehmen sie in Jugendstrafverfahren gegenüber anderen Protokollierungs- und Beweissicherungsmethoden (z. B. Audioaufzeichnungen u. Ä.) durchaus eine übergeordnete Stellung ein.[176] Den Protokollen gelingt es offenbar besser, die relevanten Informationen «verfahrensverdaulich» festzuhalten.[177] Sie sind übersichtlich, anschaulich und leicht überblickbar und werden bevorzugt verwendet, weil sie die Aussagen u. Ä. selektiv erfassen. Des Weiteren gelten sie als schneller zu begutachten als Audio- oder Videoaufzeichnungen.[178]

Der Schweizerische Gesetzgeber hat zwar die Bedeutung und die vorherrschende Stellung der Schriftprotokolle sowie deren Fehleranfälligkeit erkannt und bekräftigt,[179] dennoch verzichtete er darauf, die Protokollbestimmungen (insbesondere jene bezüglich der Einvernahmeprotokolle) umfassend bzw. detailliert zu formulieren. Dabei wurde insbesondere festgehalten, dass es der Praxis überlassen werde, die nähere Ausgestaltung der Protokollierungspflicht zu bestimmen.[180]

---

175 Näpfli, 92; Daphinoff, 350 f.

176 Siehe BSK StPO-Näpfli, N 10 zu Art. 78; Capus, 175 ff.

177 Vgl. Capus, 177.

178 Capus, 176 f. u. 186 ff.; Capus/Stoll, 214; Aeppli, 173 f.; siehe aber Bender/Nack/Treuer, 1528 f., wonach Aufzeichnungen, welche mit Fundstellenverweisen oder Sprungmarken versehen sind, ebenfalls leicht zu prüfen sind; siehe auch hinten Abschnitt B. VI.

179 Siehe Bot. StPO 2006, 1156, wonach das Weglassen der Fragen und die zusammenfassende Protokollierung mehrerer Antworten nicht unproblematisch sind, weil die Aussagen damit verfälscht werden. Die Praxis jedoch setzt diese Vorgehensweise, mit dem Argument der besseren Übersichtlichkeit, bevorzugt ein.

180 Bot. StPO 2006, 1156; BSK StPO-Näpfli, N 7 zu Art. 78; Capus, Vitogesetze, N 4; siehe VE StPO, 21 ff.; Näpfli, Würdigung, N 69, wonach gerade dieser weite Ermessensspielraum nicht ganz unproblematisch erscheint; hinten Abschnitt B. I. 1.

III. Funktionen der Protokolle

Wie gesehen,[181] nehmen die Protokolle in (Jugend-)Strafverfahren eine bedeutende Stellung ein. Sie halten insbesondere die Einvernahmen fest und garantieren damit, dass die getätigten Aussagen dauerhaft verfügbar sind.[182] Folglich werden den Protokollen von der Literatur ausdrücklich verschiedene wichtige Funktionen zugeschrieben,[183] welche sie jedoch zugleich nur zu erfüllen vermögen, wenn Gewähr für die «inhaltliche Richtigkeit besteht».[184]

Die Ansprüche an die Protokolle bzw. die Einhaltung deren Funktionen sind mitunter sehr hoch. So wird namentlich ausdrücklich festgehalten, die Protokolle sollen «aussagetreue, situationsechte» Abfassungen darstellen.[185] Zugleich wird eine übersichtliche, klare und lebensnahe Protokollierung verlangt.[186]

Obgleich Schriftprotokolle es möglicherweise nicht stets vermögen, diesen Anforderungen gerecht zu werden, ist dennoch erforderlich, dass die Verfahrenshandlungen bzw. Einvernahmen immerhin möglichst vollständig, objektiv und vorurteilsfrei erfasst werden.[187]

Die verschiedenen Funktionen werden nachfolgend überblicksweise erläutert:

1. Die Gedächtnis- oder Perpetuierungsfunktion

Die Gedächtnisfunktion der Protokolle wird als «die grundlegendste Funktion» aufgeführt, weil die weiteren – nachfolgend beschriebenen – Funktionen auf «der Perpetuierung der Aussage aufbauen».[188] Die Protokolle dienen sowohl «der einvernehmenden Person als Gedächtnisstütze»

181 Vorne Abschnitt A. II.

182 HAUSER, 159; siehe auch BSK StPO-NÄPFLI, N 1 u. N 8 zu Art. 76; EGLI, 628.

183 Siehe ausführlich CAPUS/STOLL, 204 ff.; HAUSER, 158 ff.

184 CAPUS, Vitogesetze, N 2 u. N 15 m. w. H., wonach nur vollständige und inhaltlich richtige Protokolle es vermögen die nachfolgend genannten Funktionen zu erfüllen; siehe auch Urteil des Bundesgerichts 1P.399/2005 vom 8. Mai 2006, E. 3.1; HAUSER, 181.

185 ESCHENBACH, 86.

186 Siehe insb. CAPUS, Vitogesetze, N 15.

187 Vgl. dazu HAUSER, 181 u. 185 f.; CAPUS, Vitogesetze, N 2 u. N 15; NÄPFLI, 64 f.; NÄPFLI, Würdigung, 8 u. 10.

188 CAPUS, Vitogesetze, N 14.

als auch «den am Strafverfahren beteiligten Personen zur Information».[189] Das zentrale – den Einvernahmeprotokollen zugeschriebene – Ziel besteht darin, Aussagen dauerhaft bzw. für weitere Verfahrensstufen festzuhalten und der zukünftigen Leserschaft zugänglich zu machen.[190] Damit wird insbesondere sichergestellt, «dass das gesprochene Wort» nicht verloren geht oder vergessen wird.[191] Zudem können die relevanten Informationen und Aussagen infolge der schriftlichen Protokollierung in die Akten integriert werden,[192] wobei ebenfalls die entlastenden Abklärungen aufzunehmen und dauerhaft verfügbar zu machen sind.[193] Zudem dient die Perpetuierung der Aussagen und «prozessual relevanten Vorgänge» der wirksamen Strafverteidigung des beschuldigten Jugendlichen.[194]

Wie gesehen,[195] sind Aussagen und Verfahrenshandlungen, welche nicht in die Akten bzw. Protokolle aufgenommen werden, für das weitere «Verfahren weitestgehend verloren».[196] Dazu wird generell angenommen, dass eine vollständige und vorurteilsfreie Protokollierung diesem möglichen Informationsverlust i. d. R. konsequent entgegenwirken kann.[197]

2. Die Beurkundungs- oder Beweisfunktion

Des Weiteren nehmen die Protokolle eine Beurkundungs- bzw. Beweisfunktion ein. Demnach sollen die Protokolle die fixierten Aussagen und Verfahrensvorgänge beurkunden, sodass die Protokolle in der Folge «als Beweismittel dienen» können.[198] Obgleich die beweisbildende Funktion der Protokolle in verschiedenen früheren kantonalen

189 BSK StPO-Näpfli, N 1 zu Art. 76; Näpfli, 92; Walder, 388.

190 Siehe Capus/Stoll, 204; Moreillon/Parein-Reymond, N 8 u. N 11 Vor Art. 76–79; Egli, 628.

191 So Hauser, 159.

192 Siehe BSK StPO-Näpfli, N 1 u. N 7 f. zu Art. 76; Urteil des Bundesgerichts 6B_719/2011 vom 12. November 2012, E. 4.5.

193 Schmid, Handbuch, N 567; BSK StPO-Näpfli, N 8 zu Art. 76.

194 Siehe BSK StPO-Näpfli, N 1 zu Art. 76; Rhyner, 109; vgl. auch Urteil des Bundesgerichts 6B_84/2008 vom 27. Juni 2008, E. 1.2; BGE 129 I 85, E. 4.

195 Siehe vorne Teil 1 Abschnitt B. IV.

196 Schmid, Handbuch, N 567.

197 Vgl. Schmid, Handbuch, N 566 f.; BSK StPO-Näpfli, N 2 f. zu Art. 76; BSK StPO-Häring, N 2 Vor Art. 142–146; Bender/Nack/Treuer, N 1045.

198 Capus/Stoll, 204.

Verfahrensgesetzen verankert war, wird sie heute weder in der StPO noch in der JStPO ausdrücklich erwähnt.[199] Dennoch stellen ordnungsgemäss geführte Protokolle «traditionsgemäss und in analoger Betrachtungsweise von Art. 9 ZGB» bzw. i. S. v. Art. 110 Abs. 5 StGB grundsätzlich öffentliche Urkunden dar.[200] Dies bedeutet insbesondere, dass die Protokolle in der Regel die Richtigkeit der festgehaltenen Verfahrenshandlungen belegen bzw. geeignet sind, «rechtserhebliche Tatsachen zu beweisen».[201] Dieser Beweiskraft liegt zugrunde, dass den Protokollen «eine positive wie auch eine negative Beweisvermutung» zukommen.[202] Danach sind Protokolle in positiver Hinsicht dazu geeignet, den vollen Beweis zu erbringen, dass «die darin enthaltenen Vorgänge stattfanden und die protokollierten Aussagen anlässlich der Einvernahme gemacht wurden».[203] Umgekehrt haben in negativer Hinsicht jene Verfahrenshandlungen und Aussagen, welche nicht im Protokoll enthalten sind, «solange als nicht stattgefunden zu gelten», «als das Gegenteil nicht bewiesen ist».[204] Obgleich der positiven und negativen Beweisvermutung, welche die Protokolle einnehmen, belegen sie jedoch nicht die materielle Richtigkeit des Enthaltenen.[205] Mithin belegen die Protokolle nur, dass der Einvernommene die protokollierte Aussage tatsächlich gemacht hat, nicht jedoch «die Wahrheit des Inhaltes der Aussagen».[206] Damit gilt eine Aussage nicht bereits deshalb als wahr, weil sie protokolliert wurde. Hingegen beweist das Protokoll grundsätzlich, dass bzw. ob eine Aussage im Rahmen einer formellen, ordnungsgemäss protokollierten Einvernahme nach Art. 142 ff. StPO und unter Einhaltung der Verfahrensvorschriften getätigt wurde (siehe Art. 78

---

199 Siehe SCHMID, Kommentar, N 4 Vor Art. 76–79; SCHMID, Handbuch, N 575; BRÜSCHWEILER, N 5 zu Art. 76.

200 SCHMID, Handbuch, N 575; CAPUS, 183 f.; RIKLIN, N 5 Vor Art. 76–79; RIEDO/FIOLKA/NIGGLI, N 600.

201 Siehe SCHMID, Kommentar, N 4 Vor Art. 76–79; RIKLIN, N 5 Vor Art. 76–79; RIEDO/FIOLKA/NIGGLI, N 600.

202 Siehe HAUSER, 179 ff.; BSK StPO-NÄPFLI, N 2 zu Art. 76; CAPUS/STOLL, 206.

203 BSK StPO-NÄPFLI, N 2 zu Art. 76; BeB VE StPO, 72; OBERHOLZER, N 1271.

204 BSK StPO-NÄPFLI, N 2 zu Art. 76; HAUSER, 180; ZR 2009, Nr. 50, 216 f.; Urteil des Bundesgerichts 1B_311/2011 vom 30. August 2011, E. 3.3.

205 Siehe HAUSER, 179 f.; OBERHOLZER, N 1271; CAPUS/STOLL, 206 und dort Fn. 34; BSK StPO-NÄPFLI, N 2 zu Art. 76.

206 BGE 106 IV 372, E. 2, wonach die Protokolle zudem Urkundencharakter haben.

StPO).[207] Die Protokolle stellen aber «keine unumstössliche Beweisvermutung» auf.[208] Dementsprechend erscheint es denkbar, «die Richtigkeit oder Unrichtigkeit» des Protokolls und der enthaltenen Aussagen bzw. Verfahrensvorgänge auf andere Weise zu beweisen.[209] Insbesondere können die Parteien bzw. Verfahrensbeteiligten[210] ein Gesuch um Protokollberichtigung nach Art. 79 StPO stellen, wenn sie eine unrichtige oder materiell falsche Protokollierung rügen möchten.[211]

Ferner hebt die Literatur hervor, dass die Beweiskraft der Protokolle zugleich der Herstellung von Rechtssicherheit dient und allfällige Instanzen, welche sich zu einem späteren Zeitpunkt auf die Protokolle stützen, von «langwierigen Erhebungen über den Protokollinhalt» entheben soll.[212] Damit soll gewährleistet sein, dass sich die (Jugend-)Strafbehörden zuverlässig und verbindlich auf die Protokolle stützen und die zuvor durchgeführten Verfahrenshandlungen und Einvernahmen korrekt nachvollziehen können.[213] Diesem Ziel wird massgeblich dadurch entsprochen, dass das Protokoll laufend während der Verhandlung bzw. Einvernahme (siehe Art. 78 Abs. 1 StPO) und unter dem Gesichtspunkt der «unmittelbaren Wahrnehmungen der protokollführenden Person» erstellt wird.[214] Damit wird, entsprechend der gängigen Abbildfiktion,[215] generell angenommen, dass Protokolle die Aussagen der einvernommenen beschuldigten Personen originalgetreu, widerspruchsfrei

207 Siehe Schmid, Handbuch, N 575 u. N 803; Hauser, 180; Capus/Stoll, 206 und dort Fn. 34, wonach sich die Beweiskraft darauf bezieht, dass die «Verfahrenshandlungen und Erklärungen tatsächlich so stattgefunden haben bzw. abgegeben wurden»; BSK StPO-Näpfli, N 3 zu Art. 76.

208 BSK StPO-Näpfli, N 3 zu Art. 76.

209 Hauser, 181 f.; BSK StPO-Näpfli, N 3 zu Art. 76; Hauser/Schweri/Hartmann, 197.

210 Vgl. BSK StPO-Näpfli, N 3 zu Art. 79; Brüschweiler, N 5 zu Art. 79.

211 Siehe BSK StPO-Näpfli, N 3 zu Art. 76; Hauser/Schweri/Hartmann, 197; siehe zur Protokollberichtigung hinten Abschnitt B. VI.; BSK StPO-Näpfli, N 1 ff. zu Art. 79.

212 BSK StPO-Näpfli, N 3 zu Art. 76; Hauser, 180.

213 Capus/Stoll, 204; Hauser, 180 f., der zudem festhält, dass die Beweiskraft fehlt, wenn erkennbar ist, dass die Protokolle «lückenhaft oder widersprüchlich» sind.

214 Siehe BSK StPO-Näpfli, N 3 zu Art. 76; Hauser, 180.

215 Capus, Vitogesetze, N 2.

und vollständig reproduzieren.[216] Mithin führt die Abbildfiktion zu der Annahme, dass das Protokoll die «Wirklichkeit spiegeln» würde,[217] weil es laufend erstellt und zudem von der protokollführenden, verfahrensleitenden[218] und einvernommenen Person unterzeichnet wird (siehe Art. 76 Abs. 2 und Art. 78 Abs. 5 StPO).[219] Zwar ist einerseits die Unterzeichnung durch die einvernommene Person nicht für die Gültigkeit des Protokolls erforderlich, vorausgesetzt, die Weigerung und die allenfalls dafür angegebenen Gründe werden im Protokoll vermerkt (Art. 78 Abs. 5 StPO). Andererseits stützt die Unterschrift erheblich die Beweiskraft bzw. Abbildfiktion des Protokollierten und mithin die Annahme, es handele sich dabei um eine «wahrheitsgetreue Repräsentation der Einvernahme».[220]

Weil jedoch nicht stets gewährleistet ist, dass die Protokolle die Abbildfiktion zu erfüllen vermögen,[221] wird im Gesetz und in der Literatur zumindest festgehalten, dass die Protokolle möglichst umfassend, objektiv und richtig verfasst werden sollen,[222] damit sie zudem als Beweismittel

216 Siehe dazu Capus, Vitogesetze, N 2 f. u. N 15; Eschenbach, 86; BSK StPO-Näpfli, N 2 zu Art. 78; Näpfli, Würdigung, N 8; die Vollständigkeit der Protokolle wird sogar vom Gesetz selbst, in Art. 76 Abs. 3 StPO, vorgeschrieben. Zugleich hält Art. 78 Abs. 2 und Abs. 3 StPO für die Einvernahmeprotokolle jedoch einschränkend fest, dass nur die wesentlichen bzw. entscheidenden Einvernahmeinhalte wörtlich oder in der Originalsprache zu erfassen sind.

217 Siehe Eschenbach, 86; Capus/Stoll, 207.

218 Nach Art. 76 Abs. 2 StPO müssen die Verfahrensleitung und die protokollführende Person die Richtigkeit des Protokolls bestätigen; hinten Abschnitt B. I. 3.; Capus/Stoll, 206 f.

219 Hinten Abschnitt B. III. 7.; Capus/Stoll, 206 ff., wonach die Unterzeichnung durch die befragte Person zusätzlich die Abbildfiktion stützt; Hauser, 177; hingegen hält Capus, 187 f., fest, dass es sich bei der Unterzeichnung durch die einvernommene Person vielmehr um eine «Fiktion der Richtigkeitserklärung» handelt, weil sie damit nicht die «Übereinstimmung des Inhaltes des Protokolls mit der Aussage» bestätigt, sondern nur die Weitergabe ihrer Aussage in dieser protokollierten Form genehmigt.

220 Siehe Capus/Stoll, 207 f.; Hauser, 177; BSK StPO-Näpfli, N 19 zu Art. 78; vgl. auch BGE 98 Ia 250, E. 1c; Urteil des Bundesgerichts 6B_492/2012 vom 22. Februar 2013, E. 1.4; hinten Abschnitt A. III. 5.

221 Vgl. Näpfli, Würdigung, N 6 ff.; Capus, Vitogesetze, N 2 ff., N 10 f. u. N 15.

222 BSK StPO-Näpfli, N 2 zu Art. 78; Capus, Vitogesetze, N 2; die Richtigkeit der Protokollierung wird von Art. 76 Abs. 2 und Abs. 3 StPO vorgeschrieben; vgl. auch Bot. StPO 2006, 1156.

dienen und fehlerhaften bzw. unzulässigen Beweiserhebungsmethoden und Protokollierungsweisen entgegenwirken können.[223]

3. Die Kontrollfunktion

Den Protokollen wird weiter eine Kontrollfunktion zugesprochen.[224] Die Protokollierung der Verfahrenshandlungen und Einvernahmen soll gewährleisten, dass jederzeit überprüfbar ist, ob von Seiten der Strafbehörden «vorschriftsgemäss verfahren wurde».[225] Damit soll die «Justizförmigkeit» der Verfahrenshandlungen belegt werden.[226] Dementsprechend soll mithilfe der Protokolle die Einhaltung der Verfahrensrechte und -garantien (z. B. Rechtsbelehrungen nach Art. 158 StPO, rechtzeitige Bestellung einer Verteidigung u. Ä.) verifizierbar sein,[227] womit die Protokolle sodann als «Unterlage für die Nachprüfung in der Rechtsmittelinstanz in Bezug auf die tatsächlichen Feststellungen und die Beobachtung von Verfahrensvorschriften seitens der unteren Instanz» dienen.[228]

In diesem Sinne soll durch eine sachgemässe Protokollierung beispielsweise belegt werden, ob sich der Beschuldigte zur Sache äussern und allenfalls den Zeugen und Sachverständigen Ergänzungsfragen stellen durfte.[229]

Des Weiteren übt das Wissen um die Überprüfbarkeit einer Verfahrenshandlung oder Einvernahme eine «psychologische Wirkung» auf die (Jugend-)Strafbehörden aus, womit sie angeleitet sind, stets vorschriftsgemäss zu verfahren.[230] Somit entfalten die Protokolle zugleich eine Garantiewirkung.[231]

223 Vgl. Capus, Vitogesetze, N 2 f.; BSK StPO-Näpfli, N 3 zu Art. 76; Capus/Stoll, 205 f., hinten Abschnitt A. III. 5.

224 Siehe Capus/Stoll, 207 f.; Hauser, 160.

225 Capus/Stoll, 205; Egli, 628; Hauser/Schweri/Hartmann, 195; Moreillon/Parein-Reymond, N 7 u. N 9 Vor Art. 76–79.

226 Capus, 183.

227 Vgl. Capus/Stoll, 205; Urteil des Bundesgerichts 6B_492/2012 vom 22. Februar 2013, E. 1.4.

228 So Hauser, 160.

229 Siehe Näpfli, 1 f.; Krauss, 55 f.; Hauser, 160 f.; Riedo/Fiolka/Niggli, 24.

230 Hauser, 159; Capus/Stoll, 205.

231 Capus/Stoll, 205.

4. Die Garantiefunktion

Im Wissen, dass die betreffenden Verfahrenshandlungen und Einvernahmen – im Sinne der Kontrollfunktion – jederzeit anhand des Protokolls überprüft werden können, wird für die Strafbehörden gerade der Anreiz gesetzt, akzentuiert auf eine korrekte Verfahrens- und Protokollführung zu achten.[232] Insofern kann sich die Überprüfbarkeit der Einhaltung der Verfahrensrechte und -garantien grundsätzlich positiv und präventiv auf die Handlungen der (Jugend-)Strafbehörden auswirken, weil zugleich eine «nicht zu unterschätzende psychologische Wirkung» auf die Verfahrensleitung ausgeübt wird.[233] Folglich dürften die Verfahrensleitung und wohl auch die protokollführende Person akzentuiert «an einer korrekten Verfahrensführung» interessiert sein, «damit dies im Protokoll so dokumentiert werden kann».[234] Das Gesetz hat namentlich in Art. 143 Abs. 2 i. V. m. Abs. 1 StPO die Kontroll- bzw. Garantiefunktion konkretisiert. Danach hat das Protokoll ausdrücklich darüber aufzuklären, ob die einvernommene Person «zu Beginn der Einvernahme» auf ihre «Rechte und Pflichten hingewiesen wurde und insgesamt die prozessualen Regeln und Formen eingehalten wurden».[235]

Zugleich wirkt sich das Wissen um die Möglichkeit, dass die einvernommene Person nach Abschluss der Einvernahme das Protokoll zur Kenntnisnahme und Durchsicht vorgelegt bekommt (siehe Art. 78 Abs. 5 StPO), ebenfalls präventiv auf die Protokollierung aus. Danach beugt die Aussicht über eine nachträgliche Kontrolle «unfairen oder unkorrekten Protokollierungsweisen vor». Zugleich nimmt «beispielsweise die Zahl der Fehlprotokollierungen» mit den Kontrollmöglichkeiten der Einvernommenen ab.[236]

232 Siehe Capus/Stoll, 205, wonach dadurch zudem eine Selbstkontrolle der Verfahrensleitung bewirkt wird.

233 Siehe Hauser, 159 f.; Capus/Stoll, 205; siehe auch Hauser/Schweri/Hartmann, 195.

234 Siehe Capus/Stoll, 205.

235 Siehe BSK StPO-Näpfli, N 1 zu Art. 76; Bot. StPO 2006, 1155; BeB VE StPO, 70; vgl. auch BGE 141 IV 20, E. 1.3.3.

236 Capus/Stoll, 205; vgl. auch Capus, Vitogesetze, 13; Walker, 1990, 233 f.

5. Die Bindungsfunktion

Wie gesehen,[237] werden die Aussagen und Verfahrensvorgänge in den Protokollen fixiert, sodass sie als Beweismittel dienen und sich die Strafbehörden verbindlich auf deren Inhalt beziehen können.[238] Die Protokolle halten die Aussagen dauerhaft fest und «arretieren sie definitiv».[239] Dazu dient neben der Beweis- auch die Bindungsfunktion.[240]

Die Bindungsfunktion bewirkt, dass die einvernommene Person «zu einem späteren Zeitpunkt auf ihre Aussage behaftet werden kann».[241] Das wird zusätzlich akzentuiert, wenn der Einvernommene durch «das Lesen und Unterzeichnen des Protokolls» dieses vermeintlich für richtig erklärt und damit «einen allfälligen späteren Widerruf der Aussage» zudem erschwert.[242] Dementsprechend wird die Unterzeichnung dem Einvernommenen vorgehalten, wenn er zu einem späteren Zeitpunkt die Unrichtigkeit des Inhaltes rügt,[243] weil ihm mit der Unterschrift generell unterstellt wird, dass er damit bestätigt, «die protokollierten Angaben» tatsächlich gemacht zu haben.[244] Eine nachträgliche Änderung der Aussage bzw. ein «erfolgreiches Bestreiten» oder Abrücken von der Aussage erscheint damit kaum mehr möglich, ohne dass die Glaub- bzw. Vertrauenswürdigkeit des Beschuldigten in Frage gestellt würde.[245] In (Jugend-)Strafverfahren wird stets beachtet, «wie sich die Aussagen aus verschiedenen Einvernahmen zueinander verhalten».[246] Allfällige Abweichungen zwischen den verschiedenen Erzählungen werden hervorgehoben und kritisch gewürdigt. Hier spielt die vermeintliche Genehmigung durch die Unterschrift eine bedeutende Rolle[247] und gilt verschärft bindend, wenn der Einvernommene zudem beim Durchlesen

---

237 Vorne Abschnitt A. III. 2.

238 Capus/Stoll, 204.

239 Siehe Capus/Stoll, 208.

240 Capus/Stoll, 204.

241 Capus/Stoll, 208.

242 Capus/ Stoll, 208 f.; Eschenbach, 88.

243 Siehe Capus, 188; Urteil des Bundesgerichts 1B_311/2011 vom 30. August 2011, E. 3.3; siehe auch BSK JStPO-Hebeisen, N 15 Vor Art. 30 und 31 und dort Fn. 13.

244 BSK StPO-Näpfli, N 24 f. zu Art. 78; Capus/Stoll, 208 f.; BGE 106 IV 372, E. 2; ZR 1919, Nr. 166; vorne auch Abschnitt A. III. 2.

245 Siehe Capus/Stoll, 208 f.

246 Capus/Stoll, 209.

247 Siehe Capus/Stoll, 209; Capus, 188.

des Protokolls handschriftliche Änderungen anbrachte, welche mithin «als Beleg für eine aufmerksame Lektüre gewertet werden».[248]

B. Die gesetzlichen Protokollierungsbestimmungen

I. Die allgemeinen Bestimmungen von Art. 76 StPO

1. Einleitende Erläuterungen

Die primäre und wichtigste Ausgestaltungsform der Dokumentationspflicht ist, wie gesehen,[249] die Protokollierungspflicht. Diese wird ausdrücklich in der Schweizerischen Strafprozessordnung in den Art. 76 bis 79 StPO konkretisiert. Dabei werden in Art. 76 StPO die allgemeinen Bestimmungen der Protokollierung, in Art. 77 und Art. 78 StPO die zwei Grundformen der Protokolle (Verfahrens- bzw. Einvernahmeprotokoll) und in Art. 79 StPO die Vorgehensweise bei Protokollberichtigungen erläutert.[250] Die protokollarische Verschriftlichung der relevanten Vorgänge wird somit primär durch eine der beiden Grundformen verwirklicht.[251]

Nebst den beiden Hauptprotokollformen treten noch zahlreiche weitere Varianten auf. So sind z. B. das Augenscheinprotokoll (Art. 193 Abs. 4 StPO), das Hausdurchsuchungsprotokoll, das Beschlagnahmeprotokoll (siehe Art. 266 StPO), das Vollzugsprotokoll (Art. 199 StPO), das Gegenüberstellungs- oder das Identifizierungsprotokoll zu nennen.[252] Diese weiteren Protokollformen werden jedoch nicht alle ausdrücklich oder abschliessend in der StPO geregelt. Somit werden die allgemeinen Bestimmungen von Art. 76 StPO und die Regeln zu den

---

248 Siehe BSK StPO-Näpfli, N 24 zu Art. 78; Urteil des Bundesgerichts 1P.261/2002 vom 20. Januar 2004, E. 4.4; Walder, 390; Capus/Stoll, 209.

249 Vorne Teil 1 Abschnitt B. IV.

250 Vgl. auch Oberholzer, N 1272 ff.; Egli, 627; BeB VE StPO, 70 f.; Bot. StPO 2006, 1155 f.; BGE 141 IV 178, E. 3.4.3.

251 Donatsch/Schwarzenegger/Wohlers, 47; Näpfli, 14 f.; Schmid, Handbuch, N 566; Hauser, 159 f.

252 Siehe BSK StPO-Näpfli, N 13 zu Art. 76; Näpfli, 16 ff.

zwei Grundformen zusätzlich zur Ergänzung herangezogen.[253] Aufgrund der Ausrichtung der vorliegenden Arbeit werden nachfolgend (unter Ausschluss der weiteren Protokollvarianten) nur die zwei Grundformen näher behandelt.[254]

Die Protokollierung und alle übrigen Verfahrenshandlungen haben i. d. R. in der Verfahrenssprache des Gerichtsortes bzw. des Ortes der Verfahrenshandlung zu erfolgen. Die Verfahrensleitung kann Ausnahmen zulassen (siehe Art. 67 StPO). Eingebrachte fremdsprachige Unterlagen sind überdies zu übersetzen (Art. 68 StPO).[255]

Die Protokollbestimmungen gelten grundsätzlich (mit Ausnahme von Art. 78 Abs. 5bis StPO, welcher nur für die Hauptverfahren gilt) für sämtliche Verfahrensabschnitte und auf allen Verfahrensstufen, also «von der polizeilichen Ermittlung bis zu den Verfahrenshandlungen der Rechtsmittelinstanzen», und richten sich somit an alle (Jugend-)Strafbehörden.[256] Einzig auf die polizeilichen Vorermittlungen und sicherheitspolizeilichen Vorkehrungen finden die Protokollbestimmungen grundsätzlich keine Anwendung. Diese unterstehen dem «jeweils anwendbaren Polizeirecht».[257] Damit müssen die polizeilichen Behörden – im Vorfeld konkreter Verdachtsmomente – nicht alle Verfahrenshandlungen protokollieren.[258] Des Weiteren hält SCHMID dazu fest, dass die polizeiliche Dokumentations- bzw. Protokollierungspflicht grundsätzlich «erst im Zusammenhang mit der in Art. 302 und Art. 307 Abs. 3 StPO umrissenen Anzeige- und Rapportierungspflicht» einsetzen muss.[259] Die Protokollierungspflicht greift m. a. W. erst bei

---

253 Siehe RHYNER, 124 ff.; NÄPFLI, 16 ff.

254 Hinten Abschnitt B. II. und Abschnitt B. III.

255 SCHMID, Handbuch, N 550 f. u. N 573; siehe auch BGE 136 I 149; BGE 121 I 196, E. 5.

256 BSK JStPO-BÜRGIN/BIAGGI, N 24 Vor Art. 34–37; MURER, N 334; SCHMID, Handbuch, N 571; MOREILLON/ PAREIN-REYMOND, N 7 Vor Art. 76–79; Urteil des Bundesgerichts 6B_492/2012 vom 22. Februar 2013, E. 1.3; Urteil des Bundesgerichts 6B_719/2011 vom 12. November 2012, E. 4.5; Bot. StPO 2006, 1155; siehe aber hinten zur beschränken Zulässigkeit von nichtprotokollierten informellen Vorgesprächen Abschnitt B. III. 2.

257 Urteil des Bundesgerichts 6B_719/2011 vom 12. November 2012, E. 4.5; BSK StPO-SCHMUTZ, N 15 f. zu Art. 100; siehe auch hinten Abschnitt B. II. 2.; CR CPP-BOMIO, N 2 zu Art. 77; RHYNER, 112.

258 SCHMID, Handbuch, N 571; OBERHOLZER, N 1258; RHYNER, 113.

259 Siehe SCHMID, Handbuch, N 571 u. N 1222 f.

Bestehen eines konkreten strafprozessualen Deliktsverdachtes gegen eine bestimmte Täterschaft. Jene polizeilichen Massnahmen, welche nicht über das Vorermittlungsstadium hinausgehen oder ausschliesslich als sicherheitspolizeiliche Vorkehrungen durchgeführt werden, unterstehen hingegen nicht den StPO-Bestimmungen.[260]

Dennoch darf die polizeiliche Protokollierung nicht zu spät einsetzen, weil ansonsten wichtige Informationen verloren gehen oder die Verfahrensrechte der beteiligten Personen verletzt werden.[261]

Zwar wurde mit der schweizerischen Strafprozessordnung die Vereinheitlichung der strafprozessualen Verfahren angestrebt. Bei der konkreten Gestaltung der Protokollierung wurde im Gesetzgebungsverfahren den Kantonen mit den «gestrafften und systematisch vereinfachten» Protokollbestimmungen dennoch ein grosser Ermessensspielraum zugestanden.[262] Damit ist es weitestgehend den Kantonen überlassen (Art. 123 Abs. 2 BV), wie sie die genauere Ausgestaltung der Protokollierung und die inhaltliche Gestaltung der Protokolle regeln – insofern das Bundesrecht damit nicht verletzt wird.[263] Das Bundesgericht hat unlängst festgehalten, dass die Protokollierung «von den konkreten Umständen des Einzelfalls» abhängt. Somit gesteht es den Kantonen bzw. der protokollführenden Person ebenfalls einen weiten Ermessensspielraum zu.[264]

---

260 Schmid, Handbuch, N 568; Kettiger, N 6 f. u. N 8 lit. f., der zudem festhält, dass eine scharfe Trennung zwischen den sicherheitspolizeilichen Vorfeldermittlungen und dem – von der StPO erfassten – Ermittlungsverfahren oft schwer zu zeichnen ist; Urteil des Bundesgerichts 6B_719/2011 vom 12. November 2012, E. 4.5; siehe auch BSK StPO-Schmutz, N 15 f. zu Art. 100; Schmid, Kommentar, N 6 zu Art. 158.

261 Vgl. BSK StPO-Schmutz, N 16 f. zu Art. 100; Rhyner, 116 f.; CR CPP-Maître, N 14 f. zu Art. 307; siehe auch BSK StPO-Rüegger, N 12 f. u. N 18 zu Art. 307.

262 Siehe Bot. StPO 2006, 1094 ff. u. 1155; im Vergleich zu den Protokollierungsbestimmungen des Vorentwurfs zu einer Schweizerischen Strafprozessordnung zeigt sich, dass die geltenden Bestimmungen zu den Protokollen deutlich ausgedünnt wurden, siehe VE StPO, 21 ff.; Näpfli, Würdigung, N 69.

263 Vgl. Näpfli, Würdigung, N 69; Capus, Vitogesetze, N 4; BSK StPO-Näpfli, N 10 zu Art. 78; BGE 130 II 473, E. 4.2; siehe für das Jugendstrafverfahren auch Art. 8 JStPO; Murer, N 722; Bot. StPO 2006, 1358, wonach die «Arbeitsweise der Behörden vom kantonalen Recht geregelt» wird; BSK JStPO-Hug/Schläfli, N 1 zu Art. 8.

264 Urteil des Bundesgerichts 6B_734/2011 vom 3. April 2012, E. 2.3.1; nach BGE 126 I 15, E. 2a/aa, sind weiter zumindest die wesentlichen Inhalte derjenigen Aussagen zu protokollieren, welche für den Ausgang des Verfahrens wichtig sind.

Obgleich des weitreichenden Ermessensspielraums der protokollführenden Person sind die Protokollbestimmungen – aufgrund «der auf dem Spiele stehenden gewichtigen Interessen der Verfahrensbeteiligten» – grundsätzlich «streng zu handhaben».[265] «Diese Vorschriften haben im Regelfall zwingenden Charakter» und deren Einhaltung ist für die Gültigkeit und Verwendung der Protokolle erforderlich.[266]

2. Art. 76 Abs. 1 StPO

Nach Art. 76 Abs. 1 StPO sind die «Aussage der Parteien, die mündlichen Entscheide der Behörden sowie alle anderen Verfahrenshandlungen, die nicht schriftlich durchgeführt werden», zu protokollieren. Damit wird für die handelnden Behörden die allgemeine Pflicht aufgestellt, alle verfahrensrelevanten Vorgänge in geeigneter Form festzuhalten, damit sie in die Strafakten aufgenommen und aufbewahrt werden können.[267]

Danach sind alle Verfahrensvorgänge (wie z. B. Einvernahmen), welche nicht ohnehin durch «Einverleiben der Originale oder von Kopien bzw. Ausdrucken» (namentlich Vorladungen, Rechtsmittelschriften, Ausdrucken des E-Mail-Verkehrs u. Ä.) festgehalten werden, zu protokollieren.[268] Ferner sind Augenscheine u. Ä. sowie informelle Verfahrensabläufe wie Telefonate durch Aktennotizen oder Fotos zu protokollieren bzw. dokumentieren.[269] Insgesamt müssen sämtliche relevanten Informationen, welche «in nicht direkt lesbarer Form vorhanden sind», zwingend protokolliert bzw. in die Schriftform übertragen

---

265 Urteil des Bundesgerichts 1P.399/2005 vom 8. Mai 2006, E. 3.1; BSK StPO-Näpfli, N 12 zu Art. 76.

266 BSK StPO-Näpfli, N 12 zu Art. 76; Hauser/Schweri/Hartmann, 197; Urteil des Bundesgerichts 6B_344/2013 vom 19. Juli 2013, E. 1.3; Urteil des Bundesgerichts 6B_492/2012 vom 22. Februar 2013, E. 1.4; Urteil des OGer BE SK 2012 223 vom 15. Mai 2013.

267 Siehe BGE 141 IV 178, E. 3.4.3; Schmid, Handbuch, N 571; BSK StPO-Näpfli, N 7 zu Art. 76; Riklin, N 1 f. Vor Art. 76–79; siehe auch Art. 100 StPO; Urteil des Bundesgerichts 6B_719/2011 vom 12. November 2012, E. 4.5.

268 Schmid, Handbuch, N 569; BSK StPO-Näpfli, N 13 zu Art. 76.

269 Schmid, Handbuch, N 569; BGE 124 V 389, E. 3; BGE 115 Ia 97, E. 4; vgl. auch Art. 193 Abs. 4 StPO.

werden. Insgesamt müssen alle mündlichen Verfahrensvorgänge so protokolliert werden, dass sie ohne Hilfsmittel lesbar sind.[270]

Des Weiteren muss die Protokollierung unverzüglich stattfinden; sie duldet grundsätzlich keinen Aufschub und hat von Amtes wegen zu erfolgen.[271]

Insofern dürfen die Einvernahmeprotokolle beispielsweise nicht erst nach Abschluss der Einvernahme mithilfe daraus resultierender Aufzeichnungen erstellt werden (siehe auch Art. 78 Abs. 1 StPO, wo explizit eine laufende Protokollierung gefordert wird).[272]

Darüber hinaus erwähnt die StPO auch ausdrücklich bestimmte prozessuale Vorgänge, welche «von ihrer Art her» nicht bzw. nicht ausführlich zu protokollieren sind.[273] Zum einen sind Vergleichsverhandlungen nicht zwingend zu protokollieren. Es ist nur die endgültige Einigung bzw. der Vergleichsinhalt ins Protokoll aufzunehmen, die vorausgehenden Verhandlungen müssen nicht erfasst werden (siehe Art. 316 Abs. 3 StPO).[274] Des Weiteren sind die Verhandlungen zwischen den Parteien im abgekürzten Verfahren nicht zu protokollieren (siehe Art. 362 Abs. 4 StPO).[275] Zudem stellt die erstinstanzliche Urteilsberatung einen nicht öffentlichen Verfahrensvorgang dar, welcher zudem nicht zu protokollieren ist (siehe Art. 69 Abs. 1 StPO und Art. 348 Abs. 1 StPO).[276]

3. Art. 76 Abs. 2 StPO

Art. 76 Abs. 2 StPO bestimmt ferner, dass die jeweilige Verfahrensleitung für «die Richtigkeit des Protokolls» zuständig ist. Allenfalls muss sie mithilfe der protokollführenden Person sowie einer etwaig zur Übersetzung beigezogenen Person die Richtigkeit bestätigen.[277] In jugendstrafrechtlichen Vorverfahren nehmen die Jugendanwälte bzw. Jugendrichter die

---

270 Siehe Schmid, Handbuch, N 569 u. N 571 f.; BSK StPO-Näpfli, N 13 zu Art. 76.

271 Siehe CR CPP-Bomio, N 1 zu Art. 76; Brüschweiler, N 9 zu Art. 78; Urteil des Bundesgerichts 6B_492/2012 vom 22. Februar 2013, E. 1.5; BGE 115 Ia 97, E. 4c.

272 Schmid, Handbuch, N 573.

273 Schmid, Kommentar, N 4 zu Art. 76; Rhyner, 112 f. u. 116 f.

274 Schmid, Kommentar, N 4 zu Art. 76 u. N 7 zu Art. 316.

275 Siehe Schmid, Kommentar, N 4 zu Art. 76 u. N 11 f. zu Art. 362.

276 Vgl. Schmid, Kommentar, N 3 zu Art. 348; BSK StPO-Heimgartner/Niggli, N 7 ff. zu Art. 348; BSK StPO-Saxer/Thurnheer, N 32 zu Art. 69.

277 Schmid, Handbuch, N 571.

Verfahrensleitung ein, im Hauptverfahren kommt sie dann ausschliesslich dem Präsidenten des Jugendgerichts zu (siehe dazu Art. 6 Abs. 2 und Art. 7 Abs. 2 JStPO i. V. m. Art. 61 StPO). Die Pflicht der Bestätigung der Richtigkeit gilt grundsätzlich uneingeschränkt für alle Protokollarten, weil Art. 76 StPO als allgemeine Bestimmung eine generelle Gültigkeit zukommt.[278]

Art. 76 Abs 2 StPO regelt jedoch nicht die Art und den Zeitpunkt der Bestätigung der Richtigkeit des Protokolls. Es wird angenommen, dass dies grundsätzlich am besten mithilfe der eigenhändigen Unterzeichnung des Protokolls oder allenfalls mit einem entsprechenden Visum zu erreichen ist.[279] Dabei ist sicherzustellen, dass ersichtlich ist, wer für die Richtigkeit bzw. die Anfertigung des entsprechenden Protokolls verantwortlich war und unterzeichnet hat.[280]

Die Unterschriften sind möglichst im direkten Anschluss an das Erstellen des Protokolls bzw. nach Abschluss der Verfahrenshandlung anzubringen.[281]

Im Gesetz ist nicht explizit geregelt, ob ein verspätetes Unterzeichnen durch die Verfahrensleitung, die protokollführende Person und einen etwaigen Übersetzer zwingend die Ungültigkeit des Einvernahmeprotokolls zur Folge hat. Zudem gehen die Meinungen in der Literatur dazu auseinander. Schmid hält dafür, dass eine vergessene oder versäumte Unterzeichnung grundsätzlich nachgeholt werden kann.[282] Näpfli hingegen sieht darin eine Gültigkeitsvorschrift, womit eine fehlende Unterschrift in jedem Fall zur Ungültigkeit des Protokolls führen muss.[283] Danach sollen die Unterschriften auch nicht nachträglich angebracht werden können.[284] Auch das Bundesgericht sieht die

278 Vgl. Brüschweiler, N 4 zu Art. 76.

279 So Brüschweiler, N 4 zu Art. 76; BSK StPO-Näpfli, N 14 zu Art. 76.

280 Siehe Brüschweiler, N 4 zu Art. 76; BSK StPO-Näpfli, N 8 zu Art. 76; Marti, 96.

281 BSK StPO-Näpfli, N 14 zu Art. 76.

282 Siehe Schmid, Handbuch, N 578 Fn. 417; so auch Marti, 96.

283 BSK StPO-Näpfli, N 14 zu Art. 76; siehe auch CR CPP-Bomio, N 3 zu Art. 76, wonach die Unterzeichnung durch die Verfahrensleitung zwingend zu erfolgen hat; Hauser/Schweri/Hartmann, 197, halten fest, dass ein Protokoll, welches vom Protokollführer nicht unterschrieben wurde, ungültig ist.

284 Vgl. BSK StPO-Näpfli, N 14 zu Art. 76 u. N 25 zu Art. 78; ZR 1999, Nr. 28, 102 f.; ZR 1972, Nr. 71, 301 f.

Unterschriften als Gültigkeitserfordernis für die Verwertbarkeit der Protokolle und Aussagen.[285]

Des Weiteren hält NÄPFLI fest, dass die eigenhändigen Unterzeichnungen durch die Verfahrensleitung, die protokollführende Person und allenfalls die zur Übersetzung beigezogene Person grundsätzlich die Gewähr der Richtigkeit des Protokolls bestätigen bzw. bekräftigen.[286] Die Unterschriften stützen in erheblichem Masse die Beweisfunktion bzw. -kraft der Protokolle.[287] Von einem Protokoll, welches durch die Verfahrensleitung, die protokollführende Person und eine allfällige übersetzende Person zu unterzeichnen ist, wird generell angenommen es stelle die Verfahrenshandlung und deren Inhalt korrekt und wahrheitsgemäss dar.[288]

Dennoch bestätigen die Unterschriften der Verfahrensleitung, protokollführenden Person und der allenfalls zur Übersetzung beigezogenen Person nur, dass die Aussagen und Verfahrenshandlungen tatsächlich laufend anlässlich einer formalisierten Einvernahme u. Ä. gemacht bzw. aufgenommen wurden.[289] Die Unrichtigkeit des Protokolls kann durch entsprechende Beweise erbracht werden – so namentlich im Rahmen einer Protokollberichtigung nach Art. 79 StPO.[290]

4. Art. 76 Abs. 3 StPO

Art. 76 Abs. 3 StPO legt – ergänzend zu Art. 76 Abs. 2 StPO – die Verantwortlichkeit für die Protokollführung fest. Danach ist die Verfahrensleitung für eine vollständige und richtige Protokollierung der jeweiligen Verfahrenshandlungen verantwortlich. Sie hat insbesondere

---

285 Siehe Urteil des Bundesgerichts 6B_492/2012 vom 22. Februar 2013, E. 1.4; Urteil des Bundesgerichts 1P.399/2005 vom 8. Mai 2006, E. 3.1; Urteil des Bundesgerichts 6B_344/2013 vom 19. Juli 2013, E. 1.3; BSK StPO-NÄPFLI, N 12 zu Art. 76.

286 BSK StPO-NÄPFLI, N 14 zu Art. 76.

287 BSK StPO-NÄPFLI, N 14 zu Art. 76; CAPUS/STOLL, 206 f.; vorne Abschnitt A. III. 2.; siehe auch Art. 76 Abs. 3 StPO, welcher zudem vorsieht, dass die Verfahrensleitung für eine vollständige und richtige Protokollierung verantwortlich ist.

288 Siehe CAPUS/STOLL, 207 f.; CR CPP-BOMIO, N 2 f. zu Art. 76; MARTI, 96.

289 Vgl. BSK StPO-NÄPFLI, N 2 f. zu Art. 76; CAPUS/STOLL, 206 f. und dort insb. Fn. 34; HAUSER, 180; SCHMID, Handbuch, N 575.

290 Siehe JEANNERET/KUHN, N 5011; CR CPP-BOMIO, N 2 zu Art. 76; HAUSER/SCHWERI/HARTMANN, 197; BSK StPO-NÄPFLI, N 3 zu Art. 76.

die protokollführende Person «zu beaufsichtigen und gegebenenfalls einzuschreiten», falls dies nötig erscheint.[291]

Hierzu hält RHYNER fest, dass die Bestimmungen von Art. 76 Abs. 2 und Abs. 3 StPO nur sinngemäss für das polizeiliche Ermittlungsverfahren gelten sollen. Demnach müssen bei polizeilichen Verfahrenshandlungen lediglich die protokollführende Person (in der Regel der zuständige Polizist bzw. Kriminalist) und ein allfälliger Übersetzer – nicht jedoch die Verfahrensleitung (der Jugendanwalt oder Jugendrichter) – die Vollständigkeit und Richtigkeit der Protokollführung bestätigen und die Verantwortung tragen.[292]

Nach RIKLIN kann die Verfahrensleitung jedoch – auch dann, wenn sie nicht selbst an den Verfahrenshandlungen der Polizei teilnimmt – mithilfe von Weisungen und Aufträgen auf die Ermittlungsarbeiten und die Protokollierung der Polizei Einfluss nehmen, damit Mängel oder Unzulänglichkeiten möglichst vermieden werden.[293]

5. Art. 76 Abs. 4 StPO

Abschliessend sieht Art. 76 Abs. 4 StPO vor, dass Verfahrenshandlungen zusätzlich zum Schriftprotokoll «ganz oder teilweise in Ton oder Bild festgehalten werden» können.[294] Ergänzend hält SCHMID fest, dass die Aufzeichnung z. B. auf «Tonband-, Video- oder DVD-Geräten o. Ä.» erfolgen kann.[295] Dabei können grundsätzlich alle Verfahrenshandlungen (insb. auch die Einvernahmen) aufgezeichnet werden.[296]

Die Aufzeichnung dient jedoch nicht als Ersatz für das Protokoll, sondern nur zur Ergänzung und Unterstützung. Somit entbindet Art. 76

291 BSK StPO-NÄPFLI, N 15 zu Art. 76; BRÜSCHWEILER, N 7 zu Art. 76; CR CPP-BOMIO, N 2 f. zu Art. 76.

292 Siehe RHYNER, 110 f., hierzu führt er weiter an, dass die Verfahrensleitung mitunter die Richtigkeit bzw. Vollständigkeit von polizeilichen Verfahrenshandlungen bestätigen müsste, an denen sie selbst nicht teilgenommen hätte; ähnlich SCHMID, Handbuch, N 571 Fn. 399, der festhält, dass bei delegierten Einvernahmen nach Art. 142 StPO, nur die anwesenden Personen das Protokoll unterzeichnen müssen.

293 Vgl. RIKLIN, N 4 zu Art. 76; BSK StPO-RHYNER, N 12 zu Art. 306; BRÜSCHWEILER, N 7 zu Art. 76.

294 SCHMID, Handbuch, N 574.

295 SCHMID, Handbuch, N 574.

296 Vgl. BSK StPO-NÄPFLI, N 18 zu Art. 76; Bot. StPO 2006, 1156; HAUSER/SCHWERI/HARTMANN, 198 N 27.

Abs. 4 StPO die (Jugend-)Strafbehörden nicht von der Pflicht, Schriftprotokolle zu führen.[297]

Die Durchführung der Aufzeichnung ist von der zuständigen Verfahrensleitung anzuordnen und den anwesenden Personen im Voraus mitzuteilen. Für die ordnungsgemässe Durchführung und Rechtmässigkeit ist deren Zustimmung grundsätzlich nicht erforderlich.[298]

Die einvernommene Person hat dagegen keinen Anspruch darauf, eine Aufzeichnung ihrer Aussage durchzusetzen.[299]

Eine generelle Pflicht zur Verwendung von Aufzeichnungsgeräten bzw. etwaigen Hilfsmitteln wurde vom Gesetzgeber nicht vorgesehen. Den (Jugend-)Strafbehörden wird jedoch ein grosser Ermessensspielraum bei der Entscheidung, ob sie Einvernahmen oder Verfahrenshandlungen in Ton und/oder Bild festhalten wollen, zugestanden.[300] In Anbetracht der hervorgehobenen Vorteile der Aufzeichnungen von Verfahrenshandlungen plädiert Näpfli für eine «umfassendere Anwendung der audiovisuellen Dokumentation» in heutigen Strafverfahren.[301]

Gestützt auf den Wortlaut von Art. 76 Abs. 4 StPO wäre eine Videoaufzeichnung stricto sensu nicht zulässig, weil die Formulierung «Ton oder Bild» restriktiv formuliert ist. Eine solche Auslegung liefe jedoch offenbar der Zielsetzung dieser Bestimmung zuwider.[302] Dementsprechend gehen einige Autoren davon aus, dass vielmehr die audiovisuelle Dokumentation (m. a. W. die Aufzeichnung per Ton *und* Bild) zulässig

---

297 Siehe Riklin, N 5 zu Art. 76; BSK StPO-Näpfli, N 17 f. zu Art. 76; Hauser/Schweri/Hartmann, 198; CR CPP-Bomio, N 4 zu Art. 76; Bot. StPO 2006, 1156.

298 Siehe BSK StPO-Näpfli, N 17 zu Art. 76; nach CR CPP-Bomio, N 4 zu Art. 76, stellt die Erfordernis der vorausgehenden Information an die Beteiligten nur eine Ordnungsvorschrift dar. Dementsprechend ist eine Aufzeichnung bzw. Verfahrenshandlung auch bei unterlassener Bekanntgabe verwertbar (Art. 141 Abs. 3 StPO); siehe auch BGE 108 IV 161, E. 2; Schmid, Kommentar, N 8 zu Art. 76; Bot. StPO 2006, 1156.

299 BSK StPO-Näpfli, N 17 zu Art. 76; Urteil des Bundesgerichts 1B_311/2011, vom 30. August 2011, E. 1.2; Urteil des Bundesgerichts 1B_86/2013 vom 19. April 2013, E. 2.7.1.

300 Vgl. Näpfli, Würdigung, N 23 u. N 69; Schmid, Handbuch, N 574 Fn. 404.

301 Siehe BSK StPO-Näpfli, N 17 Fn. 44 zu Art. 76; Näpfli, Würdigung, N 23 f.; Näpfli, 77 ff.; siehe auch hinten Abschnitt B. VI.

302 So BSK StPO-Näpfli, N 17 zu Art. 76.

ist.[303] Bekräftigend ist festzustellen, dass in der französischsprachigen Fassung zwischen Audio- und Videoaufzeichnung differenziert («enregistrés sur support-son ou support-image») wird.

II. Die Vorschriften zu den Verfahrensprotokollen (Art. 77 StPO)

1. Der Gehalt der Bestimmung

Art. 77 StPO regelt die konkrete Gestaltung, die äussere Form und den Inhalt der Verfahrensprotokolle. Diese Bestimmung regelt gleichermassen die Gestaltung der Verfahrens- als auch der Einvernahmeprotokolle sowie der weiteren Protokollarten.[304]

Art. 77 StPO führt den Grundsatz der Dokumentations- bzw. Protokollierungspflicht[305] weiter aus und konkretisiert zugleich die Aktenführungspflicht und -aufbewahrung.[306] Demnach bezweckt Art. 77 StPO insbesondere, das «Strafverfahren aktenmässig so festzuhalten, dass später überprüft werden kann, ob die prozessual vorgeschriebenen Regeln und Formen eingehalten wurden».[307] Die Verfahrensprotokolle ermöglichen eine geordnete, zusammenhängende und zusammenfassende Dokumentation aller Verfahrensabläufe.[308] Mithin werden mit den Verfahrensprotokollen alle Verfahrenshandlungen (z. B. die Zwangsmassnahmen) und die etwaigen Ergebnisse erfasst, welche nicht ohnehin separat schriftlich festgehalten bzw. protokolliert werden (z. B. mithilfe eines Einvernahmeprotokolls).[309]

---

303 Siehe insb. Brüschweiler, N 8 zu Art. 76; BSK StPO-Näpfli, N 17 zu Art. 76; Capus/Stoll, 200 Fn. 24; siehe zudem dieselben Formulierungen in Art. 193 Abs. 4 und Art. 282 Abs. 1 StPO. In den Art. 144 Abs. 2 und Art. 154 Abs. 4 lit. d StPO wurde hingegen die Formulierung «Ton und Bild» verwendet.

304 Siehe CR CPP-Bomio, N 2 zu Art. 77; Rhyner, 123; Riklin, N 1 zu Art. 77 u. N 1 zu Art. 78.

305 Vorne Teil 1 Abschnitt B. IV. u. Teil 2 Abschnitt B. I. 2.

306 Schmid, Handbuch, N 576 u. N 620; CR CPP-Bomio, N 1 zu Art. 77; vorne Teil 1 Abschnitt B. IV.

307 So Rhyner, 123; siehe auch Schmid, Handbuch, N 576, der festhält, dass die Strafakten zudem systematisch geordnet und deren Inhalte «mittels Inhaltsverzeichnissen» festzuhalten sind.

308 Schmid, Handbuch, N 576; siehe auch BeB VE StPO, 71.

309 BSK StPO-Näpfli, N 1 zu Art. 77; CR CPP-Bomio, N 1 zu Art. 77; Rhyner, 112 f.

Art. 77 StPO regelt im Einzelnen ausdrücklich, nicht aber abschliessend,[310] welche Elemente und Informationen in die Verfahrensprotokolle aufzunehmen sind:[311]

die Art, der Ort, das Datum und die Zeit (gemeint ist hier insbesondere die Angabe des Anfangs- und des Abschlusszeitpunkts) der Verfahrenshandlung (lit. a); die Namen der mitwirkenden Behördenmitglieder (im polizeilichen Vorverfahren namentlich der zuständige Beamte, bei Vorgängen der Untersuchungsbehörde sind der verantwortliche Jugendanwalt bzw. -richter und der Protokollführer zu nennen und im Hauptverfahren ist die Zusammensetzung des Gerichts festzuhalten und der Gerichtsschreiber zu protokollieren), die Namen der Parteien, ihrer Rechtsbeistände sowie weiterer anwesender Personen (lit. b); die Anträge der Parteien (lit. c); die Belehrung über die Rechte und Pflichten der einvernommenen Personen (lit. d); die Aussagen der einvernommenen Personen (selbstredend ist zusätzlich ein Einvernahmeprotokoll nach Art. 78 StPO zu führen) (lit. e); der Ablauf des Verfahrens, die von der Strafbehörde getroffenen Anordnungen sowie die Beachtung der für die einzelnen Verfahrenshandlungen vorgesehenen Formvorschriften (lit. f); die von den Verfahrensbeteiligten eingereichten oder im Strafverfahren anderweitig beschafften Akten und anderen Beweisstücke (lit. g); die Entscheide und deren Begründung, soweit diese den Akten nicht ohnehin in separater Ausfertigung beigelegt werden (lit. h).

Ein Verfahrensprotokoll, welches unter Missachtung der jeweils entsprechenden Bestimmungen von Art. 77 StPO hergestellt wird, ist grundsätzlich i. S. v. Art. 141 Abs. 2 StPO ungültig.[312] Dies gilt z. B., wenn die Namen der an der Verfahrenshandlung mitwirkenden Behördenmitglieder (vgl. lit. b), die Rechtsbelehrung der einvernommenen beschuldigten Person (lit. d) oder die einschlägigen Formvorschriften (siehe lit. f) nicht eingehalten werden bzw. das Protokoll keine Angaben über deren Berücksichtigung umfasst.[313]

---

310 Vgl. Brüschweiler, N 1 zu Art. 77.

311 Siehe CR CPP-Bomio, N 2 zu Art. 77; Hauser/Schweri/Hartmann, 196; siehe einlässlich zum Inhalt der Verfahrensprotokolle auch BSK StPO-Näpfli, N 4 ff. zu Art. 77.

312 So CR CPP-Bomio, N 3 zu Art. 77.

313 Siehe CR CPP-Bomio, N 3 zu Art. 77; BSK StPO-Näpfli, N 8 zu Art. 77; vgl. Urteil des OGer BE vom 15. Mai 2013, E. 6.2 u. E. 6.3.

Die StPO enthält hingegen keine weitergehenden Regelungen dazu, wie die Verfahrensprotokolle zu führen sind. Weil die StPO im Vergleich zum Vorentwurf erheblich gestrafft wurde, sind die Kantone und der Bund bei der konkreten Ausgestaltung der Verfahrensprotokolle weitestgehend frei.[314] Realistisch sind demnach insbesondere zwei Vorgehensweisen, welche im Vorentwurf vorgesehen waren und nach SCHMID der bisher üblichen Praxis entsprechen:[315] Damit ist zum einen denkbar, dass alle Verfahrenshandlungen (z. B. die Einvernahmen) in einem «fortlaufend paginiertem Heft» unter Beifügung der übrigen Akten festgehalten werden. Nach der zweiten Variante können die Verfahrensabläufe auf separaten Blättern festgehalten, gemeinsam mit den übrigen Akten (Gutachten, Eingaben der Parteien etc.) fortlaufend nummeriert und in einem gemeinsamen Ordner integriert werden. In einem angehängten Aktenverzeichnis werden die gesammelten Unterlagen aufgelistet.[316] Dementsprechend wird das Verfahrensprotokoll – je nach gewähltem System – entweder direkt im erwähnten Heft oder auf separaten Blättern erfasst.[317]

Des Weiteren haben sich verschiedene Autoren bereits zu der Gestaltung und den – mitunter über Art. 77 StPO hinausgehenden – inhaltlichen Anforderungen der Einvernahmeprotokolle geäussert,[318] diese Anmerkungen dürften grundsätzlich auch für andere Protokollarten gelten. Demnach ist für jedes Einvernahmeprotokoll ein Deckblatt zu erstellen bzw. ein Protokollkopf vorzusehen, welches das Datum, die Anfangsuhrzeit, die Ladungsart (mündliche Ladung, aus der Haft erschienen usw.), die Art (Ersteinvernahme, Schlusseinvernahme usw.), den Ort der Einvernahme und die Bezeichnung der einvernehmenden Behörde erfasst.[319] Ferner sind die Namen und jeweiligen Rollen bzw. Funktionen der anwesenden Personen (z. B. mit dem Hinweis, dass es sich um die einvernehmende Person, den beschuldigten Jugendlichen,

---

314 Siehe Bot. StPO 2006, 1155; VE StPO, 22; SCHMID, Handbuch, N 576; SCHMID, Kommentar, N 2 f. zu Art. 77.

315 SCHMID, Handbuch, N 576; VE StPO, 22.

316 SCHMID, Handbuch, N 576; BRÜSCHWEILER, N 3 zu Art. 77.

317 SCHMID, Kommentar, N 2 f. zu Art. 77.

318 Siehe insb. WALDER, Fehler, 1111 f.; NÄPFLI, 43 ff.; HAUSER, 166 ff.; vgl. auch ZWEIDLER, Würdigung, 114; BENDER/NACK/TREUER, N 122 f. u. N 126.

319 OBERHOLZER, 416; WALDER, Fehler, 1111; NÄPFLI, 43 u. 46; HAUSER, 166; RHYNER, 123.

die protokollführende Person, einen Elternteil o. Ä. handelt) im Deckblatt festzuhalten.[320] Im Protokoll sind weiter die Unterbrüche sowie die An- und insbesondere Abwesenheiten der beteiligten Personen u. Ä. niederzuschreiben.[321] Die oben genannten Informationen können wichtige Aufschlüsse über die Verwertbarkeit (z. B. wenn der Beschuldigte zur späten Nachtzeit einvernommen wurde und dies eine Übermüdung wahrscheinlich erscheinen lassen kann) und die Würdigung der Aussage erbringen (so sind z. B. die unmittelbar nach der Tat vorgenommenen Aussagen regelmässig von erhöhter Bedeutung).[322] Zudem dienen die Informationen der «Überprüfung der Zuständigkeit und der ordnungsgemässen Zusammensetzung»[323] der Jugendstrafbehörden. Die Zeitangaben allfälliger Unterbrechungen sowie die Angabe der Uhrzeit des Endes der Einvernahme sind überdies unerlässlich.[324] Ferner können – zur vollständigen Überprüfung der Identität – ergänzend zum Namen des beschuldigten Jugendlichen ebenfalls sein Heimatort, Geburtsdatum und -ort, seine Adresse u. Ä. festgehalten werden.[325]

Grundsätzlich werden Protokolle angelegt, «um gelesen zu werden»[326]; dementsprechend sind die Einvernahmeprotokolle insgesamt möglichst übersichtlich und klar zu verfassen.[327] Insbesondere soll, so Näpfli, darauf geachtet werden, dass die Protokolle übersichtlich und sauber dargestellt werden. So sollen beispielsweise die Protokollblätter nur einseitig beschrieben, der beinhaltete Text nummeriert und in den Originalakten nie mit Leuchtstiften u. dgl. oder durch Unterstreichungen Textmarkierungen vorgenommen werden.[328]

Des Weiteren wird das Durchlesen der Protokolle erleichtert, wenn die Zeilenschaltung nicht zu eng ist[329] und «ein unbeschriebener Rand» freigelassen wird.[330] Zur eindeutigen Identifizierung der einzelnen

---

320 Näpfli, 45 f. und dort auch Fn. 288; Hauser, 166; Walder, Fehler, 1111 f.
321 Siehe Näpfli, Würdigung, N 12.
322 Näpfli, 44 und dort auch Fn. 279; Hauser, 166.
323 Hauser, 166; vgl. auch Näpfli, 44; BGE 85 I 273.
324 So Näpfli, Würdigung, N 11.
325 Vgl. Näpfli, 45.
326 Hauser, 184.
327 Vgl. Hauser, 184; Walder, Fehler, 1111 f.; Näpfli, 42 f.
328 BSK StPO-Näpfli, N 4 f. zu Art. 79; siehe auch Hauser, 183 f.; Padrutt, 136.
329 So bereits Hauser, 184.
330 Siehe Näpfli, 42.

Redebeiträge können namentlich entsprechend klare und individuelle (Namens-)Kürzel für die jeweiligen Beteiligten verwendet werden (siehe Beispiel 1). Allenfalls können die entsprechenden Redebeiträge auch mit den Ausdrücken «Frage», «Antwort» usw. kenntlich gemacht werden. Auf deren korrekte Verwendung ist stets zu achten, damit keine Verwechslungen verursacht werden. Diese Vorgehensweise ermöglicht es zudem, die Fragen und Antworten eindeutig von übrigen Hinweisen, Informationen usw. zu unterscheiden.[331]

JA: Fiel Dir das spontan ein oder hattest Du Dir das schon vorher überlegt?

B: Ja, spontan.

Vater: Er hat da CHF 50.00 von seiner Mutter bekommen.

Beispiel 1 (EVP 4): Verwendung von Kürzeln für die Zuordnung der Redebeiträge

Im vorliegenden Beispiel, welches dem empirischen Material zu Teil 3 der vorliegenden Arbeit entnommen ist, wurden im Einvernahmeprotokoll die Kürzel «JA», «B» und «Vater» verwendet. Damit wird jeweils übersichtlich und klar verdeutlicht, welche Redebeiträge von der Jugendanwaltschaft, dem Beschuldigten bzw. vom Vater des Beschuldigten stammen.

2. Das Verbot Geheimakten anzulegen

Aus der Bestimmung von Art. 77 StPO sowie dem Grundsatz der Dokumentationspflicht ergibt sich zudem für die (Jugend-)Strafbehörden das grundsätzliche Verbot, Geheimakten anzulegen und zu verwenden.[332] Dem liegen zugleich das Akteneinsichtsrecht des beschuldigten Jugendlichen (siehe Art. 107 Abs. 1 lit. a i. V. m. 101 StPO) und die

331 Vgl. auch die Hinweise und Anmerkungen von Walder, Fehler, 1112; Näpfli, 42 f.

332 Rhyner, 117; Riklin, N 1 zu Art. 100; siehe auch Hauser/Schweri/Hartmann, 256 f.; BSK StPO-Schmutz, N 1 u. N 10 zu Art. 100.

Aktenführungs- bzw. Dokumentationspflicht der (Jugend-)Strafbehörden (siehe Art. 76 ff. und Art. 100 StPO) zugrunde.[333] Dies bedeutet vorrangig, dass die Untersuchungsbehörden und die Gerichte ihre Entscheide nur auf jene Akten stützen dürfen, welche alle entscheidwesentlichen – also sowohl die be- als auch entlastenden – Elemente enthalten.[334] Die (Jugend-)Strafbehörden sind angehalten, in nicht selektiver Weise alles aktenkundig zu machen, was für die Beurteilung des Falles von Bedeutung sein kann bzw. «einen Bezug zur Sache» aufweist.[335]

Der beschuldigte Jugendliche und ggf. seine Verteidigung müssen zwingend im Lauf des Verfahrens Zugang zu den Strafakten gehabt haben, welche dem Entscheid zugrunde gelegt werden.[336] Damit wird zugleich sichergestellt, dass der Beschuldigte «von den Entscheidgrundlagen Kenntnis nehmen und sich wirksam und sachbezogen verteidigen kann».[337] Wenn die Strafakten jedoch unvollständig sind, verblassen die Verteidigungs- und Akteneinsichtsrechte des Beschuldigten.[338]

Hingegen ist es der Polizei, den Untersuchungsbehörden, Jugendstaatsanwaltschaften und Jugendgerichten grundsätzlich gestattet, Akten anzulegen, welche nicht in das Aktendossier aufgenommen werden, insofern es sich um rein (verwaltungs-)interne Dokumente handelt.[339] Gemäss bundesgerichtlicher Rechtsprechung besteht zudem kein «Anspruch auf Einsicht in verwaltungsinterne Akten wie Auskünfte und Notizen, Mitberichte und Mitteilungen, verwaltungsinterne

---

333 Vgl. auch vorne Teil 1 Abschnitt B. IV. u. Teil 2 Abschnitt B. I. 1.; BSK StPO-Schmutz, N 1 u. N 10 zu Art. 100 m. w. H.; Bot. StPO 2006, 1161; siehe auch BGE 130 II 472, E. 4.1.

334 Siehe BSK StPO-Näpfli, N 8 zu Art. 76; Schmid, Handbuch, N 566 u. N 570; Hauser/Schweri/Hartmann, 257; BSK StPO-Schmutz, N 10 zu Art. 100; TPF 2005 119, E. 2.4; BGE 115 Ia 97, E. 4c.

335 Siehe Hauser/Schweri/Hartmann, 257; BSK StPO-Schmutz, N 9 f. zu Art. 100; Schmid, Handbuch, N 566 u. N 570; Rhyner, 117 f.

336 Rhyner, 117; Oberholzer, N 1258; Urteil des Bundesgerichts 6B_719/2011 vom 12. November 2012, E. 4.5.

337 So Urteil des Bundesgerichts 6B_719/2011 vom 12. November 2012, E. 4.5.

338 BSK StPO-Schmutz, N 1 zu Art. 100; Urteil des Bundesgerichts 6B_719/2011 vom 12. November 2012, E. 4.5; siehe auch vorne Teil 1 Abschnitt A. II. 2. u. Abschnitt B. IV.

339 Siehe Rhyner, 114 f. u. 118; BSK StPO-Schmutz, N 23 zu Art. 100; Oberholzer, N 1259; Brüschweiler, N 2 zu Art. 100.

Gutachten und ähnliches».[340] Ferner müssen beispielsweise die persönlichen (Hand-)Notizen der Behördenmitglieder oder Handakten (Kopien der wichtigsten Aktenstücke) nicht in den Strafakten enthalten sein. Sie stellen «persönliche Arbeitsinstrumente» dar und dienen der internen «Meinungsbildung».[341] Dennoch dürfen jene internen Unterlagen, welche nicht in den Strafakten enthalten sind, nicht den Entscheiden der Behörden zugrunde gelegt werden. Die internen Akten dürfen demnach nur Informationen beinhalten, welche sich ohnehin aus den Verfahrensakten ergeben.[342]

Des Weiteren wird festgehalten, dass die sogenannten Sekundärakten ebenfalls keine Geheimakten darstellen und grundsätzlich zulässig sind.[343] Diese Unterlagen müssen aufgrund ihres Volumens (z. B. umfassende beschlagnahmte Buchhaltungen) oder ihres Inhaltes (z. B. Gutachtensunterlagen oder Aufzeichnung von Telefonüberwachungen) nicht in das Aktendossier aufgenommen werden. Dennoch bilden sie einen Bestandteil der Verfahrensakten und ihr Standort ist anzugeben. Sie sind des Weiteren für die Einsichtnahme zur Verfügung zu halten.[344]

Den polizeilichen Behörden wird – neben der eingeräumten beschränkten Protokollierungspflicht[345] – zudem u. U. zugestanden, bestimmte Informationen nicht in die Strafakten zu integrieren.[346] So müssen namentlich die «Unterlagen und Pläne der operativen Tätigkeit der Polizei» nicht aktenkundig gemacht werden.[347] RHYNER führt dazu aus, dass die Polizei im Vorfeld von Strafuntersuchungen nicht alle ihre durchgeführten Ermittlungstätigkeiten in die Verfahrensakten aufnehmen

---

340 Urteil des Bundesgerichts 1P.240/2002 vom 18. Oktober 2002, E. 3.1, welches auf BGE 122 I 152, E. 6a verweist.

341 RHYNER, 114 f. u. 118; BSK StPO-SCHMUTZ, N 23 zu Art. 100; OBERHOLZER, N 1259; BGE 113 Ia 9.

342 Vgl. RHYNER, 117 f.

343 Vgl. BSK StPO-SCHMUTZ, N 10 zu Art. 100.

344 SCHMID, Handbuch, N 570; BSK StPO-SCHMUTZ, N 10 zu Art. 100; RIKLIN, N 1 zu Art. 100.

345 Siehe dazu vorne Abschnitt B. I. 1.

346 Siehe insb. HAUSER/SCHWERI/HARTMANN, 257; SCHMID, Handbuch, N 568; in TPF 2009 179, E. 3.3, bestätigte das Bundesgericht die Zulässigkeit von Einschränkungen der Aktenkundigkeit bei den Ermittlungshandlungen der Polizei.

347 So HAUSER/SCHWERI/HARTMANN, 257; TPF 2009 179, E. 3.3.

muss.[348] Zugleich wird weiter festgehalten, dass die polizeilichen Behörden sicherstellen müssten, dass ihre Akten in dreierlei Hinsicht mit den Grundsätzen der Dokumentationspflicht im Einklang stehen:[349] Die Strafakten sollen stets klar, wahr und vollständig sein. Danach müssen sie zum Einen verständlich, transparent und nachvollziehbar sein. Zum Zweiten ist es wichtig, dass sie inhaltlich richtig sind und nicht «zu einer Verzerrung oder Verfälschung des Sachverhaltes führen». Zum Dritten müssen sie sämtliche Informationen enthalten, welche für die strafrechtliche Beurteilung des Falles von Bedeutung sind.[350]

Dementsprechend haben alle (Jugend-)Strafbehörden und besonders die Polizei im Rahmen der beschränkten Dokumentations- und Aktenführungspflicht stets sicherzustellen, dass die in den Strafakten enthaltenen Verfahrensprotokolle vollständig und detailliert sind und zudem die Strafuntersuchung zu keinem Zeitpunkt zu Ungunsten der (vermeintlich) beschuldigten Person erfolgt.[351] Dabei müssen die Behörden insbesondere stets das Fairnessgebot (Art. 3 Abs. 2 StPO) einhalten und sicherstellen, dass die Rechte der beschuldigten Jugendlichen (namentlich der Anspruch auf rechtliches Gehör i. S. v. Art. 3 Abs. 2 und Art. 107 StPO) nicht verletzt werden.[352]

Dahingehend hält Art. 30 Abs. 1 JStPO für das Jugendstrafverfahren ausdrücklich fest, dass die Untersuchungsbehörden alle «notwendigen Untersuchungshandlungen» für die Wahrheitsfindung vorzunehmen haben.[353]

---

348 Rhyner, 116, der zudem festhält, dass die Polizei häufig eine breite Basis an Informationen bearbeitet, bevor überhaupt «eine Verbindung zu einer konkreten Straftat vermutet wird», und mithin nicht alle Informationen in die Verfahrensakten aufzunehmen hat; vgl. auch BSK StPO-Schmutz, N 16 zu Art. 100.

349 Vgl. Rhyner, 113 f.

350 Rhyner, 113 f.; vgl. auch Hauser/Schweri/Hartmann, 256 f.

351 So Schmid, Kommentar, N 4 zu Art. 77; TPF 2009 179, E. 3.3; siehe weiter BSK StPO-Schmutz, N 11 f. zu Art. 100; BSK JStPO-Hebeisen, N 9 f. zu Art. 30; BSK StPO-Rhyner, N 13 f. u. N 21 f. zu Art. 306; vgl. auch Murer, N 757 f.; Art. 30 Abs. 2 JStPO hält fest, dass die Untersuchungsbehörde in Jugendstrafverfahren dieselben Aufgaben innehält wie die Staatsanwaltschaft in Erwachsenenstrafverfahren (vgl. dazu Art. 16 StPO).

352 Schmid, Handbuch, N 568; Rhyner, 118.

353 Siehe BSK JStPO-Hebeisen, N 1 zu Art. 30.

III. *Die Vorschriften zu den Einvernahmeprotokollen (Art. 78 StPO)*

1. *Einleitung*

Grundsätzlich halten die Einvernahmeprotokolle – wie es der Name bereits andeutet – die Einvernahmen von Personen fest.[354] In den Einvernahmen werden wiederum Aussagen von Personen, namentlich der Parteien, Zeuginnen, Zeugen, Auskunftspersonen und Sachverständigen (siehe Art. 78 Abs. 1 StPO), abgenommen.[355] Die Einvernommenen äussern sich dabei zum Sachverhalt, zur Schuldfrage, zur beschuldigten Person oder generell zu den Umständen der behandelten Straftat und geben so ihr Wissen und ihre Wahrnehmungen bezüglich wichtiger und «rechtserheblicher Tatsachen» bekannt.[356] In der Literatur wurde bereits hervorgehoben, dass Personalbeweise (m. a. W. die Aussagen von Personen zum Tatverdacht) in (Jugend-)Strafverfahren eines der wichtigsten und zugleich das am meisten verwendete Beweismittel darstellen.[357] RIEDO/FIOLKA/NIGGLI halten sogar fest, dass Aussagen «in der Mehrzahl der Fälle eine massgebliche oder gar die entscheidende Rolle» spielen,[358] und dies, obwohl im kriminaltechnischen Bereich bzw. bei den naturwissenschaftlichen Methoden grosse Fortschritte gemacht und die entsprechenden «Möglichkeiten, Sachbeweise zu generieren», im Laufe der Jahre stark verbessert wurden.[359]

Im Gegensatz zu Sachbeweisen (siehe Art. 192–195 StPO) speichern sich Aussagen (also die Personalbeweise, Art. 142 ff. StPO) nicht von selbst und lassen sich sozusagen nicht direkt «benutzen».[360] Damit diese Informationen in das Verfahren eingeführt bzw. für selbiges festgehalten und verwendet werden können, müssen sie im Rahmen

---

354 Siehe EGLI, 628; BENDER/NACK/TREUER, N 687, halten fest, dass Vernehmungen das Mittel sind, um «Aussagen zu gewinnen».

355 Vgl. SCHMID, Handbuch, N 803; NÄPFLI, 91.

356 Siehe insb. DAPHINOFF, 350; BSK StPO-HÄRING, N 1 f. Vor Art. 142–146; CAPUS/ALBRECHT, 362.

357 SCHMID, Handbuch, N 577 u. N 803; CAPUS/ALBRECHT, 362; NÄPFLI, 91; RIEDO/FIOLKA/NIGGLI, N 1370.

358 RIEDO/FIOLKA/NIGGLI, N 1370.

359 So CAPUS/ALBRECHT, 362, wonach es zudem vom Einzelfall abhängt, ob der «Personalbeweis im Verhältnis zum Sachbeweis eine über- oder untergeordnete Rolle einnimmt»; RIEDO/FIOLKA/NIGGLI, N 1370.

360 BSK StPO-HÄRING, N 1 Vor Art. 142–146; EGLI, 628.

einer Einvernahme und mithilfe einer entsprechenden Protokollierung erhoben werden.[361] Dementsprechend sieht die Schweizerische Strafprozessordnung hierzu vor, dass sämtliche durchgeführten Befragungen zwingend in der Form einer formalisierten und ordnungsgemäss protokollierten Einvernahme nach den Art. 142 ff. StPO durchzuführen sind.[362] Die einvernommenen Personen sind dabei in einer der folgenden Verfahrensstellungen einzuvernehmen: Sie werden somit ausschliesslich als beschuldigte Person (siehe Art. 157 ff. StPO), Zeuge (siehe Art. 162 ff. und insb. Art. 177 StPO), Auskunftsperson (siehe Art. 178 ff. StPO) oder Sachverständige (siehe Art. 182 ff. und insb. Art. 187 StPO, wonach die Vorschriften über die Zeugeneinvernahme u. U. für sachverständige Personen anwendbar sind) einvernommen. Diese detaillierten Bestimmungen regeln die entsprechende Stellung der genannten Personen und legen die Einzelheiten und unterschiedlichen Vorgehensweisen der jeweiligen Einvernahmen fest.[363]

Die Personalbeweise sind, obgleich ihrer bedeutenden Stellung, nicht unfehlbar. Mithin können sich beispielsweise die Aussagen der beschuldigten Person oder eines Zeugen als ungenau oder falsch herausstellen.[364] In Jugendstrafverfahren sind die Untersuchungsbehörden und Jugendgerichte dazu angewiesen – entsprechend der Maxime der freien Beweiswürdigung (Art. 10 Abs. 2 StPO) –, nach ihrer persönlichen Auffassung und aufgrund gewissenhafter Prüfung darüber zu entscheiden, ob sie eine Tatsache für bewiesen erachten oder nicht. Dabei sind die erhobenen Beweismittel objektiv zu würdigen und auf ihre Stichhaltigkeit hin zu überprüfen.[365] In Bezug auf die Personalbeweise impliziert dies insbesondere die Kontrolle, ob und inwiefern

361 SCHMID, Handbuch, N 803; BSK StPO-HÄRING, N 1 Vor Art. 142–146.

362 Vgl. SCHMID, Handbuch, N 803 u. N 807; BSK StPO-HÄRING, N 3 Vor Art. 142–146.

363 Siehe BSK StPO-HÄRING, N 4 Vor Art. 142–146; RIKLIN, N 1 zu Art. 78.

364 Vgl. CR CPP-THORMANN, N 1 zu Art. 142; RIEDO/FIOLKA/NIGGLI, N 1371; HUG, 19 f.; dabei ist zudem relevant, dass die beschuldigte Person grundsätzlich nicht zur wahrheitsgetreuen Aussage verpflichtet ist und sich nicht selbst belasten muss, siehe Art. 113 u. Art. 158 Abs. 1 lit. b StPO; SCHMID, Handbuch, N 159 u. N 671; siehe auch BGE 118 Ia 28, E. 1c, wonach die Zeugenaussagen in Strafverfahren nicht zu den zuverlässigsten Beweismittel zählen.

365 Siehe BGE 133 I 33, E. 2.1; SCHMID, Handbuch, N 225 ff.; RIEDO/FIOLKA/NIGGLI, N 233 f.; ZWEIDLER, Würdigung, 107.

den einzelnen Aussagen gefolgt werden kann und ob diese zuverlässig bzw. glaubhaft sind.[366]

Damit eine zuverlässige Kontrolle der Aussagen bzw. eine Aussagenanalyse durchgeführt werden kann, müssen die Einvernahmen, so RIEDO/FIOLKA/NIGGLI, «sorgfältig durchgeführt und die entsprechenden Aussagen und deren Entstehung und Entwicklung» genau dokumentiert werden.[367] Weitergehend hält NÄPFLI fest, dass die Aussagen so festzuhalten sind, dass eine Person, welcher zu «einem späteren Zeitpunkt nur das Protokoll zur Verfügung steht», möglichst den gleichen objektiven Eindruck vom Aussageinhalte erlangen soll, «wie wenn sie die Einvernahme selbst durchgeführt hätte».[368]

Nachfolgend werden nunmehr die Bestimmungen von Art. 78 StPO, welche die Protokollierung von Einvernahmen in (Jugend-)Strafverfahren regeln, im Einzelnen aufgezeigt:

2. Art. 78 Abs. 1 StPO

Zunächst bestimmt Abs. 1, dass alle Aussagen der Parteien (vgl. Art. 104 Abs. 1 StPO), Zeugen, Auskunftspersonen und Sachverständigen während der Einvernahme laufend zu protokollieren sind.

Diese werden sodann vollständig schriftlich (handschriftlich, mit Schreibmaschine, per Computer o. Ä.) und fortlaufend – chronologisch –, also während der laufenden Einvernahme, protokolliert.[369] Das Einvernahmeprotokoll des mündlich, «in direkter Begegnung» mit der Jugendstrafbehörde, i. d. R. einzeln einvernommenen Jugendlichen wird grundsätzlich in der *Ich-Form* und «in unmittelbarem Anschluss an das gesprochene Wort» verfasst.[370]

---

366 BENDER/NACK/TREUER, N 214; MAIER/MÖLLER, 683; RIEDO/FIOLKA/NIGGLI, N 1442 ff.; SCHMID, Handbuch, N 855.

367 RIEDO/FIOLKA/NIGGLI, N 1447; siehe BGE 129 I 49, E. 5, wonach sich «die so genannte Aussageanalyse weitgehend durchgesetzt» hat; siehe weiter UNDEUTSCH/KLEIN, 1359; DITTMANN, 33; BENDER/NACK/TREUER, N 253 ff.; MAIER/MÖLLER, 687; ZWEIDLER, Würdigung, 111.

368 BSK StPO-NÄPFLI, N 2 zu Art. 78; siehe auch DONATSCH, 325; NÄPFLI, 51 u. 106; HAUSER, 189.

369 SCHMID, Kommentar, N 2 f. zu Art. 78; BSK StPO-NÄPFLI, N 3 zu Art. 78.

370 So BSK StPO-NÄPFLI, N 3 zu Art. 78 m. w. H.; WALDER, 388.

Das nachträgliche Erstellen eines Einvernahmeprotokolls aufgrund von angefertigten Notizen oder als Transkript einer Aufzeichnung ist – in Anbetracht der klaren Formulierung von Art. 78 Abs. 1 StPO – grundsätzlich nicht zulässig. Des Weiteren hält BOMIO fest, dass ein nachträgliches Ergänzen des Einvernahmeprotokolls mithilfe von – während der Einvernahme angefertigten – Notizen ebenfalls unzulässig wäre.[371]

Die Pflicht der laufenden Protokollierung von Einvernahmen beinhaltet zugleich das Verbot, eine beschuldigte Person in informelle, nicht protokollierte Unterhaltungen zu verwickeln und dabei Wissen über den relevanten Sachverhalt zu gewinnen oder verfahrensrelevante Informationen zum Sachverhalt o. Ä. in Erfahrung zu bringen.[372] Hierzu hat das Bundesgericht bereits festgestellt, dass ausgedehnte und nicht protokollierte Vorgespräche als problematisch erscheinen.[373] Das Verbot der informellen, nicht protokollierten Vorgespräche gilt, wie gesehen,[374] grundsätzlich uneingeschränkt für die Untersuchungsbehörden und die Jugendgerichte. Damit sollen sie nur zur Klärung von rein «organisatorisch-verfahrensleitenden Fragen» genutzt werden dürfen (z. B. für die Ansetzung von Verfahrenshandlungen, zur Besprechung des weiteren Vorgehens usw.).[375] Dennoch wird der einvernehmenden Person zugestanden, zur einleitenden Kontaktgewinnung und für die Schaffung einer positiven Gesprächsbasis u. Ä. kurze, informelle Gespräche, ohne entsprechende Protokollierung, zu führen.[376] Diese Unterhaltungen, welche also im Vorfeld der formalisierten Einvernahme stattfinden, dürfen keinen direkten Bezug zu dem Sachverhalt und den Tatmotiven

---

371 CR CPP-BOMIO, N 1 zu Art. 78.

372 Vgl. SCHMID, Handbuch, N 567 u. N 803; BSK StPO-HÄRING, N 3 Vor Art. 142–146.

373 Urteil des Bundesgerichts 1P.399/2005 vom 8. Mai 2006, E. 3.2. Indes liess das Bundesgericht in diesem Urteil zugleich die Frage der Verwertbarkeit solcher Gesprächsinhalte offen; siehe auch Urteil des Bundesgerichts 6B_503/2007 vom 21. Januar 2008, E. 6.3.

374 Vorne Abschnitt B. I. 1.; siehe auch Urteil des Bundesgerichts 6B_719/2011 vom 12. November 2012, E. 4.5.

375 Siehe SCHMID, Kommentar, N 2 zu Art. 142; BSK StPO-HÄRING, N 3 Vor Art. 142–146; CAPUS, Vitogesetze, N 5.

376 Vgl. ZWEIDLER, Würdigung, 109; BSK StPO-HÄRING, N 3 Vor Art. 142–146; BENDER/NACK/TREUER, N 1081 f., die zudem zwischen (protokollierungspflichtigen) Vorgesprächen und (informellen) Kontaktgesprächen unterscheiden; vgl. auch Urteil des Bundesgerichts 1P.261/2002 vom 20. Januar 2004, E. 4.2.

aufweisen. Sie dienen ausschliesslich der Einvernahmevorbereitung.[377] Das Verbot, informelle Gespräche zu führen, dient insbesondere dem Schutz der beschuldigten Person, indem damit vermieden wird, dass verfahrensrelevante Informationen durch Vorverlagerung der Befragung und ohne Einhaltung der strafprozessualen Regeln bzw. Rechte (wie z. B. der ordentlichen Rechtsbelehrung nach Art. 158 StPO) erhoben werden.[378]

Zudem ermöglicht die fortlaufende Protokollierung der einvernommenen beschuldigten Person, das Protokoll im unmittelbaren Anschluss an die Befragung entsprechend Art. 78 Abs. 5 StPO zur Kenntnis nehmen und unterzeichnen zu können.[379]

Das Bundesgericht nimmt kein striktes Verwertungsverbot von nicht protokollierten informellen Gesprächen an.[380] Demgemäss sind namentlich polizeiliche informelle Vorgespräche dann zulässig, wenn sie nachträglich zusammenfassend wiedergegeben werden, die beschuldigte Person die Möglichkeit erhält, ihre Aussage zu wiederholen, und es dem Gericht in der Folge möglich ist, das Zustandekommen des Geständnisses – und seines möglichen Widerrufs – nachzuvollziehen.[381]

Schliesslich stellen einige Autoren fest, dass allfällige informelle Unterhaltungen sinnvollerweise summarisch niedergeschrieben werden sollten.[382] Demgemäss kann die Verschriftlichung dieser Gespräche zum einen aufschlussreiche Informationen in Bezug auf die Persönlichkeit des Einvernommenen geben. Zum anderen wird dem späteren Leser dargelegt, wie sich der Einvernehmende dem einvernommenen

---

377 Riklin, N 2 zu Art. 78; Bender/Nack/Treuer, N 1081 f.; siehe aber Urteil des Bundesgerichts 6B_734/2011 vom 3. April 2012, E. 2.1 u. E. 2.3, wonach eine unterbliebene Aufzeichnung von Vorgesprächen, welche sich auf den Sachverhalt beziehen, nicht zur Unverwertbarkeit der nachfolgend durchgeführten und ordentlich protokollierten Aussagen führen kann.

378 Siehe Schmid, Handbuch, N 859 Fn. 186; Näpfli, 41.

379 Brüschweiler, N 3 zu Art. 78; siehe hinten Abschnitt B. III. 6.

380 Siehe Urteil des Bundesgerichts 6B_503/2007 vom 21. Januar 2008, E. 6, das auf das Urteil des Bundesgerichts 1P.261/2002 vom 20. Januar 2004, E. 4.4, verweist und die Rechtsprechung des Bundesgerichts bezüglich der grundsätzlichen Zulässigkeit von nicht aufgezeichneten informellen Gesprächen bestätigt.

381 So Urteil des Bundesgerichts 1P.261/2002 vom 20. Januar 2004, E. 4.2 u. E. 4.4; vgl. auch Capus, Vitogesetze, N 5; Näpfli, 41; Oberholzer, N 1274.

382 Vgl. insb. Zweidler, Würdigung, 112; Näpfli, 40 f.

Beschuldigten gegenüber verhalten und welche Gesprächsatmosphäre bzw. Gesprächsbasis er geschaffen hat.[383]

3. Art. 78 Abs. 2 StPO

Art. 78 Abs. 2 StPO bestimmt, dass die Protokollierung der Einvernahmen grundsätzlich in der Verfahrenssprache erfolgen muss. Diese wird – gemäss Art. 67 StPO – jeweils von den Kantonen und vom Bund für ihre Straf- bzw. Jugendstrafbehörden festgelegt. Alle Verfahrenshandlungen (inklusive der Einvernahmen) sind in der entsprechenden Verfahrenssprache durchzuführen (Art. 67 Abs. 2 StPO).[384]

Weiter sieht Art. 78 Abs. 2 StPO vor, dass «wesentliche Aussagen» in der Sprache protokolliert werden, in der die einvernommene Person ausgesagt hat. Näpfli hält hierzu fest, dass die Protokollierung in der Originalsprache nur zusätzlich zur übersetzten Fassung durchgeführt werden kann.[385] Werden Aussagepassagen in einem schweizerischen Dialekt festgehalten, kann hingegen i. d. R. auf eine gleichzeitige Protokollierung der übersetzten Fassung verzichtet werden.[386]

Eine Protokollierung in der Originalsprache soll des Weiteren – laut Botschaft und überwiegender Lehrmeinung – nur bei geläufigen Sprachen (vorab schweizerische Amtssprachen, Englisch und Spanisch) oder bei Mundart erfolgen.[387] Demnach erscheint eine Protokollierung im Original anderer Fremdsprachen wenig sinnvoll und u. U. nicht praktikabel.[388] Beim Durchlesen dieser Passagen wäre eine erneute Übersetzung erforderlich, womit die Unmittelbarkeit des sprachlichen Eindrucks ohnehin verloren ginge.[389]

---

383 Zweidler, Würdigung, 109 u. 112; Bender/Nack/Treuer, N 1082; Näpfli, 99; Zweidler, Praxis, 365; siehe zudem Capus, Vitogesetze, N 4 f.

384 BSK StPO-Näpfli, N 4 zu Art. 78; siehe auch vorne Abschnitt B. I. 1.

385 BSK StPO-Näpfli, N 5 zu Art. 78.

386 So auch Schmid, Kommentar, N 4 zu Art. 78; BSK StPO-Näpfli, N 5 zu Art. 78.

387 Bot. StPO 2006, 1156; siehe insb. BSK StPO-Näpfli, N 5 zu Art. 78; CR CPP-Bomio, N 2 zu Art. 78; Riklin, N 3 zu Art. 78.

388 Siehe dazu CR CPP-Bomio, N 2 zu Art. 78, wonach es insbesondere ausgeschlossen ist, dass Aussagen im Original protokolliert werden, wenn die entsprechende Sprache erheblich von den geläufigen Amtssprachen abweicht bzw. nicht auf dem lateinischen Alphabet beruht; Brüschweiler, N 4 zu Art. 78.

389 Vgl. Schmid, Kommentar, N 4 zu Art. 78.

Die Protokollierung einzelner Abschnitte einer Einvernahme in der Originalsprache dient insbesondere dem besseren Verständnis der Aussagen. Mitunter können die Aussagen dadurch einprägender und eindrücklicher wirken als in einer übersetzten oder umformulierten Darstellung.[390] Laut SCHMID ist die Protokollierung im Original bei «einzelnen Wendungen, Ausdrücken oder Sätze, die – in die Verfahrenssprache übersetzt – nicht in ihrem wirklichen Sinn zu erkennen wären» sinnvoll.[391] Damit kommt eine Protokollierung im Original beispielsweise bei Kraftausdrücken bezüglich der Ehrverletzungsdelikte in Frage, bei denen es darum geht, genau zu erfassen, was gesagt wurde.[392]

Dennoch soll eine Protokollierung in der Originalsprache die Ausnahme bilden[393] und nur dann eingesetzt werden, wenn sie in einer konkreten Situation wirklich als sinnvoll bzw. erforderlich für das korrekte Verständnis der Aussage erscheint.[394] Zudem sind grundsätzlich lediglich kurze Passagen in der ursprünglichen Sprache festzuhalten. Der Einvernommene hat ohnehin keinen Anspruch darauf, dass längere Ausschnitte oder die Mehrheit seiner Aussagen in der Originalsprache protokolliert werden.[395]

Demgegenüber ist zu berücksichtigen, dass jegliche Übersetzung oder Umformulierung zugleich auch den Sinn und Inhalt einer Aussage verändert. Diese Wirkung wird akzentuiert, wenn die Übersetzung durch einen Laien (bspw. die protokollführende Person) statt einen berufsmässigen Übersetzer erfolgt. Deshalb kann eine Protokollierung in der Originalsprache durchaus angebracht sein, wenn die Gefahr besteht, die Aussage durch eine Übersetzung möglicherweise zu verfälschen.[396]

Insofern kann die Verfahrensleitung nach Art. 76 Abs. 4 StPO anordnen, dass die Einvernahme zusätzlich ganz oder teilweise aufgezeichnet wird. Dies ermöglicht es insbesondere sicherzustellen, dass

390 SCHMID, Kommentar, N 4 zu Art. 78; CR CPP-BOMIO, N 2 zu Art. 78.

391 SCHMID, Handbuch, N 577 Fn. 414.

392 Siehe SCHMID, Kommentar, N 4 zu Art. 78; BRÜSCHWEILER, N 4 zu Art. 78; CR CPP-BOMIO, N 2 zu Art. 78.

393 So ausdrücklich CR CPP-BOMIO, N 2 zu Art. 78.

394 Siehe auch RHYNER, 122; OBERHOLZER, N 1273; Bot. StPO 2006, 1156.

395 SCHMID, Kommentar, N 4 zu Art. 78.

396 Vgl. dazu PANTLI/KIESER/PRIBNOW, 1203; BRÜSCHWEILER, N 4 zu Art. 78.

der exakte ursprüngliche Aussageinhalt jederzeit wieder aufgegriffen werden kann.[397]

In der Literatur wird festhalten, dass es oft schwierig ist zu bestimmen, was als «wesentlich» zu gelten hat und somit – entsprechend dem Wortlaut von Art. 78 Abs. 2 StPO – in der Originalsprache zu protokollieren ist.[398] Weil diese Problematik ähnlich gelagert ist wie jene bezüglich der Festlegung, welche Fragen und Antworten als «entscheidend» (vgl. Art. 78 Abs. 3 StPO) zu gelten haben und somit wörtlich zu protokollieren sind,[399] wird auf diese Thematik im nachfolgenden Abschnitt näher eingegangen.

4. Art. 78 Abs. 3 StPO

Art. 78 Abs. 3 StPO führt an, dass ausschliesslich «entscheidende Fragen und Antworten» wörtlich zu protokollieren sind. Damit knüpft diese Bestimmung, laut SCHMID, an die bisherige – vor Inkrafttreten der StPO – in vielen Kantonen übliche Praxis an, wonach die Fragen und Antworten i. d. R. zusammengefasst protokolliert wurden.[400] Nach dem Wortlaut dieser Bestimmung ist es somit – auch nach neuem Recht – zulässig, auf die Protokollierung der Fragen zu verzichten und mehrere Antworten zusammengefasst festzuhalten.[401] Eine sinngetreue oder selektive Protokollierung der Antworten,[402] unter Weglassung von «scheinbar unwichtigen Aussageteilen», erscheint ebenfalls zulässig.[403] Diese Regelung bzw. Vorgehensweise ist jedoch nicht unumstritten[404] und wird dementsprechend in der Literatur und Rechtsprechung z. T. als problematisch bezeichnet.[405] In der BOTSCHAFT wurde jedoch noch

397 BSK StPO-NÄPFLI, N 5 zu Art. 78; CR CPP-BOMIO, N 2 zu Art. 78.

398 Siehe anstatt vieler NÄPFLI, Würdigung, 6; OBERHOLZER, N 1273.

399 BSK StPO-NÄPFLI, N 6 zu Art. 78.

400 SCHMID, Handbuch, N 577; siehe auch Bot. StPO 2006, 1156.

401 Siehe BSK StPO-NÄPFLI, N 7 zu Art. 78; CR CPP-BOMIO, N 3 zu Art. 78; RHYNER, 121.

402 BSK StPO-NÄPFLI, N 7 zu Art. 78.

403 So BSK StPO-NÄPFLI, N 14 zu Art. 78; siehe auch Urteil des Bundesgerichts 6P.37/2005 vom 25. Juni 2005, E. 5.3; BGE 126 I 15, E. 2, wonach die entscheidrelevanten Aussagen nur in ihrem wesentlichen Gehalt zu protokollieren sind.

404 Siehe BSK StPO-NÄPFLI, N 7 zu Art. 78; NÄPFLI, Würdigung, 6.

405 Siehe dazu insb. NÄPFLI, 52 u. 105 ff.; CR CPP-BOMIO, N 3 zu Art. 78; BRÜSCHWEILER, N 6 zu Art. 78; SCHMID, Strafprozessrecht, N 565; Urteil des KGer GR SK1 12 40 vom 15. November 2012, E. 2a.

festgehalten, die gewählte Protokollierungsvorschrift diene der besseren Übersichtlichkeit der Protokolle und die nähere Ausgestaltung müsse weiterhin der Praxis überlassen werden.[406]

Die überwiegende Lehrmeinung hebt hervor, dass die konkrete Deutung dessen, was als «entscheidend» zu gelten hat und mithin zwingend wörtlich protokolliert werden muss, indessen äusserst schwierig ist und weder die StPO oder die BOTSCHAFT noch die Lehre selbst dazu aufklärende Hinweise enthalten.[407] Das Bundesgericht hält hierzu einzig fest, dass die Protokollierungspflicht von den konkreten Umständen des Einzelfalls abhängt[408] und nur die entscheidrelevanten Tatsachen und Ergebnisse schriftlich zu protokollieren sind.[409]

Des Weiteren ist es, so NÄPFLI, häufig schwierig, bereits zum Zeitpunkt der Anfertigung des Protokolls bzw. während der laufenden Einvernahme feststellen zu können, welche Fragen und Antworten für das Verfahren entscheidend sind.[410] Demnach ergibt sich regelmässig erst im weiteren Verlauf der Einvernahme bzw. des Verfahrens, welche Aussageteile wichtig waren und somit zu protokollieren gewesen wären.[411]

In der Regel kommt damit der protokollführenden Person ein weiter Ermessensspielraum zu, selbst zu entscheiden, welche Aussageteile als «entscheidend» zu gelten haben – und folglich wörtlich zu protokollieren sind.[412]

Die Deutung dessen, was als «entscheidend» zu gelten hat, hängt jedoch massgeblich von dem jeweils vorliegenden Fall und der Ansicht der einzelnen Verfahrensbeteiligten (insbesondere der protokollführenden

406 Bot. StPO 2006, 1156, wo ebenfalls erkannt wurde, dass die bisherige Praxis nicht unproblematisch ist, weil sie die Aussagen verfälschen kann.

407 So insb. BSK StPO-NÄPFLI, N 10 u. N 15 zu Art. 78, der zudem erwähnt, dass die Rechtsprechung ebenfalls wenig Konkretes dazu beiträgt.

408 Urteil des Bundesgerichts 6B_734/2011 vom 3. April 2012, E. 2.3.1.

409 Siehe Urteil des Bundesgerichts 6B_734/2011 vom 3. April 2012, E. 2.3.1; einschränkend auch Urteil des Bundesgerichts 6P.37/2005 vom 24. Juni 2005, E. 5.3; BGE 126 I 15, E. 2a; vgl. ferner TPF 2011 84, E. 3.3, der eine Zusammenfassung der wesentlichen Aussagen für zulässig befindet.

410 BSK StPO-NÄPFLI, N 16 zu Art. 78.

411 BSK StPO-NÄPFLI, N 16 zu Art. 78; HAUSER, Teilnahme, 348; siehe auch CAPUS, 191.

412 BSK StPO-NÄPFLI, N 10 zu Art. 78; NÄPFLI, Würdigung, N 34; vgl. auch OBERHOLZER, N 1273, wonach es im Ermessen der Verfahrensleitung steht, «inwieweit die Aussagen zu protokollieren sind»; BGE 122 IV 103, E. I.3.

Person) ab.[413] Missverständnisse und Meinungsverschiedenheiten darüber, was im Einzelfall als «entscheidend» zu qualifizieren ist, sind somit grundsätzlich nicht zu vermeiden. So messen die Verfahrensbeteiligten, aufgrund ihrer unterschiedlichen Perspektiven auf das (Jugend-)Strafverfahren, nicht den gleichen Aussageinhalten mehr Gewicht und mithin die Entscheidwesentlichkeit zu.[414]

Obgleich es grundsätzlich nicht möglich erscheint, sämtliche Fragen und Aussagen einer Einvernahme stets vollständig und wörtlich in einem laufend erstellten Schriftprotokoll festzuhalten,[415] kann der Verzicht auf die Protokollierung bestimmter Inhalte den Beweiswert bzw. die Beweiskraft[416] der Protokolle schmälern, weil der genaue Inhalt der Einvernahme zu einem späteren Zeitpunkt im Verfahren möglicherweise nicht mehr rekonstruierbar ist.[417]

Dementsprechend wird in der Literatur zum Ersten – bezüglich der eingeschränkten Pflicht zur Protokollierung der Fragen – angemerkt, dass die Fragen und Antworten einer Einvernahme ein unteilbares Ganzes bilden. Die Aussagen der Beschuldigten hängen dabei zwangsläufig von den Fragen und der Art und Weise der Fragestellungen ab.[418] Mithin wird weiter angeführt, die Protokollierung der Fragen sei für ein gutes Verständnis der Protokolle unverzichtbar, weil der Leser damit nicht gezwungen werde, sich die gestellte Frage, auf die der Einvernommene geantwortet hat, vorstellen zu müssen.[419] Das Einvernahmeprotokoll gewinnt durch die Protokollierung der Fragen

413 Brüschweiler, N 6 zu Art. 78; so auch die Rechtsprechung des Bundesgerichts, Urteil des Bundesgerichts 6B_734/2011 vom 3. April 2012, E. 2.3.1.

414 Siehe Schmid, Handbuch, N 577; Capus, Vitogesetze, N 15 m. w. H.; siehe auch Marti, 96 f., der einen stärkeren Informationsaustausch während der laufenden Einvernahme anregt, um ausufernden Diskussionen über den Protokollinhalt entgegenzuwirken.

415 Siehe Hauser, Teilnahme, 348; Eschenbach, 86; vgl. auch Capus, 178 u. 185 f.; Capus, Vitogesetze, N 15 m. w. H.

416 Vorne Abschnitt A. III. 2.

417 Vgl. Schmid, Handbuch, N 567; Bender/Nack/Treuer, N 1045; Näpfli, Würdigung, N 47; Näpfli, 64 f.; Capus, Vitogesetze, N 17.

418 Siehe BSK StPO-Näpfli, N 12 f. zu Art. 78; Näpfli, Würdigung, 8; Brüschweiler, N 6 zu Art. 78; so auch bereits Von Cleric, 41 ff.

419 Siehe zum Ganzen BSK StPO-Näpfli, N 13 zu Art. 78; Näpfli, 57 ff.; Hauser, 187.

an Unmittelbarkeit und wird lebhafter.[420] Zugleich schützt die Protokollierung der Fragen die einvernehmende Strafbehörde vor Vorwürfen, dass die Einvernahme nicht ordnungsgemäss bzw. nicht korrekt durchgeführt oder allenfalls die beschuldigte Person unsachgemäss einvernommen wurde,[421] beispielsweise, indem Suggestivfragen oder Fragen mit suggestivem Charakter gestellt wurden oder Druck auf den Einvernommenen ausgeübt wurde.[422] Zudem dient die Protokollierung der Frage bei einem Geständnis dazu, genau nachvollziehen zu können, warum dieses gemacht wurde bzw. wie es zu diesem kam und welche Fragen vorausgegangen sind.[423]

Zum anderen wird in Bezug auf die Protokollierung der Antworten angeregt, der Verzicht auf eine (wörtliche) Protokollierung berge die Gefahr, dass wichtige Aussageinhalte verloren gingen,[424] was akzentuiert erfolge, wenn die Aussagen aus einem schweizerischen Dialekt in ein formalisiertes Amtsdeutsch umformuliert würden.[425] Danach können die Übersetzungen oder Umformulierungen von Aussageinhalten möglicherweise Missdeutungen dessen, was der Jugendliche tatsächlich zum Ausdruck bringen wollte, verursachen,[426] weil zugleich nicht ersichtlich ist, welche bzw. ob Aussageinhalte von der protokollführenden Person verändert wurden.[427]

---

420 So NÄPFLI, Würdigung, N 45 f.; HAUSER, 187.

421 Vgl. NÄPFLI, 57 f.; BRÜSCHWEILER, N 6 zu Art. 78; HUSSELS, 357 f.; siehe auch vorne Abschnitt A. III. 3. u. Abschnitt A. III. 4; NÄPFLI, Würdigung, N 45, hält zudem fest, dass die Protokollierung der Fragen offenlegt, ob «die beschuldigte Person ihr detailliertes Wissen vom Einvernehmenden hatte»; siehe auch HAUSER, 189; HAAS/ILL, 18.

422 Siehe dazu insb. NÄPFLI, Würdigung, 7 f.; sowie die Ausführungen von BENDER/NACK/TREUER, N 929 f., zur Zulässigkeit von «Überhangantworten»; siehe zudem zur anhaltenden Wirkung von Suggestivfragen LOFTUS/ PALMER, 587 f.; RIEDO/FIOLKA/NIGGLI, N 1409; KLING, 1043 f.; siehe auch Urteil des Bundesgerichts 1P.549/2001 vom 11. Januar 2002, E. 3.6.

423 Vgl. BSK StPO-NÄPFLI, N 12 zu Art. 78; NÄPFLI, Würdigung, N 41 f.; siehe auch BENDER/NACK/TREUER, N 1052 f.; ZWEIDLER, Würdigung, 112.

424 Siehe NÄPFLI, 64 f.; BSK StPO-NÄPFLI, N 14 zu Art. 78.

425 So NÄPFLI, 64 f. u. 106; BSK StPO-NÄPFLI, N 14 zu Art. 78; siehe auch HAUSER, 189; PANTLI/KIESER/ PRIBNOW, 1201 ff.; MAURER, 174.

426 NÄPFLI, 106; HAUSER, 189; PANTLI/KIESER/PRIBNOW, 1201 ff.; MAURER, 174.

427 Vgl. KLING, 1045; BSK StPO-NÄPFLI, N 17 zu Art. 78; HAAS/ILL, 23.

Zur Konkretisierung von Art. 78 Abs. 3 StPO haben die Literatur und Rechtsprechung jedoch bereits erkannt, dass die Protokolle der Einvernahmen von Kindern (bzw. Minderjährigen) detaillierter zu führen sind als jene von erwachsenen Einvernommenen.[428] So hat das Bundesgericht festgehalten, dass «höhere Anforderungen an die Dokumentation von Erstaussagen und an die Darstellung der Aussagengenese» zu stellen sind, wenn das sprachliche Ausdrucksvermögen der einvernommenen Person nur mangelhaft entwickelt ist. Zudem genüge eine bloss stichwortartige oder zusammenfassende Protokollierung bei Kindern nicht.[429] Des Weiteren stellt NÄPFLI fest, dass «bei Kindern die Reihenfolge der Fragen samt erfolgter Reaktion» aufzuzeigen ist,[430] und nach ACKERMANN sollten die Aussagen von Minderjährigen «möglichst wortgenau protokolliert werden».[431]

In Jugendstrafverfahren werden mehrheitlich Kinder bzw. allenfalls Minderjährige einvernommen, weshalb diese Vorgehensweisen akzentuiert zu beachten und eine umfassendere bzw. wörtliche Protokollierung grundsätzlich zu bevorzugen ist.

5. Art. 78 Abs. 4 StPO

Die Regelung von Art. 78 Abs. 4 StPO sieht vor, dass die Verfahrensleitung dem Einvernommenen gestatten kann, seine Aussage selbst der protokollführenden Person zu diktieren. Diese Vorgehensweise ist besonders dann von Vorteil, wenn wichtige Informationen geäussert werden, welche auf keinen Fall eine Zusammenfassung dulden.[432]

---

428 Siehe insb. BSK StPO-NÄPFLI, N 10 zu Art. 76; ACKERMANN, 574 f.; BGE 129 I 49, E. 6.1; vgl. auch HABSCHICK, 570; NÄPFLI, 82 f.

429 BGE 129 I 49, E. 6.1.

430 BSK StPO-NÄPFLI, N 13 zu Art. 78.

431 ACKERMANN, 575.

432 Siehe SCHMID, Handbuch, N 577; CR CPP-BOMIO, N 4 zu Art. 78, ein Diktieren der Aussage durch den Einvernommenen ist besonders bei Aussagen zu technisch oder wissenschaftlich komplexen Fragen äusserst hilfreich, was jedoch i. d. R. nur bei Aussagen von Sachverständigen vorkommen dürfte; nach JEANNERET/KUHN, N 5012, dient diese Vorschrift als Ausgleich zu den umstrittenen Abs. 2 u. 3.

Diese Bestimmung will sicherstellen, dass diejenigen Elemente, welche der einvernommenen Person besonders wichtig sind, auch tatsächlich (wörtlich) im Protokoll erscheinen.[433]

Dennoch ist ein solches Vorgehen nur in Ausnahmefällen zu wählen, insbesondere, da sich das Diktieren von Textpassagen durch den Einvernommenen, negativ auf die Einvernahmesituation auswirken kann. Zum einen wird die befragte Person dabei in ihrem Redefluss unterbrochen.[434] Zum anderen kann die befragende Person dadurch z. T. die Kontrolle über die Einvernahme verlieren – so beispielsweise, wenn der Einvernommene sehr weitschweifig diktiert.[435] Das Diktat ist unverzüglich zu unterbrechen, wenn die Aussage der beschuldigten Person weit über die Frage bzw. das Befragungsthema hinausgeht oder sie sich zu weitschweifig oder kompliziert ausdrückt.[436]

6. Art. 78 Abs. 5 StPO

Art. 78 Abs. 5 StPO konkretisiert die Vorgehensweise nach Abschluss der Einvernahme. Danach soll das Protokoll der einvernommenen Person vorgelesen oder zum Selbstlesen vorgelegt werden. Anschliessend muss sie das Protokoll unterschreiben und auf jeder Seite visieren. Lehnt die einvernommene Person es ab, das Protokoll durchzulesen oder zu unterschreiben, müssen die Weigerung und die Gründe hierfür im Protokoll vermerkt werden.[437] Diese Vorgehensweise gilt nur dann auch im Hauptverfahren, wenn die Einvernahme nicht zusätzlich mittels technischer Hilfsmittel aufgezeichnet wird.[438]

Das Einvernahmeprotokoll ist im unmittelbaren Anschluss an das Ende der Einvernahme vorzulesen oder zum Durchlesen vorzulegen und vom Beschuldigten zu unterzeichnen. Es ist also immer vor dem

433 Vgl. HAUSER, 192; WALDER, Fehler, 1112, die darauf hinweisen, dass der diktierende Einvernommene jedoch in der Lage sein muss, sich angemessen auszudrücken, namentlich indem er das erforderliche Sprachniveau aufzeigt.

434 BSK StPO-NÄPFLI, N 18 zu Art. 78.

435 Siehe KAUFMANN, 98 f.; ESCHENBACH, 87; BSK StPO-NÄPFLI, N 18 zu Art. 78.

436 So MOREILLON/PAREIN-REYMOND, N 11 zu Art. 78; SCHMID, Kommentar, N 6 zu Art. 78; siehe auch Urteil des Bundesgerichts 1B_311/2011 vom 30. August 2011, E. 1.2.

437 Vgl. SCHMID, Handbuch, N 578; OBERHOLZER, N 1278.

438 Siehe Art. 78 Abs. 5bis StPO; CAPUS/STOLL, 196; hinten Abschnitt B. III. 7.

nächsten Verfahrensschritt (nachfolgende Einvernahme etc.) fertig zu stellen und gemäss der Vorgehensweise von Art. 78 Abs. 5 StPO abzuschliessen. Damit wird gewährleistet, dass nach Abschluss der Einvernahme ein fertig erstelltes Einvernahmeprotokoll vorliegt, das nicht mehr nachbearbeitet werden muss.[439]

Macht der Einvernommene bei der Durchsicht jedoch Einwände bezüglich des Protokollinhaltes geltend, so müssen bzw. dürfen diese unverzüglich handschriftlich dem Protokoll beigefügt werden.[440] Der ursprüngliche Text darf jedoch nicht verändert werden.[441]

Damit «unliebsame Diskussionen» über den Protokollinhalt nach Abschluss der Einvernahme vermieden werden, plädiert Marti allgemein dafür, dass der Einvernommene während der Einvernahme bei Unklarheiten sofort rückgefragt werden soll, ob er mit dem Wortlaut des jeweiligen Aussageteils einverstanden ist.[442] Richtigerweise kann damit der Vorgang der Kenntnisnahme und Unterzeichnung des Einvernahmeprotokolls zwar u. U. beschleunigt werden, zugleich werden aber möglicherweise Verzögerungen in der Einvernahme selbst verursacht.

Die Beweiskraft des Einvernahmeprotokolls wird massgeblich durch diese Vorgehensweise gestärkt, weil der Kenntnisnahme und Unterzeichnung durch den Einvernommenen generell unterstellt wird, dass sie Gewähr für die Vollständigkeit und Authentizität des Protokollinhalts geben.[443] Demnach wird davon ausgegangen, dass der Einvernommene selbst noch am besten weiss, was er ausgesagt hat, und der Überprüfung des Protokollinhalts nachkommen kann.[444]

---

439 So Marti, 96 f.

440 Oberholzer, N 1278.

441 BSK StPO-Näpfli, N 23 f. zu Art. 78.

442 Marti, 96.

443 Siehe vorne Abschnitt A. III. 2; BSK StPO-Näpfli, N 19 u. N 25 zu Art. 78; Brüschweiler, N 9 zu Art. 78; Capus, Vitogesetze, N 14; siehe auch Urteil des Bundesgerichts 6B_344/2013 vom 19. Juli 2013, E. 1.3, wonach das Protokoll seine Funktionen nur erfüllen kann, wenn Gewähr für seine inhaltliche Richtigkeit besteht. Die Einhaltung der Bestimmung von Art. 78 Abs. 5 StPO dient diesem Ziel.

444 Vgl. BSK StPO-Näpfli, N 19 zu Art. 78; Näpfli, 65; BGE 98 Ia 250, E. 1c, das Bundesgerichts hat in einem älteren Urteil bereits festgehalten, dass nicht unterzeichnete Einvernahmeprotokolle besonders kritisch zu würdigen sind.

Einige Autoren äussern sich jedoch kritisch dieser Annahme gegenüber. Danach kann der Unterschrift des Einvernommenen nicht grundsätzlich unterstellt werden, dass sie die Korrektheit des Protokollinhaltes zu beweisen vermag.[445] So können beispielsweise Einvernommene selbst am Schluss der Einvernahme vergessen haben, was sie zu Beginn ausgesagt haben. Des Weiteren bemerken sie manchmal nicht, dass ihre Aussage im Protokoll verändert wurde, oder haben Hemmungen, Korrekturen zu verlangen.[446]

Dementsprechend wird angeführt, dass der Vorgang der Kenntnisnahme des Protokollinhalts und die Unterzeichnung durch den Einvernommenen sachgerecht durchzuführen sind.[447] Er darf dabei nicht in Eile versetzt werden und seine allfälligen Schwächen (z. B. schlechtes Verständnis der Verfahrenssprache, Illettrismus oder mangelhaftes Sprachniveau) sind besonders zu berücksichtigen. Bestehen Zweifel bezüglich seiner Sprachkompetenzen, ist das Protokoll vorzugsweise vorzulesen.[448]

Damit hat das Vorlesen insgesamt in einem angemessenen Tempo zu erfolgen und bei selbstständigem Durchlesen muss dem Einvernommenen dafür genügend Zeit gewährt werden, weil er das Einvernahmeprotokoll ansonsten nicht wirksam überprüfen kann.[449]

Zudem erscheint dies vor dem Hintergrund angebracht und fair, dass Korrekturen und die Unterzeichnung durch den einvernommenen Beschuldigten eine spätere Veränderung oder einen Widerruf der protokollierten Aussagen grundsätzlich erschweren.[450]

---

445 Siehe insb. Capus, 186 ff.; Pieth, 38, der darauf hinweist, dass Einvernommene die Veränderung ihrer Aussage mitunter nicht erkennen, wenn sie von Mundart ins Schriftdeutsche übersetzt werden.

446 Siehe dazu auch BSK StPO-Näpfli, N 14 u. N 17 zu Art. 78, der festhält, dass die einvernommene Person beispielsweise Weglassungen und Veränderungen übersieht bzw. minimalisiert, die Unterschrift für eine reine Formalie hält oder Hemmungen haben kann, Berichtigungen anzubringen; Näpfli, 65; Pieth, 38.

447 Siehe BSK StPO-Näpfli, N 21 zu Art. 78.

448 Vgl. BSK StPO-Näpfli, N 21 zu Art. 78; siehe auch Habschick, 440 f. u. 451.

449 BSK StPO-Näpfli, N 21 zu Art. 78; Brüschweiler, N 8 zu Art. 78; vgl. auch Urteil des Bundesgerichts 1P.261/2002 vom 20. Januar 2004, E. 4.3.7.2.

450 Vgl. Capus/Hohl Zürcher, 34 f.; BSK StPO-Näpfli, N 24 zu Art. 78; so bereits Walder, 390; vorne Teil 2 Abschnit A. III. 5.

Die Korrekturen oder Ergänzungen des Einvernommenen sind, mit einem Vermerk – meist am Ende des Protokolls – hinzuzufügen. Allfällige Änderungen sind einzeln vom Befragten zu visieren.[451] Dies kann u. U. belegen, dass sie tatsächlich von ihm stammen und er genügend Zeit für die Durchsicht zur Verfügung hatte. Dabei darf der ursprüngliche Text jedoch nicht verändert werden – auch dann nicht, wenn das Protokoll mittels Computer aufgeschrieben wurde.[452]

Die Visierung jedes Blattes durch den Einvernommenen schützt zugleich den Einvernehmenden bzw. Protokollführer vor dem Vorwurf, nachträglich den Inhalt der Aussage verändert oder einzelne Seiten umgetauscht zu haben.[453]

Nach ständiger Rechtsprechung des Bundesgerichts hat die Regelung von Art. 78 Abs. 5 StPO grundsätzlich zwingenden Charakter, weshalb auf die dort festgehaltene Vorgehensweise nicht verzichtet werden kann.[454] Damit sind Protokolle, welche nicht vom einvernommenen Beschuldigten durchgelesen, unterzeichnet und visiert wurden, i. d. R. ungültig[455] und die darin enthaltenen Aussagen unverwertbar.[456] Hingegen ist ein Einvernahmeprotokoll, welches vom Einvernommenen nicht auf jeder Seite visiert, dafür aber vorschriftsgemäss zur Kenntnis genommen und auf der letzten Seite unterzeichnet wurde, grundsätzlich verwertbar.[457]

Zugleich sind die (Jugend-)Strafbehörden angehalten, die Protokollierungsvorschriften von Amtes wegen einzuhalten und durchzusetzen.

---

451 So BSK StPO-Näpfli, N 23 zu Art. 78; Brüschweiler, N 9 zu Art. 78.

452 Siehe BSK StPO-Näpfli, N 23 f. zu Art. 78; Brüschweiler, N 9 zu Art. 78; auch Milne/Bull, 40; Walder, 390.

453 So Eschenbach, 89.

454 Urteil des Bundesgerichts 6B_492/2012 vom 22. Februar 2013, E. 1.3 f., welches im Urteil des Bundesgerichts 6B_344/2013 vom 19. Juli 2013, E. 1.3, bestätigt wird.

455 Brüschweiler, N 9 zu Art. 78; BSK StPO-Näpfli, N 25 zu Art. 78; Urteil des Bundesgerichts 6B_344/2013 vom 19. Juli 2013, E. 1.3; Urteil des Bundesgerichts 6B_492/2012 vom 22. Februar 2013, E. 1.4; a. A. Marti, 96, der festhält, dass es dem Einvernommenen zumindest möglich sein muss, freiwillig auf die Kenntnisnahme und Unterzeichnung des Protokolls zu verzichten, ohne damit die Gültigkeit des Protokolls zu tangieren; siehe auch Art. 78 Abs. 5 StPO letzter Satz.

456 Siehe BSK StPO-Näpfli, N 12 zu Art. 76; Oberholzer, N 1274.

457 So CR CPP-Bomio, N 5 zu Art. 78, wonach die Visierung auf jeder Seite eine reine Ordnungsvorschrift darstellt.

Namentlich muss der Einvernommene nicht selbst um die Kenntnisnahme und Unterzeichnung des Einvernahmeprotokolls ersuchen.[458]

7. Art. 78 Abs. 5bis StPO

Abweichend zur obengenannten Bestimmung sieht Art. 78 Abs. 5bis StPO vor, dass im Hauptverfahren darauf verzichtet werden kann, der einvernommenen Person das Protokoll vorzulesen oder zum Lesen vorzulegen und von dieser unterzeichnen zu lassen, wenn die Einvernahme mittels technischer Hilfsmittel aufgezeichnet wird. In Jugendstrafverfahren gilt diese Bestimmung für die Jugendgerichte und Berufungsinstanzen (siehe Art. 34 und Art. 40 f. JStPO).[459] Zudem sind die Aufzeichnungen in die Akten aufzunehmen.[460]

Es bleibt den Gerichten überlassen, zu entscheiden, welche Vorgehensweise sie in ihren Hauptverhandlungen anwenden möchten (die nach Art. 78 Abs. 5 oder Abs. 5bis StPO). Die Bestimmung von Abs. 5bis ist als «Kann-Vorschrift» konzipiert.[461] Die Entscheidung darüber, welche Vorgehensweise gewählt wird, muss im Falle eines Kollegialgerichts von allen Gerichtsmitgliedern gemeinsam getroffen werden. Die Verfahrensleitung ist nicht alleine dazu ermächtigt, diese Entscheidung zu treffen.[462] Überdies kann der Entscheid darüber, ob das Protokoll vorgelesen bzw. zum Lesen vorgelegt und vom Beschuldigten unterzeichnet wird oder nicht, für einzelne Einvernahmen oder generell für die ganze Verhandlung bestimmt werden.[463] Die Gerichte sind – trotz der Gegebenheit, dass die Verfahrenshandlungen aufgezeichnet werden – dazu verpflichtet, die Einvernahmen schriftlich und laufend

---

458 So BRÜSCHWEILER, N 9 zu Art. 78; Urteil des Bundesgerichts 6B_492/2012 vom 22. Februar 2013, E. 1.5.

459 Siehe SCHMID, Kommentar, N 7c zu Art. 78; EGLI, 633; in der Parlamentarischen Initiative 10.444, BBl 2012, 5714 u. 5716, wurde festgehalten, dass die neu eingeführte Bestimmung nicht für Einvernahmen vor den Zwangsmassnahmengerichten und in Beschwerdeverfahren gelten – Einvernahmen des Vorverfahrens wurden ebenfalls ausdrücklich von der Regelung ausgeschlossen.

460 Vgl. BRÜSCHWEILER, N 10 zu Art. 78; BBl 2012, 5716, wonach die Aufzeichnungen aufgrund ihrer Bedeutung und um später verfügbar zu sein, zu den Akten zu nehmen sind.

461 CAPUS/STOLL, 199; EGLI, 634; RIKLIN, N 6a zu Art. 78.

462 Siehe BBl 2012, 5714; BRÜSCHWEILER, N 10 zu Art. 78.

463 So BBl 2012, 5714.

(im Sinne von Art. 78 Abs. 1–4 StPO) zu protokollieren.[464] Weder Art. 76 Abs. 1 StPO noch Art. 76 Abs. 4 StPO, welche zwingend die laufende schriftliche Protokollierung vorsehen, wurden abgeschafft bzw. verändert.[465] Wie gesehen,[466] ist eine Aufzeichnung in Ton und/oder Bild nur «zusätzlich», nicht jedoch als Ersatz zur schriftlichen Einvernahmeprotokollierung möglich.[467]

Dabei soll zugleich vermieden werden, dass die Einvernahmeprotokolle erst nach Abschluss der Einvernahme bzw. Verhandlung auf Grundlage der Aufzeichnungen erstellt werden, weil damit u. U. ein hoher Zeitaufwand verbunden wäre.[468]

Die vorliegende Bestimmung wurde erst nach Inkrafttreten der Schweizerischen Strafprozessordnung, zur Ergänzung bzw. Vereinfachung von Art. 78 Abs. 5 StPO, eingeführt, weil diese Regelung in der Lehre und Praxis z. T. auf grosse Kritik gestossen war.[469] Dabei wurde insbesondere bemängelt, dass diese Bestimmung nicht zwischen Einvernahmen im Vor- und im Gerichtsverfahren unterscheide und die (Jugend-)Gerichte vermehrt mit Unterbrechungen der Verhandlungen und einem erheblichen Mehraufwand rechnen müssten.[470] So wurde angemerkt, dass – namentlich bei grossen Prozessen – das «Ausdrucken, Durchlesen und Unterzeichnen des Protokolls» zu einem bedeutenden Mehraufwand und Zeitverlust führen würden.[471]

Mit der Revision von Art. 78 StPO wurde nunmehr dieser Kritik nachgegangen und den Kantonen grundsätzlich ermöglicht, selbst zu bestimmen, welche Vorgehensweise sie in den Hauptverhandlungen

---

464 Egli, 633; BBl 2012, 5716; Brüschweiler, N 8 zu Art. 76.

465 Siehe Capus/Stoll, 200.

466 Vorne Abschnitt B. I. 5.

467 Siehe Riklin, N 5 zu Art. 76; BSK StPO-Näpfli, N 17 f. zu Art. 76; Hauser/Schweri/Hartmann, 198; CR CPP-Bomio, N 4 zu Art. 76; Bot. StPO 2006, 1156.

468 So ausdrücklich BBl 2012, 5714; siehe auch Brüschweiler, N 10 zu Art. 78; Marti, 95; vgl. BGE 130 II 473, E. 5.

469 Capus/Stoll, 195 f.; BBl 2012, 5712 u. 5714; siehe auch Schmid, Handbuch, 1. Aufl. 2009, N 578 Fn. 407.

470 Vgl. insb. Schmid, Handbuch, 1. Aufl. 2009, N 578 Fn. 407; Capus/Stoll, 198; Marti, 94 f.; Egli, 627 u. 632 f.; CR CPP-Bomio, N 6 zu Art. 78; Murer, N 336 f.

471 Siehe Egli, 632 f.; CR CPP-Bomio, N 6 u. N 9 zu Art. 78 und dort Fn. 13; Capus/Stoll, 195 f. u. 198; BBl 2012, 5713; a. A. Popp, 99, der das Argument der Verfahrensverzögerung für nicht ausgewiesen erachtet.

ihrer (Jugend-)Strafverfahren umsetzen wollen.[472] Die (Jugend-) Strafbehörden des Vorverfahrens sind hingegen von dieser neuen Regelung nicht berührt und müssen grundsätzlich weiterhin Art. 78 Abs. 5 StPO befolgen.[473]

Der neuen Regelung von Art. 78 Abs. 5bis StPO werden primär zwei Vorteile zugeschrieben.[474] Zum einen wird angeregt, sie führe zu einer deutlichen Reduktion des Zeit- und Mehraufwandes für die Gerichte, was wiederum ebenfalls die Gerichtskosten senke.[475]

Zum andern, so Egli, ermögliche die neue Regelung eine «freiere und direktere Einvernahme mit Rück- und Präzisierungsfragen»,[476] was sich zugleich positiv auf die Qualität der Befragung auswirke.[477] Dabei vermag der Einvernehmende beispielsweise vermehrt nonverbale Kommunikationen und Verhaltensweisen des Beschuldigten wahrzunehmen und die Einvernahme kann grundsätzlich interaktiver geführt werden.[478]

Dennoch wird hervorgehoben, dass die neue Bestimmung und der damit zusammenhängende Verzicht auf die Möglichkeit einer Überprüfung, Ergänzung und Korrektur der protokollierten Aussage möglicherweise dem Anspruch auf rechtliches Gehör des einvernommenen Beschuldigten sowie seinem Recht auf einen fairen Prozess nicht umfassend gerecht wird.[479] Egli hält jedoch fest, dass die Aufzeichnung der Aussage die Rechte der einvernommenen beschuldigten Person sogar verstärkt, indem die Aufnahme sicherstellt, dass die Einvernahme

472 Siehe BSK JStPO-Bürgin/Biaggi, N 27 f. Vor Art. 34–37; Capus/Stoll, 199 f.

473 Dies ergibt sich bereits *a contrario* aus Art. 78 Abs. 5bis StPO, welcher nur für das Hauptverfahren gilt; so auch BBl 2012, 5716; BSK StPO-Näpfli, N 26g zu Art. 78.

474 Dazu insb. Egli, 634 f.; Capus/Stoll, 195 ff.; BBl 2012, 5713; kritisch der neuen Regelung gegenüber hingegen Popp, 99 ff.

475 Siehe dazu Egli, 631 f. u. 634; BBl 2012, 5712; vgl. auch Marti, 94 f.; a. A. Popp, 99.

476 Egli, 634

477 Egli, 634; siehe auch Marti, 94 u. 97, der darauf hinweist, dass es sich negativ auf die Einvernahme auswirkt, wenn die Verfahrensleitung fortlaufend den Protokollinhalt im Computerbildschirm kontrollieren muss.

478 Siehe dazu auch Capus/Stoll, 199; Egli, 633 f.; Marti, 94 ff.

479 Siehe dazu Capus/Stoll, 210 f. u. 215 f., wonach die Regelung von Art. 78 Abs. 5bis StPO insbesondere geringere Anforderungen «an die Protokollierung von Einvernahmen im Hauptverfahren als im Vorverfahren» stellt; BBl 2012, 5713; ähnlich Popp, 101.

«richtig, wörtlich und vollständig» sowie «vorurteilslos, wertfrei» und objektiv dokumentiert wird.[480] Zum Schutz des Anspruchs auf rechtliches Gehör ist zugleich wesentlich, dass die Aufzeichnungen in die Akten aufgenommen werden.[481]

Des Weiteren ist zu vermerken, dass bereits vor der Einführung von Art. 78 Abs. 5bis StPO einige Kantone bzw. Jugendgerichte vom Wortlaut der Bestimmung aus Art. 78 Abs. 5 StPO abgewichen sind und auf das «Verlesen des Protokolls nach erfolgter Aufzeichnung der Aussagen mit dem Einverständnis der Parteien» verzichteten.[482]

Weil die Mehrheit aller behandelten Fälle jedoch im Vorverfahren von den Untersuchungs- bzw. Strafverfolgungsbehörden durch einen (Jugend-)Strafbefehl abgeschlossen werden,[483] wird mitunter angeregt, die Regelung von Art. 78 Abs. 5bis StPO müsste ebenfalls für die Einvernahmen der Untersuchungsbehörden bzw. Staatsanwaltschaft gelten,[484] insbesondere da auch im Vorverfahren Einvernahmeprotokolle erstellt werden, welche in der Folge keine Verwendung mehr finden, weil das Verfahren beispielsweise mittels (Jugend-)Strafbefehl abgeschlossen und keine Einsprache erhoben wurde.[485] Dabei wäre die Anwendbarkeit von Art. 78 Abs. 5bis StPO im Vorverfahren gerade im Hinblick auf die Einhaltung des Beschleunigungsgebotes[486] äusserst vorteilhaft, weil sich damit die Verfahrens- bzw. Einvernahmedauer möglicherweise deutlich reduzieren liesse.[487]

8. Art. 78 Abs. 6 StPO

Art. 78 Abs. 6 StPO regelt die Protokollierung für jene Fälle, in denen gemäss Art. 144 StPO eine Einvernahme mittels Videokonferenz

480 Egli, 634; siehe auch Capus, Vitogesetze, N 15.
481 Vgl. Capus/Stoll, 215; BGE 130 II 473, E. 4.5.
482 So BSK JStPO- Bürgin/Biaggi, N 27 Vor Art. 34–37 und dort Fn. 13.
483 Vgl. Hebeisen, 208; BSK JStPO-Hebeisen, N 1 zu Art. 32.
484 Siehe dazu insb. Capus/Stoll, 202 f. u. 212 ff. und dort Fn. 72.
485 So Capus/Stoll, 202 f. u. 213, wo zudem festgehalten wird, dass Protokolle, welche zu einem späteren Zeitpunkt nicht mehr verwendet werden, als von untergeordneter Bedeutung eingestuft werden und sich mithin Kompromisse zugunsten der Verfahrensökonomie und eines rudimentären Protokollierungsablaufs rechtfertigen lassen.
486 Vorne Teil 1Abschnitt B. II.; siehe Murer, N 305 u. N 337 ff.
487 Siehe Capus/Stoll, 212 f. u. 216; Marti, 96 f.; differenzierend Egli, 635 u. 637.

durchgeführt wird.[488] Danach ersetzt die mündliche Erklärung der einvernommenen Person, sie habe das Protokoll zur Kenntnis genommen, die Unterzeichnung und Visierung. Zudem ist die Erklärung im Protokoll zu vermerken.

Grundsätzlich wird eine Videokonferenz dann von der Untersuchungsbehörde oder dem Gericht (nicht aber von der Polizei) angeordnet, «wenn das persönliche Erscheinen der einzuvernehmenden Person nicht oder nur mit grossem Aufwand möglich ist».[489] Die Einvernahme ist in Ton und Bild (audiovisuell) festzuhalten.[490]

Bei der Einvernahme mittels Videokonferenz befinden sich der Einvernehmende und der Einvernommene an zwei verschiedenen Orten. Der einvernommenen Person ist es folglich aufgrund ihrer physischen Abwesenheit weder möglich, das Protokoll zu visieren, noch zu unterzeichnen.[491] Die mündliche Erklärung, sie habe das Protokoll zur Kenntnis genommen, ersetzt diese Schritte. Die Verfahrensleitung (i. d. R. die einvernehmende Person) hat sicherzustellen, dass die Erklärung im Protokoll vermerkt wird. Diese Erfordernis ist zwingender Natur und somit Voraussetzung für die Gültigkeit des Protokolls und die Verwertbarkeit der Einvernahme. Die Aufzeichnung und das Protokoll sind in die Akten aufzunehmen.[492]

Dem Wortlaut dieser Bestimmung ist nicht ausdrücklich zu entnehmen, welches Protokoll der Einvernommene zur Kenntnis zu nehmen hat bzw. welche Art von Protokoll in Art. 78 Abs. 6 StPO jeweils gemeint ist. Vorausgesetzt, dass ein laufendes Einvernahmeprotokoll zu erstellen ist, wird davon ausgegangen, dass dem Beschuldigten jenes vorzulesen ist und er im Anschluss dessen Kenntnisnahme zu bestätigen hat.[493] SCHMID bringt dagegen vor, dass lediglich die Ton- und Bildaufnahme (als Ersatz eines Protokolls) zur Kenntnis zu nehmen ist. Demgemäss bestehe keine Pflicht, ein schriftliches Einvernahmeprotokoll

---

488 Siehe CR CPP-BOMIO, N 7 zu Art. 78; MOREILLON/PAREIN-REYMOND, N 19 zu Art. 78.

489 So Art. 144 Abs. 1 StPO i. V. m. Art. 6 Abs. 1 lit. b JStPO und Art. 30 JStPO; siehe auch RHYNER, 124.

490 Vgl. Art. 144 Abs. 2 StPO.

491 CR CPP-BOMIO, N 7 zu Art. 78.

492 BSK StPO-NÄPFLI, N 27 zu Art. 78; CR CPP-BOMIO, N 7 zu Art. 78.

493 So RIKLIN, N 7 zu Art. 78; SCHMID, Handbuch, N 574 Fn. 406.

zu erstellen.[494] Insbesondere differenziert er zwischen Aufzeichnungen nach Art. 76 Abs. 4 StPO und jenen nach Art. 78 Abs. 6 StPO und hält dazu fest, dass diese nicht gleichartig seien.[495] Abschliessend wird postuliert, dass eine Übertragung in die Schriftform wünschenswert bzw. «in vielen Fällen wohl nützlich», aber dennoch nicht zwingend durchzuführen ist.[496] Gesamthaft ist somit nicht klar ersichtlich, ob die Ton- und Bildaufnahme oder aber ein allfällig erstelltes Einvernahmeprotokoll zur Kenntnis zu nehmen ist. Eine Pflicht zur ordentlichen Protokollierung i. S. v. Art. 78 Abs. 1 ff. StPO erscheint jedoch konsequenter.[497] Zum einen erschliesst sich dies in Anbetracht des grundsätzlich zwingenden Charakters, welcher den Protokollierungsvorschriften zugeschrieben wird.[498] Zum anderen wird in der Literatur aufgeführt, es seien keine triftigen Gründe ersichtlich, weshalb bei einer Aufzeichnung der Einvernahme in der Hauptverhandlung gemäss Art. 78 Abs. 5bis StPO und unter Anwendung von Art. 76 Abs. 4 StPO ein zusätzliches schriftliches Einvernahmeprotokoll zu erstellen, bei einer aufgezeichneten Videokonferenz gemäss Art. 78 Abs. 6 StPO hingegen auf ein Schriftprotokoll zu verzichten sei.[499]

Somit ist grundsätzlich davon auszugehen, dass die einvernommene Person das schriftliche Einvernahmeprotokoll vollständig zur Kenntnis zu nehmen (mithin vorgelesen bekommen muss) und in der Folge zuhanden des Protokolls ihre Erklärung abzugeben hat.[500]

---

494 Schmid, Kommentar, N 9 zu Art. 78 u. N 6 zu Art. 144; so auch BGE 130 II 473, E. 5.

495 Schmid, Kommentar, N 9 zu Art. 78 u. N 6 zu Art. 144; Schmid, Handbuch, N 574 und dort Fn. 406.

496 Schmid, Handbuch, N 574 und dort Fn. 406.

497 Vgl. Moreillon/Parein-Reymond, N 19 zu Art. 78.

498 Siehe insb. BSK StPO-Näpfli, N 12 zu Art. 76; Urteil des Bundesgerichts 6B_344/2013 vom 19. Juli 2013, E. 1.3; Urteil des Bundesgerichts 6B_492/2012 vom 22. Februar 2013, E. 1; Hauser/Schweri/Hartmann, 197; vorne Abschnitt B. I. 1.

499 Siehe BSK StPO-Häring, N 9 zu Art. 144; Capus/Stoll, 214, bereits aus Gründen der Praktikabilität (namentlich für die Entscheidfindung) erscheint eine schriftliche Protokollierung als unverzichtbar.

500 Dies ergibt sich bereits daraus, dass gemäss Art. 78 Abs. 5 die einvernommene Person nach der Kenntnisnahme das Protokoll zu unterzeichnen und visieren hat, in Art. 78 Abs. 6 wird dann auch die Erklärung nach der Kenntnisnahme ausdrücklich als Ersatz für die Unterzeichnung und Visierung vorgesehen; so auch Riklin, N 7 zu Art. 78.

Das Einvernahmeprotokoll ist von der einvernehmenden Behörde zu erstellen.[501]

Des Weiteren bedürfen Einvernahmen mittels Videokonferenz mit einem internationalen Bezug zusätzlich einer «staatsvertraglichen Grundlage», um durchgeführt werden zu können.[502] Ein solches Instrument ist namentlich mit dem Zweiten Zusatzprotokoll zum Europäischen Übereinkommen über die Rechtshilfe in Strafsachen vom 08.11.2001 geschaffen worden und für die Schweiz am 1. Februar 2005 (SR 0.315.12) in Kraft getreten.[503]

Grundsätzlich hat die Videokonferenz im innerschweizerischen Verhältnis die Ausnahme zu bleiben und wird in der Regel nur gewählt, wenn die Durchführung einer ordentlichen Einvernahme effektiv nicht möglich oder mit einem unverhältnismässig grossen Aufwand verbunden ist, so z. B. zur Vermeidung von Fluchtgefahr, wenn sich der Beschuldigte im Ausland aufhält oder wenn dessen Gesundheitszustand bzw. Alter eine Anwesenheit bei der einvernehmenden Behörde nicht zulässt.[504] Die Entscheidung darüber, ob eine Videokonferenz durchzuführen ist, ergibt sich aus dem Einzelfall und in Anbetracht der auf dem Spiel stehenden Interessen sowie bezüglich der Bedeutung des Verfahrens, der Relevanz der Einvernahme im Verhältnis zu den weiteren Beweismitteln bzw. zum gesamten Verfahrenskontext und des Beschleunigungsgebotes (Art. 5 Abs. 1 StPO). Je schwerwiegender die Tat und die Verletzung des betroffenen Rechtsgutes wiegen, desto zumutbarer wird es sein, von der einzuvernehmenden Person zu verlangen, selbst bei der einvernehmenden Behörde zu erscheinen.[505] Obgleich mit der heutigen Technologie bei der Übertragung eine Quasi-Unmittelbarkeit einzurichten ist, haben jene Einvernahmeformen – gegenüber der Einvernahme mittels Videokonferenz – Vorrang, in denen das Recht der Teilnahmeberechtigten «auf physisch unmittelbare Teilnahme nach

501 Ansonsten die Verfahrensleitung und die protokollführende Person nicht, entsprechend Art. 76 Abs. 2 StPO, die Richtigkeit des Protokolls bestätigen können.

502 BSK StPO-Näpfli, N 27a zu Art. 78; so auch BGE 131 II 132, E. 2.

503 Siehe dort insb. Art. 9, diese Bestimmung gilt jedoch nur für Einvernahmen von Zeugen und Sachverständigen; Moreillon/Parein-Reymond, N 17 zu Art. 78.

504 Siehe Schmid, Kommentar, N 1 ff. zu Art. 144; BSK StPO-Näpfli, N 27 zu Art. 78; Moreillon/Parein-Reymond, N 18 zu Art. 78.

505 CR CPP-Thormann/Brechbühl, N 9 zu Art. 144; BSK StPO-Häring, N 5 zu Art. 144.

Art. 147 StPO» besser gewahrt werden kann.[506] Ferner erhält der Einvernehmende bei einer Videokonferenz möglicherweise nicht den gleichen unmittelbaren Eindruck vom Beschuldigten wie bei einer direkten Einvernahme. In der Regel entziehen sich dabei insbesondere alle Vorgänge seiner Kenntnis und Kontrolle, welche ausserhalb des Bildes stattfinden. Zudem bleiben eine Vielzahl an wichtigen nonverbalen Vorgängen (z. B. einzelne Gesten oder Nervositätsanzeichen) verborgen.[507]

Einvernahmen mittels Telefonkonferenzen sind von der StPO hingegen nicht vorgesehen. Insofern stehen den (Jugend-)Strafbehörden zur Einvernahme einer beschuldigten Person nur die ordentliche Einvernahme i. S. v. Art. 78 Abs. 1 StPO und Art. 142 f. StPO und die Einvernahme mittels Videokonferenz (nach Art. 144 und Art. 78 Abs. 6 StPO) zur Verfügung.[508]

9. Art. 78 Abs. 7 StPO

Abschliessend sieht Art. 78 Abs. 7 StPO vor, dass handschriftlich erstellte Protokolle, welche schlecht lesbar sind oder stenographisch niedergeschriebene Aussagen enthalten, unverzüglich in Reinschrift zu übertragen sind. Die Notizen sind als Nachweis für die Richtigkeit des Protokolls bis zum Abschluss des Verfahrens aufzubewahren.[509]

Der frühere – bei Inkrafttreten der StPO gültige – Wortlaut dieser Bestimmung, nach der ebenfalls die mittels technischer Hilfsmittel aufgezeichneten Aussagen unverzüglich in Reinschrift zu übertragen waren, wurde mit der Einführung von Art. 78 Abs. 5bis StPO abgeändert. Diese Änderung erscheint in Anbetracht der Regel von Art. 76 Abs. 4 und Art 78 Abs. 1 StPO, wonach ohnehin laufend ein Schriftprotokoll zu erstellen ist, schlüssig.[510]

506 So SCHMID, Handbuch, N 815 u. N 825; siehe auch BSK StPO-HÄRING, N 10 f. zu Art. 144; CR CPP-THORMANN/BRECHBÜHL, N 5 f. zu Art. 144.

507 Vgl. BSK StPO-HÄRING, N 2 u. N 5 f. zu Art. 144, wonach zudem eine Einvernahme mittels Videokonferenz im innerschweizerischen Verhältnis aufgrund der recht kurzen Distanzen i. d. R. nur denkbar ist, wenn der Einzuvernehmende körperlich nicht in der Lage ist zu reisen.

508 So auch BSK StPO-NÄPFLI, N 27b zu Art. 78; SCHMID, Handbuch, N 825; Urteil des Bundesgerichts 6B_717/2012 vom 17. September 2013, E. 2.3.

509 CR CPP-BOMIO, N 8 zu Art. 78.

510 Siehe BSK StPO-NÄPFLI, N 18 zu Art. 76 u. N 28 zu Art. 78; CR CPP-BOMIO, N 8 zu Art. 78.

Stenographische Protokolle sind demnach nicht zulässig. Diese Protokollierungsart bzw. Schreibweise ermöglicht zwar eine schnelle Erfassung des Aussageinhalts, dennoch erfordert der Umgang mit solchen Protokollen das aufwändige Erlernen dieses Schriftsystems, was bei den Parteien (insbesondere der beschuldigten Person und der Privatklägerschaft), welche die Akten ebenfalls einsehen dürfen (siehe Art. 107 Abs. 1 lit. a StPO i. V. m. Art. 104 StPO), nicht allgemein vorausgesetzt werden kann.[511]

Wie gesehen,[512] werden Einvernahmeprotokolle grundsätzlich erstellt, um gelesen zu werden.[513] Dementsprechend dient Art. 78 Abs. 7 StPO zugleich dazu, sicherzustellen, dass die Protokolle stets gut lesbar gestaltet sind und allenfalls nachbearbeitet werden, wenn dies nicht der Fall ist.[514]

Die Übertragung in Reinschrift dürfte, so SCHMID, i. d. R. «in Maschinenschrift o. Ä.» erfolgen.[515] Gemäss Bundesgericht besteht weiter keine Pflicht, ein maschinengeschriebenes Protokoll herzustellen.[516] Dementsprechend sind gut lesbare, handschriftlich erstellte Protokolle grundsätzlich zulässig.[517]

IV. Protokollberichtigungen (Art. 79 StPO)

Ordnungsgemäss erstellte Protokolle stellen Beweismittel dar und erlangen folglich positive wie auch negative Beweiskraft.[518] Dementsprechend sollen formell richtig verfasste Protokolle grundsätzlich nicht nachträglich abgeändert werden.[519]

Art. 79 StPO konkretisiert dabei die Vorgehensweise für die Berichtigung von Protokollen und ist grundsätzlich auf alle Protokollformen

---

511 Vgl. DITTMAR, 22 ff.

512 Vorne Abschnitt B. II. 1.

513 So HAUSER, 184.

514 Siehe BSK StPO-NÄPFLI, N 28 zu Art. 78.

515 SCHMID, Kommentar, N 10 zu Art. 78.

516 Urteil des Bundesgerichts 6B_383/2011 vom 20. Januar 2012, E. 2.

517 Vgl. BSK StPO-NÄPFLI, N 28 zu Art. 78; Urteil des Bundesgerichts 6B_383/2011 vom 20. Januar 2012, E. 2.

518 Siehe vorne Abschnitt A. III. 2.; HAUSER, 179 ff.; BSK StPO-NÄPFLI, N 2 zu Art. 76; CAPUS/STOLL, 206.

519 BSK StPO-NÄPFLI, N 1 zu Art. 79; NÄPFLI, 3 f.

(Verfahrens-, Einvernahme-, Hausdurchsuchungs-, Beschlagnahmeprotokolle u. Ä.) anwendbar.[520] Art. 79 betrifft bzw. regelt dagegen nicht die Situationen in denen der einvernommene Beschuldigte nach der Durchsicht des Einvernahmeprotokolls, aber vor der Unterzeichnung noch Korrekturen und Ergänzungen anbringen möchte (siehe Art. 78 Abs. 5 StPO).[521] Die vorliegende Bestimmung befasst sich einzig mit jenen Fehlern und Mängeln, welche erst nach Abschluss der Einvernahme – also nachträglich – entdeckt und gerügt werden.[522]

Zunächst legt Art. 79 Abs. 1 StPO fest, dass die Verfahrensleitung offenkundige Fehler (z. B. Verschreibungen, Schreib- und Rechnungsfehler oder Irrtümer in der Bezeichnung von Personen oder Orten) aus eigenem Antrieb korrigieren muss.[523] Dieses Verfahren ist relativ einfach und erfolgt formlos.[524] Dennoch muss – gemäss Art. 79 Abs. 3 StPO – die Verfahrensleitung zusammen mit der protokollführenden Person die etwaigen Berichtigungen, Änderungen, Streichungen und Einfügungen am Protokoll vornehmen und diese gemeinsam beglaubigen. Dabei soll dem Wortlaut nach die ursprüngliche Protokollierung erkennbar bleiben.

Die Parteien (siehe Art. 104 Abs. 1 StPO und Art. 18 JStPO) sind anschliessend über die Berichtigungen in geeigneter Form (schriftlich durch einen Brief oder mündlich im Rahmen einer Verhandlung) zu benachrichtigen.[525]

Nach dem Wortlaut von Art. 79 Abs. 1 StPO sind ausschliesslich die Parteien – nicht aber die einvernommene Person (insofern sie nicht zugleich Partei ist) – über die Berichtigung zu informieren.[526]

520 Vgl. Schmid, Kommentar, N 1 zu Art. 79; a. A. wohl Riklin, N 1 zu Art. 79.

521 Vgl. Urteil des Bundesgerichts 6B_110/2012 vom 28. Juni 2012, E. 2; Brüschweiler, N 1 zu Art. 79.

522 Siehe Brüschweiler, N 1 zu Art. 79; Urteil des Bundesgerichts 6B_492/2012 vom 22. Februar 2013, E. 1.5, bestätigt in Urteil des Bundesgerichts 6B_682/2012 vom 25. April 2013, E. 1.4.2 und BGE 141 IV 20, E. 1.4.4.

523 Siehe Schmid, Kommentar, N 1 zu Art. 79; Brüschweiler, N 2 zu Art. 79.

524 Schmid, Handbuch, N 579.

525 Schmid, Kommentar, N 1 zu Art. 79; Brüschweiler, N 2 zu Art. 79; Schmid, Handbuch, N 579; Urteil des Bundesgerichts 6B_676/2011 vom 7. Februar 2012, E. 1.2.1.

526 Vgl. Oberholzer, N 1279, wonach diese Einschränkung zudem nicht nachvollziehbar ist.

Des Weiteren halten MOREILLON/PAREIN-REYMOND fest, dass aufgrund der Regelungen von Art. 76 Abs. 2 und Abs. 3 StPO, nach denen die erstellten Protokolle stets inhaltlich richtig sein müssen, zugleich offensichtliche Fehler von Amtes wegen und nicht erst auf Antrag hin zu berichtigen sind.[527]

Enthält das Protokoll eine unrichtige inhaltliche bzw. materiell falsche Protokollierung, kann diese zudem – nach Art. 79 Abs. 2 – im Rahmen eines förmlichen Protokollberichtigungsverfahrens gerügt werden.[528] Eine solche Rüge kann entweder von einer Partei (z. B. von dem beschuldigten Jugendlichen oder der gesetzlichen Vertretung) oder einem betroffenen anderen Verfahrensbeteiligten (z. B. vom einvernommenen Zeugen, insofern es sich dabei um das Protokoll seiner Einvernahme handelt) eingereicht werden.[529] Ferner kann auch die zuständige (Jugend-) Strafbehörde einen solchen Mangel erkennen und die Berichtigung selbst einleiten.[530] Die Verfahrensleitung entscheidet jeweils über das Berichtigungsgesuch. Zuständig für die Berichtigung bzw. Entscheidung über ein Gesuch ist somit immer die Verfahrensleitung, auf deren Verfahrensstufe das unrichtige Protokoll erstellt wurde.[531] Im jugendstrafrechtlichen Vorverfahren handelt es sich dabei um die Untersuchungsbehörde (siehe Art. 30 Abs. 2 JStPO i. V. m. Art. 61 Abs. 1 lit. a StPO) und im Hauptverfahren vor dem Jugendgericht um den Präsidenten des Jugendgerichts (siehe Art. 7 Abs. 2 JStPO i. V. m. Art. 61 Abs. 1 lit. c StPO).[532]

Das Protokollberichtigungsbegehren ist zudem nur dann zulässig, wenn es die beanstandeten Stellen genau bezeichnet und die Änderungsvorschläge bzw. die beantragte korrigierte Fassung bereits enthält.[533]

527 MOREILLON/PAREIN-REYMOND, N 2 zu Art. 79; siehe auch BSK StPO-NÄPFLI, N 3 zu Art. 79.

528 SCHMID, Kommentar, N 2 zu Art. 79; BSK StPO-NÄPFLI, N 3 zu Art. 79.

529 BRÜSCHWEILER, N 5 zu Art. 79; SCHMID, Kommentar, N 2 zu Art. 79; siehe auch Art. 18 u. Art. 19 Abs. 2 JStPO, wonach ein urteilsfähiger beschuldigter Jugendlicher seine Parteirechte selbstständig wahrnehmen darf, darunter fällt konsequenterweise auch das Einreichen eines Protokollberichtigungsbegehrens; vorne auch Teil 1 Abschnitt A. II. 1.

530 BSK StPO-NÄPFLI, N 3 zu Art. 79.

531 So SCHMID, Handbuch, N 579; BRÜSCHWEILER, N 3 zu Art. 79; vgl. Urteil des Bundesgerichts 6B_676/2011 vom 7. Februar 2012, E. 1.2.

532 Siehe auch BSK StPO-NÄPFLI, N 3a zu Art. 79.

533 Vgl. CR CPP-BOMIO, N 3 zu Art. 79; HAUSER/SCHWERI/HARTMANN, 198.

Näpfli stellt fest, dass Protokolle, welche vom Einvernommenen durchgelesen, unterzeichnet und somit vermeidlich als richtig bestätigt wurden (siehe Art. 78 Abs. 5 StPO), nur auf enthaltene «Lücken in der Wiedergabe wesentlicher Aussagen» beanstandet oder aber gerügt werden können, d. h., dass eine «Aussage in einer Weise» wiedergegeben wird, die dem wirklichen Sinn zuwiderläuft.[534]

Grundsätzlich wird vom Einvernommenen sogar vorausgesetzt, dass er Differenzen bezüglich des Protokollinhaltes bereits bei der Kenntnisnahme des Protokolls vorbringt und entsprechende Gesuche «sofort nach dem Verlesen bzw. Selbstlesen» stellt, weil er ansonsten sein Rechtsbehelf auf Berichtigung verwirkt.[535]

Dennoch sieht Art. 79 keine besondere Frist für das Einreichen eines Berichtigungsgesuchs vor. Insofern ist das Begehren an keine feste Frist gebunden und darf grundsätzlich jederzeit erhoben werden.[536] Nach dem Grundsatz von Treu und Glauben und dem Beschleunigungsgebot sollte es dennoch «innert vernünftiger Frist» gestellt werden.[537] In diesem Sinne hat das Bundesgericht bereits festgehalten, dass das Begehren «sofort nach Entdeckung des mutmasslichen Fehlers der Verfahrensleitung zum Entscheid zu unterbreiten» ist.[538] Das Einreichen eines Gesuchs nach der Urteilsfällung ist zwar denkbar, wenn beispielsweise «die Fehlerhaftigkeit des Protokolls erst aufgrund des Urteils» zu erkennen ist. Dennoch kann eine unangemessene Verzögerung u. U. dennoch zur Verwirkung des Rechtsbehelfs führen.[539]

Ferner ist in dieser Hinsicht zugleich relevant, dass mit dem Zeitablauf auch ein «Erinnerungs- und Beweisverlust» einhergeht und dementsprechend «eine Beeinträchtigung der Wahrheitsfindung» droht,

---

534 BSK StPO-Näpfli, N 3 zu Art. 79; siehe auch Hauser/Schweri/Hartmann, 198; vorne Abschnitt A. III. 5.

535 Siehe Schmid, Kommentar, N 2 zu Art. 79; BSK StPO-Näpfli, N 3 zu Art. 79; TPF 2012 80, E. 2.3; Urteil des Bundesgerichts 6B_676/2011 vom 7. Februar 2012, E. 1.2.

536 Brüschweiler, N 3 zu Art. 79; Moreillon/Parein-Reymond, N 6 zu Art. 79; CR CPP-Bomio, N 3 zu Art. 79; Urteil des Bundesgerichts 6B_676/2011 vom 7. Februar 2012, E. 1.2.1.

537 Schmid, Handbuch, N 579 Fn. 421; CR CPP-Bomio, N 3 zu Art. 79.

538 Siehe Urteil des Bundesgerichts 6B_676/2011 vom 7. Februar 2012, E. 1.2.1; siehe auch Urteil des Bundesgerichts 1B_311/2011 vom 30. August 2011, E. 3.1.

539 So Brüschweiler, N 3 zu Art. 79; BSK StPO-Näpfli, N 3 zu Art. 79.

welche zu einem späteren Zeitpunkt nur noch schwer zu korrigieren ist.[540] Zuweilen ist der Nachweis dessen, was ursprünglich Inhalt der Aussage war, bereits kurze Zeit nach einer Einvernahme u. U. schwer zu erbringen. Folglich kann «der Beweis der Unrichtigkeit» mit allen Beweismitteln erbracht werden. Denkbar ist beispielsweise, dass die damals anwesenden Person als Zeugen zum Aussage- oder Verhandlungsinhalt befragt werden.[541]

Im Jugendstrafverfahren können die Berichtigungsentscheide der Untersuchungsbehörden mittels Beschwerde (nach Art. 393 Abs. 1 lit. a StPO i. V. m. Art. 39 Abs. 1 JStPO) angefochten werden.[542] Die Entscheide der Gerichte über die Berichtigung von Protokollen sind grundsätzlich beschwerdefähig.[543] Zudem ist den betroffenen Parteien vor dem Erlass des Berichtigungsentscheides rechtliches Gehör zu gewähren.[544]

Wird das Protokoll durch Berichtigungen, Änderungen, Streichungen oder Einfügungen inhaltlich geändert, muss der ursprüngliche Text weiterhin erkennbar bleiben. Es dürfen keine Ausradierungen vorgenommen werden, da ansonsten der «Verdacht einer unzulässigen Veränderung entstehen» kann.[545] Es ist sicherzustellen, dass eindeutig erkennbar ist, welche Protokollinhalte nachträglich verändert wurden und wie der ursprüngliche Text lautet.[546]

Die Verfahrensleitung und die protokollführende Person müssen zudem – analog zu Art. 76 Abs. 2 StPO – jede Änderung beglaubigen. Die Beglaubigung erfolgt i. d. R. durch deren Unterzeichnung. Diese ist erforderlich, damit der betreffende (korrigierte) Teil des Protokolls

540 BSK StPO-Näpfli, N 3 zu Art. 79; Urteil des Bundesgerichts 1B_311/2011 vom 30. August 2011, E. 3.1.

541 Siehe BSK StPO-Näpfli, N 3 zu Art. 79; Moreillon/Parein-Reymond, N 6 zu Art. 79.

542 Vgl. auch BSK StPO-Näpfli, N 3a zu Art. 79; Schmid, Kommentar, N 4 f. zu Art. 79, wonach es sich i. d. R. bei den Berichtigungsentscheide um «verfahrensleitende Beschlüsse bzw. Verfügungen» handelt.

543 Siehe Schmid, Kommentar, N 4 f. zu Art. 79; Urteil des Bundesgerichts 1B_311/2011 vom 30. August 2011, E. 3.1; Schmid, Handbuch, N 1509 f.

544 Moreillon/Parein-Reymond, N 7 zu Art. 79; Schmid, Kommentar, N 4 zu Art. 79.

545 Hauser, 183 f.; BSK StPO-Näpfli, N 5 zu Art. 79.

546 BSK StPO-Näpfli, N 5 zu Art. 79; Brüschweiler, N 6 zu Art. 79; Schmid, Kommentar, N 6 zu Art. 79.

seine Beweiskraft entfalten kann.[547] Die Verfahrensleitung und die protokollführende Person bestätigen damit insbesondere die Richtigkeit der Modifikation.[548]

Folglich darf der Text eines mittels Computertechnik erstellten Einvernahmeprotokolls nicht nachträglich am Rechner ergänzt oder verändert und das Protokoll dann erneut ausgedruckt werden. Die Korrekturen und Anmerkungen sind ausschliesslich mittels handschriftlichen Nachtrags dem ausgedruckten Protokoll anzufügen und zu unterzeichnen bzw. zu visieren.[549]

Gesamthaft erscheint die Rüge der Protokollberichtigung als ein sehr wichtiges Instrument, weil der einvernommene Beschuldigte dadurch die Möglichkeit erhält, das Protokoll nach der Einvernahme sorgfältig und in Ruhe durchzulesen und gegebenenfalls Änderungen zu beantragen.[550]

V. Die protokollführende Person

1. Die gesetzlichen Bestimmungen

Der protokollführenden Person kommt bei der Einvernahme von beschuldigten Jugendlichen eine sehr bedeutende Rolle und Verantwortung zu.[551] Sie verfasst das Einvernahmeprotokoll i. d. R. aufgrund ihrer eigenen unmittelbaren (subjektiven) Wahrnehmungen und prägt dementsprechend den Protokollinhalt massgeblich. Das sich ergebende Protokoll hängt somit u. a. stark von den Fähigkeiten, Anschauungen und der Konzentriertheit des Protokollanten ab.[552] Diese Charakteristika wirken sich insbesondere darauf aus, ob das Protokoll die Aussagen und

---

547 Siehe BSK StPO-Näpfli, N 5 zu Art. 79; vgl. auch Brüschweiler, N 4 zu Art. 76; BSK StPO-Näpfli, N 14 zu Art. 76.

548 Riklin, N 3 zu Art. 79; siehe auch Art. 76 Abs. 2 StPO.

549 So BSK StPO-Näpfli, N 24 zu Art. 78; CR CPP-Bomio, N 1 zu Art. 79.

550 Vgl. auch CR CPP-Bomio, N 1 zu Art. 79.

551 Siehe auch Daphinoff, 350 f., wonach den «Kompetenzen des polizeilichen Einvernehmers sowie des Protokolleurs grösste Bedeutung zuzumessen» ist und der Verteidigung in den Ersteinvernahmen eine «wichtige Kontrollfunktion» zukommt.

552 Siehe Näpfli, 4 u. 64; Popp, 99.

den Eindruck des beschuldigten Jugendlichen authentisch bzw. originär und objektiv wiedergibt.[553]

Dennoch enthalten die Protokollierungsvorschriften (Art. 76 ff. StPO) keine ausdrücklichen Angaben dazu, welche Mitglieder der (Jugend-)Strafbehörden die Einvernahmen zu protokollieren haben bzw. ob neben der einvernehmenden zwingend eine protokollführende Person beizuziehen ist.[554] Einzig Art. 335 Abs. 1 StPO sieht vor, dass in Hauptverhandlungen zwingend eine «Gerichtsschreiberin oder ein Gerichtsschreiber» anwesend sein muss. Dabei handelt es sich um juristisch und nicht kaufmännisch ausgebildete Behördenmitglieder, welche i. d. R. dann auch die Einvernahmeprotokolle verfassen.[555] Zugleich ist Art. 348 Abs. 2 StPO zu beachten, wonach die Gerichtsschreiberin oder der Gerichtsschreiber insbesondere wegen ihrer bzw. seiner beratenden Funktion und «nicht primär aufgrund der Protokolldienste»[556] an der Verhandlung teilzunehmen hat.

Schmid hält in Bezug auf das Vorverfahren fest, dass die Kantone selbst darüber verfügen können, ob sie den Beizug einer protokollführenden Person vorsehen wollen oder nicht.[557] Folglich ist es der einvernehmenden Person gestattet, gleichzeitig die Einvernahme und die Protokollierung selbst zu führen.[558] Capus hält diese Schlussfolgerung hingegen für unzutreffend und erläutert dazu, dass «die systematische Stellung und die Formulierung der Vorschriften» viel eher für den zwingenden Beizug einer separaten protokollführenden Person auf allen Verfahrensstufen sprechen würden.[559]

553 Vgl. auch BSK StPO-Näpfli, N 14 u. N 17 zu Art. 78.
554 Brüschweiler, N 6 zu Art. 76; siehe auch Capus, 187 Fn. 47.
555 Vgl. Schmid, Handbuch, N 571 Fn. 399; Brüschweiler, N 6 zu Art. 76; Egli, 630; siehe auch Popp, 99 und dort insb. Fn. 13, wonach der Gerichtsschreiber nicht zwingend auch der Protokollführer sein muss; so auch Capus, 187 Fn. 47.
556 Siehe Capus, 187 Fn. 47; Pieth, Strafprozessrecht, 186; Egli, 633.
557 Schmid, Kommentar, N 5 zu Art. 76; Schmid, Handbuch, N 571 Fn. 399, wonach Art. 76 StPO keine Pflicht zum Beizug einer protokollführenden Person bei Einvernahmen enthält.
558 Siehe auch Brüschweiler, N 6 zu Art. 76, wo die ungenaue Formulierung von Art. 76 StPO näher erläutert und im Ergebnis keine Beizugspflicht erkannt wird.
559 Vgl. Capus, 187 Fn. 47.

Aufgrund der Bedeutung polizeilicher Einvernahmen[560] sowie der Einvernahmen durch die Untersuchungsbehörden ist der zwingende Beizug einer protokollführenden Person im Vorverfahren äusserst vorteilhaft.[561] Dennoch werden zumindest die polizeilichen Einvernahmeprotokolle im Ermittlungsverfahren i. d. R. vom einvernehmenden Beamten selbst verfasst. Dies ist hauptsächlich auf Kostengründe bzw. Gründe «des personellen Aufwandes» zurückzuführen.[562]

2. Die Bedeutung des Protokollanten

Der protokollführenden Person obliegt die Verantwortung, zu entscheiden, was konkret in das Einvernahmeprotokoll aufzunehmen ist, welche Aussageinhalte also demnach als entscheidend zu gelten haben und wörtlich zu protokollieren sind (siehe Art. 78 Abs. 3 StPO).[563] Sie verfügt bei der Gestaltung der Protokollierung – aufgrund des ihr zugestandenen weitreichenden Ermessensspielraums – über weitreichende Kompetenzen, zu entscheiden, was in das Einvernahmeprotokoll aufzunehmen ist.[564] Die protokollführende Person hat eigenständig die «richtige Mischung» aus sinngetreuer und wörtlicher Protokollierung auszutarieren.[565] In Anbetracht der Schwierigkeit und des hohen Anspruchs dieser Aufgabe unterstreicht Hauser die Protokollführung als «eine Kunst». Demnach muss die protokollführende Person weitreichende Fähigkeiten in sich vereinen, damit sie dazu in der Lage ist, ein gutes Protokoll zu führen. Dies ist namentlich von «Veranlagung, Einfühlungsvermögen und Gestaltungskraft» des Protokollanten abhängig. Zudem sollen ihm «Fleiss, Ausdauer und ein grosses Mass an Selbstkritik» beim Erlernen und Ausüben der Protokollierungsfähigkeiten behilflich sein.[566]

Die Qualität und der Umfang der Protokollierung hängen somit insgesamt von den (Protokollierungs-)Fähigkeiten sowie der Erfahrung, Ausbildung und persönlichen Einstellung des Protokollanten ab.

---

560 Siehe Näpfli, 95; Bender/Nack/Treuer, N 347 ff.; Daphinoff, 350 f.

561 So Schmid, Kommentar, N 5 zu Art. 76, hält fest, dass auf den Beizug nur in einfachen bzw. leichten Fällen zu verzichten ist.

562 So Brüschweiler, N 6 zu Art. 76.

563 Vgl. Näpfli, 52 f.; Oberholzer, N 1273.

564 Capus, Vitogesetze, N 4; BSK StPO-Näpfli, N 10 zu Art. 78.

565 Siehe Maurer, 174.

566 Hauser, 160 u. 185 f.

Insbesondere können im Einzelnen die «Konzentration, Routine und der Kenntnisstand des Protokollführers bezüglich des Prozessstoffes»[567] sowie seine Objektivität einen erheblichen Einfluss auf das Einvernahmeprotokoll ausüben. Beispielsweise wirken sich die «schreibtechnischen (Finger-)Fertigkeiten» des Protokollanten bedeutend auf den Umfang und die inhaltliche Gestaltung des Protokolls aus.[568]

Mangelhafte Kompetenzen oder die Unkonzentriertheit des Protokollanten können hingegen (negative) Auswirkungen auf das Protokoll zeigen. Er kann dabei insbesondere «der Gefahr unterliegen, die Aussage in seiner eigenen Sprache zu protokollieren und ein durch Auslassungen und Umformulierungen verfremdetes Bild festzuhalten».[569]

VI. Verwendung von Tonaufnahmegeräten

Nachfolgend wird primär die Protokollierung mittels Tonaufnahmegerät (unter Ausschluss der audiovisuellen Aufnahmemöglichkeiten) erläutert, welche ausdrücklich in Art. 76 Abs. 4 StPO vorgesehen ist.[570] Grundsätzlich ergeben sich zwischen den Tonaufnahmen und audiovisuellen Aufzeichnungen mehrheitlich dieselben Vor- und Nachteile.[571]

Nach Schweizerischer Strafprozessordnung soll die Aufzeichnung einer Einvernahme nur als Ergänzung, nicht jedoch als Ersatz eines schriftlichen Einvernahmeprotokolls dienen.[572] Zudem ist das Schriftprotokoll stets laufend zu führen (siehe dazu Art. 76 Abs. 1 und Abs. 2 sowie Art. 78 Abs. 1 StPO) und darf nicht erst nachträglich – nach Abschluss der Einvernahme – mithilfe der Aufzeichnung erstellt werden.[573]

Die zusätzliche Protokollierung der Einvernahmen mittels Aufnahmegerät beinhaltet zahlreiche Vorteile, wovon die bedeutendsten nachfolgend dargelegt werden:

---

567 Siehe Popp, 99

568 Popp, 99; Hauser, 185.

569 So Näpfli, 64 f. m. w. H.

570 Vorne Abschnitt B. I. 5.

571 Siehe Näpfli, 77 Fn. 474; Kaufmann, Unmittelbarkeitsprinzip, 131; Siehe zum Einsatz von Aufnahmegeräten insb. Weder, 532 ff.; Capus/Stoll, 212 ff.; Näpfli, 77 ff. u. 116 ff., Bender/Nack/Treuer, N 1054 ff.; Egli, 634 ff.

572 BSK StPO-Näpfli, N 18 zu Art. 76; Näpfli, 81.

573 Siehe Egli, 630 u. 633 und dort insb. Fn. 38; Capus/Stoll, 200 u. 216.

Namentlich ermöglicht die Aufzeichnung – im Sinne der Kontrollfunktion[574] –, jederzeit die Begleitumstände der Einvernahme überprüfen zu können. Somit vermag sie zugleich der Garantiefunktion[575] gerecht zu werden, weil damit allfälligen unrechtmässigen oder zweifelhaften Vernehmungsmethoden oder Verhaltensweisen entgegengewirkt wird.[576] Die einvernehmende Person leitet die Einvernahme in dem Wissen, dass ihre Handlungsweisen mithilfe der Aufzeichnung jederzeit überprüft werden können, was der Anwendung von Drohungen, Täuschungen etc. vorbeugen kann.[577] Zudem kann mithilfe der Aufzeichnung zuverlässig überprüft werden, ob die Rechtsbelehrung korrekt durchgeführt wurde.[578] Weiter wird festgehalten, dass die Aufzeichnung der Einvernahme es vermag, «energische» Einvernehmende zu disziplinieren und zugleich die einvernehmende Person vor «unberechtigten Vorwürfen unfairer Vernehmungstaktiken» zu schützen.[579]

Die Aufzeichnung ermöglicht es, den Aussageinhalt zuverlässig, vollständig und unverfälscht festzuhalten. Der genaue Wortlaut und die Ausdrucksweise bleiben damit erhalten und erleichtern die Beweiswürdigung. Zudem sind allfällige «Ausdrücke in Mundart» im Original abrufbar, was eine Verdeutlichung und das Verständnis des Aussageinhalts verbessert.[580]

Die Aufzeichnung weist zudem eine bessere Beweisqualität auf.[581] Lange Auseinandersetzungen über den genauen Einvernahmeinhalt

---

574 Vorne Abschnitt A. III. 3.

575 Vorne Abschnitt A. III. 4.

576 Vgl. CAPUS/STOLL, 205 u. 212 ff.

577 Vgl. CAPUS/STOLL, 205 u. 213; WEDER, 548 m. w. H.; NÄPFLI, 77; BENDER/NACK/TREUER, N 1103 u. N 1528.

578 WEDER, 547 f.

579 So NÄPFLI, 77; WEDER, 547.

580 NÄPFLI, 79 f. u. 116, damit wird der Widerruf von Geständnissen ebenfalls erschwert und es kann überprüft werden, ob ein Geständnis aufgrund «verbotener oder rechtswidriger Vernehmungsmethoden zustande gekommen» ist; siehe dazu auch BENDER/NACK/TREUER, N 1103; WEDER, 549, weist darauf hin, dass die Aufzeichnung es ermöglicht, die Emotionen, wie beispielsweise ein Lachen oder ein verstocktes Aussageverhalten der einvernommenen Person, besser nachvollziehen und würdigen zu können. Selbstredend vermag es eine Videoaufzeichnung, solche nonverbalen Äusserungen zuverlässiger zu reproduzieren als eine Tonaufnahme, dabei können auch Gesichtsmimiken, Handbewegungen u. Ä. erfasst werden.

581 KAUFMANN, Unmittelbarkeitsprinzip, 132; WEDER, 549; vorne Abschnitt A. III. 2.

sowie Protokollberichtigungsverfahren werden vermieden,[582] was sich zugleich zeitsparend auswirken kann.[583]

Dagegen werden der Aufzeichnung von Einvernahmen mittels Tonaufnahmegeräten in der Literatur vereinzelt auch verschiedene Nachteile zugesprochen.[584] Insbesondere wird hervorgehoben, dass die Aufzeichnungen weniger übersichtlich sind als Schriftprotokolle. Denn sie sind nicht leicht überblickbar und verunmöglichen ein «diagonales Lesen».[585] Deren Kenntnisnahme ist somit aufwändiger.[586] Dementsprechend sieht die StPO den Einsatz von Aufnahmegeräten nur als Ergänzung des Schriftprotokolls vor (siehe den Wortlaut von Art. 76 Abs. 4 StPO). Die Aufzeichnung soll lediglich als «Sicherheitsnetz» dienen, weil das Abhören mit «einem deutlich höheren Aufwand verbunden ist als das Lesen von Schriftprotokollen».[587]

Ein weiterer Einwand lautet, dass die Verfahrensrechte des Einvernommenen verletzt werden, wenn er nicht die Gelegenheit erhält, das zusätzlich zur Aufzeichnung erstellte Schriftprotokoll zu lesen und zu unterzeichnen (wie es Art. 78 Abs. 5bis StPO vorsieht).[588] Demnach wird der Anspruch auf rechtliches Gehör des Einvernommenen verletzt, weil er sein Recht auf Kontrolle des Protokolls nicht ausüben und auf den Inhalt keinen Einfluss nehmen kann.[589] Des Weiteren kann die Aufzeichnung zu einer Aussagehemmung beim beschuldigten Jugendlichen führen, weil er – im Wissen, dass alles wörtlich erfasst wird – befürchtet,

---

582 Capus/Stoll, 213 f.; Egli, 637; Näpfli, 79.

583 Bender/Nack/Treuer, N 1528; Egli, 637.

584 Siehe insb. Weder, 552 f.; Näpfli, 80 f.

585 Capus/Stoll, 214; Näpfli, 80.

586 Näpfli, 80; vgl. auch Capus, 189 f.

587 Aeppli, 173 f.; Capus/Stoll, 214; siehe auch Bender/Nack/Treuer, 274 f. u. 407, wo verschiedene Argumente und Vorschläge für den Umgang mit Tonbandprotokollen erwähnt werden.

588 Vgl. insb. Capus/Stoll, 215 f.; Näpfli, 80.

589 Capus/Stoll, 211 u. 215 f.; vorne Abschnitt B. III. 6.; siehe zu weiteren Konstellationen von Verletzungen der Rechte der beschuldigten Person und Verfahrensbeteiligten auch Egli, 634 f. u. Näpfli, 80 m. w. H.; siehe auch Weder, 545 f., wonach die Persönlichkeitsrechte der Verfahrensbeteiligten durch die Aufzeichnung zwar eingeschränkt werden, dieser Eingriff jedoch rechtfertigt und mithin zulässig ist.

etwas Falsches zu sagen oder sich falsch zu verhalten.[590] Dem kann der Einvernehmende jedoch durch aufklärende Erläuterungen entgegenwirken.[591] Zudem wird generell angeregt, dass die Einvernommenen i. d. R. innert kurzer Zeit das Vorhandensein des Aufnahmegeräts vergessen, weil die Aufmerksamkeit ohnehin auf die Fragen der einvernehmenden Person gerichtet wird.[592]

Im angelsächsischen Sprachraum wird die audiovisuelle Dokumentation der Einvernahmen von Beschuldigten bereits seit längerem erfolgreich eingesetzt,[593] was mitunter dafür sprechen kann, dass deren Verwendung grundsätzlich vorteilhaft erscheint.[594] Dagegen wird einschränkend angemerkt, dass die Vorgehensweise, wonach eine zusätzlich zur Aufzeichnung erstellte kurze schriftliche Zusammenfassung regelmässig anstelle der Aufnahme zur Entscheidgrundlage wird, problematisch ist.[595]

Dementsprechend wird bei der Verwendung von Aufnahmegeräten zugleich sicherzustellen sein, dass die Qualität der erstellten Einvernahmeprotokolle nicht vernachlässigt wird. Dementsprechend ist zu gewährleisten, dass sich die protokollführenden Personen – im Wissen, dass die Einvernahmen ohnehin aufgezeichnet werden – nicht dazu verleiten lassen, in ihren Protokollbemühungen nachzulassen.[596]

---

590 Siehe dazu Näpfli, 80; Weder, 552; Kaufmann, Unmittelbarkeitsprinzip, 132 f. m. w. H.; Bender/Nack/ Treuer, N 1066 f., wo die Hemmungen von Zeugen vor Aufnahmen erläutert werden.

591 Kaufmann, Unmittelbarkeitsprinzip, 133.

592 Siehe Kaufmann, Unmittelbarkeitsprinzip, 133; Näpfli, 80; Weder, 552 f.

593 Siehe Leitner, 96 u. 99; Capus/Stoll/Vieth, 228; Näpfli, 116 ff.

594 Vgl. Leitner, 99.

595 Siehe Capus/Stoll, 214 Fn. 71 m. w. H.

596 Siehe auch Näpfli, Würdigung, N 24; Capus/Stoll, 217.

Teil 3: Die empirische Untersuchung

Im Rahmen der vorliegenden Arbeit wurde zuerst (Teil 2) dargelegt, welche Bestimmungen die Protokollierung in schweizerischen Jugendstrafverfahren regeln. Es wurde thematisiert, dass die Protokollbestimmungen der Erwachsenenstrafprozessordnung auch in Jugendstrafverfahren gelten und dies zu Anwendungsschwierigkeiten führen kann. Insbesondere wurde behandelt, auf welche Weise die Protokollierung zu erfolgen hat, damit sie den Eigenheiten des Jugendstrafverfahrens und den besonderen Bedürfnissen der Jugendlichen entspricht.

Dieser Teil (Teil 3) ist nun der zentralen Frage gewidmet, wie die Einvernahmeprotokolle in Jugendstrafverfahren in der Praxis gestaltet sind. Dazu wurde eine empirische Untersuchung durchgeführt. Es wurde konkret erfasst, welche Transformationsprozesse erfolgen, wenn die Aussagen der beschuldigten Jugendlichen in Einvernahmeprotokollen niedergeschrieben werden. Anhand der Analyse der Einvernahmeprotokolle und vor allem anhand des Vergleichs mit den Transkripten der Aufzeichnungen konnte untersucht werden, welche Aussagen und Fragen festgehalten werden und mit welchen Worten dies geschieht. Es wurde verdeutlicht, inwiefern die Aussagen der Jugendlichen geglättet oder anderweitig transformiert werden können, um lesbarer gemacht zu werden oder kohärenter zu wirken, und welche Darstellungsziele (Wiedergabe von Widerstand, Uneinsichtigkeit, Reue o. Ä.) diese Selektion ggf. antreiben. Ob und wie häufig die Aussagen dabei wörtlich oder in der Originalsprache protokolliert und welche Aussageteile protokolliert und welche ausgelassen werden, wird Schritt für Schritt erfasst und ausgewertet. Zudem soll verdeutlicht werden, ob gewisse Protokollstile oder Protokollierungsweisen systematisch zu erkennen sind.

Ferner werden auf der Grundlage aller zusammengebrachten Forschungsergebnisse am Ende sowohl aus der theoretischen Auseinandersetzung als auch aus der empirischen Studie Erkenntnisse zusammengetragen und versucht, mögliche Empfehlungen für die Protokollierung von Einvernahmen in Jugendstrafverfahren auszuarbeiten.

A. Theoretischer Teil

I. Forschungsstand und Forschungsperspektive

In der sozialwissenschaftlichen Literatur sind bereits einige empirische Untersuchungen und theoretische Beiträge zur Protokollierung von Einvernahmen in Strafverfahren zu finden.[597] Hingegen ist wenig zur Protokollierung von Einvernahmen von Beschuldigten in Jugendstrafverfahren verfasst bzw. untersucht worden. Beiläufige und wenig ausführliche allgemeine Hinweise zur Protokollierung von minderjährigen Einvernommenen finden sich vereinzelt in der Literatur zur Protokollierung in Erwachsenenstrafverfahren.[598] Selten enthalten sie Vorschläge für die konkrete Protokollierung.[599]

Zum aktuellen Zeitpunkt sind hingegen keine Studien bekannt, welche sich ausschliesslich mit der Erstellung von Einvernahmeprotokollen in Jugendstrafverfahren befassen. Des Weiteren sind keine Studien bekannt, welche umfassend die Protokollierungsweisen in Jugendstrafverfahren aufzeigen.

Die Protokollierung von Einvernahmen in Erwachsenenstrafverfahren wurde dagegen bereits vereinzelt empirisch untersucht.[600] Dabei interessierte der konkrete Protokollierungsvorgang, welche und wie viele relevante Informationen ins Protokoll aufgenommen wurden.[601] Ein besonderes Augenmerk wurde dabei mitunter auf den Veränderungsprozess von der mündlichen Aussage zum schriftlichen Protokoll gelegt.[602] Mit den Studien ist ferner untersucht worden, ob und allenfalls

597 Siehe namentlich den Beitrag von Näpfli, 1 ff.; sowie die empirischen Untersuchungen Komter, 2001, 367 ff.; Jönsson/Linell, 419 ff.; Coulthard, 19 ff., welche sich u. a. mit der Herstellung der Protokolle und der Reproduktion von Einvernahmeinhalten in Protokollen auseinandersetzen; siehe zudem die Literaturübersicht Capus/Stoll/Vieth, 225 ff. u. dort insb. Tabelle A.

598 Vgl. exemplarisch BSK StPO-Näpfli, N 9 zu Art. 78; Ackermann, 574 f.; Artkämper/Schilling, 140.

599 Siehe v. a. Habschick, 437 ff. u. 570 ff.

600 Siehe für einen Überblick über den Forschungsstand Capus/Stoll/Vieth, 228 f.

601 Siehe u. a. Banscherus, 1 ff.; Baldwin/ Bedward, 671 ff.; Coulthard, 19 ff.; Walker, 1990, 203 ff.

602 Vgl. z. B. Komter, 2006, 201 ff.; Komter, 2001, 367 ff.

welche Darstellungsziele bei der Protokollierung verfolgt werden und ob diese zu einer Modifikation des Gesprächsinhalts führen können.[603]

Damit konnten die bisher durchgeführten Studien bereits belegen, dass Einvernahmen grundsätzlich selektiv protokolliert werden. Weiter wurde erkannt, dass die Aussageinhalte regelmässig ergänzt und die Redebeiträge der Gesprächsteilnehmer im Zuge der Protokollierung verändert werden.[604]

Die vorliegenden empirischen Untersuchungen befassen sich dagegen wenig mit der konkreten Gestaltung der Einvernahmeprotokolle. Auch mögliche (Rezeptions-)Wirkungen von verschiedenen Protokollweisen wurden bisher kaum untersucht.[605] Dabei können bestimmte Protokollierungsweisen einen erheblichen Einfluss auf das Verständnis und die Interpretation des Protokollinhalts sowie die Einschätzungen der beteiligten Gesprächsteilnehmer bewirken.

Ob die Erkenntnisse und Schlussfolgerungen der wissenschaftlichen Forschung zur Protokollierung von Einvernahmen in Erwachsenenstrafverfahren grundsätzlich auf jene der beschuldigten Jugendlichen übertragen werden können, ist zweifelhaft. Es bestehen bedeutende Unterschiede zwischen den Erwachsenen- und Jugendstrafverfahren, welche zugleich bei der Einvernahmeprotokollierung zu berücksichtigen sind und folglich eine andere Vorgehensweise sowie gesonderte Untersuchungen erfordern.

II. Forschungsleitende Fragestellungen und Hypothesen

Die vorliegende Arbeit geht zum Ersten der Forschungsfrage nach, wie die Schriftprotokolle von Beschuldigteneinvernahmen in Jugendstrafverfahren gestaltet sind. Zum Zweiten behandelt sie die Elemente der Beschuldigteneinvernahme, welche in das Schriftprotokoll überführt werden.

---

603 Vgl. SCHEFFER, 230 ff., hierbei handelte es sich jedoch um eine Studie über die Protokollierung in Asylanhörungen; siehe CAPUS/STOLL/VIETH, 229.

604 Siehe KOMTER, 2001, 386 ff.; JÖNSSON/LINELL, 435 ff.; BANSCHERUS, 1 ff.; CAPUS, Vitogesetze, 7.

605 Siehe jedoch die Untersuchungen von DE KEIJSER ET AL., 613 ff. und WALKER, 1986, 409 ff.; vgl. zudem die Einschätzungen von CAPUS/HOHL ZÜRCHER, 30 ff.; CAPUS/STOLL/VIETH, 229 f.

1. Hypothese 1

Dementsprechend werden folgende Hypothesen formuliert: Zunächst wird angeführt, dass die Schriftprotokolle – entgegen den Forderungen aus der Literatur und vereinzelt aus der Rechtsprechung[606] – die Redebeiträge der Gesprächsteilnehmer nicht stets vollumfänglich und nicht vollständig enthalten. Insofern erfolgt im Rahmen der Protokollierung eine Selektion der Aussageinhalte. Zum Beispiel werden gemäss bisheriger Forschung vermehrt Aussageinhalte erfasst, welche der Darlegung des Sachverhaltes bzw. der Tathandlung dienen oder die Schuld bzw. Beteiligung des beschuldigten Jugendlichen bekräftigen können.[607] Vermutungsweise werden die moralisierenden Fragen und Redebeiträge vermehrt erfasst, da sie aufgrund der erzieherischen Ausrichtung des Jugendstrafverfahrens häufiger vorkommen als in Erwachsenenstrafverfahren (siehe auch Art. 4 JStPO und Art. 2 JStG).[608]

2. Hypothese 2

Zudem erfassen die Protokolle wohl nicht alle entscheidenden Fragen und Antworten vollständig bzw. wörtlich. Vermutungsweise wird die Mehrheit der Aussagen – wenn überhaupt – nur sinngemäss erfasst.[609] Dadurch geht jedoch der authentische Sprachstil bzw. das Sprachniveau des beschuldigten Jugendlichen verloren und wird verfälscht dargestellt. Schlimmstenfalls wird damit ein verfremdetes Bild des beschuldigten Jugendlichen und seiner Ausdrucksweise festgehalten.[610]

---

606 Vgl. ESCHENBACH, 86, wonach das Protokoll eine «aussagetreue, situationsechte Abfassung» sein soll; BSK StPO-NÄPFLI, N 2 zu Art. 78, hält fest, dass das Protokoll der zukünftigen Leserschaft «möglichst den gleichen objektiven Eindruck vom Aussageinhalt» verschaffen soll, «wie wenn sie die Einvernahme selbst durchgeführt hätte»; siehe BGE 126 I 15, E. 2a; BGE 129 I 49 E. 6.1; Urteil des Bundesgerichts 1P.399/2005 vom 8. Mai 2006, E. 3.1; siehe auch CAPUS, Vitogesetze, N 10 m. w. H. u. N 15 und dort Fn. 33.

607 Siehe auch JÖNSSON/LINELL, 436; KOMTER, 2001, 382 f. u. 386; CAPUS/STOLL/VIETH, 232 m. w. H.

608 Siehe vorne Teil 1 Abschnitt A. I.

609 So bereits BSK StPO-NÄPFLI, N 7 f. u. N 10 zu Art. 78.

610 Siehe insb. BSK StPO-NÄPFLI, N 14 u. N 17 zu Art. 78.

3. *Hypothese 3*

Drittens wird aufgrund anderer Studien abschliessend davon ausgegangen, dass undeutliche oder ungenaue Aussagen stets umformuliert und ergänzt werden, um bestimmte Darstellungs- und Verfahrensziele zu erreichen.[611] Beispielsweise stellt sich die Frage, ob damit versucht wird, die Glaubhaftigkeit der Aussage des Beschuldigten zu erhöhen, die Fairness der Einvernahme zu stilisieren oder einfach die Lesbarkeit bzw. Verständlichkeit des Protokolls zu verbessern. Der Sprach- bzw. Aussagestil, wie er im Protokoll dargestellt wird, wirkt sich auf die Einschätzung der Reue, des Wiedergutmachungswillens und der Besserungsabsichten des Beschuldigten aus.[612] Im Rahmen der dritten Hypothese setzt sich die vorliegende Arbeit zugleich damit auseinander, ob bestimmte Protokollierungsstile bzw. -merkmale systematisch zu erkennen sind.

III. Konzeption, Methode und Aufbereitung des Datenmaterials

Zuerst gilt es hier, den Begriff der Transkription zu umschreiben, weil sie das zentrale Arbeitsinstrument der vorliegenden Arbeit darstellte. Die Transkription «bezieht sich auf die Wiedergabe eines gesprochenen Diskurses in einem situativen Kontext mit Hilfe alphabetischer Schriftsätze und anderer, auf kommunikatives Verhalten verweisender Symbole».[613] Damit dienen die Transkripte insbesondere als Dokumentationsgrundlage für wissenschaftliche Untersuchungen. Sie sind sogar die Voraussetzung für eine wissenschaftliche Untersuchung von Gesprächsvorgängen bzw. mündlichen Kommunikationsprozessen.[614] KOWAL/O'CONNELL verstehen Transkripte als «graphische Darstellung ausgewählter Verhaltensaspekte von Personen, die an einem Gespräch (z. B. einem Interview oder einer Alltagsunterhaltung) teilnehmen». Die Transkripte lassen das flüchtige Gesprächsverhalten analysierbar werden. Sie halten die Interaktion bzw. Aufnahme «schwarz auf weiss» fest und machen sie damit dauerhaft verfügbar.[615]

611 Vgl. SCHEFFER, 230 ff.; WALKER, 1986, 409 ff.; KOMTER, 2001, 367 ff.

612 Vgl. CAPUS/STOLL/VIETH, 243.

613 DITTMAR, 52.

614 Siehe DITTMAR, 31 u. 51 f.

615 KOWAL/O'CONNELL, 438; DITTMAR, 15 f.

Dabei sollte das Gesprochene möglichst genau in der Schriftsprache dargestellt werden, damit die «Besonderheiten eines einmaligen Gesprächs sichtbar werden».[616] Dennoch kann ein Transkript nicht als Ersatz für eine Aufzeichnung dienen, weil es ihm nicht gelingt, sämtliche Elemente einer Aufnahme bzw. einer Interaktion zu reproduzieren. Die Aufzeichnung ist deutlich reichhaltiger an Informationen, Verhaltens- und Gesprächselementen als das finale Transkript, welches sich durch seine «selektive Konstruktionen» auf «die Analyse und Interpretationen» auswirkt.[617] Insofern ist bereits das Transkriptionsverfahren stark theoriegeleitet bzw. -geladen, weil die Herstellung an bestimmte Zielsetzungen, Fähigkeiten und Beschränkungen geknüpft ist. Insbesondere orientiert sich die Transkription u. U. bereits am Forschungsinteresse und an den Repräsentationszielen der darauffolgenden Untersuchung bzw. intendierten Verwendung.[618] Ferner werden Gespräche selbstredend schon dadurch verändert, dass sie transkribiert werden. Auch das beste Transkript bzw. Transkriptionssystem schafft es nicht, dieses Defizit zu vermeiden und eine «Gesprächssituation vollständig festhalten» zu können[619] – insbesondere, weil die mündlichen Gespräche in die Schriftlichkeit übertragen werden. Dabei orientiert sich dieser Vorgang an orthographischen und grammatikalischen Regeln der Standardsprache, mit denen es nur schwer gelingt, alle Gesprächsinhalte und -umstände festzuhalten (so z. B. die Schweigephasen, dialektale Lautungen, Tonhöhen, Gerüche, Raumsituation u. Ä.).[620] Zudem erscheint es problematisch, dass die Transkripte i. d. R. mehr Informationen und Gesprächsinhalte festhalten, als in der Folge tatsächlich analysiert werden.[621]

Die Transkription verursacht zwar eine Reduktion und Selektion der aufgezeichneten Aussagen, jedoch können bzw. müssen diese Nachteile hingenommen werden, denn erst die Transkripte ermöglichen es, die Einvernahmen auszuwerten. Die Transkripte sind nicht nur einfacher zu

---

616 Kowal/O'Connell, 438.

617 Kowal/O'Connell, 438 u. 440.

618 Dresing/Pehl, 18; Kowal/O'Connell, 438 u. 440; Deppermann, 46.

619 Siehe Serverin/Bruxelles, N 69 ff. u. N 80 f.; Dittmar, 53 f.; Dresing/Pehl, 17 f.

620 Deppermann, 39 f.; Kowal/O'Connell, 441.

621 Siehe Kowal/O'Connell, 443.

verwenden. Sie bieten auch einen besseren Überblick über Abläufe als Audioaufzeichnungen und ermöglichen es, bestimmte Sequenzen einer Befragung beliebig lange und oft zu untersuchen. Zudem können verschiedene Textstellen simultan miteinander verglichen und auf unterschiedliche Gesichtspunkte hin untersucht werden.[622]

Dementsprechend sollten die Transkripte die Einvernahme möglichst genau und unvoreingenommen bzw. interpretationsarm abbilden. Zudem sollte der Transkribent darauf achten, keine Inhalte zu «überhören»; dies können beispielsweise Wiederholungen («der der») oder Rezeptionssignale («äh», «ähm» usw.) sein. Sie müssen zugleich einfach zu verwenden und zu verwerten sein. Insgesamt müssen die Transkripte (insb. auch für Laien) lesbar sein und im Hinblick auf die praktische Nutzung angemessen verfasst werden.[623] Das gewählte Transkriptionssystem muss insgesamt den Bedürfnissen des Forschungsziels und der Analysemethode sowie der Erkenntniserwartung angepasst sein.[624]

Im Rahmen der empirischen Untersuchung werden Einvernahmeprotokolle mit den Transkripten der Audioaufzeichnungen verglichen. Das Datenmaterial hierfür wurde innerhalb eines Zeitraums von eineinhalb Jahren selbst erhoben. Berücksichtigt werden neun Einvernahmen von männlichen und weiblichen Beschuldigten durch die Polizei und die Jugendanwaltschaft eines Deutschschweizer Kantons. Exemplarisch werden zusätzlich zwei Verhandlungen des Jugendgerichts des Kantons Basel-Stadt untersucht.[625] Die polizeilichen und jugendanwaltlichen Befragungen wurden dabei vom Autor auf einem Diktiergerät festgehalten. Einzig bei den beiden Gerichtsverhandlungen waren eigenständige Aufzeichnungen nicht gestattet. Stattdessen wurden die gerichtlichen Tonaufnahmen zur Verfügung gestellt. Alle untersuchten Einvernahmen sind in Anwesenheit des Autors durchgeführt worden.

---

622 Vgl. Deppermann, 39 ff.; Kowal/O'Connell, 440 u. 443 f.; Capus, 175 f.; Dittmar, 51.

623 Dittmar, 53 u. 87; Kowal/O'Connell, 443 f.; Deppermann, 41 u. 46 ff.

624 Selting et al., 92; Dresing/Pehl, 18 u. 20.

625 Bei den berücksichtigen Einvernahmen vor dem Jugendgericht handelt es sich nicht um eine Zufallsauswahl. Die Einvernahmen der Jugendanwaltschaft und Polizei wurden vom leitenden Jugendanwalt zugeteilt und waren durch die Einwilligung der beschuldigten Person bedingt.

Die Einvernahmen wurden in Absprache mit bzw. mittels Genehmigung des leitenden Jugendanwalts oder Jugendrichters ausgewählt. Insofern handelt es sich nicht um eine Zufallsauswahl. Die einvernommenen Jugendlichen der zugeteilten Fälle waren zwischen elf und achtzehn Jahren alt und weitestgehend geständig. Die Beschuldigten wurden (mit Ausnahme der beiden Beschuldigten vor dem Jugendgericht Basel-Stadt) nicht durch Strafverteidiger vertreten. Sie befanden sich zum Zeitpunkt der Einvernahme nicht in Untersuchungs- oder Sicherheitshaft. Ferner war der Sachverhalt zum Zeitpunkt der Einvernahmen durch die Untersuchungsbehörde und das Jugendgericht bereits überwiegend aufgeklärt.

Bei den berücksichtigten Einvernahmen (exkl. der Fälle vor dem Jugendgericht) handelt es sich in der Regel um Befragungen zu Fällen leichter Delinquenz (v. a. kleinere Diebstähle, geringfügige Urkundenfälschungen, leichte Widerhandlungen gegen das Strassenverkehrsgesetz und das Betäubungsmittelgesetz), welche mit einem Jugendstrafbefehl abgeschlossen wurden. Es wurden ferner sowohl Fälle erfasst, in denen Beschuldigte als Ersttäter gehandelt hatten, als auch solche, in denen Wiederholungstäter straffällig wurden. Zudem wurden nur Einvernahmen berücksichtigt, bei denen der Beschuldigte einzeln befragt wurde.[626] Bei den Fällen vor dem Jugendgericht Basel-Stadt handelte es sich zum einen um eine Raubstraftat und versuchte Nötigung, zum anderen um die Straftaten der Pornographie und der mehrfachen Widerhandlung gegen das Betäubungsmittelgesetz. In beiden Fällen wurden vom Jugendgericht Unterbringungen angeordnet (gemäss Art. 34 Abs. 1 lit. a JStPO sind Fälle, in denen solche Schutzmassnahmen in Frage kommen, zwingend vom Jugendgericht zu beurteilen).

Die Einvernahmen wurden in deutscher Sprache und/oder in schweizerischer Mundart geführt. Die berücksichtigten polizeilichen

626 Die Interaktionen und das Protokoll einer Einvernahme mit mehreren Beschuldigten sind zwar äusserst interessant, Gesprächsverläufe solcher Verhandlungen sind jedoch kaum zuverlässig authentisch und situationsecht zu transkribieren. Aufgrund einer Audioaufzeichnung sind beispielsweise die Stimmen der verschiedenen Interaktionspartner u. U. nur schwer auseinanderzuhalten. Das erstellte Transkript würde bei einer Verwechslung der Gesprächspartner stark verfälscht werden, weshalb auf die Berücksichtigung dieser Einvernahmen verzichtet werden musste.

Einvernahmen dauerten im Durchschnitt eine Stunde und 20 Minuten (die längste Einvernahme betrug eine Stunde 30 Minuten, die kürzeste eine Stunde zehn Minuten). Sie wurden von zwei Kriminalisten durchgeführt. Die Einvernahmen der Jugendanwaltschaft umfassten durchschnittlich 38,29 Minuten (die längste dauerte eine Stunde, die kürzeste 20 Minuten). Sie wurden von vier Jugendanwältinnen bzw. Jugendanwälten durchgeführt und von sieben protokollführenden Personen protokolliert. Bis auf einen beschuldigten Jugendlichen sprachen alle Einvernommenen Schweizerdeutsch oder waren fliessend deutschsprachig. Die Sprachkenntnisse des fremdsprachigen Beschuldigten waren vollumfänglich ausreichend für eine ordnungsgemässe Befragung ohne Dolmetscher.

Die Jugendlichen waren jeweils auf Vorladung des zuständigen Polizeibeamten oder Jugendanwalts im Büro erschienen. Dort wurden sie befragt. Die Einvernahmen vor dem Jugendgericht erfolgten im Rahmen nichtöffentlicher Hauptverhandlungen, welche ca. einen Tag dauerten. Der Präsident des Jugendgerichts führte sowohl die Verhandlungen als auch die Einvernahmen.

Bei der Auswertung ist folglich zwischen Einvernahmen durch die Polizei, die Untersuchungsbehörde und denen des Jugendgerichtes zu unterscheiden. Bei der Polizei führt die befragende Person die Protokollierung selbst, bei der Untersuchungsbehörde und dem Jugendgericht wird das Einvernahmeprotokoll von einer separaten protokollführenden Person verfasst. Die Befragungen der Jugendanwaltschaft werden dabei alternativ von einer juristisch ausgebildeten Person oder einer Sozialarbeiterin bzw. einem Sozialarbeiter protokolliert. Deren individuelle Protokollierungserfahrungen fielen dabei sehr unterschiedlich aus. Das Einvernahmeprotokoll der Verhandlungen vor dem Jugendgericht wird von einer Juristin mit langjähriger Protokollierungserfahrung angefertigt.

IV. Korpus und Zeitraum

Die endgültige Untersuchung bzw. Analyse basiert auf elf Transkripten und den jeweils dazugehörigen schriftlichen Einvernahmeprotokollen. Es handelt sich um zwei Einvernahmen der Polizei, sieben Einvernahmen der Jugendanwaltschaft und die beiden Verhandlungen des

Jugendgerichts. Die Einvernahmen bzw. Verhandlungen wurden innerhalb eines Zeitraums von eineinhalb Jahren durchgeführt. Bei den berücksichtigten Einvernahmen geht es nicht um eine Zufallsauswahl. Es wurden all jene Einvernahmen ausgewertet, welchen der Autor innerhalb dieses Zeitraums beiwohnen durfte und in denen die beschuldigten Jugendlichen einzeln vernommen wurden.

Transkribiert wurden nur jene Aussageinhalte, die sich auf «die Sache» beziehen, und nicht die Einvernahme zur Person. Dadurch ist zwar ein Teil der Einvernahme verloren gegangen, doch die Aussagen zur Person hatten einen erheblichen Anteil an persönlichen Informationen enthalten und wären daher vollständig zu maskieren bzw. nur sehr schwer zu anonymisieren gewesen. Aus den Einvernahmen der Verhandlung vor dem Jugendgericht wurden lediglich einzelne Ausschnitte transkribiert, mit dem Einvernahmeprotokoll verglichen und analysiert. Im Gegensatz zu den Einvernahmen vor der Polizei und Jugendanwaltschaft ist dem Autor nach den Verhandlungen vor dem Jugendgericht keine Kopie des Protokolls zur Aufbewahrung ausgehändigt worden. Sowohl das Einvernahmeprotokoll als auch die Tonaufnahme, welche das Jugendgericht bei jeder Verhandlung erstellen lässt, wurden jedoch zur Einsichtnahme zur Verfügung gestellt.

Für eine Stunde Vernehmungsdauer müssen ca. 15 bis 20 Stunden Transkriptionszeit veranschlagt werden. Die Transkription orientiert sich an den Konventionen des «Basistranskripts» nach dem gesprächsanalytischen Transkriptionssystem GAT von SELTING ET AL.[627]

Die Redebeiträge werden in der Zeilenschreibweise im Transkript erfasst. Sie werden in ihrer zeitlichen Abfolge untereinander geschrieben. Jeder Sprecher erhält eine eigene, neue Zeile und wird durch seine Sprecherkennzeichnung identifiziert. Die Überlappungen von Beiträgen verschiedener Sprecher werden durch die entsprechenden Zeichen kenntlich gemacht. Die Verschriftlichung erfolgt in Anlehnung an die Standardorthographie, vereinzelt auch an die sogenannte «literarische Umschrift».[628]

Es wird damit versucht, die nichtstandardkonformen Merkmale der gesprochenen Sprache mithilfe einer phonetisch orientierten Standardorthografie festzuhalten, was insbesondere einer besseren Lesbarkeit der

---

627 SELTING ET AL., 91 ff.

628 SELTING ET AL., 97; DEPPERMANN, 42.

Transkripte dient bzw. die Inhalte auch ungeschulten Lesern zugänglich macht.[629] Es werden jedoch nicht alle morphophonemischen Merkmale festgehalten bzw. kenntlich gemacht. In den Transkripten der vorliegenden Untersuchung werden auf diese Weise speziell nur die Sprachstrukturen der Gesprächsteilnehmer erfasst. Bei Gesprächen in Schweizerdeutscher Mundart werden demnach die Sprachstrukturen beibehalten, schweizerische Wörter und Ausdrücke werden jedoch weitestgehend und möglichst wortgenau ins Schriftdeutsche übersetzt (so wird z. B. «Muul» mit «Mund» und «wie ischs gsii» mit «wie ist's gewesen» festgehalten). Ist eine wörtliche Transkription dagegen bedeutsam oder kann ein Wort nicht ins Schriftdeutsche übersetzt werden, dann wird die betreffende Aussage in der Originalsprache transkribiert. Diese Vorgehensweise entspricht vollends den Erfordernissen bzw. dem Forschungsinteresse der vorliegenden Untersuchung.[630]

Ferner werden paraverbale Elemente (z. B. Wiedergabe von Umgebungsgeräuschen) und nonvokale Kommunikationen der Gesprächspartner (z. B. Nicken, Kopfschütteln, Mimik, Gestik und Blickrichtung) lediglich ausnahmsweise transkribiert. Sie tragen zu der vorliegenden Untersuchung nur wenig bei, erschweren die Lesbarkeit der Transkripte und sind ohnehin anhand von Tonaufzeichnungen nur schwer rekonstruierbar.[631] Zwar wohnte der Autor den Einvernahmen bei und machte sich Notizen, dennoch war es alleine anhand der Notizen nicht möglich, präzise Beschreibungen der paraverbalen Verhaltensweisen u. Ä. der Gesprächsteilnehmer vorzunehmen und diese in der Folge zuverlässig den Aufzeichnungsinhalten bzw. den Transkriptionen zuzuweisen.

---

629 Siehe DEPPERMANN, 42.

630 Es gilt zu beachten, dass die übersetzenden Transkriptionen möglicherweise die Gesprächsinhalte verfälschen bzw. abweichend darstellen. Daher wurden bei der Auswertung der Transkripte von Einvernahmen, welche auf Mundart geführt wurden, die originären Aussagen regelmässig mithilfe der Aufzeichnungen kontrolliert. Damit konnte überprüft werden, ob und ggf. welche Aussageinhalte in den Einvernahmeprotokollen effektiv wortwörtlich bzw. in der Originalsprache festgehalten wurden. Aufgrund der Ausrichtung und des Forschungsinteresses der vorliegenden Arbeit konnte auf eine Transkription in Schweizerischer Mundart verzichtet werden.

631 SELTING ET AL., 97 ff.; DEPPERMANN, 41 ff.; die genauen Konventionen befinden sich im Anhang 1.

Die Transkripte werden mithilfe des Transkriptionsprogramms f5 von DRESING & PEHL erstellt.[632]

V. Vorgehensweise und Operationalisierung

«Qualitative Forschung hat seit jeher eine starke Anwendungsorientierung in ihren Fragestellungen und Vorgehensweisen».[633] Sie dient dazu, Abläufe, Sichtweisen u. Ä. der handelnden Menschen zu beschreiben, und ermöglicht die strategische Erhebung von Daten, welche einen kommunikativen oder dialogischen Charakter aufweisen. Dabei kann das Verständnis für die sozialen Wirklichkeiten angeregt werden. Qualitative Forschung beruht auf theoretischen Überlegungen und dient selbst der Theoriebildung. Sie wird zwar von Fragestellungen angeleitet, ist aber zugleich «offener» als andere Forschungsstrategien.[634] Qualitative Forschung ermöglicht es, Einzelfälle strukturiert und sequenziell zu analysieren und die aus diesen Fällen gezogenen Erkenntnisse in einem zweiten Schritt mit nachfolgenden Fällen zu vergleichen. Danach können verallgemeinernde Zusammenfassungen und Gegenüberstellungen erfolgen. Die qualitative Inhaltsanalyse geht von «der Konstruktion der Wirklichkeit aus».[635] Sie dient ferner der systematischen «Bearbeitung von Kommunikationsmaterial».[636]

Die Transkripte und die dazugehörigen Einvernahmeprotokolle werden im Rahmen einer qualitativen Inhaltsanalyse ausgewertet.

Für die Analyse werden die Einvernahmeprotokolle jeweils in einer Spalte, die Transkripte in einer zweiten Spalte dargestellt. So können die tatsächlichen Redebeiträge mit den Aussageteilen, welche im Protokoll festgehalten wurden, verglichen werden.

Es wird dadurch erfasst, wie die Einvernahmeprotokolle in Jugendstrafverfahren gestaltet sind und welche Elemente der Einvernahme in den Schriftprotokollen aufgenommen werden. Es soll konkret ermittelt

632 Verfügbar unter: <www.audiotranskription.de/downloads.html> (zuletzt besucht am 31.03.2016).

633 FLICK/KARDORFF/STEINKE, 13.

634 FLICK/KARDORFF/STEINKE, 13 ff. u. 106.

635 FLICK/KARDORFF/STEINKE, 23 f. u. 106 f.

636 MAYRING, 468 f.

werden, welche Transformationsprozesse einsetzen, wenn die Aussagen der beschuldigten Jugendlichen niedergeschrieben werden. Im Verlauf der Auswertung wird insbesondere verdeutlicht, welche Aussageteile des Jugendlichen und der einvernehmenden Person sinngemäss oder wörtlich protokolliert werden und welche Inhalte im Protokoll fehlen oder vom Protokollanten hinzugefügt wurden, obgleich sie keine Grundlage im Redebeitrag des jeweiligen Gesprächspartners finden. Ferner wird aufgezeigt, ob aus dem Einvernahmeprotokoll hervorgeht, auf welche Weise protokolliert wurde (z. B. sinngemäss, wörtlich oder nur stichwortartig). Dabei soll insbesondere verdeutlicht werden, ob bestimmte Darstellungs- oder Verfahrensziele im Konkreten verfolgt werden (z. B. Darstellung von Reue, Uneinsichtigkeit oder Glaubhaftigkeit, Erfassung der Gesprächsinhalte zur moralisierenden Frage und vermehrte Protokollierung der Tathandlung).

Zuerst wurde mithilfe von Farben kenntlich gemacht, welche Aussageinhalte im Protokoll erfasst wurden, in welcher Form dies geschah (wörtlich oder sinngemäss) und welche Gesprächselemente nicht festgehalten wurden. Dabei ist jedoch zu beachten, dass die «Übersetzung» eines Aussageinhaltes von der schweizerischen Mundart ins Schriftdeutsche bereits eine Umformulierung des entsprechenden Redebeitrags bedeutet und mithin – streng genommen – nicht mehr als wörtliche Protokollierung oder Transkription gelten kann bzw. sollte. Dies wurde selbstredend alsdann in der qualitativen Auswertung beachtet. Dieses Vorgehen ermöglichte es, sich eingangs einen guten Überblick über die Protokollierungsart und den Protokollierungsumfang zu machen, und erleichterte die anschliessende qualitative Auswertung. Danach wurden die gekennzeichneten Wörter gezählt. Damit konnte zahlenmässig verdeutlicht werden, wie häufig die Aussage des Beschuldigten wörtlich protokolliert wird und wie häufig dem Beschuldigten im Protokoll Wörter zugewiesen werden, welche er nie ausgesagt hatte. Zudem wurde ausgewertet, wie viele Redebeiträge des Jugendlichen gar nicht protokolliert wurden. Die Protokollierung bzw. Nicht-Protokollierung der Redebeiträge des Einvernehmenden wurde ebenfalls ausgezählt.

Im Rahmen der qualitativen Analyse wurden die Protokolle dann Schritt für Schritt ausgewertet und kommentiert. Danach wurden interessante, auffällige und zu den Forschungsfragen bzw. Hypothesen passende Textausschnitte ausgewählt, ausgeschnitten und in einer weiteren Datei festgehalten bzw. zusammengebracht. Damit wurde ein Ordnungssystem angewendet, in dem die verschiedenen Textpassagen den jeweiligen Hypothesen und Fragestellungen zugeordnet werden. Die somit festgehaltenen Ausschnitte konnten folglich miteinander verglichen und in Beziehung gesetzt werden und dienten der Überprüfung der zuvor formulierten Hypothesen.

Diese ausgewählten Ausschnitte wurden zudem genau untersucht. Zeile für Zeile wurde ermittelt, um welche Art des Gesprächsinhalts es sich handelt, wie und weshalb es vorliegend protokolliert wurde.

B. Empirischer Teil

I. Allgemeines

Einleitend werden hier einige Beobachtungen erläutert, welche bei der Auswertung des Datenmaterials besonders herausstachen und gesondert erwähnenswert sind.

Anschliessend werden in den nachfolgenden Abschnitten die Hypothesen mithilfe der vorliegenden Analyse überprüft und gewürdigt.

Die Namen der Personen und Örtlichkeiten sowie die genannten Daten der in diesem Kapitel dargestellten Beispiele wurden verändert, um die Anonymität der Betroffenen zu gewährleisten.

An dieser Stelle kann (im Sinne einer wertungsfreien Beobachtung) bereits gesagt werden, dass die Einvernahmen des vorliegenden Datenmaterials wiederkehrend nicht vollständig bzw. umfassend protokolliert wurden. Durchgängig wurden Redebeiträge ausgelassen. Dabei war auffällig, dass insbesondere die Rezeptions- und Verzögerungssignale (z. B. ähm, euh, hm, uhm usw.) der Beteiligten – mit einzelnen Ausnahmen – nicht protokolliert werden (siehe Beispiel 2). Dieser Befund stimmt mit den Ergebnissen und Einschätzungen in der Literatur überein, wonach zusätzlich regelmässig auf die Protokollierung von vagen Elementen und Unsicherheitsmerkmalen verzichtet wird.[637] Die

637 Siehe auch Scheffer, 253 f.; Jönsson/Linell, 431 ff.; Komter, 2006, 210.

Ungenauigkeiten und Unsicherheiten in den Aussagen der Beschuldigten werden ausgelassen. Dagegen werden die Redebeiträge vielmehr in einer sachlichen und eindeutigen Form protokolliert.[638] Damit werden die Sprachstile der Gesprächsteilnehmer jedoch nicht authentisch dargestellt. Folglich vermittelt das Protokoll möglicherweise ein verfremdetes Bild und einen falschen Eindruck des Beschuldigten und Einvernehmenden.

Einvernahmeprotokoll:	Transkription:
JA: Hat dieser Stress auch positive Auswirkungen? B: Nein.	JA: (---) hm (.) ok (2) h=hm (5) hat der Stress auch positive Auswirkungen? B: (--) mh: nein JA: (-) nicht? B: (-) mh hm
JA: Im Sinne davon, dass du aufhören könntest? B: Ah, ja. AF Ja, ernsthaft.	JA: (--) im Sinne davon dass ihr könntet aufhören? B: (---) aha JA: uhm! B: (-) ja JA: (---) das schon? B: =h=hm JA: =ernsthaft? B: (-) ja

Beispiel 2 (EVP 5): Verzicht auf die Protokollierung von Rezeptions- und Verzögerungssignalen

Die Einvernahmeprotokolle des untersuchten Datenmaterials enthielten ebenfalls keine Wortwiederholungen sowie Wortdehnungen bzw. -längungen. Die Protokollierung dieser Merkmale kann jedoch, ähnlich der Niederschrift von Rezeptions- und Verzögerungssignalen, aufschlussreich im Hinblick auf die Wiedergabe der Ausdrucksweise und Verständlichkeit des beschuldigten Jugendlichen und der einvernehmenden Person sein. Ferner wird einer Aussage u. U. mithilfe von Wortwiederholungen Nachdruck verliehen. Eine solche Akzentuierung kann bei einem Verzicht auf eine vollständige Protokollierung jedoch nicht zuverlässig erkannt werden. Zur Veranschaulichung sei namentlich auf die zwei nachfolgenden Beispiele verwiesen:

638 JÖNSSON/LINELL, 431 ff.

Einvernahmeprotokoll:	**Transkription:**
Antwort: Die hat gar nichts bemerkt und wusste wirklich nichts. Also die hat mit der ganzen Sache nichts zu tun.	B: die hat gar nichts gemerkt sie hat wirklich gar nichts gemerkt KK: (.) obwohl die immer dabei gestanden ist? B: =ja (.) sie hat sie hat wirklich gar nichts gemerkt sie wusste es auch gar nicht (8) also sie hat (.) w wirklich (.) wirklich nichts gemerkt

Beispiel 3 (EVP 9): Verzicht auf die Protokollierung von Wortwiederholungen des Beschuldigten

Einvernahmeprotokoll:	**Transkription:**
JA: Wie lief es denn ab, ich war ja nicht dabei. Wie war es?	JA: (.) hm (-) wie ist es wie wie ist es denn gegangen? =weisst ich bin ja nicht dabei gewesen drum frag ich auch ein wenig (.) so was wie mir das ein wenig kann vorstellen (.) wie's ist (.) wie's ist gewesen (---) wie ist es (---) gewesen (.) wie getrennt?

Beispiel 4 (EVP 2): Verzicht auf die Protokollierung von Wortwiederholungen der einvernehmenden Person

Möglicherweise verzichteten die protokollführenden Personen auf die Protokollierung von Verzögerungs- und Rezeptionssignalen sowie die Wortwiederholungen u. dgl., weil sie diese Inhalte als weniger wichtig für den Beweiswert und die Aussagekraft des Einvernahmeprotokolls erachteten. Die Protokollierung der zuvor genannten Merkmale kann die Lesbarkeit der Einvernahmeprotokolle erschweren[639] und die Einschätzungen zur Glaubhaftigkeit der Aussagen schwächen.[640] Allerdings muss berücksichtigt werden, dass Verzögerungs- und Rezeptionssignale sowie Wortwiederholungen etc. u. U. wichtige Erkenntnisse über das sprachliche Niveau des beschuldigten Jugendlichen oder die Verständlichkeit der Redebeiträge des Einvernehmenden liefern, weshalb eine Protokollierung sinnvoll sein kann. Bei einer solchen Protokollierungsweise geht die Authentizität der Aussagen verloren.

639 Vgl. Scheffer, 253 f.; Capus/Stoll/Vieth, 241 f. m. w. H.

640 Vgl. De Keijser et al., 628; Walker, 1986, 414 u. 416; Capus/Stoll/Vieth, 243 m. w. H.

Andererseits kann angenommen werden, dass die protokollführenden Personen es schlichtweg nicht immer schaffen, die Einvernahmen stets lebensnah, gesamthaft und vollständig zu protokollieren. Diese Annahme dürfte akzentuiert für die Protokolle der polizeilichen Einvernahmen gelten, bei denen der Einvernehmende zugleich das Protokoll führen muss.

Zudem leiten i. d. R. die Darstellungsziele die Protokollierung an. Dementsprechend sind die protokollführenden Personen regelmässig darum bemüht, ein verständliches, klares und lesbares Protokoll zu erstellen. Dabei sollen die Protokolle insbesondere die vermeintlich relevanten Informationen dauerhaft und verständlich festhalten.[641] Folglich werden im Zuge der Protokollierung naturgemäss Elemente weggelassen, welche den Protokollinhalt undeutlich oder uneindeutig machen. Zugleich werden Inhalte aufgenommen, die der Verständlichkeit der Geschichte bzw. der Aussagen dienlich sein können.

Einvernahmeprotokoll:	**Transkription:**
B: Ich dachte an das, was er mir gesagt hat. Und da kam mir auch die Erinnerung mit den Jungen aus Urlaub.	B: er hat dann mir mal (.) so gesagt also mit der (.) die Idee gehabt (-) also (.) mit dem Klauen dann hab mir (.) gesagt ich kann jo reingehen (-) und was klauen (.) und dann als ich dort gewesen bin (-) hab ich mich erinnert an die äh an JA: die Jungen vom Urlaub

Beispiel 5 (EVP 4): Selektion und Ergänzung der Redebeiträge für eine verbesserte Verständlichkeit und Eindeutigkeit der Einvernahmeprotokolle

Ferner wurden eine Vielzahl der Fragen und Redebeiträge der Jugendanwältinnen bzw. Jugendanwälte und Kriminalisten gekürzt oder aber ganz weggelassen. In den jugendanwaltschaftlichen Einvernahmeprotokollen wird zudem den Antworten der Beschuldigten wiederkehrend der Hinweis «A.F.» vorangestellt; die dazugehörigen Fragen werden ausgelassen. Dieser Zusatz soll verdeutlichen, dass die Aussage erst auf Frage des Einvernehmenden erfolgte. Dabei lässt sich jedoch nicht stets unvermittelt nachvollziehen, wie die Frage oder der Redebeitrag der einvernehmenden Person tatsächlich lautete oder gelautet haben können.

641 Siehe auch Capus, Vitogesetze, 8 f. m. w. H.; Capus/Stoll/Vieth, 232 f.

Einvernahmeprotokoll:	Transkription:
	JA: hm (---) hatte der (-) Sebastian (.) einen Ausweis (.) der hintendrauf sass?
	B: (.) ja:
	JA: (-) der hatte den Motorradausweis?
A.F.: Sebastian hat den FA für MR, aber nur 50ccm.	B: ja
	JA: (--) aha (-) weshalb ist der nicht gefahren?
	B: (-) weil er A1 begrenzt hat
	JA: (1) was heisst das?
	B: (.) das heisst er: kann nur fünfzig Kubik fahren
	JA: aha (.) ja gut aber dann durfte er mit diesem Motorrad auch nicht fahren?
	B: h=hm

Beispiel 6 (EVP 3): Verwendung des Kürzels «A.F.» und Verzicht auf die Protokollierung der Fragen und Redebeiträge des Einvernehmenden

Die protokollführenden Personen, in deren Protokollen der Hinweis «A.F.» verwendet wurde, können grundsätzlich in zwei unterschiedliche Gruppen eingeteilt werden: Die erste Gruppe setzte den Hinweis «A.F.» nur vereinzelt ein. In diesen Einvernahmeprotokollen wurden somit i. d. R. die Fragen den Antworten vorangestellt. Die zweite Gruppe verband hingegen regelmässig die Frage und die Antwort(en) zu einer Aussage und setzte den Hinweis «A.F.» voran. In den Protokollen dieser zweiten Gruppe war indessen zu beobachten, dass es einigen protokollführenden Personen gelang, die Antworten so festzuhalten, dass ersichtlich wird, wie die Fragen gelautet haben können (Beispiel 7). Insgesamt fiel bei der Lektüre des gesamten Datenmaterials auf, dass die Häufung und die Vorgehensweise bei der Verwendung des Kürzels «A.F.» stark von den einzelnen protokollführenden Personen abhing.

Einvernahmeprotokoll:	Transkription:
	JA: =ist für dich klar gewesen? (.) das muss (-) oder was genau ist klar gewesen?
A.F.: Es war klar, dass wir klauen.	B: (---) da dass wir werden (.) klauen

Beispiel 7 (EVP 2): Verwendung des Kürzels «A.F.» und Verdeutlichung des Frageinhalts

Die Kriminalisten verzichteten, entgegen der Vorgehensweise der Protokollanten von Jugendanwaltschaft und Jugendgericht, auf das Verwenden des Kürzels «A.F.». Hingegen stellten sie den Antworten bzw. Aussagen der Beschuldigten im Protokoll stets eine vollständige Frage, einen Vorhalt o. Ä. voran. Damit wurde versucht zu verdeutlichen, wie der Redebeitrag des Kriminalisten lautete, auf den der Jugendliche antwortete. Vermutungsweise wird dadurch mitunter eine Stärkung der Beweiskraft des Einvernahmeprotokolls angestrebt. Die Aussageinhalte wirken eindeutiger und führen weniger zu Fehlinterpretationen von Seiten der zukünftigen Leserschaft, weil sie nicht mutmassen muss, wie die Fragen gelautet haben können.

Die Analyse der jugendanwaltschaftlichen Einvernahmeprotokolle hat ferner aufgezeigt, dass beim Vorlesen von Aussagen aus früheren Einvernahmen oder beim Vorlegen von Fotografien aus den Akten der konkrete Inhalt i. d. R. nicht wörtlich oder ausdrücklich festgehalten wurde. Hingegen wurde im Protokoll nur vermerkt, dass Elemente aus den Akten vorgetragen bzw. vorgelegt wurden. Folglich ist es nicht immer möglich, den genauen Inhalt oder die genaue Fundstelle der genannten Dokumente nachzuvollziehen (siehe Beispiel 8).

Einvernahmeprotokoll:	**Transkription:**
Jugendanwalt zeigt Foto aus den Akten.	JA: (3) dort sieht man den Ort wo du (---) Bier getrunken hast?

Beispiel 8 (EVP 6): Hinweis im Einvernahmeprotokoll, dass Inhalte aus den Akten vorgetragen bzw. vorgelegt wurden

Damit möchte die protokollführende Person selbstredend möglichst zeitsparend protokollieren. Sie vermeidet zudem, Einvernahmeinhalte zu protokollieren, welche bereits in den Akten enthalten sind, weshalb sie deren Niederschrift für entbehrlich hält.

Das nachfolgende Beispiel 9 belegt hingegen, dass im untersuchten Datenmaterial vereinzelt dennoch genauer festgehalten wurde, welche Akteninhalte vorgelesen oder vorgelegt wurden. Anhand der dort genannten Seitennummer kann jedoch nicht zuverlässig nachvollzogen werden, um welche Aussageinhalte dieser Seite es sich konkret handelt.

Einvernahmeprotokoll:	**Transkription:**
JA: *(Liest Aussage des Polizeirapports vom 5.4.2009, S. 4 vor).* Das stimmt mit der Hosenhaus AG, dass du da vor zwei Tagen erwischt wurdest?	JA: =hm (--) hm hast zuerst abgestritten? (-) hm (1.5) vor der (.) vo =es heisst da vor der (.) groben Kleiderdurchsuchung (--) hast du gesagt (.) dass ihr seid einfach in die Kleiderhaus AG (2.5) äh dann habt ihr euch im Laden getrennt ob Petra etwas geklaut hat weiss ich nicht *((JA liest aus dem Polizeirapport vor))* aber du hättest nichts genommen (--) ich wurde vor zwei Tagen beim klauen erwischt (-) das war mir eine Lehre *((JA liest aus dem Polizeirapport vor))* =hast du gesagt gehabt (1) hm? (1) das stimmt?

Beispiel 9 (EVP 2): Vermeintlich genauer Hinweis auf die Fundstelle der vorgelesenen Aussage

Die Einvernahmen der Vorverfahren aus der empirischen Forschung wurden von drei unterschiedlichen Kategorien von Protokollanten geführt. Zum Ersten waren dies erfahrene Kriminalisten, zum Zweiten juristische Volontärinnen und Volontäre und zum Dritten Sozialarbeiterinnen und Sozialarbeiter. Die Kriminalisten weisen die längste Erfahrung mit der Protokollierung von Einvernahmen auf. Es wurde jedoch nicht erkannt, dass sie grundsätzlich über die Fähigkeiten verfügten, mehr Gesprächsinhalte festzuhalten als die beiden anderen Gruppen protokollführender Personen.[642] Dies hing mitunter damit zusammen, dass sie zugleich das Protokoll und die Einvernahme führen mussten. In den Einvernahmen der Jugendanwaltschaft müssen die protokollführenden Personen neben der Protokollierung nicht zusätzlich die Befragung leiten. Dennoch vermochten es die Kriminalisten, annähernd gleich viele Gesprächsinhalte zu protokollieren, wie zwei der protokollführenden Personen der jugendanwaltschaftlichen Einvernahmen.[643] Vorliegend konnte jedoch nicht überprüft werden, wie die Protokollleistung der Kriminalisten ausgefallen wäre, wenn sie nicht zusätzlich die Einvernahmen hätten führen müssen. Möglicherweise hätten sie

642 Siehe die Ergebnisse von Banscherus, 250, wo festgestellt wurde, dass erfahrene Polizisten weniger (wichtige) Gesprächsinhalte auslassen als weniger erfahrene Beamten; vgl. auch Capus/Stoll/Vieth, 237.

643 Zu beachten ist zudem, dass die analysierten polizeilichen Einvernahmen i. d. R. deutlich länger dauerten als jene der Jugendanwaltschaft.

vereinzelt weniger Gesprächsinhalte ausgelassen oder zumindest gleich viele wie die (weniger erfahrene) protokollführende Person der Jugendanwaltschaft.

Hingegen wurde im vorliegenden Datenmaterial nicht erfasst, ob die Ausbildung und Protokollierungserfahrung der protokollführenden Personen zu einer vermehrten (wörtlichen) Niederschrift von entscheidenden Elementen führt.

II. Auswertung im Hinblick auf Hypothese 1

1. Selektion von Aussageinhalten

Wie erwähnt, wurden die Einvernahmen des vorliegenden Datenmaterials nicht vollständig protokolliert. Damit ist gemeint, dass im Zuge der Protokollierung eine je nach Protokoll unterschiedlich weitreichende[644] Selektion der Aussageinhalte bzw. Redebeiträge der beteiligten Personen erfolgte. Es werden nicht alle Fragen und Antworten einer Einvernahme im Protokoll festgehalten. Diese Erkenntnis erstaunt wenig in Anbetracht der Feststellungen und Hervorhebungen in der rechts- und sozialwissenschaftlichen Literatur bezüglich der (Un-)Vollständigkeit von Einvernahmeprotokollen.[645] Mithilfe des Vergleichs zwischen den Protokollen und Transkripten der entsprechenden Einvernahmen kann zuverlässig erfasst werden, dass auf die Protokollierung von (zahlreichen) Aussageinhalten des beschuldigten Jugendlichen und der einvernehmenden Person verzichtet wurde.

644 Es wurde erkannt, dass einige protokollführende Personen auf die Niederschrift von bis zu 3/4 aller Redebeiträge (unter Ausschluss der Verzögerungs- und Rezeptionssignale) verzichteten. Andere protokollführende Personen vermochten es jedoch, bis zu 3/4 aller Redebeiträge in das Einvernahmeprotokoll aufzunehmen.

645 Siehe dazu insb. CAPUS/STOLL/VIETH, 232 u. 244 m. w. H.; CAPUS, Vitogesetze,7 m. w. H.; BSK StPO-NÄPFLI, N 7 ff. u. N 14 zu Art. 78.

<u>Einvernahmeprotokoll:</u>	<u>Transkription:</u>
	<u>B</u>: (3) ist nicht so ein netter gewesen <u>Mutter</u>: (-) ich find's auch <u>JA</u>: =der Polizist? <u>B</u>: ja: <u>Mutter</u>: (-) das muss ich auch sagen das find ich [krass]
<u>B</u>: Der Polizist war leicht sadistisch veranlagt. Der ist ausfällig geworden. Mein Kollege und ich wurden voneinander getrennt. Ich weiss nicht, ob es ihm gleich gegangen ist.	<u>B</u>: [leicht] sadistisch veranlagt <u>Mutter</u>: (-) das <u>JA</u>: =ist das der Herr Burgmann gewesen? oder wer? <u>B</u>: =ich weiss nicht also er hat Glatze gehabt und so ein paar (-) so so (.) Ohrringe <u>Mutter</u>: (2) und dass er sich bis auf d auf auf die Unterhose hat ausziehen ohne das irgendwie etwas das find ich etwas krass (.) also [muss ich sagen] <u>B</u>: [und Belei]digungen und so Sachen <u>JA</u>: =auch Beleidigungen? <u>B</u>: [ja] <u>JA</u>: [und] du bist anständig gewesen? <u>B</u>: (-) wie? <u>JA</u>: =du hast dich anständig benommen? <u>B</u>: =ich habe einfach erzählt ich habe nicht eingesehen dass ich mich ganz soll ausziehen (.) weil äh (--) dann hab ich so gefragt ja wieso soll ich das machen und dann hat er gesagt zuerst erzähl ich nichts und das sollte ich irgendwie (-) akzeptieren und dann ist er ein bisschen ausfallend geworden

Beispiel 10 (EVP 6): Selektion von Gesprächsinhalten

Wie dieses Beispiel verdeutlicht, ist der Verzicht auf die Protokollierung von Gesprächsinhalten problematisch, weil die Interaktion dadurch verfälscht dargestellt wird und (wichtige) Informationen verloren gehen können. Es lässt sich u. U. nicht mehr zuverlässig nachvollziehen, ob der Beschuldigte gesprächsbereit und aussagewillig war. Zudem kann damit ein verfremdetes Bild und eine falscher Eindruck des Jugendlichen erzeugt werden. In den Einvernahmeprotokollen des Datenmaterials konnte beobachtet werden, dass die Selektion und mitunter Modifikation der Redebeiträge bereits zu Beginn des Protokolls eingesetzt wurden. Die damit hervorgerufene Einschätzung des beschuldigten Jugendlichen und Einvernehmenden kann sich jedoch auf das weitere Protokoll auswirken. Damit kann der anfängliche Eindruck die

Interpretation der weiteren protokollierten Einvernahmeinhalte anleiten bzw. beeinflussen und nur schwer im Laufe der fortgeführten Lektüre verändert werden.

Im Rahmen der Auswertung wurde erkannt, dass auf die Protokollierung einzelner oder mehrerer Elemente zum einen bewusst verzichtet wird, um zu vermeiden, zu viele oder vermeintlich überflüssige Informationen in das Protokoll aufzunehmen. JÖNSSON/LINELL haben hierzu festgestellt, dass Aussageinhalte, welche in der Einvernahme mehrfach wiederholt werden, im Protokoll hingegen regelmässig nur einmal erscheinen. Des Weiteren werden Nebenbemerkungen ausgelassen. Damit ist das Protokoll klarer strukturiert als das Gespräch und eine übersichtliche Darstellung der Aussageinhalte wird ermöglicht.[646]

Zum anderen erfolgte die Selektion vermutlich ganz automatisch und mitunter ungewollt, weil die protokollführenden Personen es nicht schafften, die Redebeiträge stets vollständig und gesamthaft zu erfassen. Letzteres traf akzentuiert auf die Protokollierung in Einvernahmen der Kriminalisten zu, weil sie zugleich die Einvernahme und das Protokoll führen müssen. Dabei ist unumgänglich, dass Einvernahmeinhalte verloren gehen, wenn der Kriminalist zeitgleich Fragen stellen bzw. den Antworten zuhören, sich gedanklich mit der Aussage des beschuldigten Jugendlichen auseinandersetzen und das Einvernahmeprotokoll verfassen muss.[647] Hier nehmen die Kriminalisten eine anspruchsvolle Doppelstellung ein. Sie müssen das Protokoll und gleichzeitig auch die Einvernahme führen. Eine effiziente Aufklärung des Sachverhalts, der subjektiven Tatbestandselemente u. Ä. ist regelmässig durch den freien Bericht des Beschuldigten, allenfalls mit offenen Ergänzungsfragen des Einvernehmenden zu erreichen.[648] Wenn sich der Kriminalist mit der Aussage auseinandersetzt und zugleich das Protokoll führen muss, kommt es häufig vor, dass er den Beschuldigten in seiner Erzählung unterbrechen muss, damit er das Ausgesagte korrekt und annähernd laufend protokollieren kann. Würde sich der Kriminalist hingegen einzig

646 JÖNSSON/LINELL, 431, wonach die bessere Lesbarkeit und Verständlichkeit des Protokolls namentlich durch Auslassungen und Ergänzungen erreicht wird; die Relevanz der Leserfreundlichkeit des Protokolls wird auch von CAPUS, Vitogesetze, N 16, hervorgehoben.

647 Vgl. KOMTER, 2001, 391 f.

648 BENDER/NACK/TREUER, 221 f.

auf die Protokollierung konzentrieren, so ist anzunehmen, dass er sich nicht mehr aktiv mit dem Aussageinhalt befasst und allenfalls keine Ergänzungsfragen stellen kann, um den Beschuldigten namentlich im Bericht zu «halten».[649] KOMTER hat hierzu bereits festgehalten, dass das gleichzeitige Befragen des Beschuldigten und das Protokollieren der Einvernahme zwei unterschiedliche Aufgaben darstellen, welche nur schwer zu verbinden sind, ohne den Ablauf der Einvernahme zu unterbrechen. Zudem dient das Protokoll dem Einvernehmenden und dem Befragten dazu, nach einer Unterbrechung den Faden der Erzählung nicht zu verlieren.[650] Die vorliegende Untersuchung ergab ähnliche Ergebnisse. Bei längeren Erzählungen der Beschuldigten mussten die Kriminalisten diese regelmässig unterbrechen, um die Aussagen überhaupt protokollieren zu können. Zudem wurde die Protokollierung häufig unterbrochen, damit die relevanten und zentralen Elemente der Geschichte besprochen oder erfragt und folglich ins Protokoll aufgenommen werden konnten. Insofern leitete das Protokollierte zugleich die Einvernahme an und diente mitunter als Grundlage für weitere Ergänzungsfragen. Die Kriminalisten waren darum bemüht, namentlich mithilfe der Ergänzungsfragen, kohärente, logische und zusammenhängende Geschichten hervorrufen und protokollieren zu können.

Des Weiteren konnte in den polizeilichen Einvernahmeprotokollen des Datenmaterials beobachtet werden, dass einige Gesprächsinhalte weggelassen wurden, weil sich der Kriminalist eingehend mit den Äusserungen des beschuldigten Jugendlichen befasste. Dabei handelte es sich namentlich um Konstellationen, in denen der beschuldigte Jugendliche eine Besorgnis oder Frage erörterte und sich der Kriminalist intensiv damit auseinandersetzte oder sie umfassend beantwortete. Eine zeitgleiche Fortführung der Protokollierung war nicht möglich, da ansonsten die Unterhaltung einen Unterbruch hätte erfahren müssen und eine umfassende bzw. zielgerichtete Aufklärung möglicherweise nicht hätte erreicht werden können. Hierbei handelte es sich jedoch mitunter um Besorgnisse in Bezug auf die möglichen Konsequenzen bzw. das Strafmass. Der Verzicht auf die Protokollierung dieser Unterhaltungen verbirgt allerdings die Hinweise und Einschätzungen des Kriminalisten zu den infrage kommenden Sanktionen. Wird von der

649 Siehe auch HUSSELS, 356 f.; BENDER/NACK/TREUER, 223 f.

650 KOMTER, 2001, 391.

Jugendanwaltschaft eine abweichende bzw. schärfere Sanktion ausgesprochen, kann dies möglicherweise Unverständnis beim Jugendlichen hervorrufen. Eine zuverlässige Überprüfung der in Aussicht gestellten Sanktion ist nicht mehr möglich, was letztlich dem Erziehungsgedanken des Jugendstrafverfahrens nicht zuträglich ist. Zudem bleibt dabei verdeckt, dass sich der Jugendliche psychisch mit den Folgen und Konsequenzen der Straftat beschäftigte.

Des Weiteren konnte in den Protokollen der jugendanwaltschaftlichen Einvernahmen beobachtet werden, dass die protokollführenden Personen verschiedentlich auf die Protokollierung von Gesprächsinhalten verzichteten und anstelle dessen lediglich einen Hinweis notierten, welcher das Thema der entsprechenden Redebeiträge bzw. Passagen rudimentär beschreibt. Diese Protokollierungsweise dürfte zum einen gewählt worden sein, um zeitsparend protokollieren zu können. Zum anderen wurde auf die genaue bzw. umfassende Erfassung der betreffenden Einvernahmeinhalte möglicherweise verzichtet, weil sie als weniger wichtig oder nicht relevant genug erachtet wurden. Damit werden jedoch Aussageinhalte weggelassen und sind zu einem späteren Zeitpunkt allenfalls nur über eine Aufzeichnung wiederherzustellen. Insofern werden die Protokolle dadurch verfälscht, weil beispielsweise später nicht mehr erkennbar ist, wie ausführlich das Thema behandelt wurde und wie der genaue Wortlaut bzw. Inhalt des Gesprächs lautete. Ferner wird die tatsächliche Interaktion kaschiert. Beispiel 11 verdeutlicht diese Protokollierungsweise.

Einvernahmeprotokoll:	**Transkription:**
	JA: [deine] Mutter mit was? B: (1.5) keine Ahnung (2)
Hinweis Jugendanwalt von Kostenfolgen.	JA: hm? (1.5) das wäre die Unfallversicherung gewesen und die Krankenversicherung (---) je nachdem B: =h=hm JA: =hm (--) und das hätten wir alle bezahlt (1) weil soviel Geld nehm ich nicht =geh ich jetzt davon aus deine Mutter nicht genug (---) zum Beispiel eine dauernde Invalidität von dir zu zahlen? B: mhm ((*verneinend*))

Beispiel 11 (EVP 3): Zusammenfassung von Gesprächsinhalten mithilfe eines Hinweises

Schliesslich wurden verschiedentlich Gesprächsinhalte weggelassen, welche nicht unmittelbar entscheidend, jedoch für ein korrektes Verständnis und eine korrekte Darstellung der Redebeiträge bzw. des Aussageinhalts erforderlich wären.

Einvernahmeprotokoll:	Transkription:
	JA: (.) dass du den Führerschein hast =ja was wolltest du mit dem Motorrad machen?
A.F.: Ich wollte einfach herumfahren und testen und habe nur FA für Mofas.	B: mit dem fahren (.) und testen JA: (-) fahren und testen? B: also so (-) schauen ob ich fahren (.) kann so ein grösseres Motorrad

Beispiel 12 (EVP 3): Weglassen vermeintlich unwichtiger Redebeiträge

Dieses Beispiel illustriert das Weglassen einer Aussage des beschuldigten Jugendlichen, welche die Inhalte der vorausgegangenen Redebeiträge verdeutlichte und konkretisierte. Mithin ist das Protokoll an dieser Stelle lückenhaft. Möglicherweise ist dieser Einvernahmeinhalt für das weitere Verfahren nicht entscheidend, dennoch enthält er eine wichtige Präzisierung des Beschuldigten, wobei er genauer erläuterte, weshalb er das Motorrad fahren wollte und was er mit dem Begriff «testen» meinte. Damit werden Aussageinhalte weggelassen und sind für die zukünftige Leserschaft nicht mehr verfügbar. Zudem wird damit die Aussagebereitschaft des beschuldigten Jugendlichen bzw. die Interaktion verfälscht dargestellt.

Diese Protokollierungsweise konnte verschiedentlich beobachtet werden. Die protokollführenden Personen liessen einzelne Aussageelemente weg, welche ebenfalls nicht unmittelbar entscheidend waren, jedoch für die weitergeführte Einvernahme und für die Eindeutigkeit sowie Unmissverständlichkeit späterer Redebeiträge wichtig gewesen wären.[651]

651 Art. 78 Abs. 2 und Abs. 3 StPO schreiben für wesentliche bzw. entscheidende Aussageinhalte eine Protokollierung in der Originalsprache bzw. eine wörtliche Protokollierung vor. Zudem verlangt Art. 78 Abs. 1 StPO eine laufende Protokollierung, was mindestens eine schriftliche Erfassung aller Einvernahmeinhalte voraussetzt; siehe auch vorne Teil 2 Abschnitt B. III. 4.; die Art und Weise der Protokollierung von entscheidenden bzw. wesentlichen Fragen und Antworten wird hinten in Abschnitt B. III. in Verbindung mit Hypothese 2 näher erläutert.

Folglich geht ein bedeutender Informationsverlust damit einher. Mithin kann die Entscheid- oder Urteilsgrundlage verfälscht werden, weil beispielsweise der Sachverhalt oder weitere Umstände der Tat unvollständig protokolliert sind. Diese Elemente werden i. d. R. weggelassen, wenn in der Einvernahme fälschlicherweise vermutet wird, dass sie für das weitere Verfahren oder die Kohärenz der Geschichte unwichtig oder nachteilig sind. Es ist «während der laufenden Einvernahme» häufig schwierig, bereits festzustellen, welche Redebeiträge oder Informationen im weiteren Verlauf des Verfahrens wichtig bzw. entscheidend und mithin zu protokollieren sind.[652] Diese Vorgehensweise stellt jedoch nicht die Regel dar. Die protokollführenden Personen waren i. d. R. vielmehr darum bemüht, wichtige Aussageinhalte in die Protokolle aufzunehmen. So wird nachfolgend aufgezeigt, dass sie darauf achteten, namentlich Informationen zur Sachverhaltsbeschreibung bzw. zu den Tathandlungen zu protokollieren und diese möglichst kohärent, umfassend und vollständig zu erfassen.

2. *Die Protokollierung der Sachverhaltsbeschreibungen und Tathandlungen*

Andere empirische Untersuchungen haben bereits aufgezeigt, dass vor allem Sachverhaltsbeschreibungen und anderweitige juristisch relevante Informationen in die Einvernahmeprotokolle aufgenommen werden. Dort nehmen diese Elemente mehr Platz ein und werden ausführlicher behandelt, als dies in der Einvernahme tatsächlich der Fall war.[653] Den Aussageinhalten und Äusserungen der einvernommenen Person zur «Vorgeschichte der Tat» sowie zu ihrer «lebensweltlichen Perspektive» und «psycho-sozialen Situation» wird hingegen ein geringeres Gewicht beigemessen; diese werden in der Folge weniger häufig protokolliert.[654]

Ähnliche Erkenntnisse konnten im Zuge der Auswertung des vorliegenden Datenmaterials gewonnen werden. Mitunter wurden die Passagen zur Sachverhaltsumschreibung sogar zusätzlich mit Informationen

652 BSK StPO-Näpfli, N 16 f. zu Art. 78.

653 Jönsson/Linell, 431 u. 436; Komter, 2001, 377 u. 386 f.; Komter, 2006, 206; Capus, Vitogesetze, 8.

654 Vgl. Komter, 2001, 386 f.; Capus/Stoll/Vieth, 232.

ergänzt, welche nicht in den Redebeiträgen der Beteiligten enthalten waren, aber wohl für die Kohärenz und Eindeutigkeit der Geschichte als dienlich erachtet wurden.

Einvernahmeprotokoll:	Transkription:
JA: Kannst du mir erklären, wie du dazu gekommen bist, ausgerechnet diesen Güterwagen in Steinfeld zu fotografieren? B: Nein, ich habe ihn einfach fotografiert.	JA: (3) kannst du mir erklären wie du dazu gekommen bist ausgerechnet den Güterwagen (-) zu fotografieren? B: (1) mh: nein ich habe ihn einfach fotografiert

Beispiel 13 (EVP 5): Hinzufügen von Sachverhaltsumschreibungen

In diesem Beispiel wird eine Präzisierung bezüglich des Ortes der Bildaufnahme hinzugefügt. Dem jugendlichen Beschuldigten werden damit Redebeiträge zugeschrieben, welche zur Eindeutigkeit der Aussage beitragen und die juristisch relevanten Informationen verdeutlichen sollen. Zugleich wird er damit stärker an das Protokoll gebunden.[655] Regelmässig wurde im Gegenzug auf die Niederschrift der Aussageinhalte über die Empfindungen oder lebensweltlichen Anschauungen des beschuldigten Jugendlichen verzichtet.

Einvernahmeprotokoll:	Transkription:
Es geht. Man stellt mich dar, als hätte ich die schlagen wollen.	B: [es geht] (--) man tut mich darstellen als ob ich sie hätte schlagen wollen (.) aber das stimmt nicht (--) ich habe dagestanden und mit ihnen geredet (.) und drei drei von (.) bis vier von den fünf waren gleich gross wie ich (.) dann habe ich mich ein bisschen aufgebaut und so habe ich bedrohlich ausgesehen (1.5) und (.) ich habe auch Angst gehabt ich ich weiss auch nicht wie das passiert ist (.) ich habe gedacht fünf gegen mich da komm ich sicher drunter (--) ich bin nämlich auch erstaunt gewesen danach wie ich ein paar Münzen von denen bekommen habe (--)

Beispiel 14 (EVP 10): Weglassen von Aussagen zur psycho-sozialen Situation u. Ä. des beschuldigten Jugendlichen

655 Siehe auch KOMTER, 2006, 206; JÖNSSON/LINELL, 436; KOMTER, 2001, 387.

In diesem Beispiel wurde ein Grossteil der Aussage des beschuldigten Jugendlichen weggelassen. Insbesondere ging damit die emotionale Komponente der Aussage verloren. Der Hinweis des Jugendlichen, wonach er Angst hatte, wird nicht erfasst. Damit wirkt das Protokoll jedoch weniger emotional als die tatsächliche Aussage, was sich zugleich negativ auf die Einschätzung des beschuldigten Jugendlichen auswirken kann.[656]

Zudem verzichteten die protokollführenden Personen häufig auf die Niederschrift von Gesprächsinhalten, wenn es sich dabei um Wiederholungen vorheriger Aussagen handelte oder sie keine neuartigen bzw. weitergehenden Informationen enthielten. Diese Protokollierungsweise und die vermehrte Aufnahme der juristisch relevanten Elemente führten mitunter dazu, dass kein originäres bzw. authentisches Bild des beschuldigten Jugendlichen festgehalten wurde.

Im Datenmaterial war weiter auffällig, dass insbesondere die Rechtfertigungs- bzw. Erklärungsversuche und die Äusserungen zur Vorgeschichte der Tat vermehrt nicht aufgenommen wurden. Der Verzicht auf die Protokollierung dieser Elemente erscheint speziell im Jugendstrafrecht bzw. -verfahren problematisch, weil es hier zentral ist, ebenfalls die Beweggründe und Begleitumstände der Straftaten zu erfassen. Eine zuverlässige und vollständige Abklärung dieser Informationen sowie der Persönlichkeitsentwicklung und der persönlichen Verhältnisse bzw. Lebensverhältnisse des beschuldigten Jugendlichen ist zwingend erforderlich,[657] um in angemessener Weise bzw. mit der richtigen Sanktion auf das Fehlverhalten des Jugendlichen zu reagieren.[658]

Zugleich wurden vereinzelt Redebeiträge, welche sich auf die Reaktion und das Wissen der Eltern zur Straftat bezogen, weggelassen. Diese Informationen gaben jedoch Auskunft über den familiären Halt bzw. Hintergrund und das Verhältnis des Jugendlichen zu den Eltern. Sie informierten, ob sich die Eltern mit der Straftat auseinandergesetzt und bereits erzieherisch auf den Jugendlichen eingewirkt hatten. Mithin können derartige Hinweise aufschlussreich für die Entscheidung sein, ob möglicherweise bestimmte Hilfs- oder Schutzmassnahmen o. Ä.

---

656 Vgl. auch Jönsson/Linell, 432 f.; Walker, 1990, 218 f.

657 Art. 2 Abs. 2 und Art. 9 Abs. 1 JStG.

658 Vgl. Aebersold, 86 f. u. 225 ff.; Brunner, N 2 f. zu Art. 4; Capus/Albrecht, 366.

frühzeitig zu ergreifen sind, weshalb deren Protokollierung als sinnvoll erscheint.

Dagegen kann festgehalten werden, dass im Rahmen der Einvernahme zur Person, welche der sogenannten Einvernahme zur Sache folgt, die Lebenssituation u. Ä. des Jugendlichen behandelt bzw. abgeklärt und protokolliert wird. Dennoch erscheint ein Verzicht auf die Vorgeschichte und genaueren Umstände der Straftat stets als problematisch. Dies ist beispielsweise der Fall, wenn es darum geht, festzustellen, ob der Jugendliche aufgrund eines allfälligen Gruppenzwangs oder einer Beeinflussung durch Freunde zur Tat verleitet wurde. Fehlen diese Informationen im Einvernahmeprotokoll, erschwert dies die korrekte Einschätzung des Umfeldes und der Lebensverhältnisse des beschuldigten Jugendlichen.

Obgleich die Informationen zu den Sachverhaltsbeschreibungen und Tathandlungen grundsätzlich vermehrt aufgenommen wurden, konnte vereinzelt beobachtet werden, dass Einvernahmeinhalte, welche der Beschreibung des Sachverhalts dienen und für dessen Verständnis zuträglich sind, nicht protokolliert wurden.

Dies verdeutlicht das nachfolgende Beispiel. Dort wurde bereits zu Beginn der Einvernahme auf die Protokollierung eines wichtigen Merkmals des Sachverhalts verzichtet. In der Folge kann die Abweichenheit dieser Information das Verständnis der Geschichte bzw. des weiteren Protokollinhalts erschweren und verfälschen, weil es mitunter Fehlinterpretationen und Missverständnisse nach sich zieht.

Einvernahmeprotokoll:	**Transkription:**
	JA: =h=hm ist es bekannt geworden (1.5) ähm (.) ja sie haben eine Jacke bekommen von der Mutter geschenkt bekommen zum Geburts[tag]
	B: [ja]
	JA: (---) eine Rote?
	B: (.) ja =in m
	JA: =in [m]
	B: [ja]
A.F.: Auch in der Kleiderhaus AG. die war zu klein und die Farbe gefiel mir nicht.	JA: hm und (-) dann =die war zu klein? B: =ja und die Farbe war nicht [so]

Beispiel 15 (EVP 1): Weglassen relevanter Aussageinhalte

In diesem Beispiel ist ersichtlich, dass die Fragen und Antworten über die Bezeichnung der Farbe und Grösse der Jacke ausgelassen wurden. Vermeintlich wurde hier auf die Protokollierung verzichtet, weil es sich einzig um die Präzisierung bzw. Nachfrage zu einer vorab getätigten und protokollierten Aussage handelte. Dieser Verzicht erschwert jedoch das Verständnis und Lesen weiterer Protokollinhalte. Im weiteren Verlauf der Einvernahme werden diese Merkmale zur Identifikation der Jacke erneut verwendet. Der Protokollierungsverzicht der genannten Passagen vermindert das Verständnis und die Eindeutigkeit der weiteren protokollierten Redebeiträge. Dagegen wurde die Aussage des beschuldigten Jugendlichen mit einer Information ergänzt, welche zu diesem Zeitpunkt in der Einvernahme nicht ausgesagt wurde. Dabei handelt es sich um eine juristisch relevante Sachverhaltsbeschreibung. Dadurch sollen vermeintlich Verwechslungen oder Missverständnisse bezüglich des Ortes und Ablaufs des Tatgeschehens u. Ä. vermieden werden. Die Protokollierung ist mithin prospektiv auf das gute Verständnis der allfälligen zukünftigen Leserschaft ausgerichtet.

Zudem wurden in den Einvernahmeprotokollen des Datenmaterials vereinzelt Elemente zum subjektiven Tatbestand ausgelassen. Diese können jedoch einen erheblichen Einfluss auf die Strafzumessung nehmen, weshalb eine zwingende Protokollierung sinnvoll erscheint. Dementsprechend kann namentlich die Einschätzung des Vorsatzes erschwert werden, wenn derartige Informationen im Protokoll fehlen.

Einvernahmeprotokoll:	Transkription:
JA: Weist du wie viel es insgesamt war?	JA: [der] Papa gewesen (-) hast du jetzt noch eine Ahnung (.) wie teuer das in etwa ist gewesen was du genommen hast? (1) alles in allem?
	B: (.) also dort habe ich es nicht gewusst
	JA: (.) hm
B: Das haben sie mir gesagt. Es waren CHF 100.-.	B: und dann haben sie es uns gesagt gehabt (.) also um die hundert

Beispiel 16 (EVP 2): Weglassen relevanter Inhalte für der Strafzumessung

Im Einvernahmeprotokoll dieses Beispiels wurde der Hinweis ausgelassen, dass die Beschuldigte zum Zeitpunkt der Straftat vermeintlich den Wert des Diebesguts nicht kannte. Damit wird die Aussage verfälscht und unvollständig dargestellt. Ein zuverlässiges Erkennen der Motive und Beweggründe sowie das Lesen bzw. Verständnis des Protokollinhalts werden erschwert. Des Weiteren kann es im Rahmen der Strafzumessung durchaus relevant sein, festzustellen, ob die beschuldigte Person den Wert der gestohlenen Sache kannte oder nicht. Diese Einschätzung kann sich auf die Schwere der Strafe auswirken. Die vorliegende Protokollierungsweise erschwert bzw. verhindert jedoch weitestgehend eine zuverlässige Überprüfung dieser Tatsachen anhand des Protokolls.

Die Annahme,[659] dass vermehrt Inhalte zur Bekräftigung der Schuld des beschuldigten Jugendlichen aufgenommen werden, konnte dagegen nicht belegt werden. Es wurden keine Beispiele gefunden, in denen erkennbar war, dass die protokollführenden Personen gezielt vermehrt solche Inhalte unter Auslassung anderer Aussageelemente in das Protokoll aufnahmen, um die Einschätzung der Schuld oder Verantwortung der Beschuldigten zu verstärken. Diese Wirkung könnte namentlich durch die Aufnahme von Unsicherheitsmerkmalen oder undeutlichen bzw. uneindeutigen Aussagen beeinflusst werden.[660] Dagegen wurden Inhalte, welche die Täterschaft oder Tathandlung des beschuldigten Jugendlichen betreffen, in das Protokoll aufgenommen.

3. *Die Protokollierung moralisierender Redebeiträge*

Wie vorne in Teil 1 Abschnitt A. dargestellt, werden in Jugendstrafverfahren – anders als in Strafverfahren gegen Erwachsene – nicht nur der Sachverhalt und der subjektive Tatbestand aufgeklärt, es soll ebenfalls erzieherisch auf den beschuldigten Jugendlichen eingewirkt werden. Diese Aufgabe übernimmt die einvernehmende Person.[661] Dies kann namentlich mithilfe von mahnenden oder moralisierenden Fragen und Hinweisen erfolgen. Folglich sollten diese Elemente in die Einvernahmeprotokolle aufgenommen werden, weil sie vornehmlich belegen, wie dem Jugendlichen sein Fehlverhalten verdeutlicht wurde

659 Siehe vorne Teil 3 Abschnitt A. II. 1.; Jönsson/Linell, 436; Komter, 2001, 382 f. u. 386.

660 Vgl. De Keijser et al., 626 ff.; Walker, 1990, 242; Capus/Stoll/Vieth, 239 u. 243 m. w. H.

661 Siehe Art. 4 Abs. 1 JStPO; BSK JStPO-Hug/Schläfli, N 1 zu Art. 4; Habschick, 444 u. 547 f.

und wie er sich damit auseinanderzusetzen hatte. Diese Gesprächsinhalte haben zwar nicht notwendigerweise einen direkten Bezug zur Beweissicherung oder Sachverhaltsaufklärung, sie können jedoch bei der Sanktionszumessung relevant sein. Ausserdem ist es für ein allfälliges Rechtsmittelverfahren wichtig, die moralisierenden Redebeiträge festzuhalten. Des Weiteren können moralisierende Gespräche bei Jugendlichen, mehr als bei Erwachsenen, genutzt werden, um das Unrecht der Tat zu thematisieren und einer allfälligen Rückfallgefahr entgegenzuwirken.[662]

Die Untersuchung des vorliegenden Datenmaterials hat diesbezüglich uneinheitliche Protokollierungsweisen offenbart. Während diese Hinweise und Gesprächsinhalte in den Protokollen der jugendanwaltschaftlichen Einvernahmen vereinzelt bzw. vermehrt erfasst wurden, verzichteten die Kriminalisten weitestgehend auf die Protokollierung moralisierender Redebeiträge. Die Kriminalisten waren vielmehr darum bemüht, die juristisch relevanten Tatsachen und Informationen festzuhalten. Darin spiegelt sich wohl die Bestrebung wider, zu einem frühen Zeitpunkt des Jugendstrafverfahrens das Augenmerk primär auf die Ermittlung des Sachverhalts und die Abklärung der Beteiligung des beschuldigten Jugendlichen oder allfälliger weiterer Personen zu legen. Dementsprechend werden Unterhaltungen, welche diesem Ziel nicht zuträglich sind, weggelassen.

Einvernahmeprotokoll:	**Transkription:**
	KK: wieso (.) das wäre viel viel einfacher gewesen hier gleich (.) von Anfang (.) es ist auch cool! B: (-) ja KK: =hm? (.) das das gehört auch zum cool sein (--) wenn man scheiss macht auch zu dazu stehen B: =ja KK: es ist fast v (.) das ist fast cool als zu klauen (--) hm? (1) nimmst du das mit? B: auf jeden Fall

Beispiel 17 (EVP 9): Verzicht auf Protokollierung moralisierender Redebeiträge

662 Siehe auch HABSCHICK, 444 f.; AEBERSOLD, 88 f. u. 92 f.

In diesem Beispiel verzichtete der Kriminalist auf die Protokollierung seines moralisierenden Redebeitrages. Zu diesem Zeitpunkt der Einvernahme waren der Sachverhalt und die wesentlichen Umstände der Tathandlung bereits aufgedeckt und das Einvernahmeprotokoll wurde alsbald nach dieser Gesprächspassage ausgedruckt. Mutmasslich erachtete der Kriminalist die Einvernahme für weitestgehend beendet und den Inhalt für wenig relevant bzw. wichtig, weshalb er auf dessen Protokollierung verzichtete.

Die Mehrheit der jugendanwaltschaftlichen Einvernehmenden verwendeten moralisierende Fragen oder Hinweise. Bei diesen Einvernahmen handelte es sich um die letzten Befragungen bzw. letzten Gespräche mit den beschuldigten Jugendlichen vor Erlass der Jugendstrafbefehle. Dementsprechend erschien es ihnen offensichtlich relevant, das Unrecht der Straftat nochmals anzusprechen und allenfalls zu überprüfen, ob sich der beschuldigte Jugendliche einsichtig und besserungswillig zeigte. Unterdessen wurden diese Redebeiträge je nach protokollführender Person bzw. Einvernahmeprotokoll mehr oder minder umfassend festgehalten. Dagegen wurden die Antworten, obgleich sie für eine vollumfängliche Einschätzung des beschuldigten Jugendlichen sinnvoll sind, nicht durchgehend protokolliert. Das nachfolgende Beispiel illustriert, wie die moralisierenden Hinweise der einvernehmenden Person in einer jugendanwaltschaftlichen Einvernahme bezüglich der Kostenfolge eines Diebstahls erfasst wurden.

Einvernahmeprotokoll:	Transkription:
JA: Bei Diebstählen macht ein Laden keinen Gewinn. Die Kleider werden teurer als Konsequenz, einfach um die gestohlenen Kleider auch bezahlt zu bekommen. Überleg dir das mal zu Hause.	JA: =die Laden selber oder we wer: (.) was was ist die logische Konsequenz? (4) dass sie es auf den Preis schlagen hm? dass es immer teurer wird (3.5) kommst nach? (-) musst dir mal überlegen hm? daheim noch ein wenig (.) wie das geht (--) also der (.) i (-) also die weiteren also die wo da (.) stehlen weil sie nicht erwischt werden (-) dass sie halt nicht einfach (.) wie du offenbar auch ein wenig gedacht hast: (.) man muss sich Hauptsache nicht lassen erwischen (.) weil dann eigentlich nichts passiert (--) dass du aber schon etwas bewirkst B: hm JA: (--) wenn der Laden von zehn Hosen nur noch fünf verkauft und fünf werden gestohlen (1) dann werden halt die Hosen teurer (.) damit sie:: die wo gestohlen werden (-) auch äh irgendwie die Kosten wieder reinholen (-) uhm? (-) das musst du dir mal ein wenig überlegen

Beispiel 18 (EVP 2): Verzicht auf Protokollierung langer moralisierender Redebeiträge

Die Interaktion wurde nicht vollständig erfasst. Der Umfang des Gesprächsinhalts wird verfälscht dargestellt. Die Redebeiträge werden zusammengefasst bzw. sinngemäss festgehalten. Wenn auch nicht wortwörtlich, wird der zentrale moralisierende Hinweis der einvernehmenden Person, wonach sich die beschuldigte Jugendliche zuhause die Auswirkungen ihres Diebstahls nochmals verdeutlichen solle, zumindest sinngemäss protokolliert.

Die moralisierenden Fragen und Antworten des vorliegenden Datenmaterials wurden, ähnlich dem vorigen Beispiel, nicht stets wörtlich und umfassend protokolliert. Dennoch waren die protokollführenden Personen insgesamt darum bemüht, diese Redebeiträge zumindest sinngemäss oder in zusammengefasster Form zu protokollieren.

III. Auswertung im Hinblick auf Hypothese 2

1. Die wörtliche Protokollierung von Einvernahmeinhalten

Zuvor wurde bereits festgehalten, dass entscheidende bzw. wesentliche Inhalte nicht stets protokolliert werden. Nachfolgend wird erläutert, wie jene entscheidenden Fragen und Antworten, welche in die Einvernahmeprotokolle aufgenommen werden, formuliert sind. Es interessiert hier somit primär, ob diese Redebeiträge wörtlich und in ihrer Vollständigkeit ins Protokoll aufgenommen wurden. Mithilfe der Transkripte der Einvernahmen des vorliegenden Datenmaterials war es möglich, wichtige bzw. entscheidende Aussageinhalte zu erkennen, welche allenfalls nicht in das entsprechende Einvernahmeprotokoll aufgenommen oder wörtlich protokolliert wurden.

Das Gesetz sieht ausdrücklich vor, dass «wesentliche Aussagen soweit wie möglich in der Sprache zu protokollieren» sind, «in der die einvernommene Person ausgesagt hat» (Art. 78 Abs. 2 StPO). Zudem müssen nach Art. 78 Abs. 3 StPO «entscheidende Fragen und Antworten» ausnahmslos wörtlich protokolliert werden. Selbstredend ist es «während der laufenden Einvernahme sehr selten möglich» festzustellen, ob ein Aussageteil entscheidend und mithin (wörtlich) zu protokollieren ist.[663]

Wie erwähnt, wird in der Praxis – zumindest in den Erwachsenenstrafverfahren – zugunsten der Lesbarkeit auf eine vermehrt bzw. umfassend wörtliche Protokollierung regelmässig verzichtet.[664] Bezüglich der Protokollierung in Jugendstrafverfahren ist jedoch zu berücksichtigen, dass der Verzicht auf eine wörtliche Protokollierung eine verfälschte Einschätzung des Sprachstils und -niveaus der einvernommenen Person verursachen und ein verfremdetes Bild des beschuldigten Jugendlichen vermitteln kann.[665] In Anbetracht der Ziele und

663 BSK StPO-Näpfli, N 16 zu Art. 78.

664 Siehe dazu die Einschätzungen von BSK StPO-Näpfli, N 10 f. u. N 14 zu Art. 78; vgl. auch Ackermann, 562 ff., sowie dessen Hinweis, dass eine «wörtliche fortlaufende Protokollierung» grundsätzlich nicht wünschenswert ist; De Keijser et al., 626.

665 Vgl. BSK StPO-Näpfli, N 14 zu Art. 78; Capus/Stoll/Vieth, 241; siehe auch Artkämper/Schilling, 341; ausserdem Ackermann, 574f., mit dem Hinweis,

Grundsätze des Jugendstrafverfahrens[666] ist ein durch eine bestimmte Protokollierungsweise erzeugter falscher Eindruck des beschuldigten Jugendlichen unvorteilhaft. Namentlich kann eine Fehleinschätzung des beschuldigten Jugendlichen die Angemessenheit der ausgesprochenen Sanktion tangieren.

Ferner wird die zuverlässige Beurteilung darüber, ob die wesentlichen bzw. entscheidenden Redebeiträge (wörtlich) erfasst wurden, durch eine unvollständige oder nur sinngemässe Protokollierung erschwert.[667]

Im untersuchten Datenmaterial findet sich nur eine einzige Einvernahme eines fremdsprachigen beschuldigten Jugendlichen. Dieser wurde auf Schweizerdeutsch einvernommen und antwortete in hochdeutscher Sprache. Sein Sprachniveau war hierfür grundsätzlich ausreichend. Im Laufe der Einvernahme sprach er einzelne Sätze in seiner Muttersprache, wenn er die entsprechenden Wörter in der Verfahrenssprache nicht beherrschte. Diese Redebeiträge wurden nicht bzw. nicht in der Originalsprache erfasst (siehe Beispiel 19).

Einvernahmeprotokoll:	Transkription:
	B: ich im ähm (1.5) comment on dit jamais? *((NB: wie sagt man nie))* JA: nie B: =nie (.) ich habe nie äh (-) so etwas gemacht äh wie etwas gestohlt oder so

Beispiel 19 (EVP 1): Verzicht auf die Protokollierung fremdsprachiger Redebeiträge

Des Weiteren wurde die Mehrheit der weiteren Einvernahmen in der schweizerdeutschen Mundart geführt. Dabei wurden die Redebeiträge i. d. R. ins Schriftdeutsche «übersetzt». Einzelne Ausdrücke oder Wörter wurden originär bzw. wörtlich auf Schweizerdeutsch protokolliert. Mitunter wurden sie mithilfe von Anführungszeichen kenntlich gemacht.

---

dass die Aussagen von Minderjährigen «möglichst wortgenau protokolliert werden» sollten.

666 Siehe Art. 4 JStPO; vorne Teil 1 Abschnitt A.; vgl. auch Aebersold, 86 f. u. 89.

667 Capus/Stoll/Vieth, 241; BSK StPO-Näpfli, N 14 u. N 17 zu Art. 78.

Einvernahmeprotokoll:	Transkription:
B: Es war ein «Stümmeli».	B: (1) ja es ist nur so (.) ein Stümmeli gewesen ungefähr so

Beispiel 20 (EVP 6): Verzicht auf die Protokollierung von Redebeiträgen auf Schweizerdeutsch

Die Fragen und Antworten der in Mundart geführten Einvernahmen wurden nicht durchgängig wortwörtlich «übersetzt». Vielmehr wurden die Redebeiträge regelmässig in eine korrekte Standardsprache umformuliert. Vereinzelt gelang es den protokollführenden Personen dennoch, die Aussagen der beschuldigten Jugendlichen mitunter wörtlich oder wörtlich «übersetzt», nicht jedoch in der Originalsprache zu erfassen. Allerdings wurden die einzelnen Wörter dabei nicht stets in der ursprünglichen Reihenfolge protokolliert und die Sprachstrukturen wurden verändert.

Einvernahmeprotokoll:	Transkription:
JA: Wie kam es dazu? B: Ich hatte noch viel Zeit vor dem Training und habe mit Petra abgemacht. Wir haben uns getroffen und hatten mehr als 30 Minuten Zeit und kamen auf die Idee.	JA: =Kleiderhaus AG (--) gut (.) verzähle mir doch noch mal (-) wie ist es dazu gekommen? B: (2) jo ich habe noch (.) sehr viel Zeit gehabt (-) vor dem Training JA: (.) h=hm B: (1) habe: mit der Petra wollen abmachen JA: h=hm B: (-) haben wir uns am Turm getroffen (--) und haben wir (-) eine halbe Stunde (-) oder mehr (.) Zeit gehabt JA: (-) h=hm B: (-) und sind wir so auf die Idee gekommen

Beispiel 21 (EVP 2): Veränderung der Sprachstrukturen im Zuge der Protokollierung aus dem Schweizerdeutschen

Wie dieses Beispiel verdeutlicht, wurden die Sprachstrukturen der Gesprächsteilnehmer im Zuge der Übersetzung aus dem Schweizerdeutschen nicht beibehalten. Im nachfolgenden Beispiel ist zu erkennen, wie einige Gesprächsinhalte aus dem Schweizerdeutschen ins Schriftdeutsche «übersetzt» wurden. Der ursprüngliche Redebeitrag der Jugendanwaltschaft «wie ischs gsii» wurde nicht mit «wie ist es gewesen», sondern mit «wie war es» festgehalten.

Einvernahmeprotokoll:	**Transkription:**
JA: Wie lief es denn ab. ich war ja nicht dabei. Wie war es?	JA: (.) hm (-) wie ist es wie wie ist es denn gegangen? =weisst ich bin ja nicht dabei gewesen drum frag ich auch ein wenig (.) so was wie mir das ein wenig kann vorstellen (.) wie's ist (.) wie's ist gewesen (---) wie ist es (---) gewesen (.) wie getrennt?

Beispiel 22 (EVP 2): «Übersetzung» von schweizerdeutschen Aussagen ins Schriftdeutsche

Diese Protokollierungsweise stellt eine sinngemässe «Übersetzung» dar und wurde vermehrt gewählt. Überdies wurden einige Inhalte weggelassen.

Die Häufungen der wörtlichen Protokollierungen bzw. der wörtlichen «Übersetzungen» aus dem Schweizerdeutschen ins Schriftdeutsche waren je nach Einvernahmeprotokoll bzw. protokollführender Person stark unterschiedlich.[668]

Insgesamt wurden die Einvernahmen des vorliegenden Datenmaterials jedoch nicht vollumfänglich wörtlich protokolliert. Nun interessiert jedoch, ob zumindest die entscheidenden Fragen und Antworten wörtlich protokolliert bzw. wörtlich «übersetzt»[669] wurden.

668 Der Anteil der wörtlichen Protokollierungen bzw. der wörtlichen «Übersetzungen» aus dem Schweizerdeutschen variiert stark: von den beiden ausschliesslich in Schriftdeutsch geführten Einvernahmen wurden ca. 32% resp. ca. 17% der Redebeiträge wörtlich protokolliert. In den Protokollen der sechs ausschliesslich in Mundart geführten Einvernahmen wurden zwischen 17% und 51% der Gesprächsinhalte «wörtlich übersetzt». Diese Zahlen beziehen sich auf die jugendanwaltschaftlichen und kriminalpolizeilichen Einvernahmeprotokolle. Zudem wird damit lediglich gekennzeichnet, wie viele Wörter einer Aussage erfasst wurden. Dagegen implizieren sie nicht, dass die entsprechenden Sätze vollständig wörtlich protokolliert wurden.

669 Vorliegend wurde untersucht, ob die protokollführenden Personen es mithilfe von wörtlichen «Übersetzungen» schafften, die Redebeiträge annähernd wortgetreu bzw. originär und authentisch zu reproduzieren.

2. Wörtlichkeit und Vollständigkeit der entscheidenden Fragen und Antworten

Wie zuvor angeregt, sind in den analysierten Einvernahmen nahezu keine wortwörtlichen (unübersetzten) Protokollierungen in der Originalsprache bzw. Mundart zu finden. Zudem wurde diese Protokollierungsweise innerhalb einzelner Einvernahmeprotokolle uneinheitlich verwendet. Im Protokoll einer einzelnen Einvernahme wurden beispielsweise das Wort «muggen» (siehe Beispiel 23) zweimal sowie das Wort «hoch» einmal (Beispiel 24) mit Anführungszeichen protokolliert. Die protokollführende Person signalisierte hiermit, dass es sich (vermeintlich) um eine Protokollierung in der Originalsprache handelte.

Einvernahmeprotokoll:	**Transkription:**
JA: Ist das schon häufiger vorgekommen bei günstigen Gelegenheiten zu «muggen»?	JA: (.) hm (1.5) ist dir das schon ein wenig häufiger vorgekommen dass man halt (.) bei günstiger Gelegenheit ein wenig (.) ist mugge gegangen?

Beispiel 23 (EVP 2): Setzen von Anführungszeichen zur Verdeutlichung einer Protokollierung in der Originalsprache

Einvernahmeprotokoll:	**Transkription:**
B: Sie lief nach vorne und ging «hoch» in die Mädchenabteilung. Ich blieb bei den Hosen stehen, sie ging zum Schmuck und so.	B: (-) sie ist vorgelaufen (.) hoch also (--) ja in die Mädchenabteilung (.) und ich bin grad dort bei (-) bei den Hosen stehen geblieben und hab rumgeschaut (.) sie ist dann weiter zum Schmuck und so

Beispiel 24 (EVP 2): Setzen von Anführungszeichen zur Verdeutlichung einer Protokollierung in der Originalsprache

Die Protokollierungsweise dieser Beispiele erstaunt, weil es sich um die einzigen in Anführungszeichen festgehaltenen Redebeiträge in dieser Einvernahme handelt. Zudem stellt das Wort «hoch» keine originäre Protokollierung dar. Es geht um eine «übersetzte» Protokollierung des schweizerdeutschen Wortes «ufe». Weshalb ausgerechnet bei diesen Worten eine authentische Protokollierung verdeutlicht werden sollte bzw. gewählt wurde, ist nicht nachzuvollziehen. Eine Protokollierung in der Originalsprache ist für das bessere Verständnis der Aussageinhalte nicht erforderlich. Zudem handelte es sich hierbei streng genommen nicht um «aufschlussreiche Dialektformulierungen», welche zwingend in der Mundart festzuhalten waren.[670]

Ferner wird der Eindruck des Protokolls verfälscht, weil das Wort «hoch» keine Protokollierung in der Mundart darstellt. Mithin ist anzunehmen, dass die protokollführende Person die korrekte Verwendung bzw. Umsetzung dieser Protokollierungsweise nur ungenügend beherrschte, womit die inkonsequente bzw. uneinheitliche Protokollierung in der Originalsprache zu erklären wäre. Des Weiteren wurde im selben Protokoll das Wort «Jäckli» zweimal in der Originalsprache festgehalten. Diese originäre Protokollierung wurde jedoch nicht mithilfe von Anführungszeichen verdeutlicht (siehe Beispiel 25).

Einvernahmeprotokoll:	Transkription:
A.F.: Wir nahmen z.B. ein Jäckli und haben es dann unter der Jacke versteckt.	B: (1.5) Jacke also ein (.) ein Jäckli genommen und dann (-) unter die Jacke

Beispiel 25 (EVP 2): Protokollierung in der Originalsprache ohne eine Kennzeichnung durch Anführungszeichen

Diese Protokollierungsweise wurde mutmasslich verwendet, um Missverständnisse bzw. Verwechslungen zu vermeiden, weil im gleichen Satz zudem das Wort «Jacke» verwendet wurde. Die Protokollierung in der Originalsprache verdeutlicht somit, dass es sich hierbei um zwei unterschiedliche Objekte handelte.

Die Protokollierungsweise, nach der die Wörter in einer veränderten Reihenfolge protokolliert werden, wurde insbesondere in den Protokollen der in schweizerdeutschen Mundart geführten Einvernahmen verwendet. Dementsprechend muss im Folgenden die einleitende Feststellung, wonach Aussagen wiederkehrend wörtlich erfasst wurden, erheblich relativiert werden.

Obgleich einige Aussageinhalte korrekt ins Schriftdeutsche übersetzt wurden, impliziert diese Protokollierungsweise dennoch eine Veränderung der ursprünglichen Aussagen und stellt eine sinngemässe Protokollierung dar. Die in dieser Form erstellten Einvernahmeprotokolle

---

670 Vgl. BSK StPO-Näpfli, N 8 f. zu Art. 78.

liessen überdies keine eindeutigen Rückschlüsse zur Sprache der Einvernahme und Ausdrucksweise der Gesprächsteilnehmer zu.

Die Protokollierungsleistungen der protokollführenden Personen waren mitunter von der Länge der einzelnen Redebeiträge abhängig. Es konnte festgestellt werden, dass es den Protokollanten vermehrt gelang, (entscheidende) Aussageinhalte umfassend zu protokollieren, je kürzer die entsprechenden Aussagen der beschuldigten Jugendlichen oder der einvernehmenden Personen waren.

Durch die Kürze der Redebeiträge erhöhte sich auch dementsprechend die Wörtlichkeit bzw. Qualität der Protokollierungen.

Einvernahmeprotokoll:	**Transkription:**
B: Kann möglich sein.	B: (3.5) mh kann möglich sein
JA: Warum weißt du das nicht?	JA: (1) hm (--) warum weisst jetzt das nicht?
B: Es war nicht so ein Regal. So bisschen wie ein Tischchen.	B: (--) wir sind (-) wir sind ja also (.) nicht so ein Regal gewesen ist einfach (.)
A.F.: Schon so ein bisschen hinten.	JA: h=hm
	B: (-) ist halt wie ein Tischchen gewesen
	JA: mh einfach so ein wenig hinten ein wenig?
	B: =ja
JA: Habt ihr euch geholfen und geschaut füreinander?	JA: =hm (1.5) ähm: (2) einander ein wenig geholfen? (.) also füreinander ein wenig geschaut? (-) geschaut ob's grad eine Verkäuferinnen oder so?
	B: [nei]
	JA: [die] eine der anderen
B: Nein	B: (.) nein

Beispiel 26 (EVP 2): Einfluss der Rededauer auf die Protokollierungsleistung

Mit der Zunahme der Rededauer nahm hingegen der Umfang der (wörtlichen) Protokollierungen z. T. erheblich ab. Diese Feststellungen treffen insbesondere auf die jugendanwaltschaftlichen Einvernahmen bzw. Einvernahmeprotokolle zu. Die bei der Jugendanwaltschaft tätigen protokollführenden Personen sind nicht berufsmässig zur Protokollführung ausgebildet bzw. angestellt. Sie verfügen nicht notwendigerweise über eine langjährige Erfahrung in diesem Tätigkeitsfeld, weshalb sie vermeintlich nicht dazu in der Lage waren, längere Redebeiträge stets umfassend oder ausgedehnt wörtlich zu protokollieren.

Para- und nonverbale Merkmale (wie Gestik, Mimik, Körpersprache u. Ä.) wurden in der Regel nicht protokolliert. Vereinzelt befanden sich jedoch solche Hinweise in den Protokollen – so beispielsweise die Hinweise: «(Nickt.)» oder «(...fängt fast an zu heulen)». Deren Protokollierung lässt das Protokoll selbstredend lebendiger und emotionaler werden.[671] Sie stellen zudem eine authentische Protokollierung dar. Dennoch ist es schwierig, diese Merkmale vermehrt aufzunehmen, weil sie mitunter schwer zu beschreiben und gleichzeitig zu den sprachlichen Aussagen festzuhalten sind. Zugleich können sie die Einschätzung der Reue und Besserungsabsichten des beschuldigten Jugendlichen positiv beeinflussen und möglicherweise zu einer Strafmilderung führen, weil protokollierte nonverbale Bekundungen grundsätzlich glaubhaft wirken.[672]

Des Weiteren wurde insbesondere in den Protokollen der polizeilichen Einvernahmen auffällig oft auf eine wortwörtliche Protokollierung der entscheidenden oder wesentlichen Fragen und Antworten verzichtet. Die wichtigen Redebeiträge wurden mitunter zwar protokolliert, häufig erfolgte dies jedoch in einer abgeänderten, nicht aber wörtlichen Formulierung. Dies ist namentlich dem Grund geschuldet, dass die Kriminalkommissare sowohl das Protokoll als auch die Einvernahme selbst führen müssen (siehe Beispiel 27). Zugleich entsteht damit jedoch möglicherweise ein falscher Eindruck des beschuldigten Jugendlichen und eine zuverlässige Einschätzung wird erschwert.

Obgleich die relevanten bzw. entscheidenden Elemente der untersuchten Einvernahmen des Datenmaterials nicht stets wörtlich oder in einer wörtlich «übersetzten» Form protokolliert wurden, konnte festgestellt werden, dass entscheidende Aussageinhalte regelmässig zumindest sinngemäss erfasst wurden. Die protokollführenden Personen versuchten damit, die vermeintlich zentralen Inhalte der einzelnen Aussagen zu protokollieren.

671 Siehe Walker, 1990, 218 f.; Jönsson/Linell, 432; Capus/Stoll/Vieth, 233.
672 Capus/Stoll/Vieth, 243 m. w. H.

Einvernahmeprotokoll:	**Transkription:**
Frage: Wie hast du Kontakt mit ihm aufgenommen? Antwort: Ich habe andere gefragt, wo man sowas bekommt. Die sagten mir, ich solle zum Quartierhof gehen. Dort seien immer so Typen, die etwas verkaufen würden. «JQ» ist echt gross, dünn und hat eine Glatze. Ich glaube es ist ein Skin. Eine Nummer oder so habe ich nicht.	KK: (22) und wie hast denn Kontakt mit ihm aufgenommen? B: (-) joa also ich hab von ein paar Leute gefragt wo findet man das und so (--) jo kannst dort am Quartierhof gehen (-) dort hat's immer so Dealers (-) und ich hab so (.) der ist halt (.) echt gross und dünn (-) hat eine Glatze und: glaub das ist ein Skinhead oder so keine Ahnung (--) hab ihn mal drauf angesprochen (.) hast du vielleicht etwas (.) zum Rauchen und hat er gesagt jo (4) und die Nummer Kontakt hab ich nicht gehabt also

Beispiel 27 (EVP 8): Veränderte Darstellung der Sprachstile

Das Beispiel illustriert, dass diese Protokollierungsweise die Sprachstile des beschuldigten Jugendlichen und der einvernehmenden Person verändert. Die Aussagen werden nicht authentisch dargestellt. Damit kann ein falscher Eindruck des Sprachniveaus und Aussageverhaltens des Jugendlichen vermittelt werden. Möglicherweise wird der Beschuldigte sogar stärker an das Protokoll gebunden und ein allfälliger Widerruf erschwert, weil der Eindruck entsteht, die Aussage sei glaubhaft und in den Worten des Jugendlichen protokolliert worden.[673]

In den Protokollen des vorliegend untersuchten Datenmaterials wurde die wörtliche Protokollierung nicht erkennbar systematisch zur Erfüllung bestimmter Ziele eingesetzt.

In der Regel wurden keine (längeren) Gesprächspassagen wörtlich oder in der Originalsprache erfasst. Aufgrund der erwähnt beschränkten Protokollierungserfahrung der protokollführenden Personen in jugendanwaltschaftlichen Einvernahmen ist anzunehmen, dass sie in der gezielten Anwendung von wörtlichen Protokollierungen ungeübt sind.[674] Mutmasslich wurden deshalb Redebeiträge nicht wiederkehrend und offensichtlich wörtlich protokolliert.

Vielmehr war zu erkennen, dass die protokollführenden Personen bemüht waren, die Aussageinhalte in einer klaren, eindeutigen und korrekten Sprache im Protokoll niederzuschreiben. Damit wurde versucht,

673 Siehe auch Capus/Stoll/Vieth, 239 m. w. H.; hinten Abschnitt B. IV.

674 Siehe zum «Anwendungsbereich» von wörtlichen Protokollierungen, BSK StPO-Näpfli, N 9 zu Art. 78.

ein vermeintlich verständliches Protokoll zu verfassen und zudem einen kompetenten und guten Eindruck der Fähigkeiten und Bemühungen des Protokollierenden und Einvernehmenden zu hinterlassen. Dazu wurden die Gesprächsinhalte unterschiedlich umfassend wörtlich, wörtlich «übersetzt», sinngemäss und ergänzend protokolliert. Nachfolgend wird erläutert, welchen Veränderungen und Ergänzungen die Redebeiträge im Zuge der Protokollierung unterworfen sind.

IV. Auswertung im Hinblick auf Hypothese 3

1. Die Gestaltung der Lesbarkeit und Verständlichkeit der Protokolle

In den Protokollen der jugendanwaltschaftlichen Einvernahmen wurden insbesondere die Aussagen der beschuldigten Jugendlichen umformuliert, damit sie lesbarer und verständlich sind. Dazu wurden i. d. R. die Verzögerungs- und Rezeptionssignale, die Wortwiederholungen sowie die undeutlichen bzw. unverständlichen Redebeiträge weggelassen, weil sie das Lesen der Protokolle erschweren können. Zudem wurden die Aussagen vermehrt geglättet und ergänzt. Die protokollführenden Personen waren somit regelmässig darum bemüht, die Redebeiträge in einer korrekten Standardsprache zu protokollieren und die vermittelten Informationen präzise wiederzugeben. Die einzelnen Aussagen wurden vermehrt in der Form möglichst vollständiger und korrekter bzw. zusammenhängender Sätze protokolliert. Verschiedentlich wurden die Aussagen der beschuldigten Jugendlichen zudem ergänzt und umformuliert, weil die entsprechenden Fragen des Einvernehmenden oder die umrahmenden Redebeiträge nicht protokolliert wurden. Die Ergänzung und Umformulierung dienten folglich dazu, den Aussageinhalt logisch und verständlich darstellen zu können. Dementsprechend wurden die Redebeiträge so protokolliert, dass sie in Verbindung mit den restlichen Protokollinhalten nicht sprunghaft oder deplatziert wirkten.

Einvernahmeprotokoll:	Transkription:
B: Meine Mutter hat mich von der Schule abgeholt, dann gingen wir in die Kleiderhaus AG. Ich war in der Herrenabteilung, meine Mutteer in der Damenabteilung. Sie hat mir eine Jacke zum Geburtstag am 15. Juni geschenkt, aber die war zu klein. Dann habe ich eine Etikette umgetauscht, damit ich die andere Jacke wieder mit der Quittung zurückbringen kann. Ich habe aber nicht gesehen, dass diese CHF 20.00 billiger gewesen ist.	B: (-) ähm (.) ich war im Schule (-) und Mama hat mir geholt (-) und äh wir (-) wir wären ins Kleiderhaus AG (1) und ich äh (.) uhm (--) und ich war im:: Herrenstock (---) und [ehm] JA: [Herren] ja [abteilung] B: [Herrenabteilung] ja und die war im ähm ähm JA: (--) Damen[abteilung]? B: [Damen]abteilung (.) ja (-) und ähm sie hat mir einen (---) ein Jacke gekauft für mein Geburtstag im fünfzehnten Juni (---) aber dieses Jacke war zu klein (.) und ähm (.) nicht die Farbe wo ich wollt (--) und äh dann habe ich der eine ähm (-) eine Etikette die auf die (-) die auf dieses Jacke auf eine andere Jacke gemacht für (--) dieses Ticket brauchen (.) für die andere Jacke (-) wiederbringen (-) und dann äh (-) haben wir die Jacke ge =bezahlt (.) =aber äh =wir haben nicht gesehen dass zwanzig Franke (.) Differanz (.) war (.) und dann wer war wären wir ins Kleiderhaus AG (.) Büro und (-) so kam Polizei

Beispiel 28 (EVP 1): Gestaltung der Lesbarkeit von Einvernahmeprotokollen

Dieses Beispiel illustriert zutreffend, wie die etwas umständliche und teilweise undeutliche Aussage des beschuldigten Jugendlichen selektiv, modifiziert und ergänzend protokolliert wird.

Dieser Protokollierungsstil ist jedoch problematisch, weil vereinzelt erkennbar ist, dass die Aussagen unauthentisch bzw. modifiziert erfasst wurden. Namentlich wurden die Aussagen in den Einvernahmeprotokollen des Datenmaterials regelmässig in ein allzu sachliches Amtsdeutsch umformuliert.

Einvernahmeprotokoll:

Beschuldigter: Ich ging hinein. Ich bin dann in den unteren Stock. Ich sah dann zwei Spiele. Ich erinnerte mich dann an zwei Jungs, die ich in den Ferien im Urlaub getroffen habe. Sie haben mir erzählt, dass man bei Spielen die Etiketten austauschen kann. Daran erinnerte ich mich und wollte das auch ausprobieren. So habe ich zwei Spiele genommen und die Preise ausgetauscht.

Transkription:

B: (-) also ich bin reingegangen (--) und ähm (-) ich bin dann (-) also (--) in (-) also in Unterstock gegangen (.) und dann habe ich ähm zwei Spiele gesehen (--) und dann habe ich mich erinnert an so (1) Jungs (.) also (-) ich hab noch Kollegen sind äh im (.) Urlaub gewesen (-) dann haben sie halt so: (-) haben so (1) so etwas gesagt wie (-) dass sie so: ähm (---) Kleber ausgetauscht haben

JA: =h=hm

B: von (.) Etiketten und so (.) und dann habe ich mich an das erinnert (-) dann habe ich das auch mal wollen versuchen (-) und so hab auch mal ve wollen versuchen das zu machen (1) und dann habe ich ähm ein Spiel genommen und das (.) also (.) sind zwei Spiele gewesen

JA: =h=hm

B: =habe ich das teure und das weniger teure genommen (-) und habe beide Preise ausgetauscht

Beispiel 29 (EVP 4): Erkennbare Umformulierung von Redebeiträgen

Bei der Protokollierungsweise dieses Beispiels dürfte die zukünftige Leserschaft offensichtlich erkennen, dass es sich hierbei nicht um eine originäre bzw. authentische Protokollierung handelt. Von jugendlichen Beschuldigten und akzentuiert von sehr jungen Beschuldigten (im vorliegenden Beispiel handelte es sich um die Einvernahme eines 11-Jährigen) dürfte mutmasslich kein kraftvoller Aussagestil erwartet werden. Dementsprechend sollte vielmehr das vermehrte Auftreten von Wortwiederholungen, Verzögerungssignalen und Unsicherheitsmerkmalen vermutet werden.[675]

Es ist problematisch, wenn das Protokoll nicht erkennen lässt, dass die Redebeiträge modifiziert und ergänzt wurden. Eine Veränderung der Aussagen des Jugendlichen kann einen erheblichen Einfluss auf den vermittelten Eindruck des Jugendlichen und auf die Einschätzung seines Sprachniveaus haben. Die Aussagen wirken dann in der Folge u. U. sachlicher und weniger emotional, als sie eigentlich vorgetragen wurden. Im vorliegenden Datenmaterial konnte wiederholt beobachtet werden, dass Aussageinhalte modifiziert wurden, obgleich sie in

675 Siehe auch CAPUS, Vitogesetze, N 16; CAPUS/STOLL/VIETH, 239 u. 243.

der Einvernahme klar und gut verständlich vorgetragen wurden. Der Sprachstil und Eindruck des Jugendlichen werden dabei verfälscht und unauthentisch dargestellt.

Eine Protokollierungsweise, mit der die Aussagen geglättet und in einem kraftvollen Sprachstil erfasst werden, ist dazu geeignet, den Jugendlichen stärker an das Protokoll zu binden und einen allfälligen Widerruf zu erschweren.[676] Des Weiteren können klare und eindeutige Aussageinhalte im Protokoll die eingeschätzte Beteiligung des beschuldigten Jugendlichen sowie die Zuschreibung von Schuld verstärken.[677] Zudem kann die Zuschreibung von Glaubhaftigkeit beeinflusst werden.[678]

In den Protokollen der polizeilichen Einvernahmen fiel ebenfalls auf, dass die Sprachstile häufig möglichst klar, kohärent und sprachlich korrekt dargestellt wurden. Die Aussagen der beschuldigten Jugendlichen sowie die Fragen und Hinweise der Einvernehmenden wurden umformuliert und ergänzt, um lesbar und gut verständlich zu sein. Vermutlich waren die Kriminalpolizisten zudem dadurch bemüht, die Einvernahmesituationen als fair und die eigene Kompetenz und Objektivität möglichst positiv darzustellen. SCHEFFER hat bereits festgehalten, dass die Einschätzung der Fairness und Objektivität des Einvernehmenden namentlich positiv dadurch beeinflusst werden kann, dass ein sachlicher bzw. neutraler Befragungsstil (unter Weglassung von rhetorischen Fragen, Belustigungen, abschätzigen Äusserungen u. Ä.) festgehalten wird.[679]

Des Weiteren wird die Einschätzung der Kompetenz und Kontrolle des Einvernehmenden durch den Verzicht der Protokollierung von Verzögerungssignalen («äh», «euh» usw.), Formulierungsschwierigkeiten u. Ä. verstärkt.[680]

676 Siehe hierzu auch DONK, 89; SCHEFFER, 257 ff.; CAPUS, Vitogesetze, N 16; CAPUS/STOLL/VIETH, 243.

677 Vgl. DE KEIJSER ET AL., 626; JÖNSSON/LINELL, 436; CAPUS/STOLL/VIETH, 243.

678 Siehe LÉVY, 413 f.; SCHEFFER, 257 ff.; DE KEIJSER ET AL., 626; WALKER, 1990, 242; CAPUS/STOLL/VIETH, 239 u. 243.

679 SCHEFFER, 259 ff.; siehe auch die Ergebnisse von CAPUS/HOHL ZÜRCHER, 33 u. 35, wonach sich ein konfrontativer Befragungsstil im Protokoll negativ auf die Einschätzung der Kompetenz und Objektivität des Einvernehmenden auswirken kann.

680 Vgl. dazu WALKER, 1990, 242; CAPUS/STOLL/VIETH, 239.

Einvernahmeprotokoll:	**Transkription:**
	KK: (-) wieso nicht? (2) hast du eine Lese (-) schwierigkeit oder oder? B: (.) nein eigentlich nicht aber: KK: (-) macht du machst du's B: =es ist grad ein bisschen viel KK: =hm? B: es ist grad ein bisschen viel KK: (-) ja! (.) aber ein bisschen da musst du jetzt durch hm? (--) also (---) versuch's mal hm? (2) so ein bisschen mu (.) ein bisschen musst du schon lesen (2) ich hab's ja auch schreiben müssen oder?

Beispiel 30 (EVP 9): Verzicht auf die Protokollierung unneutraler Redebeiträge des Einvernehmenden

In diesem Beispiel wird auf die Protokollierung eines Teils des Einvernahmeinhaltes verzichtet. Dabei wird mitunter die etwas «trotzige» Reaktion des Kriminalisten auf die Aussage des beschuldigten Jugendlichen, dass er das Protokoll nicht vollständig durchlesen möchte, weggelassen.

Einvernahmeprotokoll:	**Transkription:**
	B: aber (.) aber warum wird eigentlich die Mühle weggenommen [ist verboten]? KK: [weil]'s ver: verboten (.) es ist [halt das Ding] B: [aber's wird ja] ver (.) es wird ja auch (.) im Laden [verkauft] KK: [ja das] verkaufen und: (.) dass heisst nicht dass man etwa wo: wo man darf verkaufen laut Gesetz (1) bei einem Schmetterlingsmesser ist es zum Beispiel etwas oder? B: =h=hm KK: (.) das verkaufen sie im den Waffengeschäften B: mh ja KK: =aber du dürftest es einfach nicht einmal kaufen und mitnehmen du dürftest es einfach ausser du hast Waffenvertrag ab (.) die re dürftest sagen das ist verboten und du dürftest es sag jetzt nicht einmal vom Laden heim nehmen (1.5) also

Beispiel 31 (EVP 8): Verzicht auf die Protokollierung von Zwischenfragen des Beschuldigten

In den polizeilichen Einvernahmeprotokollen konnte beobachtet werden, dass Zwischenfragen des Beschuldigten oder Zwischengespräche, welche keinen Zusammenhang mit dem unmittelbar behandelten Thema erkennen liessen, nicht protokolliert wurden (siehe Beispiel 31). Damit kann zugleich die Einschätzung der Kompetenz und Kontrolle des einvernehmenden Kriminalisten verstärkt werden, weil die Führung der Einvernahme zielgerichtet und stets durch den Kriminalisten geführt erscheint.

Einvernahmeprotokoll:

Frage: Woher hattest du das Betäubungsmittel?
Antwort: Beim Quartierhof.
Frage: Was hast du dafür bezahlt?

Antwort: Fr. 10.--.
Frage: Kennst du den Dealer?
Antwort: Kennen nicht. Einfach vom Sehen her.
Frage: Hast du schon mehrfach bei diesem Dealer gekauft?
Antwort: Mehrfach nicht. Ich glaube, es war das dritte Mal.
Frage: Wie heisst er?
Antwort: JQ. So nennt man ihn.
Frage: Wie hast du Kontakt mit ihm aufgenommen?

Transkription:

KK: (103) woher hast denn das?
B: (--) vom Quartierhof
KK: (59) was hast dafür gezahlt für zahlt?
B: (.) wie bitte?
KK: was hast gezahlt dafür?
B: =zehn Franken
KK: (18) kennst den Dealer?
B: (1.5) n kennen nicht aber: nur vom Sehen
KK: (31) hast du schon mehrfach bei dem gekauft?
B: (1) mehrfach nicht also ich glaub es ist das dritte Mal gewesen
KK: (44) wie heisst er denn?
B: (1) JQ (2) so nennt man ihn
KK: (22) und wie hast denn Kontakt mit ihm aufgenommen?

Beispiel 32 (EVP 8): Umformulierung von Redebeiträgen zur Verbesserung der Einschätzung von Kompetenz und Fairness des Einvernehmenden

In diesem Beispiel wurden die Fragen umgangssprachlich gestellt. Im Protokoll hingegen wirken die Redebeiträge des Kriminalisten deutlich sachlicher, was die Einschätzung seiner Kompetenz verbessert. Grundsätzlich wirkt es sich negativ auf die Einschätzung der einvernehmenden Person aus, wenn undeutliche Redebeiträge oder die in einem mangelhaften Sprachstil gestellten Fragen erfasst werden. Möglicherweise könnte damit der Eindruck entstehen die einvernommene Person sei schlecht befragt worden. Allenfalls wird die Beweiskraft des Protokolls geschwächt, wenn die zukünftige Leserschaft offensichtlich eine Modifikation der Einvernahmeinhalte erkennt bzw. annimmt.

Mutmasslich konnten die Kriminalkommissare – aufgrund ihrer Erfahrung – diese Merkmale bzw. Protokollierungsstile gezielter einsetzen als die protokollführenden Personen der jugendanwaltschaftlichen Einvernahmen. In den Protokollen der jugendanwaltschaftlichen Einvernahmen wurden die Fragen und Hinweise der einvernehmenden Personen ebenfalls modifiziert und ergänzt. Obgleich damit vereinzelt die Einschätzung der Kompetenz der einvernehmenden Personen verbessert wurde, dürften hingegen vielmehr die Leserfreundlichkeit und Verständlichkeit des Protokolls im Vordergrund gestanden haben.

2. *Die Verbindung von Fragen und Antworten*

Des Weiteren konnte beobachtet werden, dass die Aussagen der beschuldigten Jugendlichen mitunter modifiziert und ergänzt werden mussten, weil die entsprechenden Fragen oder Redebeiträge der einvernehmenden Person nicht erfasst wurden.

Einvernahmeprotokoll:	Transkription:
	JA: war ihnen egal? (.) hätten sie das: neben einer Verkäuferin gemacht?
A.F.: Ich hätte es schon nicht direkt neben einer Verkäuferin gemacht. Ich war gerade da bei den Jacken.	B: (-) mh nicht neben aber (-) keine ich habe nicht geschaut ob

Beispiel 33 (EVP 1): Modifikation und Ergänzung der Redebeiträge des Einvernommenen

Das Beispiel zeigt, wie die Antwort des beschuldigten Jugendlichen ergänzt wurde, indem die dazugehörige Frage integriert wurde.

Einleitend zu Teil 3 Abschnitt B. wurde bereits dargelegt, dass die Fragen der einvernehmenden Personen regelmässig aus den Protokollen weggelassen werden. Die Antworten der beschuldigten Jugendlichen werden wiederkehrend mit der Frage oder einem Teil der Frage zu einer Aussage verbunden. Vereinzelt wird diese Protokollierungsweise mit dem Hinweis «A.F.» verdeutlicht. Der Sprachstil und die Aussage des Jugendlichen werden damit verfälscht dargestellt. Mitunter werden dem Beschuldigten dabei die Wörter in den Mund gelegt, ohne dass dies verdeutlicht wird. Die zukünftige Leserschaft wird gezwungen, die Fragestellungen anhand der Antworten zu erschliessen.[681] Das kann zugleich erhebliche Fehlinterpretationen bewirken, weil es nicht mehr möglich ist, den tatsächlichen Gesprächsinhalt zu überprüfen.[682] Der Einfluss des Einvernehmenden auf die Antworten und Redebeiträge des beschuldigten Jugendlichen wird verdeckt.[683]

Es ist nicht offenkundig zu erkennen, ob die Aussagen spontan und eigenständig oder erst auf Nachfrage des Einvernehmenden erfolgten. Die Aussagebereitschaft der beschuldigten Person wird verdeckt, weil nicht ersichtlich ist, wie ausführlich sie tatsächlich aussagte. Es wird ein verfälschtes Bild des Jugendlichen festgehalten.

Zugleich kann mit dieser Protokollierungsweise ein bewusst positiver Eindruck des Aussagenden vermittelt und die Einschätzung der Kooperationsbereitschaft besser dargestellt werden.

Einvernahmeprotokoll:	Transkription:
JA: Wie seit ihr vorgegangen?	JA: =h=hm hm (.) und wie seid ihr da (.) vorgegangen in dem Laden innen?
B: Wir sind in der Kleiderhaus AG rumgelaufen. Wir haben Sachen unter dem Pullover und der Jacke versteckt.	B: (--) in der Kleiderhaus AG rumgelaufen JA: seid ihr rumgelaufen? (-) hm (---) und wie ist es gegangen? B: (--) sie hat dann: also (.) wir haben dann einfach die Sachen (.) unter dem (1) Pulli versteckt und (-) Jacke JA: (2.5) und wie wie habt ihr das gemacht?
A.F.: Wir nahmen z.B. ein Jäckli und haben es dann unter der Jacke versteckt.	B: (1.5) Jacke also ein (.) ein Jäckli genommen und dann (-) unter die Jacke JA: =unter der Jacke (.) versteckt? oder? [hm]? B: [ja]

Beispiel 34 (EVP 2): Zusammenhängende Protokollierung der Aussagen des Einvernommenen und Verzicht auf die Erfassung vereinzelter Fragen

In diesem Beispiel wird die erste Präzisierungsfrage der einvernehmenden Person nicht protokolliert. Zudem wird der Hinweis «A.F.» nicht verwendet. Damit wird die Interaktion verfälscht dargestellt und die Redebeiträge der Jugendanwaltschaft, welche zur Vollständigkeit der Aussage führten, bleiben verdeckt. Diese Protokollierungsweise

681 Scheffer, 254.

682 Vgl. Kolb, 98 f.; Serverin/Bruxelles, N 74; Capus/Stoll/Vieth, 238.

683 BSK StPO-Näpfli, N 12 f. zu Art. 78; siehe auch Bender/Nack/Treuer, N 1051 f.; Komter, 2002, 174.

kann jedoch mögliche kritische Fragen, Fragewiederholungen und Vorhalte, welche mitunter zur Aufdeckung von Missverständnissen oder Widersprüchen eingesetzt werden, verdecken. Damit kann zugleich der falsche Eindruck entstehen, die beschuldigte Person habe frei, selbstständig und ungestört aussagen können. Der vermittelte Eindruck ihrer Auskunftsbereitschaft wird u. U. positiv beeinflusst. Zudem wird dadurch die Einschätzung der Fairness der Einvernahme gestärkt.[684] Des Weiteren wird die Aussage bzw. das Protokoll gegen einen allfälligen Widerruf abgesichert, weil die Protokollinhalte dem Beschuldigten akzentuiert zugeschrieben werden. Die Aussagen wirken zwanglos und frei vorgetragen und scheinen in den Worten des Beschuldigten protokolliert worden zu sein.[685]

In den Einvernahmeprotokollen des Datenmaterials konnte beobachtet werden, dass es deutliche Unterschiede bezüglich der Verbindung von Fragen und Antworten zwischen den einzelnen Protokollen gab. Einigen protokollführenden Person gelang es häufig, die Antworten so zu protokollieren, dass der Wortlaut der Fragestellungen eindeutig zu erkennen bzw. zu vermuten war. Dazu mussten die Redebeiträge der Gesprächsteilnehmer jedoch mitunter stark modifiziert und ergänzt werden. Andere Protokollführer hingegen beherrschten diesen Protokollierungsstil mangelhaft. Dennoch verwendeten sie ihn – möglicherweise aus Gründen der Zeitersparnis – und nahmen hin, dass die Interaktion sowie die Aussagen und der Eindruck des beschuldigten Jugendlichen verfälscht dargestellt wurden.

3. *Der Einsatz bestimmter Protokollierungsstile zur Darstellung von Reue, Wiedergutmachung und Besserungsabsichten*

Die Protokollierung des moralischen Bewusstseins der beschuldigten Jugendlichen kann mitunter einen Einfluss auf die Strafzumessung oder Sanktionsart haben.[686] In Anbetracht der erzieherischen Ausrichtung der Jugendstrafverfahren ist es besonders relevant, festzustellen, ob der beschuldigte Jugendliche namentlich Besserungsabsichten und mithin eine Verhaltensveränderung signalisiert. Diese Einschätzungen

684 Vgl. Scheffer, 253 ff.; De Keijser et al., 624 f.

685 Siehe dazu Donk, 89; Scheffer, 257 f.; Capus/Stoll/Vieth, 239.

686 Siehe Capus/Stoll/Vieth, 243.

können sich auf den Umgang mit dem Jugendlichen und das weitere Vorgehen der Jugendstrafbehörden auswirken. Wie gesehen, werden moralisierende Fragen und die entsprechenden Antworten vereinzelt protokolliert. Bezüglich der Protokollierung von Besserungsabsichten, Reuebekundungen u. Ä. war eine ähnlich uneinheitliche Protokollierungsweise zu beobachten. Die Fragen und Antworten hierzu wurden nicht immer vollständig und eingehend protokolliert. Insbesondere war nicht ersichtlich, dass die protokollführenden Personen diese Elemente mehr als andere Aussageinhalte festhielten. Sie wurden nicht akzentuiert eingesetzt oder vermehrt erfasst, um ein bestimmtes Bild des Jugendlichen zu zeichnen oder das Protokoll zu beeinflussen. Vereinzelt führten die Glättung und Modifikation von Redebeiträgen der beschuldigten Jugendlichen jedoch zu einer Verbesserung der Einschätzung deren Einsichtigkeit und Kooperationsbereitschaft, wenn beispielsweise konfrontative oder defensive Elemente ausgelassen bzw. umformuliert wurden.

Des Weiteren wurden auch explizit Gesprächsinhalte protokolliert, welche sich konkret auf die Besserungsabsichten bezogen. Dabei war mitunter zu beobachten, dass die Redebeiträge des beschuldigten Jugendlichen modifiziert und ergänzt wurden, um aussagekräftiger und eindeutiger zu sein.

Einvernahmeprotokoll:	**Transkription:**
A.F.: Sonst kaufe ich es mir nicht. Ja mir ist mittlerweile klar, dass das Tauschen ein Fehler war. Ja ich wollte danach einfach die rote Jacke umtauschen.	B: (--) kaufe ich nicht JA: h=hm (---) h=hm (4.5) das ist ihnen klar =wenn man irgendetwas (.) eben Etiketten tauschen das ist für sie auch jetzt klar [dass] B: [ja] JA: =das ein Fehler ist B: =ja

Beispiel 35 (EVP 1): Ausdrückliche Formulierung der Besserungsabsichten des beschuldigten Jugendlichen

In diesem Beispiel ist auffällig, dass die protokollführende Person zum einen die Antworten der Beschuldigten mit den Fragen der einvernehmenden Person zu einer prägnanten Aussage verbindet. Zum anderen ergänzt sie die Antworten mit Elementen, welche nicht in der Einvernahme ausgesagt wurden. Damit sollen die Besserungsabsichten und die Reuebekundungen der Jugendlichen eindeutiger und umfassender dargestellt werden. Insgesamt ist die vorliegend gewählte Protokollierungsweise geeignet, einen positive(re)n Eindruck der Beschuldigten zu vermitteln. Der vermittelte Eindruck der beschuldigten Jugendlichen wäre bei einer authentischen und vollständigen Protokollierung der Fragen und Antworten sicherlich ein anderer gewesen.

Teil 4: Diskussion

Die empirische Untersuchung der vorliegenden Abhandlung hat aufgezeigt, wie sich die Protokollierungspraxis von Jugendstrafbehörden darstellt und welche Protokollierungsweisen (vermehrt) gewählt werden.

Zugleich konnten die zuvor formulierten Hypothesen[687] behandelt und anhand des Forschungsmaterials untersucht bzw. ausgeführt werden. Dabei wurde mitunter festgestellt, dass nicht alle Annahmen sich vollumfänglich bewahrheitet haben. Beispielsweise konnten keine Hinweise bzw. Belege für die Vermutung gefunden werden, dass die protokollführenden Personen versuchen würden vermehrt Inhalte in die Protokolle aufzunehmen, welche die Einschätzung der Schuld oder Verantwortung der beschuldigten Jugendlichen verstärken.[688]

Hingegen konnte bei der Auswertung der Einvernahmen des Datenmaterials festgestellt werden, dass die protokollführenden Personen regelmässig verschiedene Protokollstile miteinander verbanden. Mithin wurden die einzelnen Redebeiträge regelmässig umformuliert und ergänzt. Den beschuldigten Jugendlichen wurden auch Wörter in den Mund gelegt.[689]

Ferner wurden die Interaktionen i. d. R. in einer veränderten und unauthentischen Form dargestellt und die Sprachstile der einzelnen Personen modifiziert. Die Aussagen wurden regelmässig nicht wörtlich oder mindestens wörtlich «übersetzt» niedergeschrieben. Zudem wurden die ursprünglichen Reihenfolgen der ausgesagten Wörter verändert.[690] Die Protokolle liessen i. d. R. keine Rückschlüsse auf das Aussageniveau zu und erzeugten häufig ein verfremdetes Bild der beschuldigten Jugendlichen. Namentlich war im Protokoll der Einvernahme des fremdsprachigen beschuldigten Jugendlichen nicht zu erkennen, dass er häufig Schwierigkeiten hatte, sich korrekt auszudrücken.

687 Vorne Teil 3 Abschnitt A. II.

688 Siehe zu Hypothese 1 vorne Teil 3 Abschnitt A. II. 1.

689 Siehe insb. Hypothese 3 vorne Teil 3 Abschnitt A. II. 3. u. Abschnitt B. IV.

690 Vgl. Hypothese 2 vorne Teil 3 Abschnitt A. II. 2. u. Abschnitt B. III.

Die Aussageinhalte der vorliegenden Einvernahmen wurden regelmässig selektiv protokolliert, unter Aussparung von zum Teil zahlreichen Redebeiträgen. Dabei sind die ausgelassenen Inhalte der polizeilichen Einvernahmen nicht mehr rekonstruierbar, weil sie – entgegen den jugendanwaltschaftlichen Befragungen – nicht aufgezeichnet werden.

Insgesamt gehen eine bedeutende Anzahl an Aussagen des beschuldigten Jugendlichen und der Fragen der einvernehmenden Person bei der untersuchten Protokollierungspraxis verloren. Bei den weggelassenen Inhalten handelt es sich einerseits nicht immer um wesentliche oder entscheidende Gesprächsinhalte. Andererseits können diese Inhalte wichtige zusätzliche Hinweise über das Sprachniveau und allenfalls die Persönlichkeit des beschuldigten Jugendlichen sowie über die Führung der Einvernahme erbringen. Zudem ist bei einem Verzicht auf die Protokollierung von Aussageinhalten die Entstehung der Aussagen nicht transparent bzw. ersichtlich.

Die protokollführenden Personen waren regelmässig darum bemüht, die Aussagen sprachlich und grammatikalisch möglichst korrekt und die Protokolle leserlich zu gestalten. Damit nahmen sie jedoch teils starke Umformulierungen und Selektionen der Aussagen in Kauf.

Grundsätzlich ist es problematisch, wenn Einvernahmeinhalte fehlerhaft oder falsch protokolliert werden. Dabei wird zum einen ein fehlerhaftes Bild vom beschuldigten Jugendlichen erzeugt, zum anderen werden die relevanten und entscheidenden Informationen der Aussagen falsch und unvollständig erfasst. Mithin gingen vorliegend zahlreiche Elemente des Sachverhalts verloren und eine korrekte Reproduktion der Tathandlungen wurde erschwert bzw. verunmöglicht. Zudem können diese fehlenden Gesprächsinhalte i. d. R. nachträglich nicht wiederhergestellt werden. Eine jederzeitige Überprüfung ist dagegen nur in den Einvernahmen der Jugendanwaltschaft und des Jugendgerichts möglich, weil diese Einvernahmen aufgezeichnet wurden. Zugleich muss jedoch erst erkannt werden, dass Aussageinhalte bzw. Sachverhaltsbeschreibungen fehlen, da ansonsten die Aufnahmen möglicherweise gar nicht herangezogen werden.

Die Einvernahmeprotokolle sollten vorzugsweise erkennen lassen, dass es sich bei der einvernommenen Person um einen Jugendlichen handelt.[691] Dieser Umstand ist in den Protokollen des Datenmaterials nicht stets gegeben. Zugleich ist das Sprachniveau i. d. R. mithilfe des Protokolls nicht nachzuvollziehen, obgleich damit der zukünftigen Leserschaft möglicherweise ein zuverlässigeres Bild und ein zutreffender Eindruck des beschuldigten Jugendlichen hätte dargestellt werden können.

Des Weiteren wäre besonders zu Beginn der Einvernahme bzw. der Protokollierung darauf zu achten, dass die Aussageinhalte möglichst vollständig und wörtlich festgehalten werden. Vermutungsweise prägt der anfängliche Eindruck des beschuldigten Jugendlichen die Einschätzung der weiteren protokollierten Inhalte und lässt sich im Zuge der weitergeführten Lektüre nur schwer abändern.[692] Im vorliegenden Datenmaterial konnte jedoch häufig beobachtet werden, dass die Protokollleistung bereits zu Beginn der Einvernahme ungenügend ausfiel und namentlich das Sprachniveau stark verändert dargestellt wurde.

Mithin darf der Wortlaut der untersuchten Protokolle nicht überbewertet werden. Bei der Lektüre muss beachtet werden, dass die Schriftprotokolle es nicht vermochten, die Einvernahmen stets vorurteilsfrei, vollständig und wörtlich zu erfassen.

Die Untersuchung des Datenmaterials hat zudem ergeben, dass in den polizeilichen Einvernahmen – obgleich der längeren und umfassenden Protokollierungserfahrung der Beamten – i. d. R. weniger Aussageinhalte protokolliert wurden als in den Einvernahmen der Jugendanwaltschaft. Das ist mitunter darauf zurückzuführen, dass die Kriminalisten gleichzeitig die Protokollierung und die Befragung selbst führen müssen und ihre Protokollierungserfahrung damit nicht voll zur Geltung kommen kann. Es wurden teils längere Gesprächsinhalte weggelassen, weil sich die Kriminalisten intensiver auf die Aussagen der beschuldigten Jugendlichen konzentrieren mussten und die Protokollierung dabei unterbrachen. Damit war es ihnen vermehrt nicht möglich, die Einvernahmen umfassend und stets wörtlich zu protokollieren. Eine Tonaufzeichnung der polizeilichen Einvernahmen würde ein solches Defizit jedoch auch nicht beheben können. Es würde aber zumindest eine nachträgliche und zuverlässige Überprüfung des Einvernahmeinhalts ermöglichen.

691 Siehe Näpfli, 51 f. m. w. H.; Hauser, 189; Zweidler, Würdigung, 111 f.

692 Vgl. auch BSK StPO-Näpfli, N 17 zu Art. 78.

Vielmehr erscheint, dass der Beizug einer zusätzlichen Person zur Führung des Protokolls die Protokollierungsqualität der polizeilichen Einvernahmen verbessern kann. Dementsprechend wäre es wünschenswert, den Kriminalisten eine eigene protokollführende Person zur Seite zu stellen. Damit dürfte die Arbeit der Kriminalisten deutlich vereinfacht werden, weil sie die Protokollierung nicht zusätzlich zur Einvernahme führen müssten. Einschränkend ist zugleich festzuhalten, dass eine solche Vorgehensweise erhebliche Mehrkosten verursachen dürfte. Dementsprechend können insbesondere im Bereich der Bagatelldelinquenz die möglichen Einwände gegen die Notwendigkeit eines solchen finanziellen Aufwandes nicht gänzlich entkräftet werden.

Abschliessend ist zu beachten, dass es sich bei den protokollführenden Personen der Jugendanwaltschaft regelmässig nicht um ausgebildete Protokollführer handelte. Demzufolge wurden Personen mit der Erfüllung einer wichtigen Aufgabe betraut, welche mitunter nicht über das adäquate Hintergrundwissen und die Fertigkeiten verfügten, um sie korrekt und sachgerecht auszuführen.[693]

693 Siehe hierzu die Verbesserungsvorschläge von CAPUS, Vitogesetze, 9 f. m. w. H.

Schlussteil

Anhand der theoretischen Auseinandersetzung und der empirischen Untersuchung konnten interessante Erkenntnisse bezüglich der Protokollierung von Einvernahmen in Jugendstrafverfahren gewonnen werden. Insbesondere konnte aufgezeigt werden, dass und wie die StPO-Bestimmungen umgesetzt werden.

Mithin war insbesondere feststellbar, dass die protokollführenden Personen es nicht vermochten, die strengen Ansprüche und Anforderungen an die Schriftprotokolle[694] zu erfüllen.[695] Dementsprechend waren die untersuchten Einvernahmeprotokolle nicht stets vollständig, selektionslos und authentisch.[696] Dafür kann durchaus festgehalten werden, dass die Protokolle – aufgrund von grundsätzlich fairen und adäquaten Einvernahmen[697] – immerhin i. d. R. vorurteilsfrei (also objektiv) und mehrheitlich inhaltlich richtig waren.[698]

Zugleich war die Durchführung der Einvernahmen und Protokollierung weitestgehend mit den Vorschriften der StPO-Bestimmungen konform. Demzufolge wurden jedoch Protokollierungsweisen verwendet, welche nicht «jugendgerecht» sind und den Zielen und Grundsätzen des Jugendstrafverfahrens nicht entsprechen.

Die Protokollierung steht, auch in Jugendstrafverfahren, in einem Spannungsfeld zwischen dem Erfordernis, das Protokoll laufend während

694 Siehe dazu auch vorne Teil 2 Abschnitt A. II. u. Abschnitt A. III.; zu den Ansprüchen und Forderungen insb. Näpfli, Würdigung, N 2 u. N 8; Capus, Vitogesetze, N 2 u. N 15; Hauser, 185; Zweidler, Würdigung, 112; Eschenbach, 86.

695 Mithilfe eines Schriftprotokolls erscheint es ohnehin schwierig die Einvernahmen stets entsprechend den genannten Ansprüchen und Forderungen zu protokollieren. Zudem kann ein Schriftprotokoll nicht den unmittelbaren Eindruck einer persönlichen Begegnung mit dem Einvernommenen nachstellen; vgl. auch Donatsch, 325; Näpfli, 106; Hauser, 189.

696 Siehe vorne Teil 2 Abschnitt A. II.; vgl. Capus, Vitogesetze, N 2 u. N 15; Eschenbach, 86; Capus/Hohl Zürcher, 30 u. 35; ZR 1974, Nr. 77, 198.

697 Siehe hierzu auch Habschick, 444 f. u. 548 f.; Bender/Nack/Treuer, N 883ff.; Kaufmann, Unmittelbarkeitsprinzip, 122 f.

698 Vgl. Capus, Vitogesetze, N 2 u. N 15; Capus/Stoll, 204 u. 206 f.

der Einvernahme zu erstellen und es dabei möglichst umfassend bzw. vollständig und zugleich lesbar zu gestalten.[699] Erschwerend tritt bei den polizeilichen Einvernahmen hinzu, dass die einvernehmenden Beamten die Protokolle selbst führen müssen, was eine korrekte und umfassende Befragung sowie Protokollierung erschweren kann.

Des Weiteren haben alle (Jugend-)Strafbehörden (siehe Art. 6 und Art. 7 JStPO) stets die strafprozessualen Garantien einzuhalten (z. B. Anspruch auf rechtliches Gehör nach Art. 107 StPO, Beschleunigungsgebot nach Art. 5 StPO, Fairnessgebot usw.).[700] Das kann ebenfalls die Aufgabe der Protokollierung erschweren, weil damit z. B. akzentuierte Anforderungen an die Fairness der Fragestellungen und Protokollierung gestellt sind,[701] obgleich die Strafbehörden zugleich der umfassenden bzw. vollständigen Aufklärung des subjektiven und objektiven Sachverhalts nachgehen müssen.[702]

Zudem ist hervorzuheben, dass es grundsätzlich eine schwierige und anspruchsvolle Aufgabe darstellt, Einvernahmeprotokolle während der laufenden Einvernahme herzustellen, welche überdies hochwertig, umfassend und vorurteilsfrei sein sowie lesbar und übersichtlich formuliert werden sollen. Insofern wird von der protokollführende Person vorausgesetzt, dass sie stets die richtige Mischung aus wörtlicher und sinngemässer Protokollierung findet.[703] Erfüllen die Protokolle die hier genannten Anforderungen nicht, kann das die Einstufung als Beweismittel negativ beeinflussen.[704]

Dabei ist, wie gesehen, die Notwendigkeit, gute bzw. vollständige und vorurteilsfreie Protokolle zu erstellen, insbesondere für die polizeilichen Protokolle gegeben, weil die beschuldigten Jugendlichen nicht stets von der Untersuchungsbehörde, vor dem Erlass eines Jugendstrafbefehls, erneut einvernommen werden. Dementsprechend können mangelhafte polizeiliche Einvernahmeprotokolle negative Auswirkungen

---

699 Siehe auch CAPUS, Vitogesetze, 6 f. u. 10.

700 Siehe auch vorne Teil 1 Abschnitt A. II. 2. u. Abschnitt B. II.

701 Vgl. insb. WALDER, Fehler, 1106 ff. u. 1111 f.

702 Siehe insb. BSK StPO-SCHMUTZ, N 11 f. zu Art. 100; KRAUSS, 57 ff.; BSK JStPO-HEBEISEN, N 9 f. zu Art. 30; MURER, N 757 f.

703 Vgl. BSK StPO-NÄPFLI, N 8 zu Art. 78; CAPUS/STOLL/VIETH, 239 f.; HAUSER, 185.

704 Siehe auch CAPUS/STOLL/VIETH, 238 u. 241 f. m. w. H.; HAUSER, 184 f.

auf die Angemessenheit der ausgesprochenen Sanktion haben.[705] Das trifft akzentuiert zu, wenn zudem nicht erkannt wird, dass das Protokoll fehlerhaft ist. Die polizeilichen Einvernahmeprotokolle des vorliegenden Datenmaterials waren nicht umfangreich. Es wurden zahlreiche Redebeiträge weggelassen. Zudem wurden die Aussagen des beschuldigten Jugendlichen regelmässig umformuliert. Die entscheidenden bzw. wesentlichen Inhalte wurden zwar erfasst, jedoch nicht durchgängig wörtlich protokolliert.

Es konnte zudem angenommen werden, dass grundsätzlich alle protokollführenden Personen darum bemüht waren, zumindest die relevanten und vermeintlich wichtigen Aussageinhalte zu protokollieren. Diese Protokollierung gelang jedoch nicht häufig wörtlich oder in einer wortwörtlich übersetzten Form. Zudem wurde die Reihenfolge der ausgesagten Wörter dabei mitunter verändert.

Damit erscheint es grundsätzlich wünschenswert, sicherstellen zu können, dass die Fragen des Einvernehmenden möglichst umfassend und ausführlich erfasst werden. Wie gesehen,[706] kann das Fehlen der Redebeiträge der einvernehmenden Person erhebliche Verständnisschwierigkeiten des Protokolls nach sich ziehen. Zugleich belegen die Fragen mitunter den fairen Ablauf der Einvernahmen.[707] Dazu kann der Einsatz vorbereiteter und umfassender Fragenkataloge dienlich sein. Damit muss sich die protokollführende Person beispielsweise nunmehr auf die Aussagen des beschuldigten Jugendlichen konzentrieren und in der Lage sein, diese umfassender zu protokollieren. In diesem Sinne hält MARTI fest, dass die Verfahrensleitung bereits im Vorfeld der Einvernahme «die zu stellenden Fragen elektronisch» vorbereiten und der protokollführenden Person zustellen sollte. Dadurch kann unter Rücksicht des bereits Verfassten sofort mit der (möglichst umfangreichen) Protokollierung der Antworten begonnen werden.[708]

Zudem sollten – in Anbetracht der Grundsätze und der erzieherisch orientierten Ausrichtung des Jugendstrafverfahrens[709] – die Antworten der

705 Siehe dazu insb. JOSITSCH/MURER, 295 f.; AEBERSOLD, 85 ff. u. 109 f.; vgl. zudem CAPUS/ALBRECHT, 366.
706 Vorne Teil 2 Abschnitt B. III. 4.
707 Siehe auch BSK StPO-NÄPFLI, N 12 f. u. N 17 zu Art. 78.
708 Siehe MARTI, 95 f.
709 Vorne Teil 1 Abschnitt A.

beschuldigten Jugendlichen umfassender und häufig vollständig erfasst werden.[710] Obgleich eine wörtliche Protokollierung nicht stets gelingen kann und vorliegend nicht gelang, sollte doch zumindest gewährleistet sein, dass möglichst alle Aussageinhalte erfasst werden. Zugleich muss vermieden werden, den beschuldigten Jugendlichen Wörter in den Mund zu legen. In der Regel wurden solche Protokollierungsweisen in den Protokollen nicht deutlich gekennzeichnet, was dessen Interpretation und das vermittelte Bild des Jugendlichen verfälscht.

Insgesamt erscheint es in Jugendstrafverfahren akzentuiert wünschenswert, vermehrt Aussageinhalte wörtlich zu protokollieren. Eine umfassende wörtliche Protokollierung der Redebeiträge ist insbesondere im Hinblick auf eine korrekte und umfassende Erfassung des objektiven und subjektiven Sachverhalts äusserst dienlich.[711] Zudem ermöglicht eine wörtliche Protokollierung zuverlässig nachvollziehen zu können, was der einvernommene beschuldigte Jugendliche zum Ausdruck bringen wollte.[712] Aufgrund des noch beschränkten Ausdrucks- bzw. Sprachvermögens kann es hier durchaus auf den genauen Wortlaut der Aussage ankommen.[713]

Des Weiteren wird angeregt, dass die Aussagen der Beschuldigten nicht verändert, standardisiert oder formalisiert werden. Die Protokollierung muss stets «fair» sein und den Sprachstil bzw. das Sprachniveau des Jugendlichen nicht erheblich verfälschen, beispielsweise indem er «wie gedruckt» oder «geschwollen» zu sprechen scheint.[714] In Jugendstrafverfahren sind eine zuverlässige Wiedergabe der Ausdrucksweise und mithin ein möglichst authentischer Eindruck des Jugendlichen von erhöhter Bedeutung. In der Folge können sich diese Einschätzungen auf die Sanktionsart und die Strafzumessung auswirken, weil bei Jugendlichen die Reife und der Entwicklungsstand eine zentrale Rolle spielen,[715] zumal bei einem Verzicht auf die Protokollierung von Aussageinhalten

710 Siehe aber auch Art. 78 Abs. 3 StPO, wonach nur die entscheidenden Fragen und Antworten wörtlich zu erfassen sind; vorne Teil 2 Abschnitt B. III. 4.

711 Siehe auch Capus/Albrecht, 362.

712 Siehe insb. Kaufmann, 145 u. 148 f.; Habschick, 440 f.; Aebersold, 40 f.

713 Vgl. vorne Teil 1 Abschnitt A. I.

714 Siehe auch Haas/Ill, 7; Ackermann, 574 f.; BSK StPO-Näpfli, N 9 m. w. H. u. N 14 zu Art. 78.

715 Siehe Habschick, 570 u. 572 f.; Murer, N 19 f.; BSK JStPO-Hug/Schläfli, N 4 zu Art. 4; Jositsch/Murer, 295 f.

relevante und wichtige Informationen verloren gehen können, welche zu einem späteren Zeitpunkt u. U. nicht mehr rekonstruierbar sind.[716]

Überdies sollten jene Aussageinhalte, welche für den beschuldigten Jugendlichen wichtig erscheinen, aufgenommen werden – namentlich wenn er im Laufe der Einvernahme vermehrt Inhalte wiederholte und damit signalisiert, dass jener Sachverhalt o. Ä. für ihn von (erhöhter) Bedeutung ist.

Ferner wäre es zugleich wünschenswert, die polizeilichen Einvernahmeprotokolle nicht von den einvernehmenden Polizeibeamten, sondern von separaten protokollführenden Person verfassen zu lassen.

Zur Optimierung der schriftlichen Einvernahmeprotokolle des Vorverfahrens schlägt NÄPFLI den Einsatz unabhängiger und erfahrener Protokollführer vor. Insbesondere wird zur Untermalung dieses Arguments vorgebracht, dass eine Vorbefassung der protokollführenden Person mit dem Fall und der beschuldigten Person dadurch vermieden werden kann. Dadurch soll einer subjektiven Meinungsbildung möglichst entgegengewirkt werden.[717]

Ferner ist der Einsatz kaufmännisch ausgebildeter Personen denkbar, welche durch langjährige Berufserfahrung eine versierte Fingerfertigkeit vorweisen können und einzig und allein die Aufgabe innehätten, die Einvernahmen zu protokollieren.[718] Damit wäre zum einen sichergestellt, dass sich die einvernehmende Person vollständig auf das Durchführen der Einvernahme konzentrieren kann. Zum anderen könnten somit qualitativ hochwertigere Protokolle erstellt werden, weil eine erfahrene protokollführende Person es i. d. R. besser versteht, die Einvernahme umfassend und wörtlich bzw. authentisch zu erfassen.[719]

Zur Einhaltung dieser Anregungen wäre es zudem wünschenswert, die protokollführenden Personen besser und vertiefter in die «Kunst» des Protokollierens einzuführen.[720] Dabei sollte ihnen vermittelt werden, worauf sie bei ihrer Protokollierungstätigkeit achten müssen

716 Vgl. SCHMID, Handbuch, N 567; BENDER/NACK/TREUER, N 1045; NÄPFLI, 64 f.; CAPUS, Vitogesetze, N 17.

717 NÄPFLI, 127.

718 So auch CAPUS, Vitogesetze, 9 f. m. w. H.; HAAS/ILL, 12.

719 Vgl. CAPUS, Vitogesetze, 9; NÄPFLI, Würdigung, 5 u. 12; KOMTER, 2006, 208 u. 217; KOMTER, 2001, 390; WEIRICH, 1048.

720 Siehe auch HAUSER, 184 ff.; HAAS/ILL, 12.

und welche Auswirkungen bestimmte ungenügende Protokollierungsweisen nach sich ziehen können. Es sollte ihnen vermittelt werden, wie ein korrektes und umfassendes Protokoll zu erstellen ist und welche Aussageinhalte von erhöhter Bedeutung sind.

Zugleich ist von Seiten der Leserschaft sicherzustellen, dass sie die Wörter von Aussagen der vorausgegangenen Einvernahmen nicht auf «die Goldwaage» legt. Im Wissen, dass Einvernahmeprotokolle es i. d. R. nicht vermögen, die Redebeiträge stets originär und selektivlos zu erfassen, müssen sie vorsichtig interpretiert und gelesen werden[721] – auch dann, wenn das Einvernahmeprotokoll vom beschuldigten Jugendlichen unterzeichnet wurde.[722]

Bei der Umsetzung der StPO muss es den einzelnen Jugendstrafbehörden möglich sein, insofern vom Wortlaut der Protokollierungsbestimmungen abzuweichen,[723] dass sie entsprechend den Bedürfnissen und dem Entwicklungsstand (siehe Art. 4 JStPO) der beschuldigten Jugendlichen und der konkreten Einvernahmesituation umgesetzt werden können.[724] So wird namentlich dafür gehalten, dass die Untersuchungsbehörden (Art. 6 JStPO) – unter sinngemässer Anwendung von Art. 78bis StPO – auf die Kenntnisnahme und Unterzeichnung des Protokolls durch den einvernommenen Jugendlichen nach Abschluss der Einvernahme verzichten können. Die Unterschrift vermag, wie gesehen,[725] nicht grundsätzlich zu belegen, dass der beschuldigte Jugendliche keine Einwände gegen den Protokollinhalt hatte.[726] Dies dürfte i. d. R. akzentuiert bei sehr jungen Beschuldigten zutreffen, welche namentlich diese

721 Siehe Näpfli, Würdigung, N 62; Capus, Vitogesetze, 8; Capus/Stoll/Vieth, 227 f.

722 Vgl. BSK StPO-Näpfli, N 17 zu Art. 78; siehe vorne Teil 2 Abschnitt A. III. 2.

723 Vgl. Art. 3 Abs. 3 JStPO. Es wäre angebracht gewesen, für den Bereich der Protokollierung spezifische Regeln festzulegen, welche den Grundsätzen des Jugendstrafverfahrens sowie der Stellung und den Bedürfnissen der Jugendlichen umfassend Rechnung tragen; ähnlich Murer, N 272 ff. u. N 334 ff.

724 Vorne Teil 2 Abschnitt A. I.; eine solche Vorgehensweise dürfte unter Anwendung der Auslegungsregel von Art. 3 Abs. 3 i. V. m. Art. 4 JStPO grundsätzlich möglich sein; vgl. Murer, N 192 ff. u. N 202 f.; Brunner, N 4 zu Art. 3 u. N 2 zu Art. 4; BSK JStPO-Hug/Schläfli, N 4 zu Art. 4; Riedo, N 1429; siehe zudem BSK JStPO-Bürgin/Biaggi, N 24 u. N 27 Vor Art. 34–37.

725 Vorne Teil 2 Abschnitt B. III. 6.

726 Siehe dazu auch BSK StPO-Näpfli, N 14 u. N 17 zu Art. 78; Näpfli, 65; Pieth, 38.

Kontrollaufgabe aufgrund ihres Entwicklungsstands nicht sachgerecht durchführen können.[727] Minderjährige können mitunter den Inhalt fehlinterpretieren oder fürchten sich mehr als Erwachsene davor, Korrekturen zu verlangen.[728] Mithin muss offen bleiben, ob die Unterzeichnung des Einvernahmeprotokolls durch den beschuldigten Jugendlichen zwingend erfolgen soll, wenn zudem nicht zweifelsfrei festzustellen ist, ob er vernunftgemäss die Tragweite seiner Aussage und seiner Unterschrift abzusehen vermag.[729]

Im Ergebnis hängt es jedoch von der einzelnen Jugendstrafbehörde bzw. der protokollführenden Person ab, wie die Protokollbestimmungen umgesetzt bzw. ausgelegt und wie umfassend und wörtlich die Einvernahmeprotokolle tatsächlich verfasst werden, insbesondere weil bisher weder Rechtsprechung noch Lehre eindeutige bzw. umfassende Hinweise oder Anweisungen für die konkrete Protokollierung in Jugendstrafverfahren formuliert haben.[730]

Nach dem Gesagten wird an dieser Stelle zudem postuliert, dass die generalisierte Verwendung von Tonaufnahmen als äusserst sinnvoll erscheint. Zwar sind Einvernahmeprotokolle besser überblickbar und leichter zu «lesen» bzw. in Augenschein zu nehmen als Aufzeichnungen,[731] dennoch erscheint die Einführung von Aufnahmemöglichkeiten auf allen Verfahrensstufen angebracht.[732] Dabei ist deren Nutzen besonders in frühen Verfahrensstadien von grosser Bedeutung, weil die ersten Einvernahmen für das weitere Verfahren ausschlaggebend sein können.[733] Zudem werden frühere Protokolle bei späteren Einvernahmen

727 Siehe vorne Teil 1 Abschnitt A. u. Teil 2 Abschnitt A. III. 3.

728 Siehe dazu auch Steinberg, 468; BSK JStPO-Bürgin/Biaggi, N 10 f. Vor Art. 34–37, zur Einvernahme von Unter-15-Jährigen.

729 Vgl. auch BSK StPO-Engler, N 5 zu Art. 114.

730 Vgl. Habschick, 437 ff. u. 570; Ackermann, 574 f.; Artkämper/Schilling, 140; siehe auch BSK StPO-Näpfli, Kommentar, N 9 zu Art. 78 m. w. H.

731 Siehe Capus, 177 f.; Capus/Stoll, 214.

732 So Bender/Nack/Treuer, N 1103 u. N 1524, wonach vom Tonbandprotokoll «weitestgehend Gebrauch gemacht werden» sollte; weitergehend Kunz/Haas, 181, die festhalten, «Videoaufzeichnungen und allenfalls Audioaufzeichnungen sind der Protokollierung überlegen»; siehe auch Kaufmann, Unmittelbarkeitsprinzip, 135; Weder, 546 u. 553 f.

733 Daphinoff, 351; Bender/Nack/Treuer, N 1529; Weder, 547 f. u. 554; BSK StPO-Näpfli, N 17 zu Art. 78; siehe vorne Teil 2 Abschnitt A. III. 5. u. Abschnitt B. III. 1.; vgl. auch BGE 129 I 49 E. 6.1, wo das Bundesgericht festhielt, dass

stets herangezogen. Die Aussagen werden miteinander verglichen und allfällige Abweichungen werden dem Einvernommenen vorgehalten.[734] In diesem Zusammenhang erscheinen eine wörtliche Dokumentation und die Möglichkeit, den genauen Aussageinhalt sowie die Begleitumstände einer Aussage jederzeit zumindest überprüfen zu können, zentral.[735] Dies wird am besten mit der Tonaufnahme der Einvernahme zu erreichen sein.[736] Dementsprechend ermöglichen es die Aufzeichnungen, jederzeit zuverlässig überprüfen und nachvollziehen zu können, wie der tatsächliche Wortlaut und der genaue Ablauf der Einvernahme waren. Die Aufnahmen halten die Einvernahmen grundsätzlich vollständig, selektionslos und vorurteilsfrei fest.[737] Dementsprechend erscheinen sie als sinnvolle und erforderliche Ergänzung der Schriftprotokolle, weshalb es vorteilhaft ist, dass namentlich Art. 76 Abs. 4 StPO die Aufzeichnung von Verfahrenshandlungen zulässt.

Zugleich darf jedoch mit der Verwendung von Aufnahmegeräten nicht die Qualität der schriftlichen Einvernahmeprotokolle vernachlässigt werden, weil ansonsten möglicherweise mangelhafte Protokolle für die Entscheidgrundlage verwendet werden, wenn die Protokolle anstelle der Aufzeichnungen herangezogen werden.[738] Die Aufzeichnungen können nicht grundsätzlich als Ersatz für die Einvernahmeprotokolle dienen, sondern nur zur Ergänzung. Dementsprechend sind es weiterhin die Protokolle, welche vornehmlich von den Jugendstrafbehörden eingesetzt werden.[739]

Für eine sinnvolle und effiziente Verwendung von Aufzeichnungen können beispielsweise während der Einvernahme, im laufenden Protokoll, Zeitmarker eingeführt werden, welche auf die betreffenden Stellen in der Aufzeichnung verweisen. Damit wird es der zukünftigen

---

«höhere Anforderungen an die Dokumentation von Erstaussagen» zu stellen sind; siehe weiter DITTMANN, 33 u. 36.

734 Siehe CAPUS/STOLL/VIETH, 225 ff.; CAPUS/STOLL, 204; SCHMID, Handbuch, N 567; vorne Teil 2 Abschnitt A. III. 5.

735 Siehe auch DAPHINOFF, 350 f.; EGLI, 636 f.; BSK StPO-NÄPFLI, N 17 zu Art. 78; DITTMANN, 36; NÄPFLI 77 u. 79 f.

736 Vgl. NÄPFLI, 79; BENDER/NACK/TREUER, N 1055 u. N 1103.

737 Vgl. NÄPFLI, Würdigung, N 23 f.; NÄPFLI, 77 u. 79 f.; WEDER, 553 ff.; BENDER/NACK/TREUER, N 1103.

738 Siehe dazu auch CAPUS/STOLL, 214 und dort Fn. 71.

739 Vgl. CAPUS/STOLL, 214.

Leserschaft ermöglicht, die entsprechenden Textstellen in der Aufnahme zeitsparend und zuverlässig zu finden.[740]

Zum Schluss wird angeregt, dass weitere Forschung bezüglich der Protokollierung von Einvernahmen in Jugendstrafverfahren wünschenswert wäre. Wie gesehen, können mangelhafte Einvernahmeprotokolle schwerwiegende Auswirkungen auf die Zukunft der beschuldigten Jugendlichen nach sich ziehen, weshalb es wünschenswert wäre, weitere Verbesserungsvorschläge und -möglichkeiten vertieft zu erforschen.

740 Siehe auch BENDER/NACK/TREUER, N 1529.

Anhang 1. Das Gesprächsanalytische Transkriptionssystem Gat 1

(Selting et al. 1998)

Aufgeführt werden hier nur diejenigen Zeichen, welche effektiv im Rahmen der empirischen Untersuchung verwendet werden.

Die Namen der Beteiligten und anderen Person, sowie die genannten Örtlichkeiten, Daten usw. wurden stets anonymisiert. In der Regel wurden sie durch eine entsprechende Maskierung bzw. einen Decknamen ersetzt. Diese wurde möglichst konsistent ausgewählt, bei Personennamen wurden zufällige geschlechtszugehörige Frauen- oder Männernamen verwendet.

Die einzelnen Redebeiträge der Gesprächspartner werden durch entsprechende Namenskürzel kenntlich gemacht. Dabei steht „B" jeweils für Beschuldigte bzw. Beschuldigter, „JA" für Jugendanwaltschaft, „KK" für Kriminalkommissar, „GP" für Gerichtspräsident. Die Eltern der beschuldigten Person werden mit den Kürzeln „Mutter" und „Vater" ausgewiesen.

Die Transkripte werden – entsprechend der «literarischen Umschrift» – in genereller Kleinschrift erstellt. Großbuchstaben werden nur für Substantive verwendet. Es wird ebenfalls auf Interpunktionen und Apostrophierungen verzichtet, denn diese werden grundsätzlich für die Verdeutlichung von Pausen, Tonhöhen und Rezeptionssignalen verwendet.

Die einzelnen fremdsprachigen Aussagen werden in der Originalsprache, mit der deutschen Standardorthografie, transkribiert. Die Übersetzung wird in Klammern und kursiver Schrift im unmittelbaren Anschluss angefügt, z. B.: est-ce que t'a essayé de l'échanger *((NB: hast du versucht sie zu tauschen)).*

Basistranskript

Sequenzielle Struktur/ Verlaufsstruktur

[ ] [ ]	Überlappungen und Simultansprechen
=	schneller, unmittelbarer Anschluß neuer Beiträge oder Einheiten

Pausen

(.)	Mikropausen
(-), (--), (---)	kurze, mittlere, längere geschätzte Pausen von ca. 0.25–0.75 Sek.; bis zur Pausendauer von ca. 1 Sek.
(1.5)	geschätzte Pause in Sekunden; ab Pausendauer von ca. 1 Sek. Dauer

Sonstige segmentale Konventionen

:, ::, :::	Dehnung, Längung, je nach Dauer
Äh, ähm, mh, euh, euhm, etc.	Verzögerungssignale, sog. „gefüllte Pausen"

Rezeptionssignale

hm, uhm, ah, ha	einsilbige Signale
h=hm, uhum, aha	zweisilbige Signale
!	Belustigung, Irritation, Erstaunen oder Zweifel

Tonhöhenbewegung am Einheitenende

?	hoch steigend

Maskierungen

*	vorangehende Daten und Uhrzeiten sind anonymisiert

Sonstige Konventionen

((*weint*))	para-/ außersprachliche Handlungen/ Ereignisse
(unv.)	unverständliche Passage
(solche?)	vermuteter Wortlaut, nicht sicher rekonstruierbar
((…))	Auslassungen im Transkript

Anhang 2. Analysierte Transkripte und Protokolle

Einvernahmeprotokoll 1 (EVP 1):
Einvernehmende Behörde: Jugendanwaltschaft.
Protokollführende Person: Juristische Volontärin.
Alter des beschuldigten Jugendlichen im Zeitpunkt der Einvernahme: 17 Jahre.
Dauer des transkribierten Inhaltes: 11 Min. 3 Sek.
Relevanter Tatbestand: Urkundenfälschung (Art. 251 StGB).

Einvernahmeprotokoll:	**Transkription:**
Jugendanwaltschaft: Frank* Sie haben eine Preisetikette vertauscht. Können Sie mir erzählen wann das war? Beschuldigter: Es war an einem Donnerstag*	Jugendanwaltschaft: Preisetikette (-) vertauscht (.) es geht ja um das (.) wissen sie noch (.) wann das das ist gewesen? Beschuldigter: ja ein Donnerstag* JA: (-) an einem Donnerstag genau (.) Monat wissen sie das noch? (.) wann das in [etwa war?]
A.F.: Im Juni* JA: Ja am 20. Juni*. Können Sie mir sagen, was sie gemacht haben?	B: [ehm] Juni* JA: Juni (.) genau (.) es war am 20. Juni* (2) können sie mir jetzt nochmals kurz (-) äh erklären wie (-) was sie gemacht haben?
B: Meine Mutter hat mich von der Schule abgeholt, dann gingen wir in die Kleiderhaus AG*.	B: (-) ähm (.) ich war im Schule (-) und Mama hat mir geholt (-) und äh wir (-) wir wären ins Kleiderhaus AG*

Ich war in der Herrenabteilung, meine Mutteer in der Damenabteilung. Sie hat mir eine Jacke zum Geburtstag am 15. Juni* geschenkt, aber die war zu klein. Dann habe ich eine Etikette umgetauscht, damit ich die andere Jacke wieder mit der Quittung zurückbringen kann. Ich habe aber nicht gesehen, dass diese CHF 20.00 billiger gewesen ist.

(1) und ich äh (.) uhm (--) und ich war im:: Herrenstock (---) und [ehm]
JA: [Herren] ja [abteilung]
B: [Herrenabteilung] ja und die war im ähm ähm
JA: (--) Damen[abteilung]?
B: [Damen]abteilung (.) ja (-) und ähm sie hat mir einen (---) ein Jacke gekauft für mein Geburtstag im fünfzehnten Juni* (---) aber dieses Jacke war zu klein (.) und ähm (.) nicht die Farbe wo ich wollt (--) und äh dann habe ich der eine ähm (-) eine Etikette die auf die (-) die auf dieses Jacke auf eine andere Jacke gemacht für (--) dieses Ticket brauchen (.) für die andere Jacke (-) wiederbringen (-) und dann äh (-) haben wir die Jacke ge =bezahlt (.) =aber äh =wir haben nicht gesehen dass zwanzig Franke (.) Differanz (.) war (.) und dann wer war wären wir ins Kleiderhaus AG (.) Büro und (-) so kam Polizei
JA: =h=hm ist es bekannt geworden (1.5) ähm (.) ja sie haben eine Jacke bekommen von der Mutter geschenkt bekommen zum Geburts[tag]
B: [ja]
JA: (---) eine Rote?
B: (.) ja =in m
JA: =in [m]
B: [ja]

A.F.: Auch in der Kleiderhaus AG, die war zu klein und die Farbe gefiel mir nicht. Ja die Jacke war zu klein.	JA: hm und (-) dann =die war zu klein? B: =ja und die Farbe war nicht [so] JA: =[und sie] wollten eine andere Farbe? (--) und (-) die andere Farbe das (.) die war (.) grau die [Jacke]? B: [ja] [diese] JA: [=die sie wollten]? (.) das war diese Jacke? uhm B: aber war: auch zu klein (.) das ist l JA: =das ist l B: und die andere [war m]
JA: Haben Sie versucht diese Jacke zu tauschen?	JA: [die andere] war m (1.5) und dann (-) haben sie versucht die Jacke zu tauschen? (-) sie war ja zu klein B: (-) ja JA: (-) haben sie versucht [sie zu tauschen]? B: [ja] [tausch] Mutter: [est-ce que] est-ce que t'a essayé de l'échanger *((NB: hast du versucht sie zu tauschen))* B: ich hab (-) comment? ((*NB: wie?*)) JA: (-) haben sie versucht die Jacke zu tauschen? =zu (-) in die Kleiderhaus AG zu gehen und [zu sagen] B: [nein] [weil] JA: [die Jacke geht] mir nicht?

B: Nein, weil ich die Quittung also den Kassenzettel nicht mehr hatte. Deswegen brauchte ich eine Quittung einer roten Jacke.	B: =nein weil wir haben (-) nicht mehr nicht die Etiquetten die ts JA: =die Preisetique =also die Quittungen? B: =die Preis =ja Quittung und ähm Kassenzettel (.) ja haben wir keine JA: =Preis (---) Kassen (.) Kassenzettel? [ja] B: [ja und] ähm (-) [Preis] JA: [die] Etiquette? B: =[ja] JA: [hm] hatten sie nicht mehr? B: =ja so ich brauche eine Etiquette ein Etiquette aus dem (-) rote Jacke (-) [für] JA: [hm] B: diese rote Jacke (.) wieder [bringen]
JA: Diese Jacke stammte aus der Kleiderhaus AG?	JA: [hm] (1.5) ah und (---) da muss ich jetzt vielleicht sie fragen sie haben ihm ja die Jacke gekauft oder? (-) ähm und die stammte auch aus der Kleiderhaus AG?
B: Ja aber ich habe die Quittung nicht behalten. Und scheinbar hat die rote Jacke ein anderes Material, deswegen muss die teurer sein.	Mutter: (--) ich hab die ja ich habe die Kassenzettel nicht äh (.) nicht behalten weil ich dachte das ist ok (.) für die Jacke oder? (.) und eben weil das ist dasselbe Modell (-) und die Farbe ist anders (--) aber das Material ist leicht anders =drum gibt es 20 Franke: Unterschied JA: =h=hm (.) hm Mutter: [das habe] JA: [sie haben] auch nicht versucht (-) die Jacke (.) zu Fragen ob ob sie die Jacke umtauschen [können]?

A.F.: Nein ich habe nicht versucht diese umzutauschen. Nein die war auch aus der Kleiderhaus AG.	Mutter: [es steht] ja es steht ja äh äh ohne Kassenbon keine ä:hm keine::: Retour oder irgendsowas oder? JA: (-) hm Mutter: =überall also ich bin davon gegangen das geht gar nicht ohne: JA: (-) [hm] Mutter: [Quittung] JA: =h=hm (3.5) aber sie stammt aus der Kleiderhaus AG? (--) Kleiderhaus AG Olten*? Mutter: ja JA: oder aus einem anderen Geschäft? Mutter: =Kleiderhaus AG (.) Kleiderhaus AG
JA: Haben Sie gefunden das ist normal, was Sie machen?	JA: (--) h=hm (2) haben sie jetzt (1) gefunden das ist völlig normal was sie da machen oder? B: (-) [ni] JA: [wie] war das so für sie?
B: Vielleicht nicht normal aber auch nicht so schlimm. Ich habe ja nichts gestohlen.	B: nicht äh nicht normal (.) aber nicht so schlimm (1.5) ich seh das ist nicht von mir äh schlimm JA: (.) h=hm B: =nicht gut aber (2) ich habe nicht äh keine Sache gestohlen oder so
JA: Was ist eine Preisetikette für Sie?	JA: h=hm (1.5) aber (---) was ist eine Preisetikette für sie? (---) also da was angeschrieben ist =sie verstehen das (.) [Preisetikette]? B: [ja ja] JA: (-) was ist das? (1) für sie? B: (2) importante oder JA: (-) wichtig? [uhm]?

B: Es ist wichtig.	B: [wich]tig [ja]
JA: Was bedeutet sie und wer hängt die dran?	JA: [hm] (2) h=hm wer macht? wer =wer (.) wer =wer (---) wer hätt äh (--) was bedeutet eine Preisetikette? und von wem stammt sie? wer wer hängt die dran und [was bedeutet es]?
B: Kleiderhaus AG. Es bedeutet, dass etwas so viel kostet.	B: [der äh] Kleiderhaus AG JA: h=hm (1) und was bedeutet eine Etikette? B: (.) das ist so: und nicht anders JA: (-) bitte? B: =das ist nicht anders ist äh so (.) dieses Preis (.) keine anders Preis ja JA: h=hm (.) also diese Jacke kostet so viel? B: =ja
JA: Haben Sie sich umgeschaut, ob Sie beobachtet werden?	JA: =hm (--) ja (1.5) ähm haben sie geschaut ob jemand sie beobachtet? (-) oder äh? Vater: (---) si quelqu'un te surveillai *((NB: ob jemand dich beobachtete))*
B: Nein.	B: (-) hm nein (-) eigentlich nicht (.) n:ein JA: war ihnen egal? (.) hätten sie das: neben einer Verkäuferin gemacht?
A.F.: Ich hätte es schon nicht direkt neben einer Verkäuferin gemacht. Ich war gerade da bei den Jacken.	B: (-) mh nicht neben aber (-) keine ich habe nicht geschaut ob JA: h=hm hm (.) aber sie wären nicht gleich dort an den (.) bei der Kasse hingegangen und hätten die (.) die Etiquetten vertauscht? B: ne ich war (.) ge gerade äh wo die Jacke sind [zum]

JA: Diese Jacke war CHF 20.00 teuerer. Wie viel hatte die andere gekostet?	JA: [hm] haben sie das gemacht? h=hm (--) jetzt ist eben diese Jacke zwanzig Franken (-) teurer (.) als die Rote B: ja JA: =wussten sie wa (.) was die Jacke gekostet hat? B: (.) diese oder die andere? JA: (-) die andere
B: CHF 359.00, die andere CHF 379.00. Das habe ich erst nach dem Büro erfahren.	B: (.) äh (.) 359 Franken JA: (-) und diese? B: 379 JA: =ja und seit wann wissen sie das? B: (--) ja ich denke wir waren ins Kleiderhaus AG-Büro haben: sie gesagt JA: =dort nachher haben sie das erst erfahren? (.) haben sie vorher gewusst wie teuer die Jacke (.) war? (-) die Rote?
A.F.: Ich wusste den Preis von der grauen Jacke nicht. Ich habe das nicht nachgeschaut.	B: nein ich (.) ich äh ich wisse das Preis von die Rote aber nicht äh (.) die Preis von die Grau JA: (-) hm B: =ich hab gedenkt das ist die gleiche Preis JA: also sie wusst (.) sie haben gesehen den Grauen (-) wie sie die Jacke gesehen haben (-) aber haben nicht (--) aha =[doch] B: [ich] JA: =sie haben beide Preise gesehen (.) ja sie haben ja die die graue Jacke?

	B: (--) ja JA: (-) die ist a (.) ist aufgeha hangen mh? (.) und dann sind sie zu einer Roten gegangen B: (-) euh: nein ich habe äh die die (.) Quittung auf die Rote genehmt und hab ich auf die grau gemacht
JA: Sie hatten die graue Jacke und dann sind sie zu einer roten und haben da die Etikette genommen. Dann haben Sie die Preise doch gesehen?	JA: (--) ja aber (.) wie haben sie das mit dem? ja =sie hatten die graue Jacke (-) mh? (-) und die hatte den Preisetikette hm? B: ja JA: =und dann sind sie zu einer roten Jacke gegangen? (.) im Geschäft (-) und haben von der roten Jacke eine Preisetike =von einer Roten (-) eine Etikette genommen hm? B: ja JA: =und die an der grauen aufgehängt? B: (-) euhm JA: =befestigt hm? an der grauen Jacke B: ja JA: hm so (-) und da ist ihnen nicht aufgefallen dass die Preise nicht gleich sind?
B: Ich habe die Etikette der roten Jacke an die graue Jacke gemacht.	B: =ich habe den den Quittung auf den grauen abgehängt und dann habe ich ein rote (-) euhm eine Quittung von den roten (.) abgemacht aber die Quittung von den graue hab ich euh gewerft JA: hm hm (--) die haben sie weg? =was haben sie mit der gemacht?

A.F.: Ich habe das andere Preisschild auf den Boden geworfen, glaube ich.	B: (-) euhm (--) keine euhm (.) am am Boden glaube ich oder am (.) in den Schrank
JA: Was denken Sie über das Ganze?	JA: (-) h=hm (2) h=hm (3.5) was denken sie heute über das Ganze?
B: Es war nicht gut. Ich werde das nicht mehr machen. Ich habe so etwas auch noch nie gemacht.	B: (2.5) mh nicht gut (1.5) werde ich nicht machen (1.5) ich (-) ich mach (-) ich möchte jetzt nicht mehr das machen JA: (--) sie würden das nicht mehr machen? B: =nein sicher nicht JA: h=hm hm B: ich im ähm (1.5) comment on dit jamais? *((NB: wie sagt man nie))* JA: nie B: =nie (.) ich habe nie äh (-) so etwas gemacht äh wie etwas gestohlt oder so JA: es ist nie irgendetwas? B: =nein ich habe [noch] JA: [es sind] nie Vorfälle gewesen? (.) in Frankreich*? =bei [uns] B: [nein] JA: =in Olten* ist ist [nichts] B: [auch nichts] [in Frankreich] JA: [nichts gewesen]
A.F.: In Frankreich hatte ich auch noch nie Probleme mit der Polizei.	B: [kein] Problem mit dem Polizei oder so in Frankreich (.) nicht in Deutschland*

JA: Wenn Sie etwas sehen, was ihnen gefällt aber ihr Taschengeld dafür nicht ausreicht, was machen Sie dann?	JA: =hm hm (-) wenn man irgendetwas äh (.) sieht das einem gefällt aber (.) das Taschengeld reicht nicht aus? (---) wenn sie irgendetwas sehen was was ihnen gefällt (-) aber ihr (-) Taschengeld (.) reicht nicht aus sie haben kein Geld beispielsweise aber möchten irgendetwas (.) Kleider (-) sonst irgendetwas B: [ich] JA: [was was machen] sie?
B: Dann Frage ich Freunde oder meine Eltern, ob sie mir Geld leihen können.	B: =ich frage Freunde oder äh Mutti oder Grossmutter oder (-) Vater Grossvater JA: =hm und wenn die sagen nein?
A.F.: Sonst kaufe ich es mir nicht. Ja mir ist mittlerweile klar, dass das Tauschen ein Fehler war. Ja ich wollte danach einfach die rote Jacke umtauschen.	B: (--) kaufe ich nicht JA: h=hm (---) h=hm (4.5) das ist ihnen klar =wenn man irgendetwas (.) eben Etiketten tauschen das ist für sie auch jetzt klar [dass] B: [ja] JA: =das ein Fehler ist B: =ja JA: (3) und das ganze war (.) sie wollten damit (.) eben eine Quittung haben damit sie dann die rote Jacke (.) umtauschen können? B: (1) ähm JA: sie wollen die ro sie wollten die rote Jacke umtauschen hm? (.) [später] B: [ja]

	JA: =wenn's gelungen wäre, wenn das jetzt (-) wenn niemand das gemerkt hätte (.) hätten sie die rote Jacke umgetauscht? B: =mh
JA: Möchten Sie auch etwas dazu sagen?	JA: h=hm (2.5) Frau Petersen* möchten sie sich auch noch kurz zu der ganzen Sache äussern? (--) oder möchten sie dazu (-) nichts mehr sagen?

Einvernahmeprotokoll 2 (EVP 2):
Einvernehmende Behörde: Jugendanwaltschaft.
Protokollführende Person: Juristische Volontärin.
Alter der beschuldigten Jugendlichen im Zeitpunkt der Einvernahme: 15 Jahre.
Dauer des transkribierten Inhaltes: 16 Min. 12 Sek.
Relevanter Tatbestand: Diebstahl (Art. 139 StGB).

Einvernahmeprotokoll:	**Transkription:**
Rechtsbelehrung an die beschuldigte Person	
Hinweis: Dir sind deine Rechte bereits bekannt gegeben worden. Hast Du dazu noch Fragen?	Jugendanwaltschaft: bevor wir jetzt noch anfangen Andrea* (--) ähm dir ist mal (-) gesagt worden du hast gewisse Rechte (-) in dem in dem Verfahren (-) kennst du die [noch]?
Antwort: Nein	Beschuldigte: [h=hm] ja
(Ladendiebstahl vom 05.04.2009* bei Kleiderhaus AG*) Jugendanwaltschaft: Es geht hier um einen Ladendiebstahl, weißt du noch wann dies war? Beschuldigte: An einem Mittwoch*.	JA: (-) ähm (.) einfach dass du weisst dass das für heute noch (.) auch gilt (-) möchtest das nochmals lesen oder äh: (.) ist klar? (1) gut also jetzt können wir anfangen (2) Ladendiebstahl (-) weisst du noch wann das gewesen ist? hast du noch eine (.) Ahnung (.) wann ungefähr:? B: (--) an einem Mittwoch* JA: (.) an einem Mittwoch genau (---) in welchem Monat weisst das noch? (1) ist es [das]

A.F.: Ich denke es war im März*. JA: Es war anfangs April*. Erinnern kannst du dich noch? In welchem Laden war es?	B: [im] März* JA: (.) es ist (.) grad anfangs April* gewesen (-) [es ist] B: [ah] fünfter April JA: =fünfter April (-) ist es (.) ist es gewesen =das spielt nicht so eine Rolle (---) aber einfach dass no ähm (-) dass du noch so (.) dass du schon noch (.) dich daran magst erinnern oder? (--) nehme ich an (.) in welchem Laden ist es gewesen?
B: Ja, in der Kleiderhaus AG. JA: Wie kam es dazu?	B: =Kleiderhaus AG* JA: =Kleiderhaus AG (--) gut (.) verzähle mir doch noch mal (-) wie ist es dazu gekommen?
B: Ich hatte noch viel Zeit vor dem Training und habe mit Petra* abgemacht. Wir haben uns getroffen und hatten mehr als 30 Minuten Zeit und kamen auf die Idee.	B: (2) jo ich habe noch (.) sehr viel Zeit gehabt (-) vor dem Training JA: (.) h=hm B: (1) habe: mit der Petra* wollen abmachen JA: h=hm B: (-) haben wir uns am Turm* getroffen (--) und haben wir (-) eine halbe Stunde (-) oder mehr (.) Zeit gehabt JA: (-) h=hm B: (-) und sind wir so auf die Idee gekommen JA: (1) h=hm =auf was für eine Idee seid ihr gekommen?

A.F.: Die Idee war in der Stadt rum zu laufen um Zeit zu verlieren und gingen dann in die Kleiderhaus AG.	B: also zuerst einmal in der Stadt rumzulaufen JA: =[hm] B: [zum] ein bisschen Zeit (-) verlieren JA: h=hm B: (1.5) dann (-) sind wir in die Kleiderhaus AG JA: (-) in die Kleiderhaus AG h=hm (1) und warum seid ihr in die Kleiderhaus AG?
JA: Warum gingt ihr in die Kleiderhaus AG? Um zu «muggen»?	JA: (-) in die Kleiderhaus AG h=hm (1) und warum seid ihr in die Kleiderhaus AG? B: (1) hm JA: (1) schon gedacht man könnte vielleicht etwas mugge? B: (1.5) nö JA: =hm? (.) das hast habt ihr schon vorher (.) besprochen gehabt?
B: Nicht so wirklich. Sie sagte, komm wir gehen in die Kleiderhaus AG und machte so einen Blick und es war klar für mich.	B: (1) jo aber nicht so wirklich JA: (.) hm wie ist es de wie muss ich mir's so ein wenig vorstellen? B: (1.5) mir hat sie gesagt komm wir gehen in die Kleiderhaus AG und hat dann so ein Blick gemacht und dann (.) ist mir klar gewesen JA: =ist für dich klar gewesen? (.) das muss (-) oder was genau ist klar gewesen?

A.F.: Es war klar, dass wir klauen.	B: (---) da dass wir werden (.) klauen
JA: Was wolltet ihr klauen?	JA: hm (1) und was habt ihr wollen nehmen?
B: Was uns gefällt.	B: (1) mh (---) was uns: (.) gefällt
JA: Wie seit ihr vorgegangen?	JA: =h=hm hm (.) und wie seid ihr da (.) vorgegangen in dem Laden innen?
B: Wir sind in der Kleiderhaus AG rumgelaufen. Wir haben Sachen unter dem Pullover und der Jacke versteckt.	B: (--) in der Kleiderhaus AG rumgelaufen JA: seid ihr rumgelaufen? (-) hm (---) und wie ist es gegangen? B: (--) sie hat dann: also (.) wir haben dann einfach die Sachen (.) unter dem (1) Pulli versteckt und (-) Jacke JA: (2.5) und wie wie habt ihr das gemacht?
A.F.: Wir nahmen z. B. ein Jäckli und haben es dann unter der Jacke versteckt.	B: (1.5) Jacke also ein (.) ein Jäckli genommen und dann (-) unter die Jacke JA: =unter der Jacke (.) versteckt? oder? [hm]? B: [ja]
JA: Habt ihr geschaut ob euch jemand beobachtet?	JA: irgendwie noch ein wenig habt ihr (.) habt ihr geschaut ob irgend jemand zuschaut?
B: Nein nicht wirklich.	B: (---) nicht wirklich
JA: Hattest du Angst erwischt zu werden?	JA: =nicht wirklich? (-) hast nicht Angst gehabt du wirst erwischt?
B: Ein bisschen.	B: (--) mh das schon
JA: Und du hast nicht geschaut, dass dies nicht passiert?	JA: =das schon? (3) und und was hast (--) dann =nehme ich schon an dass du ein wenig geschaut hast dass: nicht grad passiert (.) oder?

B: Ich habe nur ein bisschen geschaut.	B: (1) nicht so fest (1.5) ich habe schon (.) ein bisschen geschaut aber JA: =was hast geschaut? B: (---) ob mich keiner sieht JA: =hm (1.5) wo die Verkäufer sind die Verkäuferinnen sind?
A.F.: Ja, wo die Verkäufer sind. JA: Der Detektiv beobachtete euch. Er sagte, ihr gingt hinter ein Regal und nahmt Sachen auf den Arm. Dann sah er nicht mehr was ihr macht und kamt ohne Ware wieder hervor.	B: [ja] JA: [hm] (2.5) also ein: (.) Detektiv hat euch beobachtet (1) und der hat so gesagt äh (.) dass ihr (1.5) so ein wenig hinter ein Regal seid gegangen (--) Sachen so genommen (.) also auch so in die Arme genommen habt und dann so ein wenig hinter ein Regal (---) und es und nachher (---) hat er nicht gesehen was ihr macht und dann wieder vorgekommen ohne (.) ohne Ware
B: Kann möglich sein. JA: Warum weißt du das nicht? B: Es war nicht so ein Regal. So bisschen wie ein Tischchen. A.F.: Schon so ein bisschen hinten.	B: (3.5) mh kann möglich sein JA: (1) hm (--) warum weisst jetzt das nicht? B: (--) wir sind (-) wir sind ja also (.) nicht so ein Regal gewesen ist einfach (.) JA: h=hm B: (-) ist halt wie ein Tischchen gewesen JA: mh einfach so ein wenig hinten ein wenig? B: =ja
JA: Habt ihr euch geholfen und geschaut füreinander?	JA: =hm (1.5) ähm: (2) einander ein wenig geholfen? (.) also füreinander ein wenig geschaut? (-) geschaut ob's grad eine Verkäuferinnen oder so? B: [nei] JA: [die] eine der anderen

B: Nein JA: Das sagt nämlich Petra.	B: (.) nein JA: =das sagt Petra schon ein wenig (.) habt schon ein wenig geschaut
B: Wir trennten uns in der Kleiderhaus AG.	B: (--) wir haben uns in der Kleiderhaus AG getrennt
JA: Wie lief es denn ab, ich war ja nicht dabei. Wie war es?	JA: (.) hm (-) wie ist es wie wie ist es denn gegangen? =weisst ich bin ja nicht dabei gewesen drum frag ich auch ein wenig (.) so was wie mir das ein wenig kann vorstellen (.) wie's ist (.) wie's ist gewesen (---) wie ist es (---) gewesen (.) wie getrennt?
B: Sie lief nach vorne und ging «hoch» in die Mädchenabteilung. Ich blieb bei den Hosen stehen, sie ging zum Schmuck und so. Wir trafen uns irgendwann wieder und haben rumgeguckt.	B: (-) sie ist vorgelaufen (.) hoch also (--) ja in die Mädchenabteilung (.) und ich bin grad dort bei (-) bei den Hosen stehen geblieben und hab rumgeschaut (.) sie ist dann weiter zum Schmuck und so JA: (--) hm B: =und dann irgendwann habe ich sie wieder gesehen (.) haben zusammen (--) äh (--) rumgeschaut JA: hm (1.5) du bist aber dann auch noch zum Schmuck oder?
A.F.: Ja ich ging auch zum Schmuck. JA: Hab ihr geguckt ob die Waren Diebstahlssicherungen haben?	B: hm JA: hm (1) ähm: (--) ein bisschen geschaut wegen (.) Diebstahls: (-) weg äh sicherungen (--) von der Kleidung?
B: Ja. JA: Wie ging es weiter?	B: (-) ja JA: das hast schon geschaut (-) hm (2) wie ist es weiter gegangen?

B: Wir sind beim Hinterausgang raus und sahen, dass der 13er* kommt und sind gerannt und bis zum Platz* gefahren. Dort hat der Typ uns angehalten.	B: (2) dann sind wir (.) beim Hinterausgang raus (--) JA: hm B: (1) und dann haben wir gesehen dass der 13er* grad kommt (-) JA: hm B: sind wir auf 13 zum 13er gerannt (-) und bis Platz* gefahren (---) und dann hat er (-) uns dort angehalten
JA: Was hast du genommen? B: Zwei Jäckli, Leggins und Ringe. Mehr nicht.	JA: (-) was hast du genommen gehabt? B: (1.5) uhm (---) zwei Jäckli JA: (1) h=hm B: (---) und eine Leggins (-) und ein Ring (.) also den Ring zu (.) zuerst JA: ein Ring hm (1) zwei Jäckli (1.5) Leggins B: =ah jo Leggins (-) genau (---) und dann mehr nicht
JA: Hier steht Hemden, ist dass das was du Jäckli nennst. B: Ja. JA: (*Zeigt Cardigan*) Wurde das auch genommen?	JA: (1) jetzt hier steht Hemden? (-) zwei mal Hemden (.) sind dass das was du Jäckli nennst? B: ja JA: (---) hm (2) das da Jäckli (-) hast ja auch noch gehabt (.) ist das jetzt auch noch eines von denen wo du gestohlen hast?
B: Nein, das habe ich schon länger.	B: nein (.) das das habe ich schon lange JA: das hast länger schon? B: (-) hm JA: das können sie bestätigen? *((an die Mutter))*

Mutter: Das kann ich bestätigen. Sie war auch ein bisschen enttäuscht, dass dies weg kam.	Mutter: hm =da ist sie auch so ein wenig enttäuscht gewesen (.) und dann habe ich gesagt ja schau (-) bist selbst schuld ((*lacht*)) JA: =hm (-) das ist schon länger her? Mutter: =da musst du überhaupt nicht enttäuscht sein ((*lacht*)) JA: =hm (.) [und sie hat das einfach (.) in der Tasche gehabt]? Mutter: [das hat halt der Papi (.) gekauft oder] JA: halt deine hm? hm hm Mutter: =und sie (.) ja: das ist mein Jäckli gewesen und dann hab ich gesagt jo (-) JA: =hm Mutter: =bist halt jetzt erwischt worden (.) selber Schuld
JA: Um dies zu klären sind wir heute auch da. Dann bist du beim Platz gewesen. Der Detektiv hat die Polizei gerufen. Wie ist es abgelaufen?	JA: =hm (--) also das ist (.) wegen dem sind wir jetzt heute auch da zum klären eben das nochmal (.) richtig zu klären (1) eben dann bist dort (.) ähm (1) beim Platz? (---) der Detektiv gell? (.) jemand ist (.) ein Mann ist euch nach? (.) und hat die Polizei gerufen? B: hm JA: hm (-) und wie ist es dann gegangen?

B: Er hat uns, also vor allem mich, gepackt und an die Wand gedrückt. Dann ist die Polizei gekommen.	B: (1) er hat uns gepackt =also vor allem mich und die Jacke (.) und hat mich an die Wand (.) so gedrückt JA: hm B: (1) denn JA: (---) dann ist Polizei gekommen? [uhm] B: [ja]
JA: Wie hast du auf die Polizei reagiert?	JA: =was wie hast (.) wie hast du reagiert (.) mit der Polizei?
B: Keine Ahnung wie ich es beschreiben kann.	B: (1.5) hm (.) hm (.) wie so (.) keine Ahnung also (1.5) was soll ich sagen?
JA: Wusstest du warum du kontrolliert wirst?	JA: (4.5) hast du gewusst gehabt wegen was du kontrolliert wirst?
B: Ja.	B: =ja
JA: Hast du dies auch gerade gesagt?	JA: =wegen (.) wegen (.) dem Stehlen hm? (-) hast du gesagt ja (.) ich hab gestohlen?
B: Nein, ich habe zuerst gelogen.	B: =ne (.) ich habe erst gelogen
JA: *(Liest Aussage des Polizeirapports vom 5.4.2009, S. 4 vor).* Das stimmt mit der Hosenhaus AG*, dass du da vor zwei Tagen erwischt wurdest?	JA: =hm (--) hm hast zuerst abgestritten? (-) hm (1.5) vor der (.) vo =es heisst da vor der (.) groben Kleiderdurchsuchung (--) hast du gesagt (.) dass ihr seid einfach in die Kleiderhaus AG (2.5) äh dann habt ihr euch im Laden getrennt ob Petra etwas geklaut hat weiss ich nicht *((JA liest aus dem Polizeirapport vor))* aber du hättest nichts genommen (--) ich wurde vor zwei Tagen beim klauen erwischt (-) das war mir eine Lehre *((JA liest aus dem Polizeirapport vor))* =hast du gesagt gehabt (1) hm? (1) das stimmt?

B: *(Nickt.)*	B: (.) h=hm
JA: Warum hast du versucht dich rauszureden?	JA: =also es stimmt (.) dass du das (.) so hast gesagt? (.) und au es stimmt auch dass du (-) zwei Tage vorher erwischt bist worden? (-) hm (1.5) warum hast (1) hast das: versucht (.) dich rauszuschwätzen?
B: Ich wollte nicht dass meine Mutter wieder kommt und enttäuscht wird.	B: (1) mh ja (.) ich habe mir gedacht weil wie also (--) ich habe nicht wollen dass euhm (---) meine Mama dann wieder kommt und dann wieder so enttäuscht wird
JA: Ging es auch darum, dass du die Sachen behalten kannst, wenn du nicht erwischt wirst?	JA: (.) hm (-) und ist es dir auch ein wenig drum gegangen (.) dass du die Sachen halt auch ein wenig kannst behalten? B: (---) wie? JA: als also wenn sie dich nicht hätten erwischt (.) also da nachher (-) äh dann hättest eben müssen die Sachen nicht zurückgeben B: (.) hm JA: ist es dir um das auch ein wenig gegangen? (--) oder mehr: wegen der Mami wo enttäuscht [ist]?
B: Auch ein bisschen. Es war mehr wegen meiner Mutter.	B: [beides] aber mehr wegen der Mami
JA: Ist das schon häufiger vorgekommen bei günstigen Gelegenheiten zu «muggen»?	JA: (.) hm (1.5) ist dir das schon ein wenig häufiger vorgekommen dass man halt (.) bei günstiger Gelegenheit ein wenig (.) ist mugge gegangen?

B: Nein nicht so. In der Hosenhaus AG war das erste Mal.	B: ne: nicht so JA: (.) was heisst das? B: =ja nicht (-) Hosenhaus AG ist (-) ist es das erste Mal gewesen und euh
JA: Sicher? Oder wurdest du das erstes Mal erwischt?	JA: (--) ist das erste Mal gewesen? B: =[ja] JA: [bei] Hosenhaus AG B: =ja hm JA: =oder ist es: schon vorher vor =oder das erste Mal dass du bist erwischt worden? B: (.) hm (.) nein das ist das erste Mal wo ich geklaut hab JA: (.) und grad erwischt worden? B: =hm JA: (-) glaubst du selber nicht oder? =was du jetzt sagst?
B: Ich habe es zum ersten Mal versucht und wurde erwischt. Ich dachte in der Kleiderhaus AG schaffe ich es eh. Weil ich mehr aufpasse.	B: (.) nein (.) ich habe da wirklich (.) das erste Mal (-) probiert JA: =hm B: =und habe gedacht (.) jo (.) in der Kleiderhaus AG das schaffe ich (.) wahrscheinlich eh JA: (.) warum has: hast du gedacht du schaffst es in der Kleiderhaus AG? B: (.) weil ich mir gedacht habe dass ich mehr aufpasse und (-) JA: weil du schon ein bisschen weisst was wie es wie's jetzt so läuft?
A.F.:Weil ich weiss wie es abläuft. JA: Was hast du in der Hosenhaus AG genommen? Es gibt kein Strafantrag dazu, aber es interessiert mich.	B: =hm JA: hm (1) aber dann ist dir das =also was hast du in der in der Hosenhaus AG genommen gehabt? (.) also da haben wir keinen Strafantrag das [ist]

	Mutter: [ich] weiss JA: =ähm: (.) das ist sonst noch erledigt aber mich interessiert es das natürlich noch ein wenig (-) was hast du dort genommen gehabt weisst das noch?
B: Eine Jogginghose. JA: Wie war der Betrag?	B: (-) eine Jogginghose JA: Jogginghose? (--) weisst noch für welchen Betrag?
B: Ich glaube CHF 15.-.	B: (1.5) fünfzehn JA: =[hm] B: [ich] glaub
JA: Dann musste deine Mami kommen?	JA: =hm (1.5) aber wie ist dir das? nachher hat die Mami müssen kommen ist die Mami (.) benachrichtigt worden?
B: Ja. JA: Und es gab eine Umtriebsentschädigung?	B: =ja JA: =h=hm (1) und da hat es etwas gekostet? hm? (.) die Umtriebsentschädigung? oder? B: =ja JA: (-) und wie viel weisst wie viel?
B: Ja, CHF 150.-. JA: Hat dich das nicht beeindruckt?	B: (1) hm: hundertfünfzig JA: =hundertfünfzig (.) hm (1) ist noch viel Geld oder? (1) und dann ist aber: (--) hat dir nicht viel Eindruck gemacht offenbar?
B: Nicht so.	B: (1.5) nicht so JA: (.) hm =und warum nicht?
A.F.: Ich weiss nicht warum nicht.	B: (4.5) weiss es nicht

JA: Deine Mami war auch enttäuscht nehme ich an. Und jetzt hat es Eindruck gemacht?	JA: (3) dann musst ni (.) ein wenig (.) also die Mami ist eben auch ein wenig enttäuscht gewesen? oder? B: h=hm JA: (-) nehme ich an (1.5) hm? (2) und da jetzt (.) hat d dir das Eindruck gemacht?
B: Ich habe nicht viel nachgedacht. Ich habe es einfach gemacht. JA: Könnte es wieder passieren? B: Nein.	B: (3) nein ähm habe gedacht (1.5) ich habe da nicht viel nachgedacht einfach (-) gemacht JA: =h=hm (1.5) könnte das wieder passieren? B: =nein JA: (--) und warum denn jetzt nicht?
A.F.: Weil ich es einfach nicht mehr mache und ich jetzt Angst davor habe und ein so schlechtes Gewissen wie jetzt möchte ich nicht mehr haben.	B: (3.5) hm äh würde es einfach nicht mehr machen jetzt (3) ich hab auch (-) irgendwie hab jetzt auch Angst bekommen (3) und so ein schlechtes Gewissen wie jetzt will ich auch nicht mehr haben JA: h=hm (.) wem gegenüber hast ein schlechtes Gewissen?
A.F.: Das schlechte Gewissen ist gegenüber meiner Mutter. JA: Sieht man etwas rumliegen, so kann man es einstecken?	B: (.) meiner Mutter JA: hm (1) hast du ein wenig das Gefühl (--) wenn halt die Sachen so ein wenig rumliegen kann man sie einfach einstecken? Hauptsache man: la lässt sich nicht erwischen?
B: Ja so ein bisschen war es.	B: (--) hm JA: (--) das hast du immer noch?
A.F.: Nein jetzt ist es nicht mehr so. JA: Wer bezahlt die Sachen?	B: (.) nein JA: (-) nicht? (2) wer zahlt die Sachen wo wer werde:: (.) gestohlen werden?

B: Meine Mami.	B: (-) meine Mami
JA: Und wenn du erwischt wirst. Wer bezahlt sonst noch?	JA: (-) die Mami wenn du erwischt wirst (-) wenn du nicht: wenn d =all die wo nicht erwischt werden? (1) ist der Laden geschädigt? (.) oder? Kleiderhaus AG (.) Hosenhaus AG (-) oder wer zahlt es denn letztendlich? (-) was machen die (.) Läden?
B: Die Läden.	B: (1.5) selber zahlen
JA: Was ist die logische Konsequenz, wenn etwas gestohlen statt gekauft wird? Dann bekommen die Läden Kosten. Verstehst du?	JA: (.) die zahlen es: aber äh:: (1.5) was ist die logische Konsequenz? (3) diese Kosten wo die haben =wo der Laden hat (.) oder? (-) wenn man Hose statt verkaufen werden sie gestohlen? (1.5) hm? (2.5) was sind das Kosten wo sie haben oder? (2) verstehst was ich meine? (.) verstehst mich? =verstehst es nicht?
B: Nein, nicht so wirklich.	B: nicht so
	JA: (.) hm (.) also die (-) Geschäfte haben Aufwendungen oder? wenn man eine Sache (.) beim Ladendiebstahl (-) kannst dir das vorstellen? (2) ein Laden eine Kleiderhaus AG eine Hosenhaus AG (.) wo die Kleider wo sie: (.) hinlegen (-) verkaufen (.) oder? (1) und dann machen sie (.) einen gewissen Gewinn (-) hm? (2.5) verstehst das (.) was i?
	Mutter: (--) weisst sie meint (.) die wo nicht erwischt werden bei vielen vielen wo nicht erwischt werden

	B: =h=hm Mutter: was passiert mit den Kosten wo dem Laden aufgehen (.) wer zahlt die am Schluss? B: (-) die Läden selber
JA: Bei Diebstählen macht ein Laden keinen Gewinn. Die Kleider werden teurer als Konsequenz, einfach um die gestohlenen Kleider auch bezahlt zu bekommen. Überleg dir das mal zu Hause.	JA: =die Laden selber oder we wer: (.) was was ist die logische Konsequenz? (4) dass sie es auf den Preis schlagen hm? dass es immer teurer wird (3.5) kommst nach? (-) musst dir mal überlegen hm? daheim noch ein wenig (.) wie das geht (--) also der (.) i (-) also die weiteren also die wo da (.) stehlen weil sie nicht erwischt werden (-) dass sie halt nicht einfach (.) wie du offenbar auch ein wenig gedacht hast: (.) man muss sich Hauptsache nicht lassen erwischen (.) weil dann eigentlich nichts passiert (--) dass du aber schon etwas bewirkst B: hm JA: (--) wenn der Laden von zehn Hosen nur noch fünf verkauft und fünf werden gestohlen (1) dann werden halt die Hosen teurer (.) damit sie:: die wo gestohlen werden (-) auch äh irgendwie die Kosten wieder reinholen (-) uhm? (-) das musst du dir mal ein wenig überlegen B: (2) hm

JA: Ist seither wieder was passiert wo du nicht erwischt wurdest?	JA: (5) gut (-) ist jetzt =ist seither (.) auch schon wieder etwas passiert? (.) wo du aber nicht erwischt bist worden? =eine Anzeige haben wir nicht mehr bekommen oder? B: =hm JA: =dass du bist erwischt worden
B: Nein. Ich ging auch nicht mehr in die Läden rein.	B: (.) hm: bin auch (.) in kein Laden mehr gegangen JA: (-) gehst gar nicht mehr: (.) in d die Läden? B: nein JA: bist dir sonst nicht so ganz sicher ob wieder (.) etwas passiert
A.F.: Ich weiss nicht warum, ich geh einfach nicht mehr gerne rein. Aber ich weiss, dass es nicht mehr passieren wird.	B: nein ich hab aber: (2) ich (--) ich gehe jetzt einfach nicht mehr so gerne in Läden JA: (.) h=hm B: (-) aber ich weiss dass es eh nie würde (.) würd passieren
JA: Das mit der Strickjacke wird von ihnen Frau Peterhans* bestätigt? Mutter: Ja, sie ist von Papa.	JA: (-) h=hm (2) gut und die Strickjacke das tut (.) die Mami bestätigen [die ist] Mutter: [das ist] der Papa gewesen wo die gekauft [hat]
JA: Weist du wie viel es insgesamt war?	JA: [der] Papa gewesen (-) hast du jetzt noch eine Ahnung (.) wie teuer das in etwa ist gewesen was du genommen hast? (1) alles in allem? B: (.) also dort habe ich es nicht gewusst JA: (.) hm

B: Das haben sie mir gesagt. Es waren CHF 100.-*.	B: und dann haben sie es uns gesagt gehabt (.) also um die hundert*
JA: Ohne dein Jäckli sind es CHF 80*. Wie findest du diesen Betrag?	JA: (-) hundert Franken* =da ist aber (--) d das Jäckli wo man mit (.) funfundzwanzig Franken* (-) ist da dabei also ohne das Jäckli ist es (.) achtzig Franken* B: =hm JA: =rund: achtzig Franken* (1) ist no (.) wi =wie findest du den Betrag?
B: Ist noch viel.	B: ist viel
JA: Der Laden stellte Strafantrag und die Dinge gingen zurück.	JA: =ist noch viel uhum (3.5) gut das sind die Sachen gewesen was ich habe wollen (.) mit dir noch ein wenig besprechen: das ist: (.) der Laden hat auch Strafantrag (.) gestellt und die Sachen sind (.) sind zurück gegangen:

Einvernahmeprotokoll 3 (EVP 3):
Einvernehmende Behörde: Jugendanwaltschaft.
Protokollführende Person: Sozialarbeiterin.
Alter des beschuldigten Jugendlichen im Zeitpunkt der Einvernahme: 17 Jahre.
Dauer des transkribierten Inhaltes: 6 Min. 49 Sek.
Relevanter Tatbestand: Widerhandlung gegen SVG.

Einvernahmeprotokoll:	**Transkription:**
(Widerhandlung SVG) Jugendanwaltschaft: Du bist nicht das erste Mal hier. Warum heute?	Jugendanwaltschaft: Es ist nicht das erste Mal (-) [hm] Beschuldigter: [das stimmt] JA: (-) warum (1) hast du heute kommen müssen?
Beschuldigter: Habe etwas gemacht, was gegen das Gesetz ist. Motorrad fahren ohne FA und Helm und mit Sozius. Es war am 22.1.2003* gegen 01.00 Uhr*.	B: (.) weil ich mh (.) wie sagt =wie hiess das nochmal (--) ähm ja also weil ich ähm (.) etwas gegen das Gesetz gemacht habe JA: (.) ja was ist das (.) was hast du [gemacht] B: [äh] Motorrad fahren ohne Helm mit Sozius JA: (-) Motorrad fahren ohne Helm mit Sozius B: =und ohne (.) gültige Fahrerlaubnis JA: (.) und ohne Führerausweis B: =genau JA: (-) ok (.) wann war denn das B: (-) 22. (.) erster 2003* JA: =um welche Zeit B: (--) ah (.) etwa um eins* JA: (-) Nachmittag?

	B: (.) nein am Morgen JA: =am Morgen B: =ja (.) etwa JA: hm (2.5) gut (-) und das Motorrad hast du von wem bekommen?
A.F.: Das MR war von Peter STOLL* und ich sagte ihm, dass ich den FA hätte.	B: (.) vom: (.) Peter Stoll* JA: Peter Stoll B: =hm JA: hm (1) und was hast du dem gesagt damit du das Motorrad bekommst? B: =dass ich den Führerschein hätte JA: (.) dass du den Führerschein hast =ja was wolltest du mit dem Motorrad machen?
A.F.: Ich wollte einfach herumfahren und testen und habe nur FA für Mofas.	B: mit dem fahren (.) und testen JA: (-) fahren und testen? B: also so (-) schauen ob ich fahren (.) kann so ein grösseres Motorrad JA: hm (1.5) du hast einen Ausweis? B: (1) ähm: ja aber für (.) Mofa JA: (.) für Mofas B: (.) hm JA: =hm (-) nicht für Motorräder? B: nein
JA: Konntest du fahren?	JA: hm (.) und konntest du fahren (---) das grosse (.) Motorrad
B: Ja eigentlich schon, es war ein 125 er und ich konnte schon früher beim Onkel* Motocross fahren.	B: =ja: (.) ja (-) also ja: eigentlich schon JA: was war's für ein's? B: (-) Honda* (-) kleines 125 JA: =eine 125er (.) ein Automat B: nein mit Gang geschaltet und so JA: (.) geschaltet? B: =ja

	JA: woher kannst du Motorräder schalten? B: (.) ah weil ich beim Onkel früher ein bisschen (.) hm Motocross gefahren (unv.) JA: aha (-) du bist bei deinem Onkel ein bisschen Motocross gefahren? B: hm
JA: Wusstest, dass verboten?	JA: uhum (4) uhum (.) aber du wusstest dass du das eigentlich nicht darfst?
B: Ja.	B: ja
A.F.: Es braucht einen Helm.	JA: (.) hm (--) jetzt auf dem Mofa brauchst einen Helm B: (--) ja JA: ist richtig? B: =ja JA: (.) und auf dem grossen Motorrad (-) wohl auch? hm? B: =ja
JA: Warum Risiko beim Fahren ohne Helm und mit Person hintendrauf?	JA: (1.5) weshalb gehst du dies =solches Risiko ein? (--) du weisst nicht ob du's fahren kannst (.) du wolltest es ausprobieren (--) hast jemanden hintendrauf noch (---) hast keinen Führerausweis =und fährst ohne Helm?
B: Ich hatte einfach Lust.	B: (4.5) ja was soll ich sagen (3.5) ich:: hatte Lust und: (--) ja JA: (1.5) das mit Lust versteh ich schon ja (--) aber ü: (.) überlagert denn bei dir die Lust: (.) das Denken? (-) man [chmal]?

A.F.: Manchmal überlagert Lust das Denken. Das kommt auf Situation an, also situationsbedingt, aber nicht oft.	B: [hm] manchmal ja JA: (1) ha (1.5) wie häufig kommt das vor? B: (1.5) ja das kommt drauf an (.) was für eine Situation =das ist situationsbedingt JA: (1) h=hm B: (1) in der Regel nicht so oft =also vor allem nicht wenn's (--) wenn's eine Straftat ist
JA: Und dann kam Polizei?	JA: (--) h=hm (1.5) h=hm (2) und dann kam die Polizei und hat euch aufgehalten? =oder wie war das?
B: Ja und ich sagte, dass ich nur probieren wollte.	B: ja JA: h=hm (1) und was hast du denen gesagt? B: mh (.) was ich hier gesagt hab [ich] JA: =[die] Wahrheit B: =ich wollte nur probieren
JA: Wer hätte bezahlt, wenn du einen Unfall gehabt hättest?	JA: (.) h=hm (2.5) hm (3.5) wer hätte bezahlt wenn du einen Unfall gebaut hättest? =und zum Beispiel (1) Hirnschäden gehabt hättest?
B: Ja, wohl ich oder meine Mutter, weil ich noch nicht 18 Jahre alt bin.	B: (1) mh ich JA: (.) hm? B: [euhm] JA: [mit] was? B: ja (1) eigentlich meine Mutter: (-) ich bin noch nicht acht[zehn] JA: [deine] Mutter mit was? B: (1.5) keine Ahnung (2)

Hinweis Jugendanwaltschaft von Kostenfolgen.	JA: hm? (1.5) das wäre die Unfallversicherung gewesen und die Krankenversicherung (---) je nachdem B: =h=hm JA: =hm (--) und das hätten wir alle bezahlt (1) weil soviel Geld nehm ich nicht =geh ich jetzt davon aus deine Mutter nicht genug (---) zum Beispiel eine dauernde Invalidität von dir zu zahlen? B: mhm ((*verneinend*))
JA: Solche Gedanken nicht gekommen?	JA: hm (3.5) h=hm (4) aber solche Gedanken kommen dir in solchen Situationen nicht?
B: Nein.	B: (.) ne: in der Situation selbst nicht ne JA: =h=hm hm (3) ok (3) gut (1.5) Fragen von dir? (---) haben sie eine Frage? Mutter: =mhm ((*verneinend*))
JA: Etwas vergessen zum Vorfall zu fragen?	JA: =Frau: Mutter* (--) Frau Liebrecht*? (.) irgendeine Frage? (2) gut (.) hab ich etwas v vergessen zu fragen zum Vorfall selbst?
B: Nein.	B: (-) hm:: nicht das ich wüsste nein JA: (--) ich hab nur etwas vergessen =wie hat (.) Peter reagiert? B: also: wann? JA: (.) ja nachher? B: (.) danach? JA: =ja

A.F.: Peter Stoll war danach wütend; er musste seinen Schlüssel fürs MR abholen und er erfuhr, dass es ein Verfahren geben wird und das machte ihn wütend.

B: =er war wütend
JA: (.) er war wütend?
B: =ja
JA: =h=hm (2.5) weil die Polizei ist dann auch bei ihm au aufgetaucht hm?
B: hm:: nein er musste (.) nur sein Motorrad abholen
JA: (.) er musste sein Motorrad abholen
B: =den Schlüssel musste er abholen um genau zu sein
JA: (.) h=hm
B: (1) und (.) da mh hat er erfahren dass es ein Verfahren geben wird (.) und das: (.) hat ihn wütend ge (.) macht
JA: (-) ja (-) und der hat jetzt auch ein Verfahren?
B: (.) ja:: soviel ich weiss (.) wird er (.) also er:: war noch [nicht]
JA: [ja]
B: (.) hab ich mitbekommen aber: (.) aber wird denk ich mal
JA: (.) ja (.) weil er dir ein Motorrad überlassen hat ohne sich zu vegwi vergewissern dass du einen Ausweis hast
B: (.) mh
JA: (2) und falls du je einmal (.) den Motorradausweis machen möchtest
B: (.) hm
JA: (-) und da den Führerschein (--) den Lernfahrausweis bekommst (--) du darfst niemanden hintendrauf nehmen der selbst keinen Ausweis hat

	B: (-) das weiss ich JA: hm (---) hatte der (-) Sebastian* (.) einen Ausweis (.) der hintendrauf sass? B: (.) ja: JA: (-) der hatte den Motorradausweis?
A.F.: Sebastian* hat den FA für MR, aber nur 50ccm.	B: ja JA: (--) aha (-) weshalb ist der nicht gefahren? B: (-) weil er A1 begrenzt hat JA: (1) was heisst das? B: (.) das heisst er: kann nur fünfzig Kubik fahren JA: aha (.) ja gut aber dann durfte er mit diesem Motorrad auch nicht fahren? B: h=hm
JA: Also auch Kollegen in Schwierigkeiten gebracht.	JA: hm? (8) ju (2) also hast auch Kollegen in Schwierigkeiten gebracht damit (.) hm? B: (.) ja

Einvernahmeprotokoll 4 (EVP 4):
Einvernehmende Behörde: Jugendanwaltschaft.
Protokollführende Person: Sozialarbeiter.
Alter des beschuldigten Jugendlichen im Zeitpunkt der Einvernahme: 11 Jahre.
Dauer des transkribierten Inhaltes: 11 Min. 20 Sek.
Relevante Tatbestände: Betrug (Art. 146) und Urkundenfälschung (Art. 251 StGB).

Einvernahmeprotokoll:	**Transkription:**
(Urkundenfälschung) Jugendanwaltschaft: Das ist noch nicht so lange her. Am 25.02.2014*, als du in den Spiel und Spass Laden* gegangen bist. Was war da?	Jugendanwaltschaft: gut (-) dann würden wir anfangen (1.5) jetzt ist das noch nicht so lange her (.) am 25. Februar* ist das gewesen (--) wo du im Spiel und Spass Laden* bist (2) kannst du da in deinen Worten nochmal verzählen was du dort gemacht hast? Beschuldigter: (--) also (--) bevor ich das gemacht habe oder was ich gemacht habe? JA: (-) also ab dem Moment wo du in Spiel und Spass Laden reingegangen bist
Beschuldigter: Ich ging hinein. Ich bin dann in den unteren Stock. Ich sah dann zwei Spiele. Ich erinnerte mich dann an zwei Jungs, die ich in den Ferien im Urlaub* getroffen habe. Sie haben mir erzählt, dass man bei Spielen die Etiketten austauschen kann.	B: (-) also ich bin reingegangen (--) und ähm (-) ich bin dann (-) also (--) in (-) also in Unterstock gegangen (.) und dann habe ich ähm zwei Spiele gesehen (--) und dann habe ich mich erinnert an so (1) Jungs (.) also (-) ich hab noch Kollegen sind äh im (.) Urlaub* gewesen (-) dann haben sie halt so: (-) haben so (1) so etwas gesagt wie (-) dass sie so: ähm (---) Kleber ausgetauscht haben

Daran erinnerte ich mich und wollte das auch ausprobieren. So habe ich zwei Spiele genommen und die Preise ausgetauscht.	JA: =h=hm B: von (.) Etiketten und so (.) und dann habe ich mich an das erinnert (-) dann habe ich das auch mal wollen versuchen (-) und so hab auch mal ve wollen versuchen das zu machen (1) und dann habe ich ähm ein Spiel genommen und das (.) also (.) sind zwei Spiele gewesen JA: =h=hm B: =habe ich das teure und das weniger teure genommen (-) und habe beide Preise ausgetauscht
JA: Dann bist du mit dem teureren Spiel mit der günstigeren Etikette darauf zur Kasse zahlen gegangen?	JA: =ja (4) und dann bist du mit dem teureren Spiel wo nachher (1) die günstigere Etikette drauf gehabt hat bist an die Kasse gegangen und hast das wollen zahlen gehen?
B: Ja. JA: Fiel Dir das spontan ein oder hattest Du Dir das schon vorher überlegt?	B: =ja JA: (-) h=hm (3) dass du das machen wirst ist das (-) hast du das vorher schon gewusst gehabt? (-) oder ist dir das dort spontan in den Sinn gekommen wo [dort gewesen bist]?
B: Ja, spontan.	B: [spontan] (-) also (.) jo JA: =weil du hast ja Geld dabei gehabt an dem Tag? (-) eben [du hättest ja schon das Spiel]
Vater: Er hat da CHF 50.00 von seiner Mutter bekommen.	Vater: [er hat fünfzig Franken] bekommen von Mutter ja JA: =bezahlt? Vater: =ja

JA: Dann hast Du da also gemerkt, dass Dir das Geld, das Du auf Dir hattest, für das teurere Spiel nicht reicht?	JA: (4) und dann (.) hast du einfach gemerkt das Geld reicht nicht für das Spiel wo du gern hättest (.) und dann ist dir das in den Sinn gekommen?
B: Ja. JA: Hast Du das schon mal gemacht?	B: =ja JA: (1) hast denn das vorher auch schon mal gemacht gehabt? B: (--) nö JA: (---) Etiketten vertauscht?
B: Nein. JA: Dann hast Du gemerkt, dass das eine Spiel, dass Du nicht wolltest, soviel kosten würde, wie Du Geld dabei hattest?	B: =nein JA: (7) und dann hast gemerkt das eine Spiel wo du gar nicht willst (--) das zeigt ein Betrag an wo du dir kannst leisten mit dem Geld wo du dabei gehabt hast? (--) und hast denn das wegen dem (.) auf's Teurere gemacht? (-) hast gedacht
B: Ja. JA: Und Du wusstest, dass man das nicht machen darf?	B: =ja JA: =ok dann kann ich's (-) dann kann ich's zahlen gehen? (5) und du hast aber schon gewusst dass man das nicht machen darf?
B: Ja. JA: Warum hast Du es trotzdem gemacht?	B: =ja JA: (7) und wieso hast denn trotzdem probieren wollen?
B: Weiss es nicht. Wollte es ausprobieren. JA: Wie fühltest Du Dich, als Du erwischt wurdest? B: Scheisse. JA: Was sagten Deine Eltern dazu?	B: (1) ich weiss es selber nicht JA: (1) und wie ist's denn gewesen wo du erwischt worden bist? (--) für dich? B: (1) scheisse JA: (1) hast dich nicht gut gefühlt? (--) hast müssen mit dem Mann mitgehen? (4) und wie haben deine Eltern reagiert (--) wo sie das dann gehört haben? B: (--) schlimm

	JA: (1) sind sie sauer gewesen? (1) enttäuscht? (3.5) hast dich auch wegen ihnen (-) geschämt? (.) oder vor ihnen? (2) was haben sie dir denn gesagt?
B: Sie waren nicht erfreut. Sie wurden «hässig».	B: (1) sind einfach sauer gewesen JA: (.) h=hm Vater: (--) und habe Geräte weggenommen hm! JA: =ja jetzt stell ich vielleicht grad die Frage an sie wie Vater: =mh ja JA: =wie haben sie reagiert? (.) als sie davon erfahren haben?
Vater: Wir haben ihm danach die Konsolen weggenommen. Wo er das gelernt hat, weiss ich auch nicht. Ich schäme mich dafür. Es ist nicht korrekt, so etwas zu machen. Es gefällt mir auch nicht.	Vater: =ja was soll ich sagen? ja:: ähm (-) wie's (.) jo (.) also (.) bei uns ist nichts so so irgendwie an dem Tag (--) wie: hat er: gelernt also von wo hat er gelernt oder euhm: was er woher holt (.) weiss ich auch nicht JA: =h=hm Vater: =also (1.5) und ich (-) da sag ich (-) schämt mich auch und (.) äh ja (-) es ist nicht korrekt also (---) ich find auch der Junge hat hat gemacht oder? also (5) gefällt mir gar nicht
JA: Wurdest Du von Deinen Eltern bestraft?	JA: (-) h=hm (--) hast dann eine Strafe gekriegt (.) von deinen Eltern?
B: Sie nahmen mir die Spielkonsole* und das Gameboy* weg. Aber das Gameboy habe ich wieder.	B: ähm (---) ja sie haben Spielkonsole* und ähm (.) Gameboy* weggenommen (--) ähm den Gameboy habe ich wieder JA: h=hm (--) einfach für eine Zeit weggenommen? B: =h=hm

Vater: Wegen der Ferien.	Vater: =wegen der Ferien
JA: Du weißt auch, dass Du nicht in den Spiel und Spass Laden hättest gehen dürfen?	JA: (---) hm (18) du weisst auch (.) dass du eigentlich gar nicht in den Spiel und Spass Laden darfst gehen?
B: Ja.	B: =ja (.) ich habe ein Verbot gekriegt JA: (.) [mh] B: [in] ganzen Schweiz
JA: Du hast nun ein neues Verbot bekommen.	JA: ja (--) du hast ein neues Verbot gekriegt (.) jetzt nachdem das jetzt nochmal passiert ist
B: Ja.	B: ja JA: aber du hast ja auch schon ein altes Verbot (.) gehabt? (-) also eigentlich hättest du gar nicht dort rein gedurft (.) an dem Tag
Vater: Seit wann?	Vater: ah das habe ich nicht gewusst (1) dass er hat schon von der erste Mal ähm:: die Verbot gehabt? JA: ähm: Vater: (.) also ich habe nicht gewusst
JA: Seit November 2011*.	JA: von dem Vorfall der sich im: (2) November 2011* (.) ereignet hat Vater: =ja ich weiss schon ja JA: (-) ähm liegt ein Hausverbot vor Vater: (--) das habe ich nicht gewusst ja
Erklärt Jonas, was ein Hausverbot bedeutet und dessen Wirkungsbereich.*	JA: =also grundsätzlich (-) ich erklär dir das jetzt einmal (.) grundsätzlich ist es so wenn du (-) in einen Laden gehst und du kriegst so einen Hausverbot wie du das jetzt gekriegt hast einfach auch für die Zukunft dass du das weisst (---) du kriegst so ein Hausverbot (---) und da steht

	jetzt eben in (.) allen Spiel und Spass Läden der Schweiz (.) das heisst egal wo (-) überall in der ganzen Schweiz (-) es ist auch kein Zeitraum also es ist nicht zeitlich beschränkt (.) das heisst es ist einmal für immer (-) von dem musst du ausgehen (-) darfst du in (.) keinen Spiel und Spass Laden mehr gehen B: also dürfte ich dann (.) in in Elektroshop* oder JA: =in den Elektroshop darfst (.) ja B: =ok JA: =einfach nicht in Spiel und Spass Laden (-) und jetzt (-) wenn du in Spiel und Spass Laden gehst (--) dann können sie einen Strafantrag stellen (---) dann können sie sagen wir wollen dass du bestraft wirst (-) weil du gegen das Hausverbot verstossen hast (2) das haben sie jetzt in dem Fall nicht gemacht (--) das heisst das tun wir nicht beurteilen B: ja
JA: Du darfst in keinen Spiel und Spass Laden mehr gehen.	JA: =aber es ist trotzdem (.) du darfst in keinen Spiel und Spass Laden mehr gehen B: =ok JA: =einfach dass du das weisst
B: Ich weiss das nun. Auch habe ich einen Brief dazu bekommen.	B: das weiss ich hab ich auch schon ein (-) Brief bekommen JA: =ok (.) dann ist gut (5) und jetzt hast dann dort wo du erwischt worden bist und es dir peinlich gewesen ist hast ja dann ein bisher gelogen? B: (1) wie meinen sie?

JA: Du hast ja auch die falsche Adresse und einen falschen Namen angegeben. Deinen Namen und Deine Adresse sogar auf dem Formular falsch aufgeschrieben. Was wolltest Du damit erreichen?	JA: (--) man hat ja gefragt wer du bist (1) und dann hast ja ganz etwas anderes angegeben gell? (5) du hast es sogar aufgeschrieben B: h=hm JA: (5) was hast mit dem wollen erreichen?
B: Ich weiss es nicht.	B: (7) ich weiss es nicht
JA: Dass Du keine Strafe bekommst?	JA: =dass du keine Strafe kriegst? (--) oder dass deine Eltern das nicht mitkriegen?
B: Weiss ich selber nicht	B: (4) ich weiss es selber nicht
JA: Dann hast Du in der Einvernahme von einem schwarzen Jungen erzählt. Stimmt das mit dem schwarzen Jungen?	JA: =weisst nicht mehr? (6) und dann hast ja in der Einvernahme auch noch etwas von einem schwarzen Jungen verzählt B: =ja JA: (1) stimmt das? (---) also stimmt das was du (-) mit dem Jungen oder gibt's den gar nicht?
B: Den gibt es. Er sagte mir, geh in den Spiel und Spass Laden. Dort kann man gut klauen. Ich sagte ihm nein und dachte, ich bin doch nicht blöd. Ich ging dann halt doch in den Spiel und Spass Laden und habe die Etiketten vertauscht.	B: =den gibt's JA: (-) den gibt's? (1) und was hat der dir gesagt? B: also er hat irgendwie gesagt (--) ähm (-) geh in den Spiel und Spass Laden dort kann man (-) kann gut so (-) dort kann man so (-) gut k zu so klauen (.) äh (-) und dann hab ich ihm gesagt nein ich bin doch nicht blöd (---) und: (--) dann bin ich halt noch in Spiel und Spass Laden gegangen (--) und (.) hab eine Etikette überklebt
JA: Weil er Dir das gesagt hat?	JA: (3) weil er dir das gesagt hat? (.) oder (2) wieso?

B: So halb. JA: Aber Du hast doch gesagt, die Idee sei dir spontan gekommen.	B: (1) so halb (--) weil er's mir gesagt hat JA: (-) uhum (--) aber jetzt hast doch vorher eigentlich grad gesagt gehabt die Idee (-) das zu machen ist dir erst spontan dort innen gekommen?
B: Ich dachte an das, was er mir gesagt hat. Und da kam mir auch die Erinnerung mit den Jungen aus Urlaub.	B: er hat dann mir mal (.) so gesagt also mit der (.) die Idee gehabt (-) also (.) mit dem Klauen dann hab mir (.) gesagt ich kann jo reingehen (-) und was klauen (.) und dann als ich dort gewesen bin (-) hab ich mich erinnert an die äh an
JA: Warum hat er Dir das gesagt?	JA: die Jungen vom Urlaub (---) und wieso hat er dir das jetzt gesagt?
B: Weiss es auch nicht. Ich kenne ihn ja selber nicht.	B: (--) ich weiss es nicht JA: (.) hm Vater: (14) wer ist das gewesen? (-) wer ist das? B: (--) ich weiss =ich kenn den selber nicht
JA: Machst Du in Zukunft so etwas wieder, wenn Du zu wenig Geld hast?	JA: (8) und jetzt wie wirst's in Zukunft machen wenn du (---) Geld dabei hast und du merkst aber es reicht nicht für das was du kaufen willst? B: (-) dann muss ich halt noch kurz Mami fragen JA: =h=hm
B: Dann würde ich nach Hause gehen und meine Mutter um Geld bitten und auch fragen, ob ich mir das Spiel kaufen darf.	B: =anstatt irgendwie: Etiketten zu überkleben oder so (--) sonst etwas (1) oder ich würde heimgehen und meine Mutter fragen ob's (.) in Ordnung ist oder (-) Geld krieg und dann das kaufen kann

JA: Dieses Spiel, konntest Du es mittlerweile kaufen?	JA: genau (12) und das Spiel (.) hast das mittlerweile können kaufen? (-) oder haben dir das deine Eltern gekauft oder gibt's das nicht?
B: Nein.	B: gibt's das nicht
JA: Das Gameboy hast Du wieder?	JA: h=hm (5) aber das Gameboy den hast du wieder?
B: Das Gameboy ja. Die Spielkonsole nicht.	B: (--) aber die Spielkonsole nicht JA: (--) h=hm (-) kriegst die wieder zurück? (--) oder gibt's Vater: =irgendwann
AF: Irgendwann	B: (-) irgendwann Vater: (-) wenn schön alles in Ordnung gell?
JA: Was glaubst Du, passiert nun mit Dir?	JA: (9) was meinst jetzt wie geht das ganze für dich aus?
B: Es wird schlimm, ich bekomme irgend so eine Strafe. Muss putzen gehen oder eine Busse bezahlen.	B: (1.5) schlimm JA: (-) schlimm? (1) was meinst mit schlimm? B: (1) dass ich irgendwie m:: so Straftat muss machen irgendwie putzen oder so JA: h=hm (.) da also dass du eine Strafe kriegst? B: =und eine Busse JA: (.) ja B: (-) weiss nicht JA: (12) hast du eine Frage zur Sache?

Einvernahmeprotokoll 5 (EVP 5):
Einvernehmende Behörde: Jugendanwaltschaft.
Protokollführende Person: Juristischer Volontär.
Alter des beschuldigten Jugendlichen im Zeitpunkt der Einvernahme: 16 Jahre.
Dauer des transkribierten Inhaltes: 30 Min. 53 Sek.
Relevante Tatbestände: Sachbeschädigung (Art. 144 StGB) und Widerhandlung gegen EBG.

Einvernahmeprotokoll:	**Transkription:**
Jugendanwaltschaft: Bis jetzt habe ich dich ja noch überhaupt nicht gehört. Im Steinfelderhafen* wurde ein Güterwagen besprayt und dir wird vorgeworfen, beteiligt gewesen zu sein. Was sagst du dazu?	Jugendanwaltschaft: gut (1) Pascal* (1) bis jetzt habe ich dich überhaupt nicht gehört Beschuldigter: (--) ja JA: (3) da geht's einmal (--) zuerst um eine Geschichte (--) Steinfelderhafen* (1) wo:(-) ein Güterwagen besprayt worde den ist B: hm JA: =wo dir auch vorgehalten worden ist (--) dass du beteiligt gewesen bist (2) was sagst du da dazu?
Beschuldigter: Ich möchte nichts dazu sagen. JA: Das ist dein Recht, das ist kein Problem. Wir haben die entsprechenden Pieces, Bubbles oder auch Skizzen dort gefunden, wo du auch schon gesprayt hast oder wir auch bei der Hausdurchsuchung entdeckten und sichergestellt haben. Haben Sie die Akten mal gesehen?	B: (-) möchte nichts dazu sagen JA: =da willst nichts dazu sagen? (--) hm? (1) das ist dein Recht (--) das ist kein Problem (7) wir haben (2) die entsprechenden (2) Pieces: (-) Bubbles: (-) oder auch Skizzen (1.5) dort gefunden wo du auch schon gesprayt hast oder auch bei dir daheim bei der Hausdurchsuchung wo wir die Sachen gesehen haben (1.5) das wo wir sichergestellt haben (2) haben sie mal die Akten gesehen gehabt?

	Vater: (--) nochmal JA: =von Pascal (-) haben sie einmal die Akten gesehen gehabt?
Vater: Nein. JA: *(zeigt dem Vater die Akten)* Das war der Güterwagen in Steinfeld*. Wir denken, Pascal* sprayte «UBSA»* und ein Kollege der Rest. *(zeigt Bilder von Olten* zum Vergleich).* Es gleicht sich schon, finde ich.	Vater: =nein JA: =h=hm (.) ok (--) muss ich ihnen das vielleicht z (.) schnell zeigen (3) und (5) das ist der Güterwagen in Steinfeld* gewesen (4) da ist's «UBSA»* Vater: =h=hm JA: (1) wo wir denken dass das (--) Pascal gesprayt hat Vater: =h=hm JA: (2) und nebendran ist's (-) k (--) wenn ich's richtig lese (.) und das «ULT»* Vater: das das ist das zweite ja? JA: (.) ja Vater: =ok JA: =das ist das zweite Vater: =ja ja JA: =und: das ist ein Tag von einem Kollegen Vater: ok JA: wo auch in Olten* dabei gewesen ist Vater: =ok JA: (12) das ist der Anfang gewesen (--) in Olten (--) «UBSA» (1) bevor sie erwischt worden sind Vater: =hm (1) ok mh gut ok JA: (1.5) es gleicht sich schon noch (-) find ich

Vater: Ja. JA: Und dass es zufälligerweise auch der gleiche Kollege wie in Olten war («BEMBI»), ercheint mir nicht als Zufall.	Vater: ja JA: hm (1.5) und dass zufällig auch der gleiche Kollege dort mit gewesen ist d d der wo's «BEMBI»* (1.5) gesprayt hat auf den gleichen Wagen (1) das kommt mir nicht als Zufall vor (-) hm?
Vater: Ja, ok.	Vater: (3) h=hm (-) ja JA: =jo Vater: (--) ok
JA: Du möchtest aber nichts dazu sagen? B: Nein. JA: Kannst du mir begründen, warum du nichts sagen willst?	JA: aber du möchtest nichts dazu sagen? B: =nein JA: ok: (--) also (-) dann nehme ich das zurück zu den Akten gern (2) dankeschön (8) kannst mir aber irgendeine Begründung geben wieso dass du nichts willst sagen?
B: Ich möchte einfach nichts sagen. JA: Bei deiner Einvernahme ist mir aufgefallen, dass du relativ gequält Auskunft gegeben hast. Auf deinem Computer* fand man auch entsprechende Bilder wo «BEMBI», «ULT», «UBSA», «TUC»* usw. darauf gewesen sind. Also alle Sachen, die auch auf dem Güterwagen waren. Es ist aber richtig, dass «UBSA» dein Tagg ist?	B: =nein ich möchte einfach nichts sagen JA: =willst einfach nichts sagen? (-) ok (--) mh (3) mir ist bei der Einvernahme aufgefallen (.) dass du (2) jo: (-) sagen wir mal relativ ge(.) quält Auskunft gegeben hast Vater: (3) das ist die Einvernahme mit dem? JA: =Herr Lohmeier* Vater: =ok (.) h=hm JA: =Herr Lohmeier (.) am (.) 7. 11.* gewesen Vater: ja (-) das war diese nach der (--) Olten Geschichte? korrekt?

	JA: (.) mh::: nein Olten ist 27. 8.* gewesen (--) und 11. (.) 7. 11. ist dann da gewesen (.) und dann haben ihm vorgeworfen dass er schon früher eben auf dem Güterwagen in Steinfelderhafen (---) gesprayt hat Vater: ok gut JA: (14) und auf'm Computer* von dir hat man ja auch (.) entsprechende Bilder gefunden (1.5) wo (---) BEMBI (.) ULT (-) UBSA (.) TUC* drauf zu sehen sind (1) also all die Sachen wo auch auf dem Güterwagen sind (.) hm? (5) aber es ist richtig dass UBSA (.) dein Schriftzug ist?
B: Ja, das habe ich früher gesprayt.	B: (-) mh: also ja das habe ich früher mal gesprayt ja
JA: Kennst du sonst jemanden, der diesen Tagg sprayt?	JA: =das hast gesprayt? ja (--) das hast du auch gesagt (5) ok (2) weisst du sonst jemand wo das sprayt?
B: Nein, keinen persönlich.	B: nein: (.) kenn keinen (.) persönlich JA: kennst niemand persönlich (14) zu dem Güterwagen wo du in Steinfeld (.) fotografiert hast selber (4) das ist das was ich Vater: =h=hm ich hab's gesehen (.) ja ja das sind halt die Photos JA: =ja Vater: (.) hm

JA: Kannst du mir erklären, wie du dazu gekommen bist, ausgerechnet diesen Güterwagen in Steinfeld zu fotografieren? B: Nein, ich habe ihn einfach fotografiert.	JA: (3) kannst du mir erklären wie du dazu gekommen bist ausgerechnet den Güterwagen (-) zu fotografieren? B: (1) mh: nein ich habe ihn einfach fotografiert
JA: Du warst also zufällig gerade im Steinfelderhafen? B: Nein, es interessiert mich einfach. Darum bin ich herumgelaufen. JA: Und dann sahst du deinen Tagg und wolltest ihn fotografieren?	JA: (3) h=hm (2) und du bist zufällig grad im Steinfelderhafen gewesen? B: =nein es interessiert mich einfach (.) darum bin ich herumgelaufen JA: (--) h=hm (2) und dann hast dein Ding gesehen und hast gefunden das muss ich jetzt fotografieren?
B: Ich habe es einfach fotografiert, ja.	B: (1) ich habe das einfach fotografiert ja JA: =h=hm
Vater: Sie wissen, dass Pascal eine Ausbildung* macht? JA: Nein, noch nicht. Aber er ist nicht der einzige, der sprayt, der eine Ausbildung macht.	Vater: (3) d dass euhm (.) dass Pascal eine Ausbildung* macht wissen sie? ne? JA: (1) nein noch nicht und Vater: (.) ja nur zum darlegen JA: =ja Vater: =dieses: (-) ganze drumherum JA: =ja ja ich weiss (.) das ist (1.5) er ist nicht der einzige (--) wo sprayt und eine Aus (-) Ausbildung macht (-) glaub ich! Vater: (.) nein das dachte ich mir [das es so ist] JA: [ja ja ist schon] klar (-) ja das ist [schon]
Vater: Es gibt gute Elemente und nicht so gute in diesem Kreis.	Vater: [es gibt] gute Elemente und (.) nicht so gute Elemente in diesem Kreis

JA: Das ist mir ganz klar. Wir kommen aber später noch darauf zurück.	JA: =wir müssen gar nicht drüber diskutieren (-) ist ganz klar Vater: =o:k JA: =ganz klar Vater: =ok JA: (1) das ist schon klar (--) da kommen wir dann nachher noch dazu (.) mal beim über Olten reden dort ist denke (1) irgendetwas (-) zu diskutieren was in dem Fall hm? (-) für die beiden (--) gut Vater: (-) genau
JA: Die Zug AG möchte CHF 8'000.10* für die Reinigung und Ausserverkehrssetzung des Güterwagens. (*zeigt Aufstellung der Zug AG)*	JA: (-) äh (4) die Zug AG* möchte 8'000 Franken* und zehn Rappen* (.) wie sie auf die zehn Rappen kommen (2) jo gut es ist eine Umrechnung von (.) von Euro Vater: (--) h=hm JA: aber Vater: =für die euhm: JA: (-) für den Güterwagen (-) wieder Vater: (-) h=hm (-) zu (.) reinigen? JA: (.) reinigen ausser Verkehr setzen (.) wenn glauben sie müssen's ausser Verkehr setzen für das Vater: (-) hm JA: (-) das ist so eine (-) Aufstellung der Zug AG Vater: =ja ja JA: =kann ich ihnen (-) zeigen Vater: (.) ja JA: (1) Transport und Werkstatt ist dabei (-)Ausfallentschädigung (1) devisieren und rangieren (.) und Arbeit inklusive Werkzeuge

	Vater: =hm JA: =das ist 7'500 Franken gewesen sind (-) 20,5 Quadratmeter gewesen Vater: =h=hm JA: (.) wo versprayt gewesen sind
Vater: Ist das der gesamte Güterwagen oder nur eine Seite? JA: Nein, nur diese Seite. Wenn ich dazu käme, dich schuldig zu sprechen, wirst du auch das bezahlen müssen. Nur, damit das schon klar ist.	Vater: =h=hm (-) ist das der gesamte Güterwagen oder ist das nur dieses euh? JA: =das ist die Seite Vater: (-) nur die? JA: =das eine Seite Vater: =ok (-) h=hm JA: (6) ja (3) also wenn ich (1) dazu käme (.) dich schuldig zu sprechen (1) weil ich denke du bist es gewesen (--) weil ich's Gefühl da sind genug Beweise vorhanden dass du's gewesen bist (---) dann würde ich dich auch müssen zu derer (.) Entschädigungsforderung verurteilen (-) zur Zahlung (2) einfach dass das (--) dir jetzt klar ist B: =hm JA: (2) ok gehen wir nach Olten? (--) einverstanden? B: ja
JA: Kannst du mir erzählen, wie es dazu kam, dass ihr nach Olten seid? B: Es ist jetzt auch schon länger her. Ich weiss auch nicht mehr, was in meinem Kopf vorging.	JA: (4) kannst du mir erzählen wie das dazu gekommen ist dass ihr (-) nach Olten seid? B: (2) also das:: ist jetzt auch mal (.) länger her (.) ich weiss jetzt auch nicht (.) mehr ganz genau was (-) dort in meinem Kopf (-) vorging

Vater: Leg mal so, ja. JA: Was weißt du noch? Wieso Olten?	Vater: (2.5) leg mal los ja (.) Pascal JA: (1) probier's mal (-) probiere doch mal das wo du noch weisst und dann B: (unv.) JA: jo ich weiss also probiere mal B: (-) also (-) wie? (.) was schon mal ganz genau? (-) also wie's dazu gekommen ist? JA: =ja wie ist es dazu gekommen dass ihr nach Olten seid? =also ich meine Olten ist ja nicht grad Vater: (--) um die Ecke
B: Wir wollten einfach ausserhalb von Oberdorf*. AF Weil wir dachten, es sei einfacher.	B: wir haben einfach gedacht ausserhalb von Oberdorf* JA: (-) ausserhalb von Oberdorf (.) wieso? B: (1) keine Ahnung wegen (.) weiss ich auch nicht mehr also (.) weil wir gedacht haben es ist einfacher oder etwas
JA: Wer hat das beschlossen?	JA: h=hm (-) h=hm (3) und wer hat das beschlossen dann?
B: Wir zusammen. AF Joëlle*, Claudio*, Piu und ich, ja.	B: =wir zusammen JA: wer ist wir? B: also die Gruppe wo dabei gewesen ist (-) die Beteiligten JA: (-) h=hm (.) also der Joëlle* (--) der (.) Claudio* (---) Piu* B: =und ich
JA: Wann habt ihr das abgemacht?	JA: =und du (1.5) ok (-) h=hm (3) und dann seid ihr (2) wann habt ihr denn das abgemacht gehabt?

B: Es war nicht lange geplant, 2, 3 Tage vorher. AF Nein, schon nicht am gleichen Abend geplant.	B: (.) mh: es ist eigentlich recht (-) also es ist nicht (.) auf lange Zeit geplant gewesen es ist so (.) zwei drei Tage vorher JA: =zwei drei Tage vorher? (-) aber schon nicht (-) am gleichen Abend gewesen? B: =nein nein (-) das nicht
JA: Das Material habt ihr schon gehabt oder euch besorgt? B: Ich sprayte zu dieser Zeit oft, ich weiss nicht mehr, ob ich schon hatte oder nicht. Sonst kaufe ich die Sachen in Deutschland.	JA: (-) h=hm (1) und dann das Material habt ihr gehabt? oder habt ihr das müssen besorgen? B: (.) also: (.) ich hab ja dort (.) zu derer Zeit viel gesprayt und dann (-) hab ich einfach (.) ich weiss es nicht mehr (.) ob ich extra für das bin einkaufen gegangen aber ich hab die Sachen in Deutschland JA: (-) h=hm B: =in so einem Spraydosenladen gekauft
JA: Wann seid ihr in Olten angekommen?	JA: (--) hm (6) dann seid ihr in Olten angekommen (2.5) um welche Zeit seid ihr denn angekommen in Olten? (-) weisst du das?
B: Weiss ich wirklich nicht mehr, 01:00 Uhr oder so.	B: =das: weiss ich wirklich nicht mehr (-) könnt's nicht sagen genau (.) würde sagen auf die eins oder so JA: (.) also seid ihr am morgen B: [ja] JA: [dahin] (-) hm
Vater: Ich möchte noch was dazu sagen: An dem Abend haben wir nach langer Zeit gedacht, wir übernachten mal auswärts.	Vater: (--) da muss ich jetzt was zu sagen weil an dem Abend (-) da haben wir mal gedacht (.) nach langer Zeit (---) übernachten wir mal aushäusig

JA: Ich weiss. Vater: Nur, damit Sie das wissen, ich wollte es noch einmal sagen.	JA: =ich weiss (-) das ist mit dem Vater: =ich will's nochmal (.) nochmals euh (-) ja JA: =das ist ein Aspekt Vater: (---) nur dass das (.) ja JA: =ja ja (.) das: ich weiss ich weiss Vater: =sie haben's? JA: (.) kurz mitgekriegt ja Vater: =ok (-) ok (unv.)
JA: Was habt ihr für Material dabeigehabt?	JA: (1.5) h=hm (5) seid nach Olten (.) hm? (.) auf die eins dort gewesen und dann in Olten wie ist denn das dort weitergegangen? (--) was habt ihr für Material alles dabeigehabt?
B: Spraydosen, Taschen dazu und eine kleine Leiter. AF Ich weiss nicht mehr, wer die Leiter mitbrachte.	B: (-) ähm ähm dabei gehabt (-) Spraydosen JA: =h=hm B: (-) einfach (.) die Taschen dazu und dann JA: =hm B: =haben noch eine Leiter dabei gehabt JA: =eine Leiter (-) h=hm (---) also eine kleine B: =so eine kleine JA: =so eine Trittleiter etwas oder so etwas? B: (-) genau JA: =h=hm (-) wer hat die mitgebracht? B: (--) euhm (.) das weiss ich nicht mehr

JA: Kamera? B: Ach ja, stimmt. AF Ein Stativ wüsste ich nicht mehr.	JA: weisst nicht mehr (-) h=hm (3) hm (2) Kamera? B: (1) ah jo stimmt die Kamera haben wir auch noch dabei (.) ja stimmt JA: =Kamera und Stativ? B: (---) St:(.)ativ wüsste jetzt nichts von einem Stativ
JA: Piu sagte, er hätte ein Stativ aufgestellt, als ihr bereits angefangen habt.	JA: (1) h=hm (2) also: (1.5) der Piu hat gesagt der hat ein Stativ aufgestellt B: (2) ich hab gedacht er hat einfach die Kamera JA: =wo ihr angefangen habt schon
B: Keine Ahnung. JA: Auf welche Seite seid ihr zum Bahnhof hinaus?	B: (1) keine Ahnung JA: =ok (-) gut (2) h=hm (5.5) jetzt wenn (--) wenn man in Olten ankommt (1) aus Oberdorf (.) mit'm Oberdorfer Zug so ein (-) auf welcher Seite seid ihr zum Bahnhof raus?
B: Keine Ahnung mehr. Ich weiss nicht mal mehr, wie es dort genau aussieht.	B: pf: (.) das weiss ich auch nicht mehr (--) ich weiss nicht einmal (-) also ich meine ich (---) weiss noch nicht einmal wie (.) genau wie's dort aussieht (-) dort in Olten
JA: Wer wusste dann, wie es dort aussieht? B: Keiner genau. JA: Wo habt ihr dann die Züge gesehen?	JA: wer hat denn gewusst wie es dort aussieht? B: (1) keiner genau JA: (-) keiner genau? (1.5) wo habt ihr dann Züge gesucht?
B: Weiter hinten, bei den Abstellgeleisen.	B: (--) weiter hinten (-) bei den =bei den Abstellgleisen

JA: Und wer wusste, wo die Abstellgeleise sind?	JA: bei den Abstellgleisen? (.) und wer hat gewusst wo die Abstellgleise sind?
B: Die sieht man ja, wenn man hineinfährt.	B: =die sieht man ja wenn man hineinfährt
JA: Um 01:00 Uhr? Ok… In der Einvernahme in Olten sagtest du, Claudio und Joëlle wussten ein wenig, wo ihr hin müsst.	JA: (2) um eins? (4) ok (2) h=hm (2) in der (--) Einvernahme (-) im (4) Olten (1.5) hast du ausgesagt der (.) Claudio und (.) der: (-) Joëlle haben eine gewisse Ahnung gehabt wo man hin muss?
	B: (--) ähm (-) 's weiss ich echt =jo
	Vater: ja wenn's so protokolliert ist
B: Wenn es dort steht, wird es so sein.	B: =jo wenn's dort steht dann wird's so sein
	JA: =h=hm
	Vater: (3) ist das das Polizeiprotokoll aus dem sie zitieren?
	JA: =ja
	Vater: =das hat er auch bestimmt unterschrieben (.) oder nicht?
	JA: =in Olten ja
	Vater: =ist möglich?
	JA: =möglich ja
	Vater: =ok
JA: Ihr seid zuerst aus dem Bahnhofsgelände hinaus, bis ihr zu den Geleisen gingt oder? Eine Strasse entlang oder?	JA: (2) h=hm (4) dann seid ihr zum Bahnhofgelände raus: (.) zuerst oder?
	B: (-) ähm
	JA: =bis zu den Gleisen gekommen seid? seid ihr
	B: =mh
	JA: =durch Strasse (.) durch eine
	B: =ja
	JA: =eine Strasse entlang gelaufen?

B: Ja. JA: Und dann seid ihr gerade zum Zug?	B: genau JA: h=hm (1.5) und dann seid ihr grad zu dem Zug gegangen?
B: Nein, wir waren zuerst weiter hinten. Dann sahen wir den Zug und sind zu dem. Aber zuerst waren wir weiter hinten.	B: (--) ähm: (2) nein (-) wir sind zuerst weiter hinten gewesen JA: (--) h=hm B: aber da ist ja keiner gewesen und dann haben den dort (-) gegenüber vom Parkplatz* (--) haben wir dann schlussendlich besprayt wo wir den gesehen haben JA: h=hm B: (-) und dorthin sind wir gegangen (1) und zuerst sind wir weiter hinten gewesen und haben dort JA: =zuerst seid ihr weiter hinten gewesen? B: =h=hm
JA: Wer wusste, dass es dort hinten Abstellgeleise hat? B: Wir haben es einfach gedacht.	JA: (2.5) und wer hat denn gewusst dass es dort hinten Abstellgleise hat B: (1) wir haben's uns (-) einfach gedacht dass dort vielleicht hat auch
JA: Es ist aber noch ein rechtes Stück bis dort hinten, dieser Strasse entlang.	JA: h=hm (1.5) und es ist noch ein rechtes Stück bis dort hinten? B: (2.5) [also] JA: [der] Strasse entlang?
B: 5 Minuten zu Fuss. JA: Ich denke nicht, dass man das Abstellgeleise vom Bahnhof aus sieht. Es ist auch in einer Kurve. Wie sah man, dass kein Zug dort war?	B: (2) fünf Minuten (--) zu Fuss in etwa JA: =h=hm (-) h=hm (--) hm (--) ich denke nicht dass man das Abstellgleis vom Bahnhof aus sieht (1.5) es ist ja in einer (.) in einer Kurve drinnen (1) leichter rechts Kurve und (6) ich kann jetzt (1) ich (.) zeig's dir erst nachher weil da (--) ein Name (.) ein Name drauf ist (.)

	und dort (.) einfach so (-) verzähle (1) ähm (5.5) eben will noch etwas wissen (---) wie ist man denn auf's ba (.) wie hat man gesehen dass kein Zug dort ist?
B: Ma musste über die Geleise laufen. AF Wir alle liefen darüber.	B: (-) wir haben halt müssen über die (.) Gleise laufen
	JA: hat man müssen über die Gleise gehen? (-) wer ist es (.) wer hat das gemacht? B: (-) beispielsweise ich (-) ja wir sind alle (.) also sind alle über die Gleise
JA: Zu dem Zug, der nicht dort war, um zu schauen, ob er dort ist?	JA: (2) zu dem Zug wo nicht dort gewesen ist? (-) schauen gehen ob er dort ist?
B: Das weiss ich nicht mehr.	B: (--) nein das ist (-) weiss nicht wer alles dorthin ist
JA: Ich bin kürzlich in Olten vorbei gefahren mit dem Zug. Ich sah, dass es dieser Strasse entlang einen ca. 1m hohen Zaun hat. Ist das richtig?	JA: h=hm (1) ich bin kürzlich in Olten vorbeigefahren mit dem Zug habe ich ein bisschen geachtet wegen (-) jo Vater: =hm berufsbedingt! JA: =berufsbedingt! (---) berufsbedingt habe ich ein bisschen geachtet (.) habe ich gesehen an der Strasse dran hat's einen Zaun B: (-) h=hm JA: (--) etwa so (--) Maschendraht (-) so hoch in etwa (-) ist das richtig?

B: Ja. AF Dort sind alle darüber.	B: =ja JA: (-) h=hm (.) und dort ist jemand darüber oder sind alle darüber? B: also sind alle darüber JA: =sind alle dort über den Zaun (.) zum schauen ob der Zug dort steht? B: =nein nein ist jemand dort darüber
JA: Ich weiss von jemandem anderen, dass das Joëlle gewesen sein könnte?	JA: dort ist jemand darüber? (1) ich weiss von jemandem anderen dass das der Joëlle könnte gewesen sein?
B: Möchte ich nichts dazu sagen. JA: Das habe ich auch nicht erwartet. Dann seid ihr zurück zum Parkplatz*. Der Zug stand aber vorher schon dort?	B: (2) möchte nichts dazu sagen JA: möchtest nichts dazu sagen (---) habe ich auch nicht erwartet (2) h=hm (2) ok (1) und dann seid ihr wieder zurück (.) zum Parkplatz? B: =h=hm JA: (2) der Zug ist ja vorher schon dort gestanden?
B: Ja. AF Ja, den sah man vom Bahnhof aus.	B: (-) ja JA: den hat man gesehen vom Bahnhof aus? B: mh
JA: Und dann habt ihr angefangen? B: Ja.	JA: (-) und dann habt ihr den gemacht? B: ja JA: =wollen machen? B: (---) wir haben angefangen
JA: Hier wäre es um «UBSA» gegangen, stimmt das? B: Ja.	JA: angefangen? (---) h=hm (1.5) ok (2) h=hm (6) und da wär's um «UBSA» gegangen? ist das richtig? (2.5) h=hm (10) gut (7) also (4) einfach dass wir (--) die Übersicht ein bisschen (--) Bahnhof ist links (1) linke Seite auf dem Plan

	Vater: =hier? JA: =ja noch ein bisschen weiter hinten (-) ganz dort (.) sehen sie? Vater: =ja JA: ja (-) das ist der Bahnhof Vater: =ok ok (.) ja (-) und da sind sie hin? JA: =und dort hinten sind sie den Zug suchen gegangen wo der ist B: =mh nein JA: =also B: dort vorne ist die Stelle JA: das ist dort gewesen Vater: (-) 7 (--) 7 ist der geplante Tatort sagt er B: euhm ja JA: (-) laut Vater: (-) ne ach so 5 ist der Bahnhof JA: =ja Vater: =ok alles klar
JA: (*zeigt Bahnhofskizze mit Legende)* stimmt diese Legende so, so wie es Piu gesagt hat?	JA: =laut (.) laut Piu ist das der geplante Tatort gewesen (--) wo aber kein Zug gestanden ist zu dem Zeitpunkt
B: Ja.	B: ja JA: =ist das möglich? B: das ist möglich JA: (-) und dann seid ihr zurück und das ist der Parkplatz B: genau Vater: 6 ist Parkplatz? JA: =ja Vater: =Tatort ok (-) Tatort ja JA: =ja (.) genau Vater: (--) ok JA: (-) stimmt das so?

	B: ja das stimmt JA: (-) dann stimmt das so wie das der Piu gesagt hat ok Vater: (--) wollen sie's wieder haben oder?
JA: Und dann seid ihr gestört worden?	JA: =gern ja (1) h=hm (5) und dann ist:: (.) seid ihr gestört worden? B: (-) ja JA: (--) von wem?
B: Ja. AF Wir sahen nicht genau, wer es war, sondern nur Taschenlampen.	B: (---) also wir haben nicht gesehen (--) genau wer's gewesen ist einfach Taschenlampen
JA: Und dann seid ihr in alle Richtungen verschwunden? B: Ja. AF Anfangs nicht, dann haben wir uns getrennt.	JA: h=hm (1) und dann seid ihr (--) in alle Richtungen (--) verschwunden? B: =also (-) ja JA: (1) also getrennt (-) logischerweise? B: =mh JA: =h=hm B: (-) am Anfang sind wir glaub noch (-) gemeinsam gewesen und dann haben wir uns (-) getrennt JA: (2) und: (-) ihnen ist's gelungen davon zu gelangen? B: (--) wie? JA: =ihnen ist's gelungen? B: =nein JA: =nicht? B: =nein JA: =sie sind erwischt worden? B: =[ja] JA: =[wer] ist dann davongekommen?

	B: (---) ähm der Piu (-) ich glaub JA: (1) der Piu? B: soweit ich weiss JA: =hat müssen zurückkommen? (--) ok (1.5) h=hm (2) jetzt sagst du erwischt (.) ja doch (--) er hat sich dahinten versteckt ja (--) ja (.) er hat sich vor der Lampe versteckt wie? B: (-) das stimmt ja
JA: Wieso ein Zug?	JA: (1) h=hm (2.5) wieso im Zug =ein Zug? B: (1) na ja! JA: (1) jo (1) jo gut
B: Anfangs sprayte ich im Treff* und es reichte mir dann nicht mehr.	B: =also mir hat's (1) ich hab wollen (--) am Anfang einfach nur im Treff* gesprayt JA: =ja B: (-) und das hat mir dann nicht mehr gereicht JA: h=hm B: (1) mh
JA: Ein Zug ist natürlich spannend, der fährt auch herum. Das auch der Reiz?	JA: (-) und dann ist's (2) ein Zug ist dann wieder auch spannend oder? der (.) der fährt auch rum? B: (.) genau JA: (1) hat (.) ist das auch der Reiz?
B: Weiss ich nicht. Wahrscheinlich auch, weil es verboten ist. JA: Gut, es ist auch verboten eine Wand anzusprayen, aber die ist statisch. Einen Zug sieht man überall ein wenig.	B: (2) pf: (-) das weiss ich jetzt nicht (--) aber w (.) wahrscheinlich auch weil es verboten ist JA: (1) ja gut es ist auch verboten eine Wand anzu anzusprayen B: =ja JA: (2) aber die ist statisch (2) und der Zug (--) den sieht man überall ein bisschen

B: Ja. JA: Und dann wurdet ihr erwischt, was glücklich für euch war, denn die Zug AG macht eine deutlich tiefere Entschädigungsforderung geltend. CHF 2’500.35.-. Was meinst du dazu?	B: (1) ja JA: (--) h=hm (5) ok (2) und dann seid ihr gestört worden =ist eigentlich noch gut gewesen weil die Zug AG macht eine viel tiefere Entschädigungsforderung geltend B: (-) ah ja? JA: (--) also (-) eigentlich hast Glück seid ihr erwischt worden (3) jo (1) je nachdem wie man’s sieht oder? (1) es sind zweitausend: (1) Moment es sind 2’500 35 (1.5) was meinen sie da dazu?
B: Es ist immer noch teuer. JA: Akzeptierst du, dass du diesen Schaden mit den anderen angerichtet hast und ihr diesen zahlen müsst?	B: (---) es ist teuer (-) immer noch JA: hm! (-) es ist immer noch teuer! hm? (1) das ist immer noch teuer (4) ja akzeptieren sie dass sie den Schaden angerichtet haben und sagen ok ich zahl’s (1.5) mit den anderen zusammen also (.) ihr müsst das untereinander abmachen?
B: Ja.	B: ja JA: (1) ist das gut so? B: =hm
Vater: AF Ich auch.	JA: =das akzeptieren sie? (---) sie sind einverstanden (3) h=hm (4) gut (1) oder eben nicht (--) dann haben wir (-) ein paar Sachen noch Vater: =ja genau
JA: Dann haben wir noch ein paar Sachen sichergestellt. (*geht die Auflistung durch*). Was hast du bisher zurück bekommen?	JA: =sichergestellt Vater: =ach so! (-) ja (.) ja wir haben auch noch was anliegendes JA: =ja? (1) im (-) im gleich Vater: ja ja machen sie nur

JA: (-) sind die sichergestellten Sachen da
Vater: (3) ja (--) das ist jetzt aus der Hausdurchsuchung die
JA: =ja
Vater: =wir anschliessend [hatten]?
JA: [genau] (-) genau (3) und jetzt wieder einfach müsst ihr (3) jo (-) was: (2) Pascal dazu meint was mit den Sachen sollen machen? (5.5) was haben sie bis jetzt alles zurückbekommen? (.) Laptop haben sie zurückgekriegt? hm?

B: Laptop, Computer. Speicherkarte, USB-Stick. Kopfkamera und Mobiltelefon.

B: =ja
JA: das ist richtig hm? (1) den Computer auch?
B: =h=hm
JA: =ja (-) gut (1.5) das (.) das Blackbook (--) haben sie noch nicht zurückgekriegt?
B: =mh:: nein
JA: (1) Mappe mit den persönlichen Skizzen haben sie nicht zurückgekriegt?
B: nein
JA: (---) Speicherkarte?
B: (2) ähm
Vater: (--) das von Pascal?
JA: ja
Vater: haben sie auch?
JA: =h=hm
B: (--) also glaub's schon zurück mit dem USB-Stick
JA: (-) eine Speicherkarte und USB-Stick ist zurück (--) gleicher Tag wie der Laptop (.) ja

	Vater: (1) ja das kann gut sein (-) ja ja (-) das ist bestimmt auch so JA: (1.5) Kopfkamera ist zurück B: (.) h=hm JA: (1) und: das Mobiltelefon ist zurück? B: ja
JA: (*zählt weitere Sachen auf*) Handschuhe, war es kalt oder wegen den Spuren?	JA: (-) h=hm (1.5) dann hätten wir also noch (---) vier Blackbooks mit Skizzen (---) eine Mappe mit persönlichen Skizzen (.) eine Sporttasche (---) mit (-) Spraysachen (-) Handschuhe (1) ist kalt gewesen? (-) im: August? B: (--) ja JA: =oder ist's (--) wegen den Spuren am Tatort gewesen?
B: Beides.	B: ja das auch JA: (-) beides? hm? (.) ok (1) zwei Marker sechs Spraydosen sieben Sprayköpfe (2) haben wir da (4) möglich? B: ja
JA: Was sollen wir mit den restlichen Gegenständen machen?	JA: gut (---) was sollen wir machen mit dem? B: (1) mit was? mit Spraydosen? JA: (1) jo gut also die Spraydosen Vater: mit den Resten was er jetzt grad aufgezählt hat B: =ja Vater: =was er damit machen soll Pascal

B: Das müssen Sie entscheiden. AF Ich brauche es nicht mehr.	B: (1) ich weiss nicht (.) das müssen sie entscheiden JA: =ja entscheiden tun wir's dann schon (.) aber was ist ihre Meinung dazu? (.) das täte mich wundern Vater: (1) ich hab grade noch eine Idee JA: (.) hm! (-) [das:] B: [ich brauch] JA: =kann ich mir vorstellen! B: =ich brauch's nicht mehr JA: (2) brauchen sie's nicht mehr? B: =nein
JA: Sollen wir das als schlechte Erinnerung entsorgen?	JA: (---) sollen man das: Vater: (---) wegwerfen JA: (-) [als:] B: [je] nach dem JA: (--) schlechte Erinnerung entsorgen?
B: Können Sie machen. Vater: Bitte. JA: Als Abschluss? B: Ja. JA: Du wurdest in Olten ja auch festgenommen, wie war das?	B: ja Vater: vielleicht hat das ja was ja [(unv.)] JA: [ok] (.) gut (2) als Abschluss? B: h=hm JA: (---) gut (1.5) machen wir (--) hm (5) jetzt sind sie ja festgenommen worden hm? (1) wie ist denn das gewesen in Olten? B: (1.5) als ich in Olten festgenommen [wurde] JA: [ja]
B: Stressig. JA: Wieso? B: Man wird eingesperrt und alles drumm herum.	B: (2) stressig JA: stressig (2) wieso? B: (2) jo keine Ahnung (---) weil: (1) da wird man halt eingesperrt (.) und alles Drum und Dran

JA: Du wirkst heute auch ein wenig gestresst, also ziemlich? B: Ja.	JA: h=hm (2) h=hm (1) sind sie heute auch ein bisschen gestresst? B: ja: JA: ganz leicht! (1) also ganz leicht ist ein bisschen untertrieben ziemlich hm? B: (1) jo
JA: Bist du gestresst, weil noch mal alles aufgerollt wird, weil dein Vater hier ist, weil ich dumme Fragen stelle?	JA: (--) h=hm (1) gestresst? (---) weil nochmal alles auf(-)gerollt wird jetzt? (-) noch mal alles hervorkommt? B: (-) hm JA: =gestresst weil der Papa nebendran sitzt? B: hm JA: =gestresst weil ich so dumme Fragen stelle?
B: Es kommt alles zusammen. JA: Du warst schon einmal mit Piu bei Herrn Peter* gewesen, im Oktober 2012*. Warst du dort nicht so gestresst?	B: (-) ja es kommt alles zusammen JA: =kommt alles zusammen? (--) ok (1) h=hm (2.5) h=hm (11) jetzt sind sie ja schon einmal (1) mit dem Piu zusammen (--) im Oktober 12 beim Herrn (.) Peter* gewesen? oder? B: h=hm JA: dort sind sie nicht so gestresst gewesen? B: (--) ähm (--) damals habe ich einfach nicht gewusst wie mich verhalten JA: (-) nein! (-) das ist ja nicht vorausgesetzt gewesen! (--) das (-) da komme ich nachher noch dazu (.) was ihr draus gelernt habt letztlich (---) Frage ist gewesen (-) als sie zum (.) zum Herrn Peter sind damals (.) dort sind sie nicht so gestresst gewesen wie jetzt?

B: Doch	B: doch JA: (-) doch? B: =hm
JA: Wieso hast du denn nichts daraus gelernt?	JA: h=hm (2) und jetzt kommt die Frage (.) und wieso haben sie nichts gelernt daraus?
B: Weil ich nicht komplett aufgehört habe, sondern legal angefangen habe, zu sprayen. Das hat sich dann ins Negative aufgebaut.	B: (1.5) weil ich (-) also ich denke weil ich einfach nicht komplett aufgehört habe sondern dann immer wieder an (-) legal angefangen habe zu sprayen und es hat sich dann (2) negativ aufgebaut (-) ins: Negative
JA: Aber ernsthaft jetzt. Es sind ja nicht nur Taggs, wo man schnell hinsprayt. Es sind Arbeiten. Ist es ernsthaft, dass du jetzt findest, es war blöd?	JA: h=hm h=hm (1) aber ernsthaft jetzt (1.5) wir haben's vorhin mit deinem Papa davon gehabt (1) es sind ja (1) es sind nicht einfach Taggs (.) wo irgendjemand hin (---) auf eine (-) weisse Wand (2) innerhalb von zweieinhalb Sekunden (1) hingeschrieben sind B: (-) also JA: =sind Arbeiten (-) wo gemacht werden oder? B: =h=hm JA: (3.5) ist das ernsthaft jetzt dass sie finden das ist (2.5) blöd gewesen?
B: Ja. AF Ja, weil es Stress gibt.	B: (---) mh ja JA: (1.5) wegen was denn? B: (.) [weil] JA: [weil]'s jetzt so Stress gibt oder? B: ja

JA: Hat dieser Stress auch positive Auswirkungen? B: Nein.	JA: (---) hm (.) ok (2) h=hm (5) hat der Stress auch positive Auswirkungen? B: (--) mh: nein JA: (-) nicht? B: (-) mh hm
JA: Im Sinne davon, dass du aufhören könntest? B: Ah, ja. AF Ja, ernsthaft.	JA: (--) im Sinne davon dass ihr könntet aufhören? B: (---) aha JA: uhm! B: (-) ja JA: (---) das schon? B: =h=hm JA: =ernsthaft? B: (-) ja
Vater: Darf ich Sie was fragen? Wir haben uns gekümmert und viel Kontakt aufgenommen. Wie kann man solchen Jugendlichen helfen? Bei Herrn Peter war ich fest davonüberzeugt, wir haben was gelernt. Heute würde ich das gerne auch machen, wenn wir raus gehen, aber unterschreiben würde ich es Ihnen vermutlich nicht. Man teilte mir aus fachlichen Kreisen, dass es unser Ding ist. Wir müssten als Familie aus dieser Nummer raus. Wenn es ihn dann aber wieder überkommt, wird es schwierig.	Vater: (-) darf ich sie noch was fragen? JA: ja Vater: (1.5) haben sie nicht auch noch irgendeine Idee? (-) ähm (.) wir haben uns natürlich (1) gekümmert wie man sich (---) mh deshalb pf ja JA: ja? Vater: wenn es noch (.) die Frage ist eine Andere (.) und zwar ist es so wir haben jetzt noch links und rechts =ich Kontakt aufgenommen mich schlau gemacht JA: =h=hm (.) klar Vater: (---) haben sie noch eine Idee wie man solchen Jugendlichen auch (-) helfen kann? (1) nein ich sag das jetzt ganz JA: =ja? Vater: weil das ist ja eigentlich die Frage die sie auch öfter hören

JA: =ja ja
Vater: =es ist ja schön und gut dass wir jetzt (---) uns hier treffen (-) sie ihre Arbeit machen (1) wir: (-) versuchen (.) ihnen mitzuteilen! (--) dass wir was gelernt haben (-) als wir bei Herrn Peter waren (-) bin ich rausgegangen und war fest davon überzeugt
JA: =ja
Vater: =ja wir haben was gelernt (1.5) heute sitze ich hier und denke ja (-) wenn ich heute hier rausgehe würde ich das auch gerne sagen (.) nur unterschreiben würd ich's ihnen vermutlich nicht (-) wenn ich ganz ehrlich bin (---) und das ist eben die Frage an sie ob pf (---) ob man da noch (--) ich hab mich insofern erkundigt als (.) dass man mir hat man mitgeteilt aus fachlichen Kreisen: (1) das ist unser Ding
JA: (3) ja [das ist]
Vater: [unser Ding] unser Ding
JA: =ja ja
Vater: =im Sinne von wir müssen aus der Nummer raus (.) als Familie (--) was auch immer ja und (.) wenn Pascal (--) auch reuig ist: (--) aber es ihn dann wieder überkommt (---) dann wird das schwierig

JA: Es gibt Situationen, wo man fachlich was machen kann. Bei ihnen es extrem schwierig, das erlebe ich seit zwei Jahrzehnten. Es ist ja auch Kunst.

JA: (-) es (1) es (.) es gibt verschiedene (1) es gibt Situationen wo man fachlich etwas kann machen
Vater: =h=hm
JA: wo ich kann unterstützen

Das führt dazu, dass man es nicht so schlimm findet. Es ist ein sehr eng zusammenhaltender, abgeschlossener Kreis, welche sich nicht gegenseitig verraten. Sie geben auch sicher nichts zu, was nicht unmittelbar bewiesen wurde.	Vater: h=hm JA: (-) ich erlebe es (---) seit (--) zwei Jahrzehnten bei ihnen (-) immer wieder (---) dass es extrem schwierig ist Vater: h=hm JA: (--) weil's ist auch halt (.) und und da haben sie habt ihr nicht Unrecht es ja auch Kunst (.) was ihr macht (---) und das führt dazu dass man das Gefühl hat es sei nicht so schlimm (2) und dann ist's ein abgeschlossener Kreis (2) also es ist ein sehr (---) eng zusammenhebender Kreis (.) wo wo nichts (---) wo sicher nie etwas über die anderen würde sagen Vater: h=hm JA: (---) ist so (-) wo sicher nicht etwas zugeben wenn's nicht unmittelbar bewiesen kann werden Vater: das ist jetzt JA: =das ist Vater: =auch noch wichtig für uns (.) ich finde =wir haben natürlich besprochen JA: =ja
Vater: Ich finde die Einstellung, zuzugeben, was man gemacht hat, gut.	Vater: =ich finde die Einstellung zuzugeben was man macht gut JA: =ja (.) ja Vater: aber (-) so das ist aber =das kennen sie aus ihrer Erfahrung bereits

JA: Es ist unglaublich schwierig, wenn jemand überzeugt ist, dass es schön ist, diesen davon abzuhalten, weiterhin etwas Schönes zu machen. Vor allem, wenn wir auch zugeben müssen, wir geben es zu, weil es zum Teil ganz klar Kunst ist. Das ganz grosse Problem bei der Kunst ist, dass der, dem die Fläche gehört, einverstanden sein muss mit der Kunst. Das ist das grosse Problem, um das kommt ihr nicht herum. Wie man ihn konkret davon abhalten kann, wüsste ich aber nicht. Das können aber auch die Eltern nicht aktiv verhindern, muss ich ehrlicherweise zugeben.

JA: =ja ja das ist klar ist klar (.) ok (1) aber es ist unglaublich schwierig (.) Leute wo an sich überzeugt sind etwas Schönes zu machen (.) davon abzuhalten weiterhin etwas schönes zu machen
B: (1.5) jo
JA: (-) vor allem wenn wir auch müssen zugeben dass es da etwas schönes ist was ihr macht (-) h=hm (---) also nicht müssen oder? wir (.) wir geben es zu (.) es ist teilweise wirklich
Vater: h=hm
JA: (.) es ist Kunst (-) hm? (.) ganz klar
Vater: (.) ok
JA: das ganz grosse Problem mit Kunst ist das: (1) dass der (-) wo Fläche zur Verfügung stellt einverstanden muss sein mit der Kunst
B: mh: ja
JA: (-) das ist das grosse Problem
Vater: h=hm
JA: (---) und um das kommt ihr nicht herum
Vater: das ist so
JA: um das kommt ihr definitiv nicht herum (2) aber äh: (--) wie man jetzt konkret den Pascal könnte abhalten davon künftig wiedermal das Verlangen zu kriegen irgendein (---) an ein Gleis hinzulaufen (--) oder so (---) wüsste ich nicht

Vater: Wie gesehen.
JA: Man kann ihn nicht einsperren. Irgendwann, das kann auch am Tag sein, wir haben auch Sachen von Kollegen, welche am Tag gesprayt wurden. Man kann es nicht verhindern, es ist seine Verantwortung, ob er es wieder macht oder nicht. Es ist keine Krankheit, Therapien sind also aussichtslos.

Vater: =h=hm ok (.) das verstehe ich
JA: =können aber auch (-) und das muss ich jetzt auch ehrlich sagen können die Eltern nicht verhindern (1.5) aktiv verhindern können sie das nicht
Vater: (2.5) wie wir gesehen haben
JA: jo (.) ja (.) also ich meine man kann (-) ein Kind (.) ein Jugendlicher (---) grad im Alter von Pascal kann man nicht einsperren bei uns (-) das geht nicht (---) und irgendwann (1.5) und das muss ja nicht unbedingt irgendwann in der Nacht sein das kann auch sonst irgendwann sein also (--) wir haben Sachen wo auch am Tag gesprayt worden sind
Vater: mh
JA: (.) von Kollegen
Vater: mh
JA: (-) eindeutig (1.5) man kann es nicht verhindern (-) er ist (.) es ist die Verantwortung vom Pascal (.) ob er das wieder macht (-) oder ob er es nicht macht
Vater: (1.5) h=hm
JA: (1) aber fachlich helfen hm? das ist keine Krankheit (---) also (.) also mi (-) mit Therapien erreicht man nichts
Vater: h=hm
JA: =also das ist (-) aussichtslos

Vater: Also Augen zu und durch? JA: Schon immer wieder kritisch hinterfragen, was er macht. Aber Ausgangssperren nutzen letztlich nichts. Einfach immer wieder das Gespräch mit ihm suchen.	Vater: also (.) Augen zu und (-) durch JA: (2) ja halt (--) schon immer wieder kritisch hinterfragen was machst? (2) also der die üblichen erzieherischen Massnahmen wo man hat (.) also nicht Vater: =ja ja JA: =also Ausgangssperren die nützen letztlich nichts (1) aber (-) einfach immer wieder auch das Gespräch suchen (.) und wie läuft's und was machst? und
Vater: Ich hoffe, dass es irgendwann draussen ist. Vielleicht ist es heute, vielleicht sehen wir uns bald wieder.	Vater: (-) weil das (.) deckt sich auch mit meiner Theorie Pascal (.) ich denke du du ja (2) irgendwann hoffe ich (.) vielleicht ist es heute (-) sage ich auch ganz ehrlich (.) vielleicht sehen wir uns auch nochmal wieder (-) ich hoffe dass es dann irgendwann (-) draussen ist JA: =ja Vater: =da werden sie sicherlich später auch nochmal was zu sagen was (.) wo wir grade sind (-) und (.) was passiert wenn JA: (--) ja also Vater: =wenn wir nicht zur Einsicht kommen
JA: Das Problem ist, dass Pascal bald 18 wird. Wenn er dann reinläuft, wird es viel teurer als hier, das muss ihm bewusst sein. Abgewöhnen muss man es sich vorher.	JA: =ja das Problem ist der Pascal wird (1) in zwei Jahren (.) anderthalb Jahren ist er (.) achtzehn B: mh JA: (1) und wenn er in anderthalb Jahren (---) reinläuft beim Sprayen (---) dann wird es (--) viel teurer als auf der Jugendanwaltschaft

	B: ok JA: (1) das: (.) das Bewusstsein muss da sein und (.) abgewöhnen muss man es sich vorher Vater: =gut (---) ja JA: =weil sonst macht er weiter auch wenn er erwachsen ist dann interessiert einem das nicht (1) hm (.) ja
Vater: Das haben wir auch so besprochen. Irgendwann ist er 18, dann ist er erwachsen und dann schauen wir, wo wir sind.	Vater: (-) ok aber ich sage das haben wir auch so besprochen was sie sagen (2) wir machen's so wie es ist (-) auch so und (---) irgendwann bist du achtzehn Pascal und dann (.) bist du erwachsen (.) und dann (-) schauen wir mal wo wir sind (.) ok? B: =h=hm
JA: Es sind ja nicht bösartige Ideen.	JA: (-) ja an sich (.) wissen sie es ist ja (-) das das ist ja auch etwas wo ich (.) auch immer wieder feststelle es sind ja nicht (--) bösartige Ideen wo sie haben (.) hm?
Vater: Meine Frau ist noch emotionaler, aber wir sind hier nicht beim Doktor und Sie sagen, dass er nur noch 6 Monate zu leben hat. Hast du noch etwas zu sagen, Pascal?	Vater: nein das wir uns darüber einig sind es ist (.) ich hab's zu meiner Frau gesagt (.) die ist jetzt noch ein bisschen emotionaler unterwegs aber das (.) finde jetzt noch gut was sie sagen (-) wir sind hier nicht bei Doktor und sie teilen uns mit dass er noch sechs Monate zu leben hat das muss auch v im Kontext packen ok? sind wir einverstanden? JA: =ja ja Vater: =das ist gut (.) ok (---) Pascal willst du auch noch was sagen? JA: (---) hm!
B: Nein.	B: (.) hm (.) nein

Einvernahmeprotokoll 6 (EVP 6):
Einvernehmende Behörde: Jugendanwaltschaft.
Protokollführende Person: Sozialarbeiterin.
Alter des beschuldigten Jugendlichen im Zeitpunkt der Einvernahme: 16 Jahre.
Dauer des transkribierten Inhaltes: 16 Min. 00 Sek.
Relevante Tatbestände: Sachbeschädigung (Art. 144 StGB) und Widerhandlung gegen BetmG.

Einvernahmeprotokoll:	**Transkription:**
(Sachbeschädigung)	
	Jugendanwaltschaft: also denn (.) werden zuerst noch das mit dem Mercedes-Bus* anschauen (-) weil (1) Beschuldigter: [was]?
Jugendanwaltschaft: Das war am 17. Juli*. Du kennst wohl eine Person, die Matthias Sebastian* heisst? Thilo Grün*?	JA: [damit] wir beraten was passiert ist (.) der Mercedes-Bus am 17. Juli* (--) du kennst glaub ein Mann wo Matthias Sebastian* heisst? B: (-) von wo? JA: =von Baden* (.) eine (.) Person die heisst Matthias Sebastian? (-) kennst der? B: (--) sch: JA: (-) ein Thilo Grün*?
Beschuldigter: Ja. Die kenne ich.	B: (1) ja die Person kenne ich JA: (1) und der andere kennst nicht? B: (--) ähm: [bewusst (.) nicht] JA: [=Thilo (.) Grün] (-) ich glaub der von [denen] B: [also] ich (.) [hab ein paar Mal von ihm gehört]

JA: Die beiden sind mit einem gemieteten Auto durch die Ringgasse* in Baden* gefahren und es hat gescheppert. Dann wurdest Du angehalten.	JA: [hat sich ein Mercedes-Bus gemietet] bei der Auto AG* B: =h=hm JA: (-) und dann sind (.) ist der Matthias der ist gefahren B: =h=hm JA: aber der Thilo hat glaub gemietet B: (.) Matthias [erinnere ich] JA: [und der ist gefahren] B: mich oder? mh JA: =durch die Ringgasse* in Baden B: =hm JA: =und dann hat's irgendwie gescheppert (-) und dann hat's geheissen (.) der Mercedes-Bus ist beschädigt B: =hm JA: (--) und (.) es scheint sind drei männliche Jungs mit Kapuzenpullover von uns so davon gerannt (1) dann ist er noch auf dich zu gekommen und hat dich glaub (-) mit dem konfrontiert? (.) weisst das [noch]?
B: Ja. Ich wurde festgenommen. Ich musste da zwei Stunden in der Zelle sein und mich ausziehen. Als wir vom Polizeiposten kamen, dann bin ich wieder da vorbei. Beim Shop* hintendran bei einer Tiefgarage. Da sind wieder Steine runtergefallen. Der Polizist hat mir nicht geglaubt.	B: [jo so] festgenommen irgendwie (.) zwei Stunden in die Zelle und (.) [so wie] JA: [wegen] dem? B: (.) jo und ich hab mich müssen ausziehen und alles mögliche also JA: =wegen dem? B: (.) keine Ahnung was will ich [anstellen] JA: [also] an dem Tag ist es gewesen? B: =genau an dem Tag

JA: =ok

B: =ich weiss bis jetzt noch nichts von was um was es da eigentlich geht

JA: =ok

B: =ich bin nur mit meinem Kollegen gegangen Bier trinken

JA: (---) aber du bist nicht davon gerannt oder so?

B: =nein ich bin die ganze Zeit dort geblieben und [hab]

JA: [ok]

B: (.) dort ein Bier getrunken

JA: Die Aauto AG* hat festgestellt, dass der Schaden am Auto schon vorher da war.

JA: =da ist ein Verzicht des Strafantrags (.) weil ähm (.) die Auto AG hat festge festgestellt (.) dass der Steinschlag schon (---) am Auto dran gewesen ist zu vorm Tatzeitpunkt und vorm vermeidlichen Tatzeitpunkt (--) das heisst das kann nicht sein dass dass ihr den Schaden gemacht habt oder?

B: (.) also's grad da wenn ich vom (-) Polizeiposten wieder dort hingegangen bin

JA: =hm

B: =hat's plötzlich wieder irgendwie so Steinhagel gescheppert also beim (-) es hat ja dort so eine (.) wie heisst's? so ein (-) Eingang zu einer Tiefgarage (-) und dort sind irgendwie ist irgendetwas runtergeflogen wo ich dann wieder rausgegangen bin

JA: =hm vis-à-vis vom Restaurant* dort oder wo?

B: [nein nein]

JA: [oder ist]
B: ist gewesen beim ähm (1) äh: (--) wo ist des?
JA: =beim Polizeiposten?
B: =irgendso nem Shop* also beim
JA: [=h=hm]
B: [Shop] (.) hintendran hat's so eine (--) wie einer Kreuzung also kamen wir grad da aus
der Tiefgarage raus oder? (-)
zum äh (.) Supermarkt* und dort (-) irgendwann dort sind Steine runtergeflogen (.) einfach so
JA: (--) und das hast dem Polizisten nicht gesagt?
B: (.) wie?
JA: (.) hast das dem Polizisten [nicht]?
B: [er hat's] mir nicht geglaubt
JA: =uhum
B: (3) ist nicht so ein netter gewesen
Mutter: (-) ich find's auch
JA: =der Polizist?
B: ja:
Mutter: (-) das muss ich auch sagen das find ich [krass]

B: Der Polizist war leicht sadistisch veranlagt. Der ist ausfällig geworden. Mein Kollege und ich wurden voneinander getrennt. Ich weiss nicht, ob es ihm gleich gegangen ist.

B: [leicht] sadistisch veranlagt
Mutter: (-) das
JA: =ist das der Herr Burgmann* gewesen? oder wer?
B: =ich weiss nicht also er hat Glatze gehabt und so ein paar (-) so so (.) Ohrringe

Mutter: (2) und dass er sich bis auf d auf auf die Unterhose hat ausziehen ohne das irgendwie etwas das find ich etwas krass (.) also [muss ich sagen]
B: [und Belei]digungen und so Sachen
JA: =auch Beleidigungen?
B: [ja]
JA: [und] du bist anständig gewesen?
B: (-) wie?
JA: =du hast dich anständig benommen?
B: =ich habe einfach erzählt ich habe nicht eingesehen dass ich mich ganz soll ausziehen (.) weil äh (--) dann hab ich so gefragt ja wieso soll ich das machen und dann hat er gesagt zuerst erzähl ich nichts und das sollte ich irgendwie (-) akzeptieren und dann ist er ein bisschen ausfallend geworden
A: (4) und (1) und (2) euh (.) haben sie alle die wo =du bist ja mit jemandem zusammen am Bier trinken gewesen? oder?
B: =ja
JA: (---) die Person haben sie auch mitgenommen?
B: =ja
JA: (1) das ist wer gewesen? (-) du und der (.) Kevin*?
B: (.) ja genau
JA: Müller* (2) und der hat das auch müssen?
B: (---) das weiss ich nicht (.) wir sind dann getrennt worden (.) also

JA: *Liest Aussage des Geschädigten aus den Akten vor.*	JJA: =ja ok (15) also der Geschädigte hat bei uns gesagt (1) er ist mit dem mit dem Mercedes-Bus in der Ringgasse gefahren als ich plötzlich bemerkte dass das Fahrzeug mit Steinen beworfen wird (--) ich sah wie fünf bis sechs dunkel gekleidete Ju gekleidete Jugendliche davon rannten (.) genau erkennen konnte ich jedoch keinen der Täter B: =mh JA: (1) bei den Jugendlichen handelte es si (.) sich wohl (.) bei allen um Männer einer von ihnen trug einen Kapuzenpulli (-) die Steine die geworfen wurden konnte ich nicht mehr finden (1) mit Marvin Bauer* der sich in der Nähe befindet hatte ich schon immer Probleme B: ja das stimmt also ich JA: =das stimmt B: =die Aussage vom Thilo Grün oder? JA: (--) nein von dem Matthias
B: AF Matthias kenne ich nicht persönlich. Ich weiss wer das ist. Mit Thilo hatte ich früher Ärger. AF das ist Rufmord, was der sagt. Das stimmt nicht, dass ich mit Drogen deale. Der hat schon immer einen Grund gesucht, mir Ärger zu machen.	B: (.) ähm (.) den kenne ich nicht von persönlich (.) wollt ich weiss nur wer das ist aber hab noch nie mit dem geredet [oder so] JA: [ok] (4) ja äh [aber der Grün sagt das] B: [(unv.)] JA: auch ich kenne [den da beim Platz* arbeitend]

B: [(unv.)] und ein bisschen Streit gehabt früher ein Mal
JA: (.) äh (-) was?
B: da wo ich ein bisschen Ärger gehabt früher mit ihm aber sonst
JA: =wegen was?
B: (.) äh pf: ist eine lange Geschichte (.) so Schule und so
JA: (.) also er ist scheint's Türsteher
B: (---) wo?
JA: (1) ich ke da ich an vielen Orten als Türsteher arbeite beziehungsweise für die Sicherheit schaue (1.5) er dealt regelmässig mit Drogen und das ist bekannt
B: (-) h=hm davon weiss ich [nichts]
JA: [das] sagt er! (-) wieso sagt [er vor uns]
B: [das ist eine] falsche Aussa =das ist Rufmord
JA: (.) das ist Rufmord?
B: =ja ich deale nicht (1.5) also
JA: (-) ich traue ihm durchaus zu dass er mit seinen Kollegen die Steine gegen das Auto geworfen haben
B: =ne das traue ich mir nicht zu weil ich nicht so dumm bin
JA: =h=hm (.) wieso sagt er so Sachen?
B: ich weiss nicht =aber eben schon =also hat schon immer einen Grund (.) gesucht (.) zum irgendwie Ärger zu machen oder so eigentlich (.) aber (-) ich bin ja erst grad dort scheint's kurz nach dem

	gewesen dass (.) grad als mit dem (.) die andere Sache schon wieder dort gewesen (.) das ist ähm die Sozialstunden abz (.) das heisst ich bin nicht so dumm dort wieder grad etwas zu machen also JA: (.) und was ist das gewesen? (-) anfangs Juli? B: (.) äh: ja kann sein irgendwie JA: (.) wann war's genau? Mutter: =ja das ist am 13.* also bis am drei (.) anfangs Juli B: =hm ja Mutter: =hm
JA: Wo warst Du dann am Bier trinken?	JA: (-) ok und du bist einfach (.) wo bist du gewesen zum Bier trinken? B: (.) äh grad JA: (---) in einer Beiz oder draussen?
B: Das ist schwer zu erklären. Bei der Tiefgarage hatte es so eine Mauer. Dort haben wir das Bier draufgestellt. Meine Kollegen waren vorher noch dort. Die haben aber auch nichts gemacht. Es war sonst niemand mehr da. Ich glaube, ein älterer Mann kam noch vorbei.	B: =nein nein ist draussen gewesen grad eben an der (---) 's ist schwer zum erklären ist grad (.) Eingang zu der Tiefgarage und grad dort hat's so eine (.) so eine Säule grad mit so einer (.) ja einfach so eine (.) Mauer und dort sind Bier gestanden wir sind dort gestanden und haben etwas geraucht (-) haben dort Musik gehört aber nicht so laut JA: (.) und hast du jemand gesehen wo dort gewesen ist? wo das (.) das könnte gemacht haben? B: also meine Kollegen sind noch vorher dort gewesen oder? (.) sie haben (.) sind ganz benehmt gewesen sie haben gar nichts gemacht

JA: (2) und davon rennen hast auch niemand gesehen?
B: (.) wie?
JA: jemand (.) jemand wo davon gerannt ist?
B: (.) nein: (.) also wir sind (-) immer dort gewesen und es ist keiner also wir haben nie jemanden gesehen
JA: =das heisst
B: =nur jemand so ein (.) alter Herr wo rübergelaufen ist aber ich glaub nicht dass

Jugendanwaltschaft zeigt Foto aus den Akten.

JA: (3) dort sieht man den Ort wo du (---) Bier getrunken hast?
B: (-) ähm ich seh nichts
JA: =glaub nicht so gutes Licht
B: =das ist das ist ein komisches Bild
JA: (-) das ist aus der Ringgasse (2) da sieht man den Laden* und
B: (--) ne das ist nicht dort gewesen
Mutter: (2) dort ist der Laden
B: (1) dort wo ich
Mutter: =siehst (.) dort ist der Laden (.) dort d der sch
B: =ah da ist der Kleinladen* oder?
Mutter: =jo genau
B: =wir sind dort hinter also (.) wir sind dort hinter dem (.) gelben Gebäude gewesen dort am Bier trinken (--) ich bin nie da vorne [gewesen]
JA: [ist das] eine Seitenstrasse oder was heisst das?

B: Wir haben im Haargässchen* Bier getrunken. Nicht dort in der Ringgasse. Hr. Grün hat der Polizei sicher gesagt, dass ich kiffe. Deshalb haben die mich wohl durchsucht. Ich weiss, dass die meisten Polizisten aus Baden nicht so freundlich sind.

B: =wie? =also wir haben ja grad dort (.) grad dort auf'm auf dem (.) Platz bei dem Supermarkt hat's so eine (.) Strasse wo [dort rein geführt]
Mutter: [Haargässchen*]
B: =Haargässchen heisst das (.) also [wo wir gewesen sind]
Mutter: [aber dort beim Haar] gässchen
JA: =h=hm
B: dort sind wir auch Bier trinken
JA: =also wir waren im Haargässchen wir waren gar nicht in der Ringgasse hm? (.) Bier trinken (---) hm?
B: (.) ne also ich bin nie dort gewesen an den Tag (-) [also]
JA: [ok] auf jeden Fall ist äh kein Sachschaden entstanden an dem Auto also haben wir kein Delikt
B: =h=hm
JA: aber ich sag dir einfach was da passiert ist hm?
B: =ja
JA: =du bist recht ran gekommen (.) worden was meinst warum ist das passiert?
B: (--) was? (.) genau?
JA: (1) dass du so dran gekommen bist? (---) von dem Polizisten ist das einfach Pech gewesen oder was?
B: (-) ähm ich weiss es nicht =also sicher weil der Herr Grün irgendwie gesa also (.) dem Polizisten gesagt hat dass ich (.)

kiffe das hat er ja sicher gesagt (.) das ist scheint's der Grund zum untersuchen also zum (.) über zu gehen ein bisschen und: (1.5) ich kann ich kann mir's nicht vorstellen was im (3) also allgemein die Polizisten [die Polizisten]
JA: [und der Polizist] (.) hast du hast den gekannt von?
B: =nein
JA: hast du schon mal Kontakt gehabt?
B: =aber ich (.) weiss dass (.) die meisten Polizisten aus Baden nicht gerade so (-) nett also es stimmt
JA: =jugendfreundlich sind?
B: =ja

JA: So oder so gibt es eine Nichtanhandnahmeverfügung. Es liegt kein Strafantrag vor.

JA: (1) also in dem Fall (--) fehlt (.) die Prozessvoraussetzung wir haben eine (.) eine Sachbeschädigung wo nicht passiert ist und (--) gar kein Strafantrag (.) und wenn kein Strafantrag da ist dann kann mann kein Prozess (--) führen in derer Sache (-) es heisst es gibt eine (.) Nichtanhandnahmeverfügung (.) also du bekommst dann (1.5) mit separater Post oder so (.) wir sehen dann wie du's zugestellt bekommst hm? (1) also kommen wir zum zweiten Fall (2) haben wir etwas? (--) hast du noch etwas zu dem? (.) nein (1) kommen wir

(Widerhandlung gegen das Betäubungsmittelgesetz)

zum zweiten Fall (--) dort geht's jetzt um's Kiffen hm?
B: =h=hm

JA: Du bist mit Peter Schneuwly* am 11.08.2014* von der Polizei kontrolliert worden. Ihr habt den Joint auf den Boden geschmissen.	JA: =da bist am 10. August* im Lütichpark* gewesen (-) mit einem gewissen Peter Schneuwly* (.) und der ist auch jugendlich (1.5) und: (1) dann seid ihr um (.) um elf Uhr der Nacht kontrolliert worden (---) durch die Polizei hm? B: =ja JA: (-) die sind anständig gewesen? B: =ja die sind nett gewesen JA: aha (--) dann bin ich froh das zu hören B: =h=hm JA: (.) ok! (2.5) und dann haben die dort sind die vorbeigekommen und dann habt ihr schnell den Joint auf den Boden geschmissen? wo was ist dort passiert? verzähl doch mal
B: Es war ein «Stümmeli». Die sind vorbei gekommen und haben es halt gesehen. Es war nicht viel. AF wir hatten halt Bock. Wir wollten zuerst in die Party im Freizeitraum*. Die war aber ein Privatanlass. Deshalb konnten wir nicht rein. Dann gingen wir ins Lütichpärkli*. Dort wurden wir erwischt. AF ich sage nicht, wer der Kollege war, der uns den Joint gegeben hat.	B: (1) ja es ist nur so (.) ein Stümmeli gewesen ungefähr so (.) nicht viel drinnen (.) und dann grad dann sind sie gekommen und (.) dann haben sie ihn halt schon gesehen und dann haben wir nicht mehr viel können machen und (.) ist auch nicht mehr gewesen oder? JA: ah ok (1.5) und wie ist es dazu gekommen dass ihr ähm: (1.5) im August: mitten in der Nacht im Park sitzt und kifft?

B: (-) euhm (.) wir haben (.) Bock gehabt ja! (.) was soll ich noch sagen? als uns (.) wir haben zuerst an die Party wollen gehen wo grad nebendran gewesen ist beim (-) äh wie heisst das? ähm (2) Freizeitraum* heisst das das ist so eine (.) Party (.) kleines Partylokal wo man mieten kann
JA: =h=hm
B: =wir haben zuerst dort hin wollen gehen aber das ist eine Privatparty gewesen
JA: (.) =ok
B: =dann sind wir dort in den Lütich und haben den Joint geraucht und ja dann haben wir Pech gehabt
JA: (-) also ihr seid eigentlich an der Party gewesen?
B: (.) nein wir wollten ursprünglich dort hingehen aber haben dann erfahren dass das (.) eine Privat[party ist]
JA: [privat ist] dann habt ihr gar nicht dürfen gehen?
B: nein nein da sind wir nicht rein gekommen
JA: und: dann (2) habt ihr gesagt jo den Joint habt ihr euch geteilt oder? und
B: =mh
JA: (.) jo von einem Kollegen geschenkt bekommen
B: =ja

	JA: (.) und der Kollege (1) wer ist der Kollege? B: =mh das sag ich jetzt nicht JA: =das sagst jetzt nicht uhm? B: =ne JA: =da machst eben (-) Gebrauch von deinem Aussageverweigerungsrecht? B: =ja stimmt JA: =h=hm (6) warum kiffst du? (.) Marvin
AF ich kiffe wegen dem Stress. Zum psychischen Stress abbauen. Es hat sich nicht als so hilfreich erwiesen.	B: (-) ähm (1) wegen dem Stress also (.) früher mal (--) dass ich so (.) so auch psychischer Stress ein bisschen JA: =psychischer Stress? B: =so ein bisschen abbauen oder? (--) das hat sich (.) im Laufe der Zeit ein bisschen als (---) nicht so hilfreich erwiesen (-) wenn ich ehrlich bin JA: (---) ok
Ich probiere zu reduzieren. Eine Zeit lang habe ich täglich einen Joint gekifft. Jetzt probiere ich es auf das Wochenende zu reduzieren oder ganz sein zu lassen. Vor 1,5 Jahren oder 2 Jahren habe ich angefangen. AF das erste Mal kiffen war lustig, amüsant. Es war eine gute Erfahrung. Ich habe gedacht, das kann man ja wieder einmal machen. Dann kam es wie immer.	B: (.) ich probiere jetzt auch (--) ich probiere jetzt (.) zu reduzieren aber es ist nicht so einfach JA: (--) äh reduzieren von wie viel auf (.) auf was? von welchem Level? welches [Level] B: [weiss nicht] (--) äh (--) so eine Zeit lang habe ich täglich einen Joint gekifft (---) probiere jetzt auf's Wochenende (-) beziehungsweise gar nicht mehr JA: =hm B: (-) zu reduzieren

Dann habe ich täglich geraucht und es war dann mal auch nicht gut.

JA: (.) und weisst du noch wann du angefangen hast mit dem Kiffen?
B: (1) das ist gewesen (1.5) muss grad überlegen (4) 1.5 bis 2 Jahre ungefähr
JA: (2) 1.5 (1.5) bis 2 Jahre (--) ok (.) also gut (3) wie hast (.) und wie bist das erste Mal (-) uhm (.) was ist das erste Mal gewesen wo du gekifft hast? (-) weisst du noch wie das gewirkt hat auf dich?
B: (.) ähm (1) ziemlich (---) lustig also ist sehr (--) amüsant gewesen
JA: (--) war's ein (.) gute (.) ist ein guter: Flash gewesen?
B: =genau ja
JA: (.) alle Probleme vergessen?
B: =genau
JA: =alles lustig?
B: =ja
JA: =h=hm (--) und dann hast du was beschlossen?
B: (1.5) also beschlo grad beschlossen (.) beschlossen habe ich nichts einfach gedenkt (.) ja das kann man wieder mal machen
JA: =das kann man wieder mal machen?
B: =dann (.) ist es so gekommen wie immer dass aus (-) ein paar Mal wird's jeden Tag und dann (-) mit der Zeit fängt's dann an negativ zu wirken
JA: =hm und wahrscheinlich hat's auch Tage (.) gegeben wo du mehr als eine geraucht hast?

B: =ja ja natürlich (.) das ist klar (-) aber (--) das ist nicht regelmässig gewesen

JA: =ok (-) und du hast jetzt als erstes gesagt wo wir dich gefragt haben warum machst du das (.) hast du gesagt (.) du machst zum den psychischen Stress abbauen

Ich habe ja keinen Vater. Das stresst mich halt manchmal. Auch sonst Sachen. Ich hatte halt immer mal wieder Stress mit den Lehrern. Manchmal hatte ich wohl einfach auch Pech mit den Lehrern.

B: (-) ja also ich hab's manchmal (.) nicht so leicht =also ich habe (.) habe ja keinen Vater und so und das ist noch etwas auch ein bisschen schwer für mich dann probiere ich das (.) habe ich das probiert es damit zu kompensieren

JA: (.) dass du kein Vater hast?

B: =ja also nicht nur das

JA: =und sonstiger Stress was ist sonst noch gewesen? also kein Vater?

B: =ja es ist viel passiert in der Vergangenheit aber das will ich jetzt nicht alles verzählen oder

JA: (.) aber ist vielleicht noch wichtig (.) einfach nur so nur (-) nur (-) punktuell (.) Freundin oder so?

B: ne nein habe ich nicht

JA: Schule?

B: (--) Schule ja da habe ich immer ein bisschen Stress mit den Lehrern gehabt (.)
warum? (---) es ist (.) eigentlich immer so also in jeder Klasse habe ich das gehabt

JA: (--) mit den Lehrern?

B: =ja

JA: =weil du (.) frech bist? =oder laut? =oder störend?
B: =ja das ist teilweise auch
JA: (---) und äh::
B: =habe manchmal auch ein bisschen Pech gehabt mit den Lehrern
JA: (.) [also]
B: [das tut] meine Mutter sogar bezeugen
Mutter: =mh
JA: =aber du bist ein guter Schüler gewesen?
B: (.) ja
JA: (.) grundsätzlich
B: =mh
JA: (.) du bist ein guter Schüler gewesen vorher?
B: (-) also (-) wo meinen sie jetzt (.) bin an vielen Orten gewesen!
JA: (--) bevor du
B: (-) bevor ich gekifft habe?
JA: =eine hast du abgebrochen?
Mutter: (-) zwei
JA: =zw die
Mutter: =nein
JA: =der erste Abbruch ist wo gewesen?
B: =ähm
JA: =bist doch im Gymi gewesen oder?
B: =genau
JA: =in welchem?

AF ich war im Gymi Schulhof*. Das habe ich abgebrochen. Ich wurde	B: (.) im (.) Schulhof* JA: (.) im Schulhof B: =ja

schulmüde. Nach ca. 3/4 Jahren Gymi habe ich angefangen zu kiffen. Die Schulmüdigkeit hat schon vor dem Kiffen angefangen. Dann ging ich in die Förderschule* und dann in die Berufsschule*:
AF das Kiffen ist sicher auch ein Grund, dass ich hier an dem Punkt bin, wo ich immer noch nicht weiss, was ich will.

JA: =und dort hast du abgebrochen warum?
B: (-) ähm weil's mir einfach nicht so (1) das Lernen also bin ich also schulmüde gewesen ein bisschen
JA: =hm (.) und wann ist das gewesen zeitlich? (.) vor wie langer Zeit?
B: ähm (.) also (.) wie meinen sie?
JA: (.) ok (.) meine Frage ist (---) hast du zu der Zeit schon gekifft? (.) wo du abgebrochen hast?
B: also (.) ich habe angefangen im (.) im (.) nach dreiviertel Jahr vom Gymnasium (.) ungefähr das ist
JA: =ok
B: =mh Frühling so Frühling um den Dreh
JA: =und jetzt überleg dir mal warum bist du Schulmüde geworden?
B: (.) das hat nichts mit
JA: =wegen den doofen Lehrern (.) wo du Pech gehabt hast? (.) oder wegen dem Kiffen?
B: [da]
JA: [also] du musst es nicht mir beantworten du musst es dir beantworten
B: =ja ja ist schon klar ähm (.) ich denke beides
JA: (.) beides?
B: ja (.) weil die Schulmüdigkeit hat schon bevor dem Kiffen angefangen bevor ich überhaupt gekifft gehabt

JA: (2.5) die hat vorher schon angefangen?
B: =mh
JA: und was hast du dir dann überlegt betreffend deine Schulmüdigkeit? hast du mal deiner Mutter etwas gesagt? (.) oder? (-) hast gesagt hey ich mag nicht mehr in die Schule gehen? oder
B: =ja das habe ich (.) öfters gesagt und (--) habe dann gedenkt ich gehe in die Förderschule* für eine Lehre aber (.) ich habe keine Ahnung gehabt was für eine Lehre (.) ich bin durch und dann (.) so zu sagen (.) weiter gekommen
JA: =ok und dann hast einfach gefunden Kiffen (--) ist wenn ich sage (--) wenn ich sage du hast gekifft zum Beispiel um deine Probleme zu lösen indem du sie vergisst (1) ist das falsch?
B: (-) nicht ganz
JA: =nicht ganz hm? (--) das könnte sein dass dort äh (.) ein Mitgrund ist warum jetzt an dem Punkt sind wo du jetzt bist (.) nämlich dass du immer noch nicht weisst was du möchtest machen im Leben?
B: =ja das sicher noch etwas hat sicher auch seine
JA: =ok (--) hat seine (-) Berechtigung?
B: =ja ist klar

JA: (1) das ist noch wichtig dass man das (1.5) ein bisschen erläutert (.) und was noch? (.) was spielt noch eine Rolle dass wir jetzt an dem Punkt sind wo wir sind?
B: (1.5) ähm (2) wie meinen sie das jetzt?
JA: =du hast sonstigen Stress noch hast gesagt oder? (--) du hast ja dann (.) das Gymi abgebrochen dann Förderschule auch abgebrochen weil du nicht gewusst hast was für eine Lehre (2) und welche Schule noch? (-) die Unterstützungsschule*?
B: BS*
JA: =BS* heisst die (.) das ist (.) [Berufsschule]*
B: [Berufsschule]
JA: Wirtschaft und so was?
B: äh nein (.) Gestaltung und Grafik also ist
JA: =ok und wo ist die?
B: die ist an der Lichtgasse*
JA: =ok ja
B: (-) grad neben der Unterstützungsschule

Einvernahmeprotokoll 7 (EVP 7):
Einvernehmende Behörde: Jugendanwaltschaft.
Protokollführende Person: Sozialarbeiterin.
Alter des beschuldigten Jugendlichen im Zeitpunkt der Einvernahme: 17 Jahre.
Dauer des transkribierten Inhaltes: 9 Min. 51 Sek.
Relevanter Tatbestand: Widerhandlung gegen BetmG.

Einvernahmeprotokoll:	**Transkription**:
Hinweis: Dir sind Deine Rechte bereits bekannt gegeben worden. Hast Du dazu noch Fragen? Antwort: Ja. (Michael* liest die Rechte nochmals in Kurzfassung.)	Jugendanwaltschaft: jetzt (.) du hast gewisse Rechte im: (.) im Strafverfahren =das ist dir schon (.) gesagt [worden] Beschuldigter: [h=hm] JA: (-) des sind die Sachen B: darf ich's nochmal lesen? JA: darfst gern nochmal lesen [einfach] B: [merci] JA: =dass du weisst (.) dass das (.) heute auch gilt gell? (29) ist alles klar? B: =ja JA: =oder hast (.) [Fragen]? B: [nein ist gut]
Zur Sache (Widerhandlung gegen das Betäubungsmittelgesetz) Jugendanwaltschaft: Weißt du noch, wann genau du kontrolliert wurdest? In welchem Monat?	JA: (--) gut (.) also und nachher würd's mich int =auch interessieren wie die aktuelle Situation so ein wenig ist hm? B: h=hm JA: also: (---) jetzt du bist kontrolliert (.) wo:rden =weisst noch wann das ist gewesen? (.) welcher Monat? (-) [wo]

Beschuldigter: Ich hatte am Montag* eine Verhandlung wegen der Kontrolle vom April*. Am Freitag* habe ich die Sozialstunden abgearbeitet. Die Kontrolle war in dieser Woche. Ich weiss aber nicht mehr wann genau.	B: [grad] dort dann wo:: ähm (.) ich hab (---) am Montag* glaub (.) ähm: (---) auch (.) eine Verhandlung gehabt (1) wo ich letztes Jahr im April* (2) kontrolliert worden bin (--) und: jo (--) dann am Freitag* bin ich Sozialstunden ab(--) schaffen gegangen (1) genau in derer Woche (1) ich weiss nicht mehr [wann]
JA: Du wurdest am 5. Oktober 2014* in Arlesheim* kontrolliert. Weisst du noch wo?	JA: [genau] (.) zuerst am am fünften (-) Oktober* bist kontrolliert worden in Arlesheim* (--) weisst noch wo?
B: Ja, am Bahnhof*. JA: Genau, es war am Bahnhof*. Du hattest damals einen Joint und Marihuana Blüten auf dir. Du wurdest am 11. Oktober* in Frick* auf der Raststätte Frick* nochmals kontrolliert. Das war von den Aargauern* oder? Dort hattest du 0.3- 0.5 Gramm Marihuana auf dir. Du warst mit einem Auto unterwegs.	B: h=hm am Bahnhof* JA: =am Bahnhof (-) ja (2) und da hast (1) ähm (2) hast einen Joint und Blüten von Marihuana dabei gehabt (.) hm? (3) und nachher (---) bist: (3) am: (1) elften (-) Oktober* auch kontrolliert worden (.) in Frick*? (2) du hast dort gesagt die Autobahn? B: =ja JA: =fricker Raststätte* (-) uhum (-) ist von den Aargauern* gell? B: =ja JA: =das wird schon das sein es heisst (.) halt einfach Frick da weiss man auch nicht so genau wo halt (.) auf welchem Boden das vielleicht auch stattfindet (.) aber das ist von den Aargauern gewesen (-) da hast auch (.) et(.)wa äh (.) von 0,3 bis 0,5 Gramm Marihuana auf dir gehabt? (1) da bist mit einem Auto? (--) [Subaru*]

B: Ja, beide Mal	B: [beides Mal]
JA: Das kann sein. Du wurdest von Herrn Rudi* zu deinem Konsum befragt. An der Einvernahme vom 15. Oktober* sagtest du, du hättest früher mehr als fünf Joints am Tag geraucht. Stimmt das?	JA: (-) hm (.) kann sein (.) das sind nur so kurz B: =Sebastian* JA: =Angaben (.) der Sebastian ist das? hm (2) ähm (-) du bist ja da dazu befragt worden (.) vom Herrn Rudi* (-) zu (.) zu deinem Konsum (---) also ein wenig was du so konsumierst (1) äh: und dann hast du gesagt das ist eine Einvernahme (.) gewesen vom: (-) 15. Oktober* (-) also bei uns befragt (-) äh: (1) und dort hast du so gesagt (.) du hättest früher mehr als fünf Joints am Tag geraucht? (.) das stimmt?
B: Ja.	B: ja
JA: Und im Oktober waren es ein bis zwei Joints, das stimmt?	JA: =und dann (.) also und jetzt? (-) das wäre also im Oktober gewesen (.) so ein bis zwei Joints (--) kann sein?
B: Ja.	B: =ja
JA: Wann war das, mit diesen fünf Joints?	JA: =das stimmt (.) also das nur so =wann ist denn das etwa so gewesen das mit den fünf Joints?
B: Als ich noch in der FS* war. Das war also noch vor dem Sommer. In den Sommerferien halt.	B: (2) das ist (2) noch in der (-) wenn ich noch in der Schule gewesen bin JA: =h=hm B: (.) also in der FS* das ist: (.) vor dem Sommer gewesen (1) in den Sommerferien halt
JA: Also Sommer 2013*.	JA: (.) also Sommer (-) 13?
B: Ja.	B: ja

JA: Du warst damals noch im Waisenhaus? B: (nickt)	JA: letzten Sommer (-) vor den Sommerferien (-) also schon wo du im (.) im äh Waisenhaus bist gewesen? (1) hast so viel (-) geraucht dann? (-) h=hm (2) aber eben das ist gewesen (.) vor der du hast ja die letzte Verhandlung bei uns gehabt (.) bei der Frau Fehr* bei meiner Kollegin (.) am äh 30. September* das ist vorher gewesen B: =ja
JA: Du hattest noch eine Verhandlung am 30. September* bei Frau Fehr*. Danach hattest du weiterhin täglich konsumiert?	JA: =aber (---) du hast eigentlich weiter (-) täglich konsumiert? B: [es geht] JA: [kann man] [so sagen]
B: Ja, nicht täglich aber halt schon. JA: Du sagtest ein bis zwei Joints am Tag. Also praktisch täglich. B: Ja.	B: [nicht täglich] (-) aber: schon häufig JA: =h=hm aber ein bis zwei Joints hast da so gesagt B: =ja
JA: Wie sieht es heute aus? B: Einfach ab und zu noch. Es hat wegen dem arbeiten schon ein bisschen gebessert.	JA: =am Tag (---) also schon praktisch täglich (.) kann man das so sagen? (-) h=hm (3) ähm (-) wie sieht's heute aus? B: (.) ich rauch noch ab und zu auch noch JA: =h=hm B: =aber: auch nicht mehr (.) es geht (--) es hat schon ein wenig gebessert wegen dem Schaffen halt JA: du schaffst? B: =ja

JA: Auf das Arbeiten kommen wir später noch zurück. Seit wann kiffst du nicht mehr täglich? Seit du arbeitest?	JA: da komm mit dir gern noch drauf zurück B: =hm JA: dass wir das können anschauen wie das aussieht B: =h=hm JA: =seit wann ist denn das dass du (.) dass du nicht mehr (--) praktisch täglich? (---) seit du schaffst? (.) an welchem Tag? seit wann schaffst?
B: Ja, seit dem 12. Dezember*.	B: dem 12. Dezember*
JA: Wie sieht es jetzt, seit dem 12. Dezember aus?	JA: =seit dem 12. Dezember (-) also da ist's noch bis (-) so in Dezember rein ist das so dass es täglich auch gewesen ist? mehr oder weniger? (.) h=hm (-) und wie sieht's eben denn jetzt seit dem 12. Dezember? (.) schaffst? (-) [wie ist's]
B: Ich rauche halt, wenn ich etwas dabei habe.	B: [wenn ich] etwas hab dann äh (-) rauch ich halt (-) eine
JA: Joint? B: Ja. Wenn ich nichts habe, dann nicht.	JA: (1) Joint? B: hm (2) aber wenn ich nichts hab (---) dann nicht
JA: Am Wochenende kiffst du aber regelmässig?	JA: =h=hm (2) und so Wochenende ist aber (.) schon auch noch? (-) regelmässig dass du da [so gesehen kiffst]
B: Es geht, also schon, aber auch nicht viel. Ich schaue schon.	B: [es geht ja schon] aber auch nicht viel (.) ich schaue schon JA: (--) was heisst das jetzt genau

A.F.: Vieleicht einen oder zwei, aber nur am Freitag und Samstag. Am Sonntag nicht, weil ich am nächsten Tag arbeiten muss.	B: =eben ein zwei oder so am: Drehen (--) aber nur Freitag oder Samstag an einem Sonntag nicht weil ich schaffe am (.) am nächsten [Tag]
JA: Sonntags rauchst du nie?	JA: [Sonn]tag (--) äh (--) rauchst nicht (--) nie? oder ab und zu [nicht]?
B: Ab und zu Mal.	B: [ab und] zu mal
JA: Vorwiegend Freitagabend und Samstag?	JA: =h=hm (---) und aber jetzt vorwiegend so am Freitagabend (.) und Samstag? (-) jeweils so ein Joint?
B: Ja.	B: =ja
JA: Ist aufhören ein Thema?	JA: =ungefähr? (---) h=hm (2.5) ist aufhören ein Thema?
B: Eigentlich nicht so.	B: (5) es geht (-) eigentlich nicht so
JA: Wieso?	JA: (2.5) und warum nicht?
B: Weil ich so keine Schmerzen habe.	B: (2) jo:: weil (--) ich dann auch keine Schmerzen hab
	JA: (1) was hast denn für Schmerz?
A.F.: Mein ganzes Becken ist verschoben und meine Wirbelsäule.	B: (.) jo mein ganzes Becken ist verschoben und mein ganzes äh meine ganze Wirbelsäule
JA: Bist du in ärztlicher Behandlung?	JA: (--) h=hm (.) bist in ärztlicher Behandlung?
B: Ja ich war dort. Sie haben mir Tabletten verschrieben aber die halfen mir nichts.	B: (--) bin gewesen (2) die haben mir Tabletten verschrieben aber die haben mir nicht geholfen
	JA: (1) h=hm (-) und seit wann hast denn das?

A.F.: Seit 2010*.	B: (--) seit 2010*
JA: Früher sagtest du, es wären Familienprobleme.	JA: h=hm (-) und seither hast (-) du Schmerzen? (.) aber dann hast früher hast du nicht gesagt wegen Schmerzen hast gesagt das sind Probleme wo du hast mit (--) Familie und so?
B: Ja, das auch noch.	B: ja das auch noch
JA: Weiss dein Arzt, dass du öfters wegen den Schmerzen kiffst?	JA: hm (1) weiss denn dein Arzt dass du (--) öfter kiffst (-) wegen den Schmerzen? (3) hast nichts gesagt?
B: Nein.	B: hm JA: auch nicht einmal oder? B: mh JA: (1) h=hm B: das hab ich für mich wollen behalten
JA: Wieso?	JA: (1) warum?
B: Ich wollte es für mich behalten.	B: ja nicht dass er dann alles weitersagt äh (.) auch wegen der Polizei
A.F.: Dass er nicht zur Polizei geht.	
JA: Der Arzt darf nicht zur Polizei gehen. Ihm kannst du das erzählen. Ist das nicht eine Ausrede?	JA: (-) ja aber ein Arzt der geht ja nicht zur Polizei (--) ein Arzt könntest ja das verzählen oder? also das gibt Ärger wenn er das verzählt also der kann nicht (.) zur Polizei gehen wenn du mit der Polizei ein Problem hast
	B: (---) mh ja
	JA: (.) ist das nicht ein wenig eine Ausrede (.) Michael?

B: Nein, es ist einfach wegen den Schmerzen. Aber ich rauche auch einfach so. JA: Du sagtest immer, du würdest aufhören wollen.	B: =nein es ist schon wegen den Schmerzen halt (-) aber sonst ja rauch ich auch einfach so JA: (-) uhum (-) weil eigentlich jedes Mal wenn man dich da gefragt hat hast auch in etwa gesagt du willst eigentlich aufhören?
B: Jetzt nicht mehr. Ich möchte einfach weniger.	B: (3) ja [jetzt] JA: [das hast] B: eigentlich nicht mehr JA: jetzt nicht mehr? B: (-) mh (.) aber äh [einfach] JA: [hast] B: weniger (.) einfach [weniger]
JA: Hast du gemerkt, dass es schwierig ist?	JA: [hast] gesehen dass es (.) schwierig ist (.) aufzuhören?
B: Ja. JA: Es ist also schon ein Thema, du weißt nur nicht wie umsetzten?	B: mh ja JA: (-) h=hm (---) also (.) wär's vielleicht schon noch ein Thema? (.) aber du siehst es nicht (.) wie umsetzen?
B: Eine Zeit lang könnte ich es schon durchziehen, so zwei bis drei Monate.	B: (2) ja so eine Zeitlang würd ich's schon (.) durchziehen aber (3) einfach so etwa zwei drei Monate durchziehen denk ich mal
JA: Das hast du aber noch nie gemacht, oder?	JA: =und das hast ja noch nie gemacht hm? B: ja JA: (-) wie weisst denn das? (-) das würd gehen?

B: Nein, aber ich könnte es schon.	B: (1.5) ich weiss dass ich's schaffen würd JA: (-) h=hm B: (2) obwohl 's schwierig ist JA: (1.5) hm (-) also Aufhören kein Thema im Moment? B: (-) nein
JA: Du weisst aber, dass es verboten ist?	JA: (-) du weisst aber es ist verboten? hm? (---) du würdest (.) wenn du halt in Kontrolle reinläufst (---) ähm:: (.) [wirst]
B: Wenn ich draussen bin, habe ich nichts auf mir.	B: [jo wenn] ich jetzt (.) äh draussen bin (.) da hab ich eh nichts auf mir JA: (2) wo rauchst du dann? B: wie?
JA: Wo rauchst du? B: Draussen vor dem Haus.	JA: wo rauchst du? B: (4) daheim (.) vor dem Haus einfach
JA: Das ist aber nicht so toll für deine Mutter.	JA: h=hm (---) ist aber auch nicht so (.) toll für deine Mutter hm?
B: Meine Schwester raucht auch.	B: (1.5) meine Schwester raucht auch
JA: Die Nachbarn sagen nichts?	JA: h=hm (-) aber ist nicht (.) also dass die Nachbarn sich beklagen wegen?
B: Nein, bis jetzt nicht.	B: =mh haben sich noch nie JA: (.) so? (---) ich würd's jetzt nicht so toll finden wenn man jemand da vor dem Haus würde (.) da kiffen oder stell dir mal vor (--) hm? könnte mal sein dass jemand die Polizei ruft? (1) hm? (5) gut (2) das sind (2) so ein wenig die Sachen (.) die ich noch anschauen wollte

Einvernahmeprotokoll 8 (EVP 8):
Einvernehmende Person: Kriminalkommissar.
Protokollführende Person: Kriminalkommissar.
Alter des beschuldigten Jugendlichen im Zeitpunkt der Einvernahme: 16 Jahre.
Dauer des transkribierten Inhaltes: 52 Min. 49 Sek.
Relevanter Tatbestand: Widerhandlung gegen BetmG.

Einvernahmeprotokoll:	**Transkription:**
Rechtsbelehrung an die beschuldigte Person Frage: Die kurze Rechtsbelehrung für die beschuldigte Person wurde Dir zusammen mit der Vorladung zugestellt. Hast du die Belehrung gelesen? Antwort: ja	Kriminalkommissar: äh: die Rechtsbelehrung (-) ist dir zugestellt worden vom Herrn Lohmeier* (-) hast du die gelesen? Beschuldigter: (.) ähm =ja KK: (4) also t tu's schnell wiederholen was du da machst (.) dir ist also bekannt dass du keine Aussage machst machen musst B: =hm
Hinweis: Dir ist also bekannt, dass Du keine Aussage machen und Du Dich auch nicht selber belasten musst, dass Du jederzeit eine Verteidigung und/oder eine Vetrauensperson beiziehen, Beweisanträge stellen, teilweise die Akten einsehen und an Beweiserhebungen teilnehmen kannst.	KK: (.) du musst dich auch selber nicht belasten (1) du hast jederzeit das Recht einen Verteidiger (-) Verteidigerin: (-) oder Vertrauensperson beizuziehen B: =h=hm KK: =du kannst Beweisanträge stellen (-) und teilweise darfst du auch Gesuch stellen wo du kannst d die Akten (.) einsicht (-) haben B: =hm ok KK: (-) und an Beweis: (.) erhebungen kannst auch teilnehmen B: (.) ok

	KK: (.) jetzt (.) ich hab dir nur oder respektive der Herr Lohmeier hat dir nur die kurze Rechtsbelehrung für beschuldigte Person geschickt B: =h=hm KK: (---) weil das ist extra eine Auskupplung von unserer Jugendanwaltschaft weil: Kinder und Jugendliche das ist kompliziert das ganze zu lesen da haben wir einfach die wichtigsten Sachen da raus genommen B: =h=hm KK: (.) aber (-) du hast natürlich auch das Recht die gesamte (-) Rechtsbelehrung zu lesen B: hm KK: (.) und das wäre das da (1) da steht einfach alles drinnen wo in der Rechtsbelehrung ist (-) da ist das wichtigste im Grunde ausgedruckt B: =h=hm
Frage: Möchtest Du die umfassende Rechtsbelehrung für die beschuldigte Person lesen?	KK: (.) möchtest das? B: (.) jetzt lesen? KK: =ja
Antwort: Nein. Ist mir zu lange. Hinweis: Eine allfällige Teilnahme an Beweiserhebungen in der Untersuchung bei der Jugendanwaltschaft müsstest Du schriftlich beantragen oder zu Protokoll geben.	B: hm (.) ne (.) ist mir zu lang KK: (--) musst nicht aber es ist einfach dass du's weisst du hast das Recht uhm? B: =ja KK: (19) hast du sonst noch Fragen zu der Rechtsbelehrung?

Frage: Hast Du noch Fragen zur Rechtsbelehrung? Antwort: Nein. Frage: Bist Du in der Lage der Befragung zu folgen?	B: (.) ne äh (--) nicht KK: (6) etwas wo ich immer muss fragen (--) bist du in der Lage der Befragung zu folgen? (--) gemeint ist ob du vielleicht äh:: (---) krank bist und und gar nicht mitkriegt was überhaupt da passiert
Antwort: Ja. Hinweis: Es ist gegen Dich ein Vorverfahren (Art. 299ff. StPO) wegen Widerhandlung gegen das Gesetz über Betäubungsmittel eingeleitet worden. Vorhalt: Du wurdest am Dienstag, 18. März 2014*, um 13:10 Uhr auf dem Platz* beim Drehen eines Joints erwischt. Was sagst du dazu? Antwort: Ja. Das Stimmt. Frage: Wem gehört das Marihuana?	B: =nein KK: (32) also (-) jetzt geht's eigentlich um die Sache wo du (.) da bist B: h=hm KK: (.) und zwar (.) äh bist du am Dienstag 18. März* (-) um die (.) zehn ab eins am Nachmittag auf dem Platz* beim (--) Drehen von einem Joint erwischt worden (.) was sagst du da dazu? B: (.) ja (.) das stimmt KK: (23) wem gehört's oder hat denn's gehört das Marihuana?
Antwort: Mir. Frage: Woher hattest du das Betäubungsmittel? Antwort: Beim Quartierhof*. Frage: Was hast du dafür bezahlt?	B: =mir KK: (103) woher hast denn das? B: (--) vom Quartierhof* KK: (59) was hast dafür gezahlt für zahlt? B: (.) wie bitte?
Antwort: Fr. 10.--. Frage: Kennst du den Dealer? Antwort: Kennen nicht. Einfach vom Sehen her. Frage: Hast du schon mehrfach bei diesem Dealer gekauft?	KK: was hast gezahlt dafür? B: =zehn Franken KK: (18) kennst den Dealer? B: (1.5) n kennen nicht aber: nur vom Sehen KK: (31) hast du schon mehrfach bei dem gekauft?

Antwort: Mehrfach nicht. Ich glaube, es war das dritte Mal.	B: (1) mehrfach nicht also ich glaub es ist das dritte Mal gewesen
Frage: Wie heisst er?	KK: (44) wie heisst er denn?
Antwort: JQ*. So nennt man ihn.	B: (1) JQ* (2) so nennt man ihn
Frage: Wie hast du Kontakt mit ihm aufgenommen?	KK: (22) und wie hast denn Kontakt mit ihm aufgenommen?
Antwort: Ich habe andere gefragt, wo man sowas bekommt. Die sagten mir, ich solle zum Quartierhof gehen. Dort seien immer so Typen, die etwas verkaufen würden. «JQ» ist echt gross, dünn und hat eine Glatze. Ich glaube es ist ein Skin. Eine Nummer oder so habe ich nicht.	B: (-) joa also ich hab von ein paar Leute gefragt wo findet man das und so (--) jo kannst dort am Quartierhof gehen (-) dort hat's immer so Dealers (-) und ich hab so (.) der ist halt (.) echt gross und dünn (-) hat eine Glatze und: glaub das ist ein Skinhead oder so keine Ahnung (--) hab ihn mal drauf angesprochen (.) hast du vielleicht etwas (.) zum Rauchen und hat er gesagt jo (4) und die Nummer Kontakt hab ich nicht gehabt also
Frage: Wie ist der Kauf vor sich gegangen?	KK: (128) und wie ist denn der Kauf vor sich gegangen?
Antwort: Ich wollte einfach was reinholen. Deshalb bin ich auch zum Quartierhof gegangen. Zufällig habe ich ihn gesehen, bin zu ihm und habe gefragt, ob er für Fr. 10.-- was habe. Danach bin ich wieder weggegangen.	B: (1) wie meinen sie das? KK: (--) äh hast ihn einfach gesehen oder hast ihn gewarnt oder oder B: =nein ich hab also ich hab (-) äh (-) jo ich hab wolle reinholen (-) an den Quartierhof gegangen und dann hab ich ihn grad zufällig gesehen (1) hab ich gefragt hey hast: hast was für d zehni (-) und da hat er mir grad eins gegeben und dann bin ich wieder gegangen
Frage: Wer war beim Kauf bei dir?	KK: (77) wer ist bei dem Kauf (.) bei dir gewesen?

Antwort: Ich war alleine.	B: war allein
Frage: Was hast du nach dem Kauf gemacht?	KK: (40) was hast du nach dem Kauf gemacht?
Antwort: Ich bin kurz in die Stadt gegangen. Danach habe ich mich mit Kollegen getroffen.	B: (---) bin ich dann kurz in die Stadt gegangen (1.5) etwas stöbern und so (-) dann hab ich halt mit Kollegen getroffen
Frage: Welche Kollegen?	KK: (24) welche Kollegen?
Antwort: Peter* und Joëlle*.	B: (1) Peter* und Joëlle*
	KK: =wer?
	B: =Peter und Joëlle
	KK: (2) und?
	B: (.) J J =Joëlle
	KK: (.) Joëlle?
	B: =ja
	KK: =wie schreibt man den?
	B: Joëlle geschrieben
	KK: =Joëlle?
	B: ja J (1)
	KK: ja
	B: (.) o (.) ëll[e]
Frage: Wussten die, dass du was dabei hattest?	KK: [Joëlle:] (-) ja (25) haben die gewusst dass du etwas dabei hast?
Antwort: Keine Ahnung.	B: (1.5) äh::: (1) keine Ahnung
Frage: Traf man sich bei dem Platz nicht, um zu kiffen?	KK: (26) hat man sich nicht da auf dem Platz getroffen um zum Kiffen?
Antwort: Nein. Zuerst haben wir uns am Kreuzweg* getroffen.	B: (1.5) ähm nein zuerst haben wir uns am (-) Kreuzweg* getroffen
Frage: Und dann?	KK: (19) und dann?
Antwort: Dann sind wir halt zum Platz gegangen.	B: und dann sind wir halt zum Platz gegangen
Frage: Wann war das ungefähr?	KK: (50) wann ist das gewesen wo ihr auf den Platz gegangen seid ungefähr?

Antwort: So Sachen weiss ich nicht mehr. Wir sind ja um 13:00 Uhr erwischt worden. Keine Ahnung. Unmittelbar nachdem die Feier* angefangen hatte.	B: (3) so Sachen weiss! ich nicht mehr (1.5) genau eben wir sind ja ve zum die zehn ab eins erwischt worden es sind (--) so um die (-) keine Ahnung (2) halb (-) eins sind wir dahin gegangen (1) grad wo die Feier* angefangen hat
Frage: Dann seid ihr gar nicht zum Kiffen gekommen? Antwort: Ich fragte, ob wir eine Rauchen wollen. Da waren die beiden anderen halt einverstanden.	KK: (40) dann seid ihr gar nicht zum Kiffen gekommen? B: (1) mh: jo zuerst haben wir einfach wollen so und dann hab ich gesagt jo (-) wollen wir eine rauchen und dann sind sie halt einverstanden gewesen
Frage: Aber es ist nicht zum Kiffen gekommen? Antwort: Nein.	KK: (48) aber es ist nicht zum Rauchen gekommen? B: (1) ne KK: (1.5) seid vorher erwischt worden? B: genau
Vorhalt: Du hattest auch eine Mühle dabei?	KK: (47) du hast noch eine Mühle dabei gehabt (.) woher hast ist die?
Antwort: Die ist nicht mir. Frage: Wem dann? Antwort: Das kann ich nicht sagen. Die beiden anderen wollten sie kaufen. Aber, sie hatten das Geld nicht zusammen. Deshalb habe ich auch ein oder zwei Franken beigesteuert. Bei der Festnahme habe ich ein Blatt bekommen.	B: (.) die ist nicht von mir KK: (8) die ist nicht (1.5) aha (7) wem dann? B: (1) jo: also (1) das kann ich nicht sagen (-) Joëlle und Peter haben's zusammen gezahlt also beide kaufen (1) hat's einfach ein bisschen hat's nicht gelangt äh hat glaub zwei drei Franken hab ich draufgelegt also zwei Franken hab ich (.) hab ich gegeben dann haben sie's gekauft KK: der Joëlle hat's wollen kaufen?

Der Polizist hat mich praktisch gezwungen, es zu unterschreiben, obwohl ich ihm sagte, dass dies nicht mir gehört.	B: =nein beide haben wollen kaufen aber ich weiss jetzt nicht mehr ob's: (.) ob's sie's jetzt wollten (.) wechseln einmal hat's (.) einmal hat's der Peter einmal hat's der Joëlle einmal hat's der Peter (1) das hab ich nicht wollen mitmachen (22) und: (1) ich hab noch wollen sagen KK: (-) hm B: =dort am 18. (-) wo wir erwischt worden sind KK: h=hm B: =hab ich so ein Blatt überkommen (-) und Polizist hat mich (.) also nicht gezwungen (.) also er hat ges (-) wöl irgendso ein Blatt wo drauf (.) dort ist gestanden Minigrip mit Inhalt KK: h=hm B: das Gras und dann Hanfmühle (-) und dann hab ich dem gesagt das gehört mir nicht und dann mich so und dann hat gesagt doch das gehört dir (-) und ich hab ja müssen unterschreiben und der hat mich so gesagt bin gezwungen (-) das Blatt unterschreiben obwohl (.) das falsch gewesen ist KK: (-) also also bei der Festnahme? B: =jo genau (1.5) irgendwie so ein Blatt überkommen und dann hat er eins behalten und ich hab mein's überkommen
Frage: Was soll nicht dir gehört haben?	KK: (61) was hast du gesagt was dir nicht gehört? (--) du hast gesagt dass du's schonmal ausgesagt hast dass es nicht dir gehört

Antwort: Die Mühle.	B: =der Grinder [also] KK: [wie]? die [Mühle] B: [Mühle]
Frage: Wer hatte diese auf sich, als ihr von der Polizei erwischt worden seid? Antwort: Als die Polizisten gekommen sind, war alles, wie auf einem Tisch, auf der dortigen Mauer. Gerade vis-à-vis der Toiletten.	KK: (38) wer hat sie auf sich gehabt wo ihr erwischt sind? worden sind? B: (.) also die ist einfach: auf (.) das sind nit (-) wo sie ko also Polizisten gekommen sind ist alles so auf einem Platz gewesen (1) so zum schaffen wie auf einem Tisch (.) jetzt weiss ich nicht mehr wer's (.) grad an dem Tag dabei gehabt hat KK: (10) aber am Boden unten wie auf einem Tisch aber am Boden? B: (-) ne:: ähm: KK: =ist alles gewesen [auf dem Boden]? B: [auf dem Platz] wird grad grad gebaut KK: =ja B: =hat's doch so ein Geländer mitten [im Park] KK: [ja] B: ähm mit KK: =ist's auf'm Geländer? B: =jo genau KK: (17) also auf der Mauer (.) dort wo die Mauer ist? B: =ja genau (.) der (-) grad vis-à-vis von den äh (-) ähm Toiletten
Frage: Hat man dir gesagt, wofür du unterschrieben hast?	KK: h=hm (39) hat man dir denn gesagt wo wo wo::für du das unterschrieben hast?

Antwort: Nein. Gar nichts. Sie sagten einfach, dass ich unterschreiben müsse. Ich hätte das Gras gehabt, deshalb würde die Mühle wahrscheinlich auch mir gehören. Ich habe einfach unterschrieben, damit er mich in Ruhe lässt.	B: (1.5) nein gar nichts sie haben einfach gesagt (.) du musst unterschreiben und so (--) dann h hab ich gesagt nein das will ich nicht ich weiss nicht was do (-) weil die Hanfmühle gehört mir gar nicht und so (--) also (.) jo ist gleich du hast es gehabt also nehm ich an dass sehr wahrscheinlich dir auch gehört (1) hab ich einfach unterschrieben dass er mich mal einfach in Ruhe lässt
Hinweis: Das ist eine Sicherstellung. Damit wurde unterschriftlich festgehalten, dass man dir das Betäubungsmittel und die Mühle abgenommen hat. Du solltest das Original bekommen haben (zeige die Kopie).	KK: (131) also das ist eine (.) eine Sicherstellung gewesen das heisst eine offizielle Sicherherstellung (---) also haben wir's grad noch da (1) das ist einfach f für (-) für dich auch (3) tut man unterschriftlich bekunden dass man dir die Sachen abgenommen hat (--) das das das wo gewesen ist? (.) erinnerst dich (.) [gell]?
Antwort: Genau. Die haben mir einfach nicht zugehört, dass es nicht meine Mühle ist. Und ich konnte ja auch nicht sagen, dass die Mühle den beiden anderen gehört.	B: [genau] das KK: du hast das Original gekriegt B: (-) also ja hab auch schon etwas gekriegt KK: (-) jawohl (-) und da hast du unterschrieben dass man dir das abgenommen hat B: (-) sie haben mir nur (-) eben die Minigrip KK: =ja B: =und die Hanf[mühle] KK: [hast] du das gesagt dass die Hanfmühle nicht deine ist

B: =jo hab's fünf: Mal wiederholt dem er (---) die Polizisten haben gar nicht zugehört (1.5) also
KK: (2) ja das ist einfach nochmal die Sicherheit dass man (.) dass du auch etwas in der Hand hast also dass man dir das abgenommen hat (---) für den Moment und und sichergestellt wird zu Handen von der Polizei
B: =aber das hat ja gar nicht gestimmt also
KK: (.) ja
B: =weil ich darf ja wählen ob ich unterschreib oder nicht und (.) wenn ich (.) wenn sie mich zwingen was will ich dann machen also gegen Polizisten kann ich ja nicht viel machen
KK: (.) ja
B: =und ich hab halt unterschrieben [das]
KK: [und] habt ihr denen gesagt gehabt wem die Hanfmühle ist?
B: (.) also die hat uns:: die hat denen zwei gehört also ich hab: nicht können sagen der Peter und der Joëlle hab gesagt das gehört denen das müsst ihr mit denen anschauen und der hat mir einfach nicht zugehört
KK: =h=hm (77) aber du nicht gesagt dass sie den beiden anderen gehört? oder hast du das gesagt?

B: (-) hm: das hab ich mehrmal gesagt (--) also hab einfach gesagt das gehört mir nicht b mehr nicht weil ich hab (-) meine Kollegen irgendwie wollen beschuldigen oder so etwas (-) etwas sagen wo sie wo nicht stimmt =hab einfach gesagt das gehört mir nicht und: (-) der hat mir einfach nicht zugehört
KK: (4.5) also das hat denk k keine Konsequenzen das ist einfach eine Bestätigung [dass]
B: [ok]
KK: =das dort abgenommen hat (.) weisst?
B: =ok
KK: du hast ja das Original kannst es mal (-) lesen
B: =ja hab ich bekommen ja
KK: =dass du auch etwas in der Hand hast weisst wenn ich würd's dir auf der Strasse würd anschauen (.)
B: =mh
KK: =und nimmt dir alles weg (-)
B: (.) ja
KK: (.) und dann äh es's weiss nicht was mit dem kommt
B: (.) ok
KK: (.) und das ist einfach noch (--) Bestätigung für dich dass es sichergestellt wird
B: h=hm
KK: und dass es zu den Akten kommt (.) auch
B: ja

KK: und dass du einen Beleg
hast wir haben sie (---) und später
Gras und und eben die die Mühle
abgenommen
B: aber (.) aber warum wird
eigentlich die Mühle weggenommen
[ist verboten]?
KK: [weil]'s ver: verboten (.) es ist
[halt das Ding]
B: [aber's wird ja] ver (.) es wird ja
auch (.) im Laden [verkauft]
KK: [ja das] verkaufen und: (.) dass
heisst nicht dass man etwa wo: wo
man darf verkaufen laut Gesetz (1)
bei einem Schmetterlingsmesser ist
es zum Beispiel etwas oder?
B: =h=hm
KK: (.) das verkaufen sie im den
Waffengeschäften
B: mh ja
KK: =aber du dürftest es einfach
nicht einmal kaufen und mitnehmen
du dürftest es einfach ausser du
hast Waffenvertrag ab (.) die re
dürftest sagen das ist verboten und
du dürftest es sag jetzt nicht einmal
vom Laden heim nehmen (1.5) also
B: h=hm
KK: =es ist aber v:::erkaufen darf
man's (---) das ist halt mal die
Diskrepanzen wo man (-) wo man
hat und das gehört auch dazu (--)
natürlich wenn du das daheim hast
in einem Versteck das geht niemand
go suchen

B: =ja:
KK: oder?
B: =aber au [auch]
KK: [aber] eben wenn ich dir alles wo mit den Betäubungsmittel zu tun hat
B: =h=hm
KK: (.) das nimmt man auch weg
B: (1.5) also wenn jetzt grad nur eine Hanfmühle würde dir gehören würden's nicht das grad wegnehmen?
KK: (-) ist anzunehmen
B: und auch nicht mit Zug?
KK: =ja aber ist ist ist ein Verdacht da wenn (1) ich hab jetzt keine Hanfmühle bei mir
B: =h=hm
KK: (---) ja! (-) also äh und wenn einer Hanfmühle dabei hat ist schon eigentlich anzunehmen (-) dass jo dass:: mahlt und dann um äh äh Zigarette (.) hinein zu tun oder?
B: =hm
KK: =dass man dann das vor Ort macht und dann ist auch der Verdacht da dass: er so so der des ist halt einfach der Delikt
B: =ok
KK: also BM Ko der Konsum ist schon ve der (.) verboten also der Konsum: (-) oder Be[sitz]
B: [Besitz]
KK: ist schon (.) Besitz ist auch verboten oder?

	B: =ja KK: wenn du würdest jetzt rumlaufst und hast noch eine (-) ein Joint bei dir B: =h=hm KK: =und machen darfst du das nicht eigentlich B: (.) h=hm
Frage: Wann und wo habt ihr diese Mühle eigentlich gekauft? Antwort: Am selben Tag. Beim Laden* beim Kreuzweg.	KK: (22) wann und wo habt ihr eigentlich die Mühle gekauft? B: (1) am (-) gleichen Tag KK: (6) wo? B: (--) im Laden* (.) dort beim Kreuzweg
Vorhalt: Die beiden anderen haben ebenfalls ausgesagt, dass ihr diese Mühle gemeinsam gekauft hättet. Aber, wem gehört sie nun eigentlich? Antwort: Da habe ich keinen blassen Schimmer. Sie wollten es einfach weitergeben. Einmal darf der es benutzen, dann wieder der andere.	KK: (71) also mh: die anderen haben auch gesagt dass ihr die zusammen gekauft habt B: (.) hm: KK: aber wem gehört sie jetzt eigentlich? B: ja (1) da hab ich: (-) kein blassen Schimmer (5) und sagen's so wie zum Beispiel man würd uns irgendwie (1.5) s::agen wir mal (1.5) zu dritt (-) Böxli kaufen und es hat einfach jeder mal irgendwie das hab ich jetzt und dann (.) geb ich's ihm halt und dann hat er's halt daheim und das ist halt (-) dann haben sie gesagt (.) sie haben's glaub so wollen machen oder so etwas (--) ja das weiss ich jetzt nicht mehr KK: (1.5) also weitergeben? einfach so B: =ja so war's irgendwie

Frage: Was hatte diese Mühle gekostet? Antwort: Ich glaube, um die Fr. 10.—. Frage: Hattest du das Marihuana zu dieser Zeit schon?	KK: (24) was hat die kleine Mühle gekostet? B: (---) ich glaub zehn Stutz KK: (30) hast (-) wo ihr sie kaufen gegangen seid hast du's Marihuana schon gehabt? das Gras schon gehabt?
Antwort: Ja. Frage: Wie lange konsumierst du schon Betäubungsmittel? Antwort: Ich kiffe gar nicht mehr.	B: =ja KK: (12) wie lange konsumierst du schon? (1) Betäubungsmittel? B: also ich konsumiere: nicht KK: (-) wie? B: ich konsu:m äh also ich (.) rauch kiff ja gar nicht mehr KK: (.) nicht mehr? B: =ja ich kiff gar nicht
Frage: Aber, wann hast du damit angefangen?	KK: (19) aber wann hast du mit angefangen?
Antwort: Einen Monat zuvor, glaub.	B: (1) also (-) ein Monat glaub ich KK: =ein Monat vorher? B: =ja (.) hab ich angefangen rauchen
Frage: Wie hatte das mit dem Konsum angefangen?	KK: (22) wie hat denn das mit dem Konsum angefangen? B: (-) wie? KK: =ja
Antwort: Ich hatte schon immer Kollegen, die gekifft hatten. Zuerst hatte mich das, auch wegen des Sports gar nicht interessiert. Dann war ich mal an einer Party, wo einer eine Tüte gedreht hatte.	B: so an einer so (-) glaub so an einer Party halt so (.) also hab schon immer Kollegen gehabt wo gekifft haben aber mir hat's nie gelustet und so (---) und dort bin ich sowieso ganz streng gewesen mit Drogen wegen dem Sport und so (---) und so an einem Abend haben so halt

Da durfte ich mitrauchen. Es hatte mir gefallen.	(1) Kollegen halt eine Tüte gedreht hab ich halt mal probiert jetzt (.) mir hat's gefallen (-) tja (-) was soll ich sagen? hm
<u>Frage</u>: Wie ist es beim ersten Mal eingefahren?	<u>KK</u>: (77) wie ist es denn eingefahren beim ersten Mal? <u>B</u>: (1.5) wie meinen sie das? <u>KK</u>: =gut?
<u>Antwort</u>: Ich habe es lustig gefunden.	<u>B</u>: (-) ja ja also (-) hab's lustig gefunden
<u>Frage</u>: Wie viel Zeit verging bis zum zweiten Versuch?	<u>KK</u>: (18) wie viel ist denn (-) bis es zweite Mal versucht =Zeit ist vergangen? (-) bis zum zweiten Versuch?
<u>Antwort</u>: Nach einer Woche, glaub. Am anderen Wochenende.	<u>B</u>: glaub irgendwie (1.5) nach einer Woche grad glaub (-) am anderen Wochenende
<u>Frage</u>: Wie lief es beim zweiten Mal ab?	<u>KK</u>: (23) und wie ist's dann beim zweiten Mal abgelaufen?
<u>Antwort</u>: Kollegen hatten es wieder.	<u>B</u>: (1) jo hat's ein mein Kollege gehabt <u>KK</u>: wie? [hab] <u>B</u>: [ei] ein (.) Kollege hat's dann wieder gehabt (-) hab ich genommen
<u>Frage</u>: Wie lange dauerte es, bis du erstmals selber kaufen gingst?	<u>KK</u>: (14) wie lang hat's denn gedauert (.) bis du selber äh: bist kaufen gegangen?
<u>Antwort</u>: Ich glaube, nach dem dritten Wochenende bin selber kaufen gegangen. Ich habe für Fr. 10.-- gekauft, weil ich das erste Mal nicht übertreiben wollte.	<u>B</u>: (1) glaub (--) am dritten Wochenende bin ich glaub selber mal (-) kaufen gegangen (4) und ich hab dann irgendwie dort nur für zehn Franken nicht mehr so viel (.) glaub insgesamt (.) glaub nur irgendwie (-) 20 Franken dabei (.) gehabt sowieso

	KK: also für 10 Franken beim für's erste Mal? B: =ja 10 Franken (2) hab dort nicht wollen übertreiben
Frage: Wo und bei wem hast du was gekauft?	KK: (34) wo und wann hast du's denn gekauft beim ersten Mal? B: (1) nein das hm KK: =wie?
Antwort: Beim Quartierhof bei diesem «JQ». Aber, wann das war, kann ich nicht mehr sagen.	B: =das weiss ich nicht mehr aber eben d dort am Quartierhof (---) beim «JQ» (---) und wann (-) das weiss ich nicht mehr KK: (15) «DQ»* oder «JQ»? B: «JQ» also J KK: =mit J (-) Q B: (--) genau
Frage: Wie viel Geld hast du insgesamt für Drogen ausgegeben? Antwort: So Fr. 20.--, Fr. 30.--.	KK: (47) wie viel (.) Geld hast ungefähr ausgegeben für Drogen? B: (-) eben glaub (.) zwanzig (-) Franken (1) zwanzig dreissig
Frage: Wann hast du letztmals Gras konsumiert?	KK: (22) wann hast letztes Mal Gras konsumiert? B: (1) ähm: 's letzte Mal? KK: hm
Antwort: Am 18. bin ich erwischt worden. Dann war das am 16. März 2014*. An dem Tag, als die Veranstaltung* begonnen hatte.	B: (.) also sicher vorm 18. (1) das ist an einem Montag gewesen und am 16.* KK: (--) 16.? B: =ja genau also dort wo die Veranstaltung* schon angefangen hat KK: (4) März*? B: (.) genau

Frage: Hast du noch andere verbotene Drogen als Marihuana konsumiert?	KK: (64) hast du noch andere Drogen als Marihuana [konsumiert]?
	B: [niemals] (.) nein
Antwort: Niemals. Nein.	
Frage: Hast du schon Betäubungsmittel an Dritte abgegeben, vermittelt, verkauft oder in die Schweiz eingeführt?	KK: (13) hast du (-) je ein Mal Betäubungsmittel an Dritte abgegeben =vermittelt =verkauft oder in die Schweiz eingeführt?
Antwort: Nein.	B: ne nie
Frage: Hast du dazu noch was zu sagen, was ich jetzt nicht angesprochen habe, für dich aber wichtig ist?	KK: (2) hast du sonst noch etwas zu sagen wo ich nicht angesprochen hab =für dich aber noch wichtig ist?
	B: (2) also also (.) das was passiert ist oder?
	KK: (-) allgemein einfach wo d für die ganze Sache wo du findest auch das hat er jetzt nicht gefragt (.) oder (-) das möchte ich noch loswerden
Antwort: Nein. Überhaupt nicht. Ich habe später einfach noch eine Frage.	B: (-) ne: überhaupt nicht (-) aber ich hab einfach noch (--) später einfach nochmal eine Frage
Frage: Wussten deine Eltern zuvor, dass du kiffst?	KK: hm (44) haben die Eltern vorher gewusst (-) äh dass du kiffst?
Antwort: Meine Mutter hat es vermutet.	B: also meine Mutter hat's ver (.) meine Mutter hat's vermutet
Frage: Wurdest du von deinen Eltern dafür bestraft?	KK: (18) bist: schon bestraft worden von deinen Eltern?
Antwort: Ja, bestraft schon.	B: mh: ja bestraft schon
Frage: Wie sah die Bestrafung aus?	KK: (29) mh und wie hat die Bestrafung ausgesehen?
Antwort: Handy weg und Ausgang weg. Und, Geld weg.	B: (--) Handy weg (.) Ausgang weg (3) und Geld weg
Frage: Für wie lange?	KK: (22) für wie lang?
	B: (1) mh (1) glaub sicher noch zwei drei Wochen

Antwort: Immer noch. Ich glaube immer noch zwei, drei Wochen.	KK: (--) ah immer noch? (.) hast das immer noch? B: =ja immer noch über bekommen KK: (18) hat man dir nicht gesagt zwei oder drei oder ein Monat oder oder etw etwas? haben sie nicht gesagt auf'm B: (--) ja also ich hab gefragt jo wie lang und dann haben sie gesagt jo mal schauen (-) ich muss mich halt eben mal beweisen (2.5) so haben sie's glaub gesagt (19) aber jetzt wird's einfach nicht mehr so oft vorzukommen KK: (.) wie? B: (.) also jetzt nicht mehr so streng wie (.) ganz am Anfang KK: (--) nicht mehr so streng? B: nicht mehr so streng
Ende der Einvernahme: 10:00* Uhr	KK: (90) jetzt druck ich's wieder aus (--) kannst's durchlesen (---) dann sind wir fertig B: (1) ja aber ich hab noch wollen fragen was wird's noch für Konsequenzen geben? KK: =wie? B: =was wird's noch für Konsequenzen geben? KK: (---) ((*Einvernahmeprotokoll wird gedruckt*)) ich hab keine Ahnung (.) eigentlich (1) es kann sein dass du ein Verweis kriegst B: (1) wie meinen sie ein Verweis? KK: (---) wie? B: (.) was haben sie gesagt? KK: =ein Verweis

B: (.) hab ich noch nie gehört
KK: =das ist einfach das ist wie eine gelbe Karte im Sport also eine Verwarnung oder?
B: ja
KK: wenn's nochmal machst (1) äh (--) dann (.) hast mit Konsequenzen zu rechnen (---) das kann sein dass in ein äh:: (-) wir sagen dem Kiffkurs musst
B: =h=hm
KK: =das ist so eine (--) Informations das geht aber über ein (.) paar (---) Tage oder Wochen (.) also einmal in der Woche hast einmal ein Tag wo du musst gehen
B: =hm
KK: (.) und dann ist die Sache auch (--) auch erledigt (.) also (.) weil ich auch nicht der (.) Jugendanwalt bin kann ich dir's auch nicht sagen was passiert (-) aber es ist die Möglichkeit oder? [weil]
B: [h=hm]
KK: (.) du bist v:: nicht verzeigt oder so du hast (---) auch nichts auf dem Kerbholz (.)
B: =[mh]
KK: [da wird] gesagt das ist ein gutes Zeichen (--) also kann's sein dass du dass ein Verweis reicht (-) aber (.) vielleicht musst auch so ein (1) so ein (.) Kurs (.) besuchen das ist glaub 7 Abend (--) 7 Abende
B: (.) ja
KK: (-) wo du musst machen

B: =aber Anzeige werde ich nicht kriegen? gell
KK: =das ist eine Anzeige (---) wo du hast
B: (.) ah: also also ist das klar dass ich Anzeige b bekomme
KK: =ja
B: (.) wegen Betäubungsmittel
KK: =ja
B: (.) mh (--) scheisse
KK: (.) wegen?
B: jo das ist halt nicht gut find ich
KK: (.) jo es ist nicht gut aber es ist (-) natürlich hat es dann Konsequenzen oder? einfach eine Strafe du hast das gemacht
B: =hm
KK: =musst halt tragen
B: (.) ja das ist klar
KK: =tant pis (--) aber d das heisst nicht dass etwas passiert (---) weisst? beim: solange es ein Jugendlicher ist (.) wird das nie (1) verzeichnet (--) also wenn du jetzt du wegen einer Lehrstelle Angst hast ob das geht dann musst ja nicht äh (-) wenn du jetzt einen umbringst mit sechzehn oder siebzehn das ist etwas anderes oder?
B: ja
KK: (.) oder schwere Straftaten begehst äh mit Raubüberfall und: Verletzten und und so Sache
B: =ja

KK: =aber so:genannte (.) kleine =ich sag nicht dass das nichts ist aber (-) es sind jetzt nicht so sch schlimme: (1) bei den Jungen schaut man einfach mehr weil es kann viel kaputt machen schon wegen dem Hirn u du tust gehst lieber Sport treiben find ich
B: =ja
KK: (-) als so so Blödsinn oder?
B: das stimmt schon ja

Schlussfrage:
Ich habe Dir das Protokoll vorgelegt. Du hast es gelesen. Hast Du etwas zu berichtigen oder zu ergänzen?

Antwort: Nein ((*handschriftlich*))

Schluss der Einvernahme: 10:11* ((*handschriftlich*)) Uhr

Einvernahmeprotokoll 9 (EVP 9):
Einvernehmende Behörde: Kriminalkommissar.
Protokollführende Person: Kriminalkommissar.
Alter des beschuldigten Jugendlichen im Zeitpunkt der Einvernahme: 15 Jahre.
Dauer des transkribierten Inhaltes: 45 Min. 14 Sek.
Relevanter Tatbestand: Diebstahl (Art. 139 StGB).

Einvernahmeprotokoll:	**Transkription:**
Rechtsbelehrung an die beschuldigte Person Frage: Die kurze Rechtsbelehrung für die beschuldigte Person wurde Dir zusammen mit der Vorladung zugestellt. Hast du die Belehrung gelesen?	Kriminalkommissar: gut (.) du hast (.) zusammen mit der Vorladung so eine kurze (.) Rechtsbelehrung für die beschuldigte Person erhalten das ist das (-) was ich dir da noch (.) vorgelegt habe (.) hast du das zuhause durchgelesen?
Antwort: ja Hinweis: Dir ist also bekannt, dass Du keine Aussagen machen und Du Dich auch nicht selber belasten musst, dass Du jederzeit eine Verteidigung und/oder eine Vetrauensperson beiziehen, Beweisanträge stellen, teilweise die Akten einsehen und an Beweiserhebungen teilnehmen kannst. Frage: Möchtest Du die umfassende Rechtsbelehrung für die beschuldigte Person lesen?	Beschuldigter: ja KK: (4) ((*Telefon klingelt, der Kriminalist führt ein sehr kurzes Gespräch und protokolliert dann weiter, Dauer insgesamt ca. 10Sek*)) (5) wenn du das gelesen hast dann weisst du (.) dass du als beschuldigte Person keine Aussage machen musst (-) du musst dich nicht selber belasten (-) du könntest (.) einen Verteidiger beiziehen (.) und du kannst Beweisanträge stellen also Beweisanträge sind (.) wenn ich hier etwas behaupte (-) und du sagst das stimmt nicht ich habe Zeuge fragen sie diesen Zeugen das (-) wäre so ein Beweisantrag hm? (1.5) äh genügt dir diese Zusammenfassung oder möchtest du deine ganzen Rechte durchlesen?

Antwort: Diese Zusammenfassung reicht mir. Hinweis: Eine allfällige Teilnahme an Beweiserhebungen in der Untersuchung bei der Jugendanwaltschaft müsstest Du schriftlich beantragen oder zu Protokoll geben. Frage: Hast Du noch Fragen zur Rechtsbelehrung? Antwort: Nein Frage: Bist Du in der Lage der Befragung zu folgen? Antwort: Ja Hinweis: Es ist gegen Dich ein Vorverfahren (Art. 299ff. StPO) wegen Diebstahl eingeleitet worden.	B: hm hm (.) das reicht KK: =das reicht? B: =ja KK: (15) hast du noch Fragen zu deinen Rechten? B: (--) nein KK: (.) nein (3) und: bist du in der Lage jetzt dieser Befragung zu folgen? B: =ja KK: =ok (1) also Joachim* wir haben gegen dich ein (--) Vorverfahren eingeleitet und zwar geht's um Diebstahl hm? (1) und zwar sollst du zusammen mit Paul Meier* am Dienstag 20.
Einvernahme zur Sache Vorhalt: Joachim*, du sollst zusammen mit Paul Meier*, am Dienstag*, 20.06.2014*, in Baden*, Shopping Mall*, Spiel und Spass Laden*, einen Diebstahl begangen haben. Antwort: Dieser Vorhalt stimmt. Frage: Erzähle mir der Reihe nach wie es zu diesem Diebstahl gekommen ist?	Juni* (.) in Baden* Shopping Mall* (.) im Spiel und Spass Laden* einen Diebstahl begangen haben (1) stimmt? B: =ja KK: (6) dann erzähle mir doch mal (2) den ganzen Ablauf B: (1) also wir sind (.) rein(.) gelaufen KK: also (--) ihr wart dort im Mall hm? B: =h=hm KK: (-) wer war dort alles im Shopping Mall noch da? B: (--) also: (--) von meiner? (--) mit wem ich jetzt dort war?

Antwort: An diesem Nachmittag sind meine Mutter, meine Schwester, Paul und ich zum Shopping Mall gefahren. Wir waren dort in ein paar Läden. Meine Mutter ging in einen anderen Laden, uns hat sie gesagt wir dürfen in den Spiel und Spass Laden. Wir drei, d.h. meine Schwester, Paul und ich gingen in den Spiel und Spass Laden. Wir gingen so durch die Gänge. Wir waren dann im Gang bei den Lautsprechern. Dort haben wir diese Lautsprecher gestohlen. Paul ist jünger als ich und hat den einfach so genommen. Ich wollte wie er sein, halt cool, und habe dann auch einen genommen. Ich habe den Lautsprecher bei mir in die Hose gesteckt. Paul hatte eine Tüte dabei, er hat seinen Lautsprecher in dieser Tüte versorgt. Wir gingen noch ein wenig durch die Gänge. Als wir den Laden verlassen wollten, kam dieser Sicherheitsmann auf uns zu und hat uns kontrolliert.

KK: =ja (.) einfach (-) wir waren mal zuhause habt gefrühstückt gegessen vielleicht auch noch mittag und dann (-) seid ihr irgendwann losgefahren oder?

B: =meine Mutter meine Schwester (1) Paul und ich

KK: =ja

B: =sind dann in den Shopping gefahren

KK: (23) ok und dann?

B: dann sind wir dort durch ein paar Läden gelaufen und dann (4) ist meine Mutter in: (-) in einen anderen Laden gegangen und hat gesagt wir dürfen im Spiel und Spass Laden schauen gehen (--) weil sie dort nicht so gerne reingeht weil sie (---) es halt nicht so mag (-) dort (-) in diesen Elektroniksachen (---) dann sind wir da durchgelaufen

KK: =Moment schnell (14) seid ihr zusammen dort hinein gegangen? oder wie (.) ist das gegangen weisst du das noch?

B: (-) äh ja zusammen

KK: =ja (.) also (--) mit der Schwester? hm?

B: ja die ist auch mit

KK: (14) und dann?

B: (1.5) dann sind wir da durch die Gänge gelaufen und haben irgendwann (2) also wir sind dann weitergelaufen

KK: =hm?

B: =dann sind wir eben so durchgelaufen (--) und: (--) dann sind wir eben durch diesen (.) durch so einen Gang halt durchgelaufen (-) und dann (.) eben (--) hat haben (-) haben wir (-) so eine Musikbox (.) genommen also ich eine und er eine
KK: (1) ok (.) das war so (.) bei den Lautsprechern? hm?
B: =ja (--) und (.) ja: ich wollt (.) also (.) er hat eine genommen und dann wollte ich halt (.) cool vor ihm sein weil er eben jünger war (-) und ich älter bin und halt (--) ja wollte ich halt cool vor ihm sein und dann hab ich auch eine genommen
KK: (.) ah (31) also der ist jünger als du und (.) hat das einfach so genommen? und (.) da wolltest
B: =ja: dann wollte ich halt cool sein und wollt (.) halt (-) auch (.) so sein wie er (.) weil ich älter bin dann dachte ich halt (--) ja (--) das es (.) cool ist
KK: (30) und dann?
B: (---) dann sind dann noch
KK: (-) also du hast ihn in der Hand und dann was hast du mit dem gemacht (.) mit deinem Lautsprecher?
B: ähm ich hab ihn halt so (---) ins Ho also in die Hose halt (.) gesteckt
KK: =hm
B: (3) an so einem Eck
KK: (3) und der Paul wo hat er hat der den versteckt?

	B: ähm er hat in die also wir er hatte eine Tüte dabei und hat ihn halt in die Tüte genommen KK: =ok (28) und dann? B: (.) sind wir noch ein bisschen weiter durch die Gänge gelaufen KK: (1) h=hm B: =und (.) dann wollten wir eben rausgehen und dann (---) kam der Sicherheitsmann (.) auf (.) uns zu KK: (35) als ihr den Laden verlassen wolltet (.) kam der Sicherheitsmann auf euch zu und hat euch kontrolliert? hm? B: =ja
Frage: Wann ist euch die Idee gekommen, dass man im Spiel und Spass Laden etwas klauen könnte?	KK: =ok (27) wann ist euch die Idee gekommen dass man im Spiel und Spass Laden etwas klauen könnte? B: (2.5) uhm (--) also mir eigentlich gar nicht KK: (.) irgendwann hattest du ja dann doch auch
Antwort: Als er diese Musikbox genommen hat, da wollte ich halt auch cool sein und habe ebenfalls eine genommen.	B: =ja als als er eben eine genommen hat (-) also eine Musikbox (--) und dann dachte ich halt (.) dass ich auch cool bin und (1) und auch eine halt genommen
Frage: Habt ihr vor dem Klauen nicht darüber gesprochen, dass man solche Boxen stehlen könnte? Antwort: Gar nicht, das war ganz spontan.	KK: (76) habt ihr vor: dem Diebstahl oder vor dem Klauen nicht darüber gesprochen? (-) war das einfach so eine spontane Sache? B: (-) ja KK: (27) als ihr dort im (-) Laden also im Spiel und Spass Laden wart (.) wart ihr da die: ganze Zeit immer zusammen (-) ihr drei?

Frage: Als ihr dort im SPIEL UND SPASS LADEN wart, wart ihr drei da die ganze Zeit zusammen unterwegs? Antwort: Die Schwester war mal weg, da waren Paul und ich alleine. Später waren auch Paul und meine Schwester weg, die waren aber nur gerade ein paar Meter neben mir, ich bin dann gleich wieder zu ihnen hingegangen.	B: =nein meine Schwester ist mal weggegangen (-) und dann waren eben nur noch wir zwei KK: (5) also ich rede vom (.) Spiel und Spass Laden B: h=hm (.) eben KK: (.) die Schwester war mal (.) paar mal weg aber (.) du und der Paul waren immer zusammen? B: =ja (2) also ni (-) die sind dann auch noch mal zusammen weggegangen aber (--) die sind dann gleich wieder gekommen (1.5) sie waren nur kurz so (-) paar Meter weiter weg aber dann hab ich sie gleich gesehen und bin wieder zu ihnen gelaufen
Frage: Dort bei diesen Lautsprechern waren aber Paul und du immer zusammen?	KK: (66) da bei die: (.) bei diesen Lautsprechern (.) da waren aber der Paul und du immer zusammen?
Antwort: Ja	B: (1) da: zusammen KK: =hm? B: =da waren wir zusammen
Frage: Wer von euch beiden hat zuerst gestohlen? Antwort: Das haben wir gleichzeitig gemacht. Er hat einen genommen und mich angeschaut, worauf ich dann auch gleich einen genommen habe.	KK: (14) wer von euch beiden hat zuerst gestohlen? B: (1) also (-) ja wir haben sie eigentlich gleichzeitig genommen also er hat's genommen (--) und dann hat er mich so angeschaut =und dann hab ich auch gleich einen genommen
Frage: Und darüber wurde vorher nie gesprochen? Antwort: Nein, gar nicht.	KK: (41) und darüber wurde nie gesprochen davor? B: =nein gar nicht (106) hm darf ich noch was fragen?

Frage: Von wem kam die Idee, dass man klauen könnte?	KK: Moment noch bitte (.) du darfst's dann schon (--) äh von wem kam die Idee dass man klauen könnte? B: (5) klauen: könnte also (5) ich würde sagen von uns beiden weil wir haben sie beide genommen (.) also KK: (2) also oder (-) war's überhaupt eine Idee?
Antwort: Das war keine Idee, das war eine spontane Sache.	B: (1) also eine Idee eigentlich (.) nicht (.) nein (1) es war keine Idee KK: also es war äh (.) ihr habt das nicht (.) besprochen und gemacht son[dern] B: [nein] KK: =es war einfach dort eine spontane B: =es war spontan KK: (16) ja was wolltest du fragen? B: ähm (--) ob ich nochmal irgendwo hin muss hier in (.) we:nn ich hier fertig bin? KK: =kann ich jetzt so =also heute sicher nicht B: (---) und in Zukunft in (.) also (.) wegen dem jetzt? KK: das kann ich dir so im Moment noch nicht sagen (.) ich weiss es nicht (--) ob unser Jugendanwalt das hier selber macht oder ob wir die ganze Akte nach Deutschland schicken (--) das weiss ich im Moment nicht B: =ah (.) aber wenn sie (.) wenn's der Jugendanwalt hier macht dann muss ich nochmal kommen oder?

	KK: =das könnte sein dass du da nochmals hier herkommen musst B: =ok (1) das war's auch schon
Hinweis: Es gibt Videoaufnahmen. Die zeigen euch ab dem Moment als ihr den Laden betreten habt bis zum Schluss wo man euch kontrollierte.	KK: (73) ähm (1.5) von diesem (--) Nachmittag (-) gibt es Videoaufnahmen B: (.) h=hm KK: =hm? (.) also man hat euch (.) im Prinzip (.) gefilmt ab dem Moment als ihr den Laden betreten habt (--) bis zum Schluss wo man euch wieder kontrolliert hat B: h=hm
Frage: Deine Aussagen stimmen mit dem was ich auf dem Video sehe nicht überein. Die erwecken eher den Eindruck, dass dieser Diebstahl von dir ausgegangen ist. Was sagst du dazu?	KK: (-) mehr oder weniger (-) es gibt halt Lücken (--) und:: (--) wenn ich mir den f Video so ansehe (.) und jetzt höre was du sprichst (-) äh sag ich jetzt mal das stimmt nicht überein (--) also diese Video (-) erweckt eher den Eindruck (.) dass dieser Diebstahl (.) von dir ausgegangen ist B: =ja 's ist KK: =ja (-) stimmt schon? hm? B: =ja KK: (.) wieso denn nicht von Anfang an die Wahrheit? B: =weil ich Angst hab KK: =ach vor was hast du denn Angst? B: =einer Strafe KK: (-) ach (1) das scheiss (1) hm? B: (6) ja KK: (--) ist das eh noch so ein bisschen das schlechte Gewissen gegenüber deinen Eltern weil du denen gesagt hast?

	B: =hm KK: (.) ja (-) aber weisst du (.) die Wahrheit ist immer das Beste hm? (2) ja? B: (.) also wenn's ein Video davon gibt dann war's (.) genauso wie auf dem Video KK: (--) ja (.) und jetzt erzähl mir wie's war B: (1) also KK: =ja es ist doch offensichtlich B: =ja ja (.) ja
Antwort: (…fängt fast an zu heulen) Es stimmt, es war meine Idee. Aber es war auch wieder dem mit dem cool sein. Paul und meine Schwester waren dort so in einer Art Beziehung. Also nicht so eine richtige Beziehung, der war einfach bei uns und sie hatte sich in ihn verliebt. Mit diesem Diebstahl wollte ich halt cool sein und zeigen wer der Chef ist. Aber eigentlich habe ich das dort gleich als es passiert ist auch schon bereut.	KK: =hm? (---) Moment schnell (18) also es stimmt es war (-) deine Idee (.) kann man sagen? B: =ja (10) aber auch (-) in dem Fall weil (.) weil ich cool sein wollte (-) ich dachte es wäre cool (.) mh (3) ich hab's auch gleich bereut (.) also (-) es war eine dumme Idee KK: (10) also wolltest du so (-) quasi (.) vor dem Paul so ein bisschen der B: =coole sein (-) also er war (--) zu dem Zeitpunkt auch mit meiner Schwester zusammen (--) also die waren (-) in (.) also (.) ja halt in einer Beziehung KK: =h=hm B: (.) und: (.) dann wollt ich halt cool sein und ihm (-) s::: so so so zu sagen zeigen wer KK: (-) wer jetzt B: =äh ja KK: =sein Schwager wird? oder (.) was?

	B: (.) nein dass dass (---) dass (.) ich halt der Chef bin KK: =ok B: =und es war (-) eine dumme Idee KK: (4) sind die jetzt nicht mehr in einer Beziehung? B: =nein (.) nein (.) also es war auch keine richtige Beziehung sie (---) er kam hier her und dann ja KK: hat sie sich verliebt? B: (---) ja (.) so kann man's sagen
Frage: Wann ist dir die Idee gekommen diesen Diebstahl zu begehen? Antwort: Als ich dort im Gang war bei den Lautsprecher und gesehen habe, dass die nicht gesichert sind, da kam mir die Idee und ja, dann wollte ich halt nur noch cool sein.	KK: (96) und wann ist dir die Idee gekommen diesen Diebstahl zu machen? B: (-) als (.) als wir (.) also (.) als ich da durch die Musikbox also durch die (.) Lautsprecher gang also (.) da als ich da durch den Gang gegangen bin (.) und die Lautsprecher da halt (.) offen stehen gesehen habe ohne dass da was ist (-) also dass die einfach dastanden KK: (9) also dass sie nicht gesichert sind hm? B: ja (1) da kam mir die Idee KK: =hm? B: da kam mir dann die Idee (-) und dann wollte ich halt nur noch cool sein vorm
Frage: Hast du beide Lautsprecher gestohlen? Antwort: Ja, ich habe beide genommen, aber den eine hat Paul dann in der Tüte herausgetragen.	KK: (23) hast du beide Lautsprecher geklaut? B: (---) ähm also (.) den ersten hab ich genommen und den zweiten (--) den: hab ich dann auch in die Tüte getan KK: =also du hast beide?

	B: =aber (.) die hat (.) ja KK: =ja B: =beide genommen und er hat KK: =den einen wieder rausgetragen? B: =ja
Frage: Und wer hat diesen Lautsprecher in die Tüte von Paul getan?	KK: =h=hm (43) und wer hat (--) diesen Lautsprecher in die Tüte von Paul getan?
Antwort: Das war ich, aber Paul wusste das.	B: das war ich KK: (5) aber der Paul wusste es? B: =ja (15) der Rest war dann so wie ich's gesagt hab (.) also (.) wir sind noch ein bisschen rumgelaufen dann sind wir rausgegangen (.) und dann (.) kam der Sicherheitsmann
Frage: Und deine Schwester, die war die ganze Zeit bei euch, die hatte ja auch mitbekommen was ihr da vorhabt. Oder?	KK: (25) und deine Schwester? die war ja die ganze Zeit bei euch (.) die hatte ja auch mitbekommen was ihr vorhabt oder?
Antwort: Die hat gar nichts bemerkt und wusste wirklich nichts. Also die hat mit der ganzen Sache nichts zu tun.	B: die hat gar nichts gemerkt sie hat wirklich gar nichts gemerkt KK: (.) obwohl die immer dabei gestanden ist? B: =ja (.) sie hat sie hat wirklich gar nichts gemerkt sie wusste es auch gar nicht (8) also sie hat (.) w wirklich (.) wirklich nichts gemerkt KK: (63) einfach dass du nicht das Gefühl hast (-) ich hä hätte dir da irgendetwas [vorgelogen] B: [nein nein]

Frage: Ich zeige dir zum Schluss ein paar Bilder aus dieser Videoaufzeichnung. Möchtest du dazu noch irgendetwas sagen? (Bilder 1 bis 13 wird vorgelegt)
Antwort: Eigentlich möchte ich das gar nicht sehe, aber nein sonst gibt es dazu nichts zu ergänzen.

KK: ich zeige dir einfach jetzt ein paar Videos (-) also respektive ein paar Bild
B: =das das (.) brauchen sie mir gar nicht zu zeigen
KK: =doch! du musst das schon noch sehen
B: ok
KK: =also (-) zuerst kommen (.) deine Schwester und der Paul in den Laden das würde mich dann noch wundern eben wieso kommen die alleine und du erst (-) fast (-) vier Minuten später?
B: =ach so (.) oh (--) ja aber (.) waren waren sie da schon beide im Laden? weil ich hab sie (-) ähm (-) also (.) dann kann's sein dass wir getrennt reinkamen (-) aber dann später im Laden haben wir uns dann [wieder]
KK: [ja ja]
B: =getroffen
KK: (.) aber wieso sind die so viel vor dir (-) gewesen?
B: =ich hab noch glaub ich (.) entweder ich hab mit meiner Mutt (.) also ich weiss auch nicht mehr genau was an dem Tag war (-) also entweder ich hab noch mit meiner Mutter geredet
KK: =h=hm
B: (-) und dann bin =ja ich (.) erst hab ich (-) gesagt ich komm mit ihr mit und dann (.) hab ich doch gesagt ich geh in Spiel und Spass Laden

KK: (-) ok
B: =mit den anderen
KK: (-) also (--) zuerst sie dann
du uhm? (.) und dann bist du
relativ lange (.) alleine hier bei den
Lautsprechern (.) ganz alleine (--)
und (.) hast dann zum Schluss was
eingesteckt
B: (.) ja
KK: und bist dann weggelaufen
B: =h=hm
KK: und dann ein bisschen später da
war (.) das war (-) da siehst von der
Zeit her (--) das war:: (.) dreizehn
Uhr
B: =h=hm
KK: =und erst eine Viertelstunde
später seid ihr alle drei dann dort
bei den (-) Lautsprechern (--) und
dort habt ihr euch das alles wieder
angeguckt (---) und dann (.) seid ihr
dann weggelaufen (.) der (-) Paul hat
die Tüte in seiner Hand (.) du bist
da vorne (-) dann übernimmst du
die Tüte (-) hältst die dir so vor den
Bauch (---) und machst wohl hier
den zweiten Lautsprecher rein hm?
B: =h=hm
KK: (-) und dann seid ihr wieder
weiter gega laufen und dann hast
du dem (.) Paul die Tüte wieder
gegeben
B: =ja

KK: (-) und dann beim Eingang (--) das wäre dann noch eine weitere Frage (---) bist du zuerst alleine rausgegangen? (-) die beiden haben hier bei der Kasse gewartet [und sind]

B: [mh ja]

KK: dann ein [paar Minuten]

B: [die haben]

KK: =später

B: die haben noch irgendwas geholt glaub ich also

KK: =war das nicht [einfach]

B: [Paul]

KK: =um nicht so aufzufallen?

B: =nein ich glaub Paul hatte noch irgendwas (.) also sie standen noch an der Kasse und irgendwas an der Kasse gemacht aber das (-) hab ich nicht mitbekommen

KK: (.) ok

B: (---) weil da hat mich dann der (.) Sicherheitsmann (.) irgendwie kontrolliert gehabt (1) der mich dann halt (--) einfach noch kontrolliert hat

Frage: Was mich noch interessieren würde, weshalb bist du erst rund 4 Minuten nach deiner Schwester und Paul in den SPIEL UND SPASS LADEN gegangen?

KK: (47) also eben auf meine Frage weshalb du erst rund vier Minuten nach deiner Schwester und Paul in den Sp Spiel und Spass Laden gegangen bist (--) eigentlich wolltest du erst bei der Mutter bleiben und bist dann?

Antwort: Anfänglich wollte ich bei meiner Mutter bleiben, schlussendlich bin ich ihnen aber doch nachgegangen. Frage: Auch habt ihr den Laden wieder getrennt verlassen. War da eine Absicht dahinter?	B: (--) ja (39) kann ich sie mal was fragen? (-) wenn sie fertig sind KK: h=hm (.) Moment (1) stelle dir nochmal eine Frage und dann kannst du noch was fragen (14) ich hab dich schon gefragt aber einfach dass ich die Antwort nochmals schreiben kann (-) auch habt ihr den Laden wieder getrennt verlassen war da eine Absicht dahinter? (--) und da hast du gesagt nein da war
Antwort: Nein, da war wirklich keine Absicht dabei. Die beiden blieben dort bei der Kasse und haben glaube ich mit dieser Frau etwas geredet. Um was es da ging, kann ich nicht sagen, ich war ja schon in der Kontrolle von diesem Sicherheitsbeamten.	B: =mh da war wirklich keine Absicht dahinter KK: =die müssen irgendwas noch gesehen haben da bei der Kasse? B: =d bei (-) ich war (.) ich bin mir nicht sicher ob sie noch irgendwas gekauft haben (-) auf jeden Fall standen sie noch an der Kasse und haben irgendwie geredet mit der Frau KK: =h=hm B: (-) glaub ich (3) also ich weiss auch nicht um was es ging ich war (.) schon draussen (3) aber da war wirklich KK: =h=hm B: (--) keine Absicht dahinter
Frage: Welche Version kennen deine Eltern, das was du mir am Anfang erzählt hast oder das was du mir am Schluss nun gesagt hast?	KK: (161) welche Version (.) kennen deine Eltern? das was du mir am Anfang erzählt hast oder das (1.5) was du jetzt zum Schluss? B: das vom am Anfang (7) mh le le mh lesen sie das was ich ihnen jetzt gesagt hab?

Antwort: Das was ich Ihnen am Anfang erzählt habe, werde meine Eltern das nun lesen?	KK: ja sie haben schon das Recht =und ich finde auch man kann es doch sagen B: =mh KK: ja das ist (--) hm? (-) ist doch besser so (--) hm? (--) da lebst du ja die ganze Zeit mit einer Lüge B: =ja KK: =und der Paul hat ja sicher (---) seine Version gesagt oder? B: (-) ich glaub er hat gar nichts erzählt ich weiss KK: =zuhause B: (.) ich weiss es nicht ich hab gar keinen Kontakt [mehr zu ihm] KK: [habt ihr kein] Kontakt mehr zusammen? B: =nein KK: =grosser Streit? B: (--) eigentlich kein Streit ich hab einfach seitdem nicht mehr mit ihm geredet
Frage: Wer ist eigentlich dieser Paul? Antwort: Wir haben ihn im Sommerurlaub kennengelernt und der war dann hier bei uns auf Besuch. Seit diesem Diebstahl habe ich keinen Kontakt mehr zu ihm.	KK: =was was ist das eigentlich? (--) der Paul? B: den haben wir im Urlaub (.) kennengelernt KK: ok [nicht davor]? B: [und dann ist] KK: =ok B: =nein und dann ist er eben hierher gekommen (--) in den f (--) Ferien und dann KK: jawohl B: und danach also ich hab auch (--) er war dann glaub ich noch zwei oder drei Tage bei

uns und danach hab ich (1) gar nichts mehr mit ihm geredet
KK: (--) ja
B: =also kein Wort mehr mit ihm geredet
KK: (-) schlechtes Gewissen?
B: ja: (33) ähm wegen mein
KK: =wo wo habt ihr den kennengelernt? (.) im Sommerurlaub oder was?
B: =ja
KK: =hm
B: (40) ähm
KK: ja
B: wissen sie schon was für eine Strafe ich dann bekomme? (1.5) ungefähr
KK: ich kann dir das
B: =was was
KK: =aus einem äh (.) aus (.) aus dem einfachen Grund nicht sagen weil ich nicht weiss (.) wie es weiterlaufen wird (-) also (--) wenn wir das hier in Baden selber beurteilen (.) dann könnte ich dir etwa sagen was passiert (---) also dann müsstest du mit ein paar Sozialstunden rechnen dass du mal (--) ein paar Mal arbeiten musst (---) das ist wenn es hier in Baden bleibt
B: =ok
B: (9) und wie viele Sozialstunden wären es dann ungefähr?
KK: (4) zwei drei Nachmittage (--) also es's jetzt nicht schlimm
B: =mh

	KK: (-) also es es ist (-) hm? es ist (-) das erste Mal (.) und das ist (2) es wäre natürlich immer (--) für den (--) Staatsanwalt angenehmer zu sehen wenn (.) derjenige Beschuldigte es gleich (--) ehrlich zugibt B: =mh KK: =was passiert ist B: =ich hab auch eine Strafe von zuhause bekommen KK: =hast du eine bekommen? (.) was für denn? B: =ja also (--) ich hab seit dem Tag hab ich (.) Hausarrest KK: =ok B: und: (.) ähm (.) ich bekomm meine Handy nur noch a also (-) ab 17 Uhr 30 bis 21 KK: =ja B: =Uhr (2) und (.) ab 21 Uhr muss ich's dann wieder abgeben
Frage: Wie werden deine Eltern reagieren wenn sie nun die richtige Geschichte erfahren werden? Antwort: Ich weiss das wirklich nicht und habe auch richtig Angst davor.	KK: ok (2) wie werden deine Eltern reagieren wenn sie nun die richtige Geschichte (.) erfahren? B: =das weiss ich nicht (--) ich hab auch (--) wirklich Angst davor (6) also (--) nicht dass ich sie jetzt schlimm einschätze aber (---) ich weiss nicht wie mh KK: (2) hm? (3) was? B: mh ja (---) ob sie jetzt dann (.) no noch noch saurer sind oder (1) ob's (.) mh KK: manchmal ist die Enttäuschung darüber dass man (1) [angelogen]

B: [angelogen]
KK: =wird (.) ist manchmal grösser als (--)
B: =dass man
KK: =dass man selber irgendwas gemacht hat ja
B: mh
KK: (.) es geht halt de [ein wenig]
B: [da da] (.) das das meine ich auch
KK: =h=hm es geht halt immer ein bisschen um's Vertrauen
B: =mh ja (.) [das]
KK: [aber] du bist noch jung du hast noch viele Jahre zeit
B: =ja
KK: =wieder das Vertrauen zu gewinnen also (-) ich schätze jetzt deine Eltern nicht so ein dass sie da dich jetzt (--) völlig fallenlassen (-) hm? aber du musst halt jetzt dafür wieder was etwas machen (1) und (.) halt (-) ich meine du hast es ja offensichtlich vor vier (.) zwei drei Jahren gemacht hm? (.) da hast du geklaut und da hast du dich freiwillig gestellt
B: mh ja
KK: wieso (.) das wäre viel viel einfacher gewesen hier gleich (.) von Anfang (.) es ist auch cool!
B: (-) ja
KK: =hm? (.) das das gehört auch zum cool sein (--) wenn man scheiss macht auch zu dazu stehen
B: =ja

KK: es ist fast v (.) das ist fast cool als zu klauen (--) hm? (1) nimmst du das mit?
B: auf jeden Fall
KK: (5) willst du es ihnen selber erzählen oder muss ich's erzählen? (1) was machen wir?
B: =wenn ich dabei bin sie's erzählen?
KK: =ja
B: (.) dann (.) erzähle ich's ihnen selber
KK: =ok (.) finde ich gut (8) dann ist es draussen
B: (.) kommen sie dann jetzt hoch oder? (-) kann ich es
KK: =ich komme runter mit dir (.) hm?
B: (.) ok

Ende der Einvernahme: 14:00* Uhr

KK: (.) hm? (1.5) ich will dir nicht die Hand halten aber (-) ich ich bin dabei hm? ((*Einvernahmeprotokoll wird gedruckt*)) (13) s:::o (-) also
B: (---) muss ich das auch alles nochmal lesen?
KK: =ja
B: (--) kann ich kann (--) kann ich das auch einfach unterschreiben? (1) also
KK: =es ist (.) deine Aussage
B: =ja (--) das das stimmt ja so wie ich's ihnen beim zweiten Mal erzählt habe
KK: (---) überflieg es wenigstens
B: ok

KK: (.) also die erste Seite die kannst du auslassen
B: mh
KK: da geht es nur um die Rechtsbelehrung hm?
B: =mh
KK: dass da steht dass ich dir die Recht vorgelegt habe und dass du keine Aussage ma machen musst (---) und dann auf meine Frage ob dir das genügt oder ob du deine ganzen Rechte hast du gesagt diese (--) Zusammen äh fassung reicht mir hm? (.) dann kannst du mal diese erste Seite unterschreiben (1) hier (-) einfach hier unterschreiben (-) du musst jede Seite unterschreiben (7) also (1.5) und (--) das hier ist (.) deine erste Version (1.5) also ich würd's halt (.) tust du nicht gerne lesen?
B: (-) nicht wirklich
KK: (-) wieso nicht? (2) hast du eine Lese (-) schwierigkeit oder oder?
B: (.) nein eigentlich nicht aber:
KK: (-) macht du machst du's
B: =es ist grad ein bisschen viel
KK: =hm?
B: es ist grad ein bisschen viel
KK: (-) ja! (.) aber ein bisschen da musst du jetzt durch hm? (--) also (---) versuch's mal hm? (2) so ein bisschen mu (.) ein bisschen musst du schon lesen (2) ich hab's ja auch schreiben müssen oder?

	B: (4) so ähm muss ich dann hier unterschreiben? KK: =ja (45) Moment schnell (-) das ist die Seite (-) drei (-) die Seite vier (-) geb ich dir nochmals (2) da hab ich einen Schreibfehler gesehen B: (40) mh wo muss ich hier unterschr? =ah hier [unten]
Schlussfrage: Ich habe Dir das Protokoll vorgelegt. Du hast es gelesen. Hast Du etwas zu berichtigen oder zu ergänzen?	KK: [also] (.) hier musst du auf diese Frage hast du etwas zu diesem (-) Protokoll noch zu ergänzen oder zu berichtigen (--) wenn nicht schreibst du hier nein B: (---) soll ich dann hinschreiben dass dies erst falsch war? KK: (-) ne: (-) das: sieht man ja (-) nein (.) sch musst du einfach nein schreiben hm? (1.5) also mit diesem nein schreibst du einfach dass du das Protokoll gelesen hast (--) und du (-) musst nichts ergänzen oder berichtigen hm?
Antwort: Nein ((*handschriftlich*)) Schluss der Einvernahme: 14:04* ((*handschriftlich*)) Uhr	B: =hm KK: =also dann gebe ich dir jetzt die Uhrzeit das ist jetzt (.) 14 Uhr 04 B: (4) 04? KK: =ja (---) und dann musst du hier nochmals unterschreiben B: (.) hier? KK: ja (-) dazwischen bitte (4) also (1) dort musst du den da rein (3)

Einvernahmeprotokoll 10 (EVP 10):
Einvernehmende Behörde: Jugendgericht.
Protokollführende Person: Gerichtsschreiberin.
Alter des beschuldigten Jugendlichen im Zeitpunkt der Einvernahme: 17 Jahre.
Dauer des transkribierten Inhaltes: Auszüge.
Relevante Tatbestände: Raub (Art. 140 StGB) und Nötigung (Art. 181 StGB).

Einvernahmeprotokoll:	**Transkription:**
Auszug 1	Gerichtspräsident: sie haben das nochmal gehört (.) was sagen sie nun dazu?
Sehr geehrter Herr Präsident, ich hatte Alkohol konsumiert an diesem Abend. Ich trinke eigentlich selten, wollte nur etwas herumpöbeln. Ich hätte die Drohungen eh nie umgesetzt, ich wäre nicht angrifflich geworden. Ich bereue die Tat über alles. Ich habe das erste mal ein Delikt gemacht, das so schlimm ist. Ich würde mich gerne bei diesen entschuldigen. Ich kann es nicht mehr rückgängig machen.	Beschuldigter: Sehr geehrter Herr Präsident (.) ehm (.) ich hatte Alkohol ko (.) also Alkohol konsumiert an dem Abend (-) ich trinke eigentlich selten und (.) wollte nur ein wenig herumpöbeln (-) u:nd (.) die Drohung hätte ich eh nie in die Tat umgesetzt und (.) äh (.) schlagen und handgreiflich hätte ich eh nie (.) ich wäre nie hangreiflich geworden (.) und die Tat bereue ich über alles (.) das ist das erste Mal (.) dass ich ein Delikt gemacht habe oder so etwas schlimmes (.) und ja (unv.) ich weiss auch nicht (.) =Ich würde mich gern (.) gerne entschuldigen (.) wenn ich sie würde sehen (.) weil im Endeffekt kann ich es nicht rückgängig machen (--)
	GP: jetzt so wie es da geschildert worden ist (.) ist es so richtig abgelaufen [oder]

Es geht. Man stellt mich dar, als hätte ich die schlagen wollen.	B: [es geht] (--) man tut mich darstellen als ob ich sie hätte schlagen wollen (.) aber das stimmt nicht (--) ich habe dagestanden und mit ihnen geredet (.) und drei drei von (.) bis vier von den fünf waren gleich gross wie ich (.) dann habe ich mich ein bisschen aufgebaut und so habe ich bedrohlich ausgesehen (1.5) und (.) ich habe auch Angst gehabt ich ich weiss auch nicht wie das passiert ist (.) ich habe gedacht fünf gegen mich da komm ich sicher drunter (--) ich bin nämlich auch erstaunt gewesen danach wie ich ein paar Münzen von denen bekommen habe (--) GP: [uhum] B: [da da] hab ich nicht weiter gedacht ich hab ein Black-Out gehabt in dem Moment (.) ich hab noch nie so eine Sache gemacht (.) GP: [uhum]

Auszug 2

	GP: jetzt noch einmal zum Alkohol (.) wie haben sie sich denn gefühlt, jetzt nicht einfach von den Anderen beeinflusst (.) sondern nur wegen dem Alkohol (.) haben sie den Alkohol gespürt?
Ich habe den Alkohol gespürt, konnte nicht richtig laufen, es war mir schwindlig.	B: ja schon (.) ich habe wirklich nicht mehr richtig laufen können und [es] GP: [ja] B: war mir [schwindlig] GP: [ist das] nicht ein bisschen übertrieben (.) so [nachträglich?]

	B: [nein] GP: war das wirklich so? B: wie meinen sie (.) wie? GP: dass sie nicht mehr richtig laufen konnten?
Ich bin schon geschwankt.	B: ich bin schon so hin und her (.) äh (.) wie nennt man das? GP: geschwankt B: ja genau (.) GP: uhum

Auszug 3

	GP: 2.5 (.) 3 Stunden haben sie nichts mehr getrunken dazwischen?
Ich glaube, ich habe noch Bier getrunken.	B: vielleicht (.) ich weiss nicht ein Bierle oder so (---) so viel GP: ein Bierle (.) haben sie dann auch noch getrunken? B: ich glaub schon ja (-) GP: glauben sie's oder wissen sie's noch sicher? (--) B: doch (-) GP: wie viel denn (.) wie viel Bierle? (-)
Doch, ich habe eines getrunken.	B: also ich hab probiert (.) ich habe glaub eines getrunken (--) GP: eines (.) ok (---) =dann sind sie auf den Platz angekommen (.) aber sie sind nicht allein gewesen (.) wer war noch dabei?
Alex Fritz *war noch dabei.	B: der Alex Fritz* ist noch dabei gewesen (-) GP: er ist (.) ist sonst noch jemand dabei gewesen?

Sonst niemand, nein.	B: nein GP: also (---) dann können sie mal schildern wie sie denn (.) offensichtlich sind sie zum Platz gegangen (-) B: genau GP: was war die Idee (.) dass sie dort hingegangen sind?
An der Kirche, ich mache hobbymässig ja Musik. Dort hinten sind auch immer Musiker. Dort machen sie Freestyle. Ausgang, Frauen und so. Ich habe auch nichts Schlechtes dabei gedacht. Ich habe nicht nachgedacht, der Alkohol hat mich wirklich beeinflusst.	B: (.) also (.) die Kirche (.) ich tue ja als (.) hobbymässig tue ich rappen (.) also so Musik machen (--) und weil dort hinter immer auch gleich Musiker sind (--) tue ich (.) dort sind immer so Freestyler (--) sie wissen was das [ist?] GP: [uhum] B: (.) und da ist immer Ausgang (.) Frauen und so (--) ich hab nichts Schlechtes dabei gedacht gehabt (--) wir sind zum Platz gegangen (.) dann ich weiss nicht was mit mir passiert =dann bin ich den anderen (.) also gegen fünf Stück (.) zu fünf Stück gelaufen (.) und dann habe ich (.) jo (.) Schiss habe ich gehabt (.) ich habe gedacht =ich weiss nicht warum ich das gemacht habe =ich habe nicht nachgedacht =ich schwör der Alkohol hat mich wirklich (.) beeinflusst so zu sagen (--) dann bin ich gelaufen und habe fünf Stück gesehen und gesehen

Drei waren so gross wie ich. Ich bin ein feiner Typ, ich sehe vielleicht kräftig aus. Ich habe die dann angesprochen. Ich war halt ein Idiot und wollte ihnen Geld abnehmen.	drei (.) vier sind so gross wie ich (.) da hab ich mich so bisschen aufgebaut so zu sagen (.) ich bin aber ein feiner Typ (.) ich sehe vielleicht kräftig aus (-) ähm und dann (-) habe ich sie angesprochen (-) und (--) ja (-) ich bin halt ein Idiot gewesen (.) wollt ihnen Geld abnehmen (--) GP: aber sagen sie mir mal (.) warum sind sie dann zu denen gegangen (.) wenn sie Schiss hatten?
Ich weiss nicht, warum ich hinging, obwohl ich Angst hatte. Ich war angetrunken, hatte schlechte Laune.	B: (---) hm weiss nicht (.) ich habe gedacht (--) ein bisschen anpöbeln (.) weiss nicht (-) wegen meiner Laune (.) ich hatte schlechte Laune (--)

Auszug 4

	GP: dann wollte noch einer wegrennen (.) ist das richtig oder wie weit ist er weggegangen?
Ja, einer wollte noch wegrennen.	B: ja GP: und dann haben sie ihn nicht weggehen lassen?
Nein, ich habe ihn nicht wegrennen lassen.	B: nein (2.5) GP: warum nicht (-) dann wäre es einer weniger gewesen (.) dann hätten sie es nur noch mit vier zu tun gehabt (--)
Nein, ich weiss wirklich nicht, was ich mir dabei gedacht haben.	B: nein ich habe (1) weiss nicht was ich gedacht habe (1.5) GP: wie haben sie das bewirkt (.) dass er da wieder zurück kommt (1)
Ich habe ihn am Kragen gepackt, als er gehen wollte.	B: ja ich habe ihn am Kragen gepackt (--) GP: am Kragen gepackt

Auszug 5

	GP: uhum =aber sie hätten ja jederzeit wieder gehen können (---) ich glaub jetzt nicht da die sie aufgehalten hätten (.) wenn sie wieder gegangen wären (-)
Ich habe nicht daran gedacht, dass ich wieder hätte gehen können.	B: (unv.) GP: oder? (1.5) und (.) was ist dann passiert? sie haben das Portemonnaie rausgenommen B: ja
Nein, das Portemonnaie selber hatte ich nicht in der Hand.	GP: haben sie denn das Portemonnaie selber in der Hand gehabt? B: nein

Auszug 6

	GP: haben sie damit bewirken wollen (.) dass die anderen noch mehr Angst haben vor ihnen? (-) haben sie damit ausdrücken wollen dass sie unberechenbar sind? (--) haben sie die Frage verstanden? B: joah
Ja, ich wollte damit ungefähr sagen, dass ich unter Kokain stehe und deshalb gefährlich bin.	GP: also haben sie den anderen sagen wollen ich bin unter Kokain (.) ich bin gefährlich? (---) B: so: (.) so in ungefähr (-) GP: so ungefähr (.) also sagen sie es mir wie es ist (.) warum sie das gesagt haben (.) mit ihren Worten (.) nicht das ich ihnen etwas in den Mund lege (-)
Ich wollte, dass sie noch mehr Angst bekommen.	B: damit sie äh (--) sie noch mehr Angst bekom[men]

	GP: [noch] mehr Angst bekommen (---) und zum Schluss hat's funktioniert (-) oder? (4) also Geld hatten sie (3) haben sie gesehen (.) dass sie noch mehr Geld hatten (.) und z.T das Geld zuerst noch aus dem Portemonnaie rausgenommen haben? B: wie bitte? GP: dass sie noch mehr Geld hatten im Portemonnaie und das erst noch rausgenommen haben? (--)
Ich habe nicht gesehen, dass sie noch mehr Geld hatten und das zuerst rausgenommen haben.	B: nein (.) das habe ich nicht gesehen (--) GP: das haben sie nicht gesehen (1.5) ok (4) nochmal eine Frage (.) sie haben vorhin gesagt (.) sie haben einen gepackt (.) sie haben einen gepackt das ist (.) ist wirklich so gewesen (.) dass sie den Einen am Kragen gepackt haben? B: *((nickt))* GP: ja? (.) sie müssen nicht einfach nicken (--) B: ich stimme ihnen [zu]
Ja, ich habe einen am Kragen gepackt.	GP: [das] stimmt (-) und welchen haben sie am Kragen gepackt? (-) B: welchen? GP: ja (-) B: ich weiss nicht mehr ganz genau (-)
Ich weiss nicht mehr ganz genau, welchen ich am Kragen gepackt habe.	GP: der wo weggerannt ist oder einen Anderen?
Ja, den der wegrennen wollte.	B: ja (.) der wo weggerannt ist (-) GP: der wo weggerannt ist (1.5) ok

Einvernahmeprotokoll 11 (EVP 11):
Einvernehmende Behörde: Jugendgericht.
Protokollführende Person: Gerichtsschreiberin.
Alter des beschuldigten Jugendlichen im Zeitpunkt der Einvernahme: 17 Jahre.
Dauer des transkribierten Inhaltes: Auszüge.
Relevante Tatbestände: Pornografie (Art. 197 StGB) und Widerhandlung gegen BetmG.

Einvernahmeprotokoll:	**Transkription:**
Auszug 1	
z.S.	
JugA verliest die Anklageschrift	Jugendanwalt: ((*verliest die Anklageschrift*))
Ziffer 1:	
	Gerichtspräsident: (--) ist das so richtig (--) Herr Peterhans*?
(aF Ist das so richtig?) Ja, ich hatte es einfach drin, weil es im Whatsapp auf Datei geht. Ich habe es nicht mehr angesehen.	Beschuldigter: jo also jo ich hab's halt einfach drinnen gehabt (.) weil's im Whatsapp einfach auf die Dateien geht GP: =ja B: (-) und ich hab's einfach nicht mehr angeschaut (.) oder? GP: (---) sie haben es gekriegt von irgendjemandem? B: (.) jo von (.) von [einem]
(aF früher schon mal so etwas bekommen?) Nein	GP: [haben] sie schon (-) früher solche Sache bekommen? (-) das erste Mal? B: =ja GP: (.) dann haben sie's angeschaut?

(aF) Ich habe gesehen, was es ist am Anfang und habe es nicht angeschaut.	B: dann hab ich's =also ich hab's nicht geschaut (.) ich hab nur gesehen am Anfang was es gewesen [ist] GP: [ja] B: =und dann hab ich's weggelegt
(aF warum nicht gelöscht?) Ich hatte keine Zeit.	GP: =und warum haben sie's nicht gelöscht? B: (--) weil keine Zeit gehabt hab [so zu sagen]
(aV) Das können Sie nicht behaupte, diese 5 Sekunden hat man Zeit) Jaaa, ich habe mich einfach nicht interessiert dafür.	GP: [ah!] also keine Zeit aber das können sie nicht bringen (1) also für [die] B: [nein] GP: =paar Sekundenbruchteile hat man noch Zeit B: =es hat mich gar nicht äh äh interessiert und wegen dem hab ich's nicht gelöscht und nicht
(aF jemandem geschickt?) Nein	GP: =ja (.) ja haben sie's weitergeschickt? B: =nein GP: (1.5) also sie haben's einfach draufgehabt und B: =jo GP: =quasi (.) vergessen? B: jo
(aF jemandem gezeigt?) Nein	GP: (---) haben sie's (.) nicht weitergeschickt haben sie's irgend jemandem gezeigt? B: uhum (--) keinem gezeigt GP: niemandem gezeigt? B: uhum GP: (-) ok (.) noch Fragen zu dem Fall (--) keine Fragen

Auszug 2

	GP: ((*verweist auf die Anklageschrift*)) das ist auch verkauft (2.5) da geht's um ein Minigrip an Paul* (.) um 25 bis 30 an Peter* (.) um 2 bis 3 an Salomon*
(aF) Es war nicht so extrem, aber schon so ein bisschen.	B: (5) jo das (.) das ist nicht so extrem gewesen (.) aber schon so ein bisschen GP: (--) mh was heisst jetzt das nicht so extrem und doch ein bisschen?
(aF) Es ist schon so ein bisschen gelaufen, bevor ich angefangen habe, aber nicht so wirklich. Ich habe ein bisschen für Eigenkonsum genommen.	B: joo ebe es ist schon so ein bisschen gelaufen be bevor ich (.) so angefangen hab aber jo GP: =ja? B: (.) aber nicht so wirklich (.) ich hab das halt als Eigenkonsum genommen (-) jo ein bisschen
(aF Wo hatten Sie es her?) Das Gras? Mal vom Hof*, mal von dort…	GP: von wo haben sie's denn her gehabt? B: (---) also das Gras? GP: =ja B: (-) hm (1) mal vom Hof* (.) mal von dort GP: (-) nicht von einem festen Verkäufer? B: (.) nein nicht wirklich
(aF warum verkauft?) Weil ich es mir nicht leisten konnte.	GP: (-) und warum haben sie das weiterge (.)geben weiter (.) verkauft? B: (.) weil ich mir das nicht mehr hab können leisten also (.) zum rauchen (--) und dann hab ich's verkauft (.) dass ich jo so zu sagen irgendwie das Geld wieder zurückbekomme GP: (--) da bin ich nicht ganz mit-gekommen B: =also ich hab zum Beispiel ein Füffi gekauft zum Beispiel

	GP: =ja B: =und dann hab ich zum Beispiel ein zwanziger verkauft (.) also jo (-) dass ich zwanzig Franken wieder hab GP: (--) also dass sie auch etwas (.) quasi etwas einen Gewinn haben?
(aF) Einfach, damit ich wieder Geld hatte.	B: =äh also nicht ein Gewinn jo (-) dass ich einfach jo Geld hab und nicht pleite bin oder (.) jo
(aF an diese drei Marihuana verkauft?) Verkauft, ja, weiss nicht, wie man das nennt. Ja, kann man schon sagen verkauft.	GP: (1.5) und dann (.) da jetzt steht sie hätten an die drei hätten sie da (--) Ma Marihuana verkauft? (-) das stimmt? (.) oder stimmt das jetzt nicht? B: (--) also für die gekauft? GP: =verkauft (-) ja oder für die gekauft B: (.) jo verkauft (.) jo ich weiss nicht wie man das sagen kann (2) kann man schon sagen jo (.) verkauft

Auszug 3

	GP: und das ist soviel Mal gewesen? (-)
(aF gemäss Anklage) Ja, das war ungefähr so oft.	B: jo (.) ungefähr jo GP: (2) ah das sagen sie ja selber (.) die Angaben haben wir ja im:: Wesentlichen von ihnen (.) wir haben dann alle noch gefragt und es geht in etwa auf aber da jetzt (-) bei dem Peter da (.) sagen sie das aus auf Seite (.) 250 251 (1) ähm (-) ((*liest aus der Akte vor)*) wie oft hast du dieser Person Marihuana gekauft verkauft (-) das

	wäre eben der Peter (.) ((*liest weiter aus der Akte vor)*) das war schon ein paar Mal also vielmals (.) er wollte selber nie gehen da holte ich es für ihn (.) das dürfte etwa 30 oder 40 Mal gewesen sein (.) oder vielleicht eher 25 bis 30 Mal (.) äh (1) wie viel Mal (-) ist das einmal dann gewesen oder 4 Mal (.) oder wie viel Mal sind sie zu ihm und haben ihm das gebracht?
(aF wie oft ihm* gegeben?) Fast jedes einzelne habe ich ihm gebracht.	B: (.) ja fast jeden einzelnen GP: =fast jeden einzelnen? B: jo GP: =und für wie viel haben sie's weiter gegeben oder verkauft?
(aF wie lief es ab?) Ganz normal. Er hat mir das Geld gegeben und ich ihm das Marihuana.	B: (.) ganz normal (.) [also er hat mir's Geld] GP: [was ist normal]? B: gegeben und ich hab ihm etwas gegeben (.) GP: und was ist die Menge von so einem so einem Minigrip?
(aF wie viel eine Portion?) 3,6 oder 3,8 Gramm.	B: (--) hm (--) weiss nicht (--) 3,6 3,8 GP: 3,6 3,8 (-) und der Betrag B: (.) was für ein Betrag? GP: was es denn kostet
(aF was gekostet?) Es hat immer 50 gekostet.	B: fünfzig GP: =fünfzig (.) immer fünfzig

Auszug 4

	GP: (5) und bei den anderen zwei (-) das ist wahrscheinlich (-) die Minimalmenge oder haben sie dem Paul mehr als 1 Minigrip weitergegeben?

	B: (3) nein ich hab ihm so 4 (.) 5 Stück gegeben (-) 3 so etwas (.) nicht mehr (-) also nicht 4 bis 9 GP: bitte? B: nicht 4 Mal bis 9 son[dern 5] GP: [nein] dem Paul B: (.) eben (-) dem JA: (--) da unten kommt er nochmal [vor] GP: [ja] aber ich meine oben jetzt (1.5) am Anfang
(aF Paul oben): das ist gut möglich	B: (---) ja das ist doch (.) das ist gut möglich GP: das ist gut möglich

Auszug 5

	GP: dann ist der Händler* ins Spiel gekommen (---) wie haben sie den kennengelernt?
(aF Wie Händler* kennengelernt?) So wie ich es erzählt habe.	B: (--) ja so wie ich das erzählt hab GP: =ja erzählen sie es bitte nochmal vor Gericht
(aF) Am Platz* dort.	B: am Platz* dort GP: (-) hm (-) und wer hat ihnen da hat ihnen da jemand ihn (.) gezeigt oder vermittelt (.) oder wie sind sie auf ihn gestoßen?
(aF) Ich erinnere mich nicht mehr genau. Es war noch ein anderer dort, der hat mich vorgestellt.	

www.ingramcontent.com/pod-product-compliance
Ingram Content Group UK Ltd.
Pitfield, Milton Keynes, MK11 3LW, UK
UKHW021820051026
15588UKWH00010B/428

9 783034 331289